Sozialwissenschaftliche Studien zu internationalen Problemen

Herausgegeben von
Prof. Dr. Diether Breitenbach

1 Breitenbach & Danckwortt	Probleme der Ausbildung und Anpassung von Praktikanten aus Entwicklungsländern. 1966. 95 S. DM 3,–. ISBN 3-88156-000-9.
2 Vente	Entwicklungsländer, Entwicklungshilfe, Ausbildungshilfe. 1966. 214 S. DM 5,–. ISBN 3-88156-001-7.
3 Gechter	Die Fortbildung deutscher Landwirte in den USA. 1966. 237 S. DM 5,–. ISBN 3-88156-002-5.
4 Sproho	Arbeits- und Lebensverhältnisse von Praktikanten aus Entwicklungsländern. 1967. 196 S. DM 5,–. ISBN 3-88156-003-3.
5 Freitag	Florestan Fernandes. Brasilien aus der Sicht eines brasilianischen Sozialwissenschaftlers. 1969. 81 S. DM 15,–. ISBN 3-88156-005-X.
6 Albrecht	Innovationsprozesse in der Landwirtschaft. Eine Analyse der »adoption«- und »diffusion«-Forschung in Bezug auf landwirtschaftliche Beratung. 1969. 362 S. DM 40,–. ISBN 3-88156-006-8.
7 Schneider	Landwirtschaftliche Innovationsbereitschaft in Westkamerun. 1969. 80 S. DM 15,–. ISBN 3-88156-007-6.
8 Eckensberger	Methodenprobleme der kulturvergleichenden Psychologie. 1970. 127 S. DM 20,–. ISBN 3-88156-008-4.
9 Dittmann	Technische Ausbildung in Kenia. Erfolgskontrolle einer Handwerkerschule. 1972. 79 S. DM 16,–. ISBN 3-88156-015-7.
10 Zimmermann	Auslandsstudium und nationale Orientierung senegalesischer Akademiker. 1972. 212 + XXXV S. DM 35,–. ISBN 3-88156-016-5.
11 Schönherr	Berufliche Diversifikation und Führungsmodernisierung im ländlichen Indien. 1972. 57 S. DM 14,–. ISBN 3-88156-017-3.
12 Grohs	Traditionelle Erziehung und Schule in Nordnigeria. 1972. 112 + XXXIX S. DM 20,–. ISBN 3-88156-018-1.
13 Ruf	Bilder in der internationalen Politik. Analyse und Bedeutung von »Images« in der Politikwissenschaft. 1973. 139 S. DM 28,–. ISBN 3-88156-020-3.
14 Dittmann	Kultur und Leistung. Zur Frage der Leistungsdisposition bei Luo und Indern in Kenia. 1973. 287 S. DM 37,–. ISBN 3-88156-021-1.
15 Eger	Familienplanung in Pakistan. 1973. 146 S. DM 28,–. ISBN 3-88156-022-X.
16 Britsch	Einzelbetriebliches Wachstum in der Landwirtschaft. 1973. 301 S. DM 37,–. ISBN 3-88156-023-8.
17 Bergmann & Thie	Die Einstellung von Industriearbeitern zu Entwicklungspolitik und Entwicklungshilfe. 1973. 118 S. DM 15,–. ISBN 3-88156-024-6.

Verlag **breitenbach** Publishers
Memeler Straße 50, 6600 Saarbrücken, Germany
P.O.B. 16243 Fort Lauderdale/Plantation, Fla 33317, USA

Sozialwissenschaftliche Studien zu internationalen Problemen

Herausgegeben von
Prof. Dr. Diether Breitenbach

18 Schulz	Landwirtschaftliche Neuerungsverbreitung an der Elfenbeinküste. 1973. 448 S. DM 49,–. ISBN 3-88156-025-4.
19 Bethke	Bergbau und sozialer Wandel in Indien. 1973. 240 + LXI S. DM 39,–. ISBN 3-88156-026-2.
20 Breitenbach	Auslandsausbildung als Gegenstand sozialwissenschaftlicher Forschung. 1974. 465 S. DM 35,–. ISBN 3-88156-027-0.
21 von Werlhof	Prozesse der Unter-Entwicklung in El Salvador und Costa Rica. 1975. 605 S. DM 45,–. ISBN 3-88156-038-6.
22 Rudersdorf	Das Entwicklungskonzept des Weltkirchenrats. 1975. 355 S. DM 25,–. ISBN 3-88156-039-4.
23 Becker-Pfleiderer	Sozialisationsforschung in der Ethnologie. Eine Analyse der Theorien und Methoden. 1975. 169 + XXXI S. DM 20,–. ISBN 3-88156-040-8.
24 Bodenstedt (Hg.)	Selbsthilfe: Instrument oder Ziel ländlicher Entwicklung. 1975. 106 S. DM 10,–. ISBN 3-88156-041-6.
25 Ehrenberg	Die indische Aufrüstung 1947–1974. 1975. 406 S. DM 27,–. ISBN 3-88156-042-4.
26 Eger	Familienplanungsprogramme oder Änderung der sozio-ökonomischen Verhältnisse? 1975. 360 S. DM 28,–. ISBN 3-88156-043-2.
27 Kordes	Curriculum-Evaluation im Umfeld abhängiger Gesellschaften. Quasi-experimentelle Felduntersuchung eines Schulversuchs zur Ruralisierung der Grunderziehung in Dahome (Westafrika). 1976. 613 S. DM 48,–. ISBN 3-88156-046-7.
28 Schönmeier	Berufliche Orientierung somalischer Jugendlicher. Die Wahrnehmung der beruflichen Umwelt. 1976. 445 S. DM 35,–. ISBN 3-88156-055-6.
29 Löber	Persönlichkeit und Kultur auf Trinidad. Ein Vergleich zwischen Afrikanern und Indern. 1976. 465 S. DM 35,–. ISBN 3-88156-058-0.
30 Göricke	Revolutionäre Agrarpolitik in Äthiopien – Traditionelle Agrarverfassungen und ihre Veränderung durch die Landreformgesetzgebung von 1975. 1977. 291 S. DM 24,–. ISBN 3-88156-073-4.
31 Rhie	Community Development durch Selbsthilfegruppen. 1977. 223 S. DM 22,–. ISBN 3-88156-078-5.
32 Grüner	Zur Kritik der traditionellen Agrarsoziologie in der Bundesrepublik Deutschland. 1977. 196 S. DM 20,–. ISBN 3-88156-080-7.
33 Hundsdörfer	Die politische Aufgabe des Bildungswesens in Tanzania. 1977. 293 S. DM 29,–. ISBN 3-88156-082-3.
34 Steinhoff	Prestige und Gewinn: Die Entwicklung unternehmerischer Fähigkeiten in Taiwan, 1880–1972. 1978. 220 S. DM 22,–. ISBN 3-88156-092-0.

Verlag **breitenbach** Publishers
Memeler Straße 50, 6600 Saarbrücken, Germany
P.O.B. 16243 Fort Lauderdale/Plantation, Fla 33317, USA

Sozialwissenschaftliche Studien zu internationalen Problemen

Herausgegeben von
Prof. Dr. Diether Breitenbach

35 Chen		Ein makroökonometrisches Modell für Taiwan. 1978. 401 S. DM 40,–. ISBN 3-88156-093-9.
36 Fohrbeck		Eine neue Weltwirtschaftsordnung? Grenzen und Möglichkeiten. 1978. 149 S. DM 16,–. ISBN 3-88156-094-7.
37 Heuwinkel		Autozentrierte Entwicklung und die neue Weltwirtschaftsordnung. 1978. 160 S. DM 16,–. ISBN 3-88156-095-5.
38 Kolodzig		Das Erziehungswesen in Tanzania. 1978. 230 S. DM 23,–. ISBN 3-88156-096-3.
39 Wöll		Die Slums von Lissabon. 1978. 350 S. DM 36,–. ISBN 3-88156-100-5.
40 Schepers		Beratung in der entwicklungspolitischen Zusammenarbeit. 1978. 360 S. DM 36,–. ISBN 3-88156-104-8.
41 Pfleiderer-Becker		Tunesische Arbeitnehmer in Deutschland. 1978. 142 S. DM 14,–. ISBN 3-88156-105-6.
42 Bauer		Kind und Familie in Schwarzafrika. 1979. 313 S. DM 32,–. ISBN 3-88156-123-4.
43 Kushwaha		Kommunikationsaspekte der Familienplanung im ländlichen Indien. Eine Fallstudie in Nordindien. 1979. 356 S. DM 35,–. ISBN 3-88156-124-2.
44 Leber, G.		Agrarstrukturen und Landflucht im Senegal. Historische Entwicklung und sozio-ökonomische Konsequenzen. 1979. 142 S. DM 15,–. ISBN 3-88156-125-0.
45 Leber, B.		Entwicklungsplanung und Partizipation im Senegal. Aspekte der Planungsbeteiligung in peripheren Ländern Afrikas. 1979. 294 S. DM 29,–. ISBN 3-88156-126-9.
46 Matzdorf		Wissenschaft, Technologie und die Überwindung von Unterentwicklung. Zur Kritik herrschender Entwicklungs- und Technologiekonzepte und zur Problematik eines autonomen sozialistischen Weges. 1979. 322 S. DM 32,–. ISBN 3-88156-127-7.
47 Römpczyk		Internationale Umweltpolitik und Nord-Süd-Beziehungen. 1979. 303 S. DM 30,-. ISBN 3-88156-129-3.
48 Rauls		Schulische Bildung und Unterentwicklung in Paraguay. 1979. 185 S. DM 19,50. ISBN 3-88156-137-4.
49 Dabisch		Pädagogische Auslandsarbeit der Bundesrepublik Deutschland in der Dritten Welt. 1979. 258 S. DM 25,–. ISBN 3-88156-138-2.
50 Hoffmann		Vom Kolonialexperten zum Experten der Entwicklungszusammenarbeit. Acht Fallstudien zur Geschichte der Ausbildung von Fachkräften für Übersee in Deutschland und in der Schweiz. Mit einem Vorwort von Winfried Böll. 1980. 337 S. DM 20,–. ISBN 3-88156-142-0.

Verlag **breitenbach** Publishers
Memeler Straße 50, 6600 Saarbrücken, Germany
P.O.B. 16243 Fort Lauderdale/Plantation, Fla 33317, USA

Walter K. H. Hoffmann

Vom Kolonialexperten zum Experten der Entwicklungszusammenarbeit

Acht Fallstudien zur Geschichte der Ausbildung von
Fachkräften für Übersee in Deutschland und in der Schweiz

Mit einem Vorwort von Winfried Böll

Heft 50

Sozialwissenschaftliche Studien
zu internationalen Problemen

Herausgegeben von Prof. Dr. Diether Breitenbach

Verlag **breitenbach**
Saarbrücken · Fort Lauderdale 1980

ISSN 0584-603-X

Sozialwissenschaftliche Studien
zu internationalen Problemen

Herausgegeben von
Prof. Dr. Diether Breitenbach

ISBN 3-88156-142-0.

© 1980 by Verlag **breitenbach** Publishers
Saarbrücken, Germany · Fort Lauderdale, USA
Printed by **aku**-Druck GmbH, Bamberg

VORWORT
von Winfried Böll

Man erinnere sich; das Erschrecken war gross, als in einem schon fast vergessenen Bestseller der fünfziger Jahre das Bild des "hässlichen Amerikaners" gezeichnet, die Wirkungen der nachkolonialen Auslandstätigkeit von Experten aus Industrieländern geschildert wurden. Der "Rourkela-Deutsche" musste in einem ebenso vergessenen Buch ein noch vernichtenderes Urteil hinnehmen. Als Reaktion wurde der staatliche Entwicklungshelfer erfunden. Kirchliche und private Helfer gab es schon länger. "Lernen und Helfen" in Übersee hiess die Parole im Deutschen Entwicklungsdienst. Heilsame Wirkungen sollten von diesem neuen Typ des nur zeitweiligen Helfers auch auf die beruflichen Experten der Entwicklungszusammenarbeit ausgehen. In der Tat wurden spezifische Vorbereitungskurse eingerichtet. Doch bis heute nimmt nur ein Teil der Experten an solchen Vorbereitungen teil. Die Privatconsultings sperren sich zumeist gegen die damit verbundenen zusätzlichen Kosten.

Was erwartet man nicht alles vom Auslandsexperten. Er soll eine hervorragende Fachkraft sein. Er soll korrigieren, was die Einflüsse des Kommerzialismus, der Reklame, mit einem Wort die fortwirkende Überfremdung durch die Industrieländer angerichtet haben. Er soll Spezialist und Mädchen für alles sein, tüchtig, aber auch verständnisvoll. Er soll fachliches Wissen übertragen, aber gleichzeitig auch den Mythos der Überlegenheit abbauen, indem er andere in die Mechanismen der "Modernität", aber auch in ihre Schwächen, Gefahren, Verderbnisse einweiht. Je mehr wir unser Gewissen mit der Einsicht in die Ursachen und Folgen des Kolonialismus belasten, je mehr wir uns unserer Touristen und auch der militärischen Aktionen der jüngsten Vergangenheit, der Stellvertreter-Kriege, unserer Reklame, unseres Ideologie-Exports schämen, umso mehr erwarten wir, dass die aus Steuermitteln bezahlten Fachkräfte Supermänner, Superfrauen sind. Der Experte als "eine Art sublimierter Tarzan", so hat es einmal ein Experte ausgedrückt. Sie sollen eben ganz anders sein als die Administratoren, die Siedler, Überseekaufleute, Militärs und Missionare der Kolonialzeit. Damit entlasten wir uns und belügen uns zugleich, überfordern die Experten und fördern "falsches Bewusstsein". Trotz einer Masse von Einsichten und Reflektionen über unsere Auslandsexperten haben wir wenig konkrete empirische Untersuchungen über diese interessante, notwendig transitorische Figur der heutigen Völker- und Kulturwanderung.

Die vorliegende Studie belegt, dass mehr Kontinuität besteht, wenigstens hinsichtlich der Anforderungen an Kolonialexperten und Entwicklungsfachkräfte, als uns zumeist bewusst ist. Zumindest vom Kolonialverwalter etwa erwartete man schon damals, dass er auch das Wohl der Regierten und die Abwehr von zuviel Profitinteresse im Auge haben solle - ohne allerdings das Wohl der entsendenden Macht zu vergessen. Sicher können heutige Experten einsichtiger, vernünftiger sein, als die Gesellschaft, die sie entsendet. Sie haben die Chance unmittelbarer Betroffenheit. Was sie an Erfahrung zurückbringen, ist für die Korrektur unserer Erwartungen und für ein bescheideneres, realistischeres Selbstbild, kurz für unsere Identität als Minderheit unter wachsenden Mehrheiten von Menschen fremder Kulturen unverzichtbar.

Die Erkenntnisse dieser Studie gehören daher zum Rüstzeug aller, die für Entwicklungszusammenarbeit und politische Bildung verantwortlich sind.

Statt eines Autorenvorworts

There are some who are exclusively modern, who believe that the past is the bankrupt time, leaving no assets for us, but only a legacy of debts. They refuse to believe that the army which is marching forward can be fed from the rear. It is well to remind such persons that the great ages for renaissance in history were those when man suddenly discovered the seeds of thought in the granary of the past.

                    Rabindranath Tagore

Bleibe von uns mit Deinen Freuden und Lüsten, Deinem wilden Raffen nach Reichtum in den Händen oder nach Reichtum in dem Kopfe, Deiner Gier mehr zu sein als Dein Bruder, Deinem vielen sinnlosen Tun, dem wirren Machen Deiner Hände, Deinem neugierigen Denken und Wissen, das doch nichts weiss. Allen Deinen Narrheiten, die selbst Deinen Schlaf auf der Matte ruhelos machen. Wir brauchen dies alles nicht und begnügen uns mit den edlen und schönen Freuden, die Gott uns in grosser Zahl gab.

                Der Papalagi. (1) Die Reden des Südseehäuptlings Tuiavii aus Tiavea

Education is what is left when you have forgotten everything you learned at school and university.

                Retired Headmaster H. Grose-Hodge

Nenne man das Land, wohin Europäer kamen, und sich nicht durch Beeinträchtigungen, durch ungerechte Kriege, Geiz, Betrug, Unterdrückung, durch Krankheiten und schädliche Gaben an der unbewehrten, zutrauenden Menschheit, vielleicht auf alle Aeonen hinab, versündigt haben! Nicht der weise, sondern der anmaassende, zudringliche, übervortheilende Theil der Erde muss unser Welttheil heissen; er hat nicht cultivirt, sondern die Keime eigner Cultur der Völker, wo und wie er nur konnte, zerstört. ...

---

1 Papalagi heisst der Weisse, der Fremde, wörtlich übersetzt aber der Himmelsdurchbrecher. Der erste weisse Missionar, der in Samoa landete, kam in einem Segelboot. Die Eingeborenen hielten das weisse Segelboot aus der Ferne für ein Loch im Himmel, durch das der Weisse zu ihnen kam. - Er durchbrach den Himmel.

Nicht anders also als gerecht und weise handelte der gute Kien-Long, da er dem fremden Vice-König schnell und höflich mit tausend Freudenfeuern den Weg aus seinem Reich zeigen liess. Möchte jede Nation klug und stark genug gewesen seyn, den Europäern diesen Weg zu zeigen!

> Johann Gottfried Herder, aus dem 114. Brief der "Briefe zur Beförderung der Humanität"

Gott, gib mir die Kraft, das Mögliche zu tun, die Seelenstärke, auf das Unmögliche zu verzichten und die Intelligenz, die Grenzen zwischen beiden zu erkennen.

> Ein den Experten von Bundesrat F. T. Wahlen empfohlenes Gebet

An expert should be a permanent curious mind seeking for knowledge with a disposition for learning with others. ... Experts should be people knowing their own limitations. They need to know that knowledge is not something finished. We never get a finished knowledge, because it does not exist. Knowledge is in a permanent process of becoming. ...
Experts would have to know - but it is very difficult - that they are not neutral beings. ... We have enough experts going to a country bringing in their suitcases solutions for the realities which they do not know. We can find a great quantity of people like this but more and more there will be no place for them. ... I do not believe that we will have a lot of change in the next 25 years. No matter what name we give to the expert I think we will continue to have them into the beginning of the next century. ...
The question now is how I relate myself with you in order to know, no matter if you are an individual, a certain group of people or a nation. An for what I am trying to relate myself in order to know, and in order to do what with this knowledge.

> Auszüge aus einem Gespräch des Verfassers mit Paulo Freire in Genf am 25.4.1979

Sie kamen, siegten oder litten Schiffbruch als Kinder ihrer Zeit. ... Wenn möglich, macht es besser! Vergesst nicht: Eure Wissenschaft ist zeitgebunden. Morgen können Eure Formeln überholt sein. Die Menschen draussen aber hängen am Ruhenden. Versteht das! Ihr werdet daran gemessen.

> G. Trautmann, Fachmann für technische Berufsausbildung in der Türkei, Aegypten, Afghanistan und Nepal von 1932-1968, in einem Brief an den Verfasser.

INHALTSVERZEICHNIS

EINFUEHRUNG 1

1. Erkenntnisinteresse 1
2. Aufbau und Abgrenzung der Arbeit 3
3. Beurteilungsrahmen 8

Erster Teil
DER KOLONIALEXPERTE IM KONTEXT SEINER AUSBILDUNG

1. Grundlagen 11
   1.1 Der Kolonialexperte 11
       1.1.1 Versuch einer Definition und Interpretation 11
       1.1.2 Lebensumstände, Schwierigkeiten und Probleme 13
       1.1.3 Leitbilder und Anforderungsprofile 17
   1.2 Die Ausbildungsfrage 25
       1.2.1 Die Notwendigkeit einer gezielten Ausbildung 25
       1.2.2 Die Ausbildung für den Kolonialdienst in England, Holland und Frankreich 35
       1.2.3 Die staatlichen Bemühungen in Deutschland auf dem Sektor der kolonialen Ausbildung bis 1906 42
2. Koloniale Ausbildungsinstitutionen 47
   2.1 Die Ausbildung von Missionaren - Das Beispiel der Basler Mission 47
       2.1.1 Der Pietismus als dominierender Gründungsimpuls 47
       2.1.2 Adressatenmerkmale 49
       2.1.3 Zulassungsbedingungen 55
       2.1.4 Lehrpläne 56
       2.1.5 Die Basler "Missionspädagogik" 65
       2.1.6 Verbleib der Absolventen 74
       2.1.7 Die Basler Mission und ihre Verbindungen zu Industrie und Handel 74
       2.1.8 Beurteilungen und Zusammenfassung 84
   2.2 Die Ausbildung von Pflanzern und Siedlern - Das Beispiel der Deutschen Kolonialschule in Witzenhausen 95
       2.2.1 Die Gründung unter Fabarius 95
       2.2.2 Adressatenmerkmale 105
       2.2.3 Zulassungsbedingungen 107
       2.2.4 Ausbildungsziele 108
       2.2.5 Lehrplan 109
       2.2.6 Die Witzenhäuser "Kolonialpädagogik" 110
       2.2.7 Verbleib der Absolventen 114
       2.2.8 Beurteilungen und Zusammenfassung 115

2.3 Die Ausbildung von Kolonialbeamten, Kaufleuten und   126
    anderen - Das Beispiel des Hamburgischen Kolonialinstituts
    2.3.1 Die Entstehungsgeschichte   126
    2.3.2 Adressatenstruktur   132
    2.3.3 Zulassungsbedingungen   136
    2.3.4 Lehrkörper   139
    2.3.5 Lehrpläne   141
    2.3.6 Organisation, Berichts- und Prüfungswesen   143
    2.3.7 Das Ende   146
    2.3.8 Beurteilungen und Zusammenfassung   150

Zweiter Teil   157
DER EXPERTE DER ENTWICKLUNGSZUSAMMENARBEIT IM
KONTEXT SEINER AUSBILDUNG

1. Grundlagen   158
   1.1 Zum Begriff des Experten   158
       1.1.1 Vorbemerkung und Abgrenzung   158
       1.1.2 Versuch einer Definition   161
   1.2 Die Anfänge der Entwicklungszusammenarbeit und der   163
       Expertentätigkeit
       1.2.1 Der Beginn in der BRD (1952-1956)   163
       1.2.2 Der Beginn in der Schweiz (1947-1951)   167
   1.3 Wandlungen im Expertenbild und im Vorbereitungskonzept   178
       1.3.1 Rezeption ausgewählter Beiträge aus der BRD   178
             (1957-1979)
       1.3.2 Rezeption ausgewählter Beiträge aus der Schweiz   188
             (1951-1978)

2. Postkoloniale Ausbildungsinstitutionen   202
   2.1 Nachfolgeinstitutionen kolonialer Ausbildungsstätten   202
       2.1.1 Die Deutsche Kolonialschule auf dem Weg in die   202
             Gesamthochschule Kassel
       2.1.2 Basler Mission   205
   2.2 Neugründungen   217
       2.2.1 Zentralstelle für Auslandskunde in Bad Honnef   217
       2.2.2 Deutsches Institut für Entwicklungspolitik in Berlin   225
       2.2.3 Vorbereitungskurse für schweizerische Experten   234
             (Moghegno)
       2.2.4 Interdisziplinärer Nachdiplomkurs über Probleme   247
             der Entwicklungsländer Zürich

Zusammenfassender Vergleich und Ausblick   259

Quellen- und Literaturverzeichnis   283

Anhang I - X   294

Bildteil   326

ABBILDUNGSVERZEICHNIS

		Seite
1	Fiktives Idealprofil einer Ausbildungsinstitution	9
2	Ausbildungsprofil der Basler Mission	94
3	Ausbildungsprofil der Deutschen Kolonialschule Witzenhausen	125
4	Ausbildungsprofil des Hamburgischen Kolonialinstituts	156
5	Ausbildungsprofil der Basler Mission (1978)	216
6	Ausbildungsprofil der Zentralstelle für Auslandskunde, Bad Honnef	224
7	Ausbildungsprofil des Deutschen Instituts für Entwicklungspolitik, Berlin	238
8	Ausbildungsprofil des Moghegno-Kurses	246
9	Ausbildungsprofil des INDEL, ETH Zürich	257
10	Profile kolonialer Ausbildungsinstitutionen (um 1910)	272
11	Profile postkolonialer Ausbildungsinstitutionen (1978/79)	273

TABELLENVERZEICHNIS

1	BM, Berufliche Herkunft der aufgenommenen Brüder 1816-1881, 1900-1906	51
2	BM, Herkunft (nach Ländern) der im Basler Missionsdienst ausgesandten Brüder 1816-1940	52
3	BM, Uebersicht über die Zahl der Bewerber und der Aufgenommenen 1880-1931	54
4	BM, Verteilung der diversen Mitarbeiterkategorien im Basler Dienst und in fremden Diensten 1816-1940	74
5	BM, Missionsbrüder in fremden Diensten 1816-1940	75
6	BM, Verteilung aller ausgesandten Brüder im Basler Dienst nach Missionsfeldern 1816-1940	76
7	BM, Aufteilung aller ausgesandten Missions-Brüder im Basler-Dienst nach Berufen, 1816-1940	76
8	BM, Verbleib bzw. Tätigkeit der aufgenommenen Brüder, Stand: 1. Januar 1882	77
9	BM, Berufe der Zöglinge vor Eintritt in die Mission	91
10	BM, Berufe der Väter der Zöglinge	91
11	BM, Beurteilungen des Lehrprogramms	92
12	BM, Positive Urteile über die Ausbildungszeit	92
13	Kritische Urteile über die Ausbildungszeit	93
14	DKS, Verteilung der Schüler der DKS nach Berufen der Väter	106
15	DKS, Verbleib der Absolventen der DKS	114
16	DKS, Beurteilung des Lehrprogramms der DKS durch die Absolventen	123
17	Hamburgisches Kolonialinstitut, Aufteilung der Hörer und Hospitanten nach Berufen	133
17a	Hamburgisches Kolonialinstitut, Aufteilung der Hörer und Hospitanten nach Altersgruppen	134
18	Hamburgisches Kolonialinstitut, Regionale Herkunft der Hörer und Hospitanten	134

19	Hamburgisches Kolonialinstitut, Uebersicht über die Entwicklung der Besucherzahlen 1908-1914	136
19a	Hamburgisches Kolonialinstitut, Vorbildung der Hörer	138
20	Uebersicht über die von der GAWI bzw. der GTZ entsandten Experten 1960-1978	188
21	Schweizerische Auslandsexperten 1970-1977	201
22	Statistik des Personals der Basler Mission in Uebersee 1952-bis 1978	214
23	DIE, Stundenverteilung nach Stoffbereichen	232
24	DIE, Verteilung der Stunden nach Ausbildungsformen	235
25	DIE, Ueberblick über den Verbleib der Absolventen 1966-1977	237
26	Fachrichtungen der INDEL-Absolventen. Kurs I-VIII (1970-1979)	250
27	Beruflicher Einsatz der INDEL-Absolventen. Kurs I-VI (1970-1977) Stand: April 1978	253
28	Spezielle Merkmale kolonialer und postkolonialer Ausbildungsinstitutionen und deren Auswirkungen	270
29	Adressatenstruktur und Ausbildungsdauer kolonialer und postkolonialer Ausbildungsinstitutionen	271

ABKUERZUNGSVERZEICHNIS

BM	= Basler Mission
BMZ	= Bundesministerium für wirtschaftliche Zusammenarbeit, Bonn
DED	= Deutscher Entwicklungsdienst, Berlin
DEH	= Direktion für Entwicklungszusammenarbeit und humanitäre Hilfe, Bern
DftZ	= Dienst für technische Zusammenarbeit, Bern
DIE	= Deutsches Institut für Entwicklungspolitik, Berlin
DKS	= Deutsche Kolonialschule, Witzenhausen
DSE	= Deutsche Stiftung für internationale Entwicklung, Berlin, Bonn
EADI	= European Association of Development Research and Training Institutes
EPD	= Eidgenössisches Politisches Departement, Bern
ETH	= Eidgenössische Technische Hochschule Zürich
EZ	= Entwicklungszusammenarbeit
GTZ	= Deutsche Gesellschaft für Technische Zusammenarbeit GmbH
INDEL	= Interdisziplinärer Nachdiplomkurs über Probleme der Entwicklungsländer, ETH Zürich
NZZ	= Neue Zürcher Zeitung
TCDC	= Technical Co-operation among Developing Countries
TZI	= Themenzentrierte Interaktion
UNDP	= United Nations Development Programme
UNESCO	= United Nations Educational, Scientific and Cultural Organization
UNO	= United Nations Organization
ZfA	= Zentralstelle für Auslandskunde, Bad Honnef

EINFUEHRUNG

1. ERKENNTNISINTERESSE

Missionare, Kaufleute, Beamte und Siedler (z. B. Pflanzer, Kleinhandwerker) gehörten zu den personellen Prototypen der Kolonisation. (1) Sie haben spätestens seit Kolumbus überseeische Gebiete gemeinsam bzw. in engen zeitlichen Abständen "erobert", erschlossen, verwaltet, ausgebeutet, aber auch entwickelt. Mission, Handel, Verwaltung und landwirtschaftliche Erschliessung sind während der Kolonialzeit nicht voneinander zu trennen. An diesem Grundmuster der Zusammenarbeit hatte sich bis ins 19. Jahrhundert wenig geändert. Neu war im deutschsprachigen Raum, dass zuerst die Missionare eine spezielle Ausbildung für ihre Tätigkeit in Uebersee erhielten. Es folgte um die Wende zum 20. Jahrhundert die Gründung spezieller Ausbildungsstätten für Landwirte, Kolonialbeamte und Kaufleute.

In der Untersuchung von drei kolonialen Ausbildungsstätten wird ein Hauptgewicht dieser Arbeit liegen. Doch reizte es, diese Institutionen nicht nur aus historischer Sicht zu schildern und zu beurteilen, sondern es erschien auch interessant, deren Lebensweg – soweit möglich – bis in die jüngste Vergangenheit zu verfolgen. Denn noch heute werden an diesen Stätten Experten der Entwicklungszusammenarbeit ausgebildet, die in vielen Beziehungen den vorgenannten Prototypen vergleichbar sind. Auch sie haben die Länder der Dritten Welt, die oft identisch mit den ehemaligen Kolonien ihrer Heimatländer waren, "erobert", erschlossen, ausgenutzt, aber auch entwickelt, und sie tun es noch.

In den 60er-Jahren wurden in der Bundesrepublik und in der Schweiz eine Reihe von vorbereitenden Ausbildungsstätten für Experten gegründet. Ein Vergleich der kolonialen und postkolonialen Ausbildungsstätten, aber auch der damaligen und heutigen Expertenrolle lag daher nahe.

---

1 Vgl. hierzu H. Bley, Kolonialwirtschaft und Sozialstruktur in Deutsch-Südwestafrika 1894-1914. Hamburg 1968, S. 172.
W. Rodney, Afrika. Die Geschichte einer Unterentwicklung. Berlin 1976, S. 133ff, S. 153f, 163, 166 und 213.
M. Crowder, West Africa under Colonial Rule. Evanston 1968, insbesondere die Ausführungen auf S. 393-402 The Colonial European.
L. H. Gann, P. Duignan, The Rulers of German Africa 1884-1914. Stanford 1977, S. 241 sowie die Ausführungen auf S. 5 dieser Arbeit.

Das Interesse des Verfassers am Thema wurde durch seine Tätigkeit am Interdisziplinären Nachdiplomkurs über Probleme der Entwicklungsländer (INDEL) an der Eidgenössischen Technischen Hochschule in Zürich geweckt, an dem er u. a. vier Jahre einen Lehrauftrag "Ausgewählte Bildungsprobleme der Dritten Welt" inne hatte. Für ihn stellte auch der "Experte" ein Bildungsproblem dar, soll doch jeder Experte seine Kenntnisse, Fertigkeiten und Erfahrungen im Entwicklungsland weitergeben. Aus dieser Funktion des Experten ergaben sich eine Reihe von Fragen, z. B.: Welche Anforderungen werden an einen Experten gestellt? Wie wird er auf diese Tätigkeit vorbereitet?

Fast zwangsläufig kam dann eine erste Beschäftigung mit den historischen Aspekten des Experten und seiner vorbereitenden Ausbildung, die schliesslich in der Formulierung und Bearbeitung des Themas einen vorläufigen Schluss fand.

Aus dem Vorgenannten ergab sich die zentrale These der Studie:

Die Anforderungsprofile und Funktionen des Kolonialexperten und des heutigen Experten sowie die Inhalte und Formen der Expertenausbildung in kolonialer und postkolonialer Zeit sind weitgehend gleich.

Die Prüfung dieser These anhand von 8 Fallbeispielen stellt das Hauptanliegen dieser Studie dar.

Ein weiterer Anreiz ergab sich daraus, dass in einigen deutschen Veröffentlichungen kolonialen Inhalts (1) zwar auf wenigen Seiten auf Ausbildungsfragen hingewiesen wird, eine ausführliche Schilderung und Würdigung der kolonialen Ausbildungsbemühungen – ganz im Gegensatz zu England – aber noch aussteht. (2)

In der entwicklungspolitischen Fachliteratur im deutschsprachigen Raum spielt die Problematik der vorbereitenden Ausbildung der Experten praktisch kaum eine Rolle. In der "Bibliographie der deutschen Entwicklungsländer-Forschung" die von der Deutschen Stiftung für internationale Entwicklung (DSE) herausgegeben wird, finden sich bis 1977 unter den mehr als 7000 Titeln nur spärlichste Hinweise zum obengenannten Themenbereich.

---

1 Vgl. z. B. R. von Albertini, Europäische Kolonialherrschaft 1880-1970, Zürich 1976, S. 15-18.
K. Hausen, Deutsche Kolonialherrschaft in Afrika. Wirtschaftsinteressen und Kolonialverwaltung in Kamerun von 1914. Freiburg i. Br. 1970, S. 111-114.
M. Perham, Bilanz des Kolonialismus. Stuttgart 1963, S. 15-18.
2 Vgl. R. Heussler, Yesterday's Rulers. The Making of the British Colonial Service. Syracuse 1963.
L. S. S. O'Malley, The Indian Civil Service 1601-1930. London 1931.

Eine Untersuchung aus dem Jahre 1967 mit dem vielversprechenden Titel "Auswahl und Ausbildungsverfahren für Fachkräfte der deutschen Entwicklungshilfe" vernachlässigte den Aspekt der Ausbildung fast vollkommen und kam zu dem falschen Schluss, dass im Bereich der vorbereitenden Ausbildung kaum etwas getan werde. (1)

In der Schweiz liegen die Verhältnisse ähnlich. Eine beachtenswerte Ausnahme bildet eine Untersuchung aus dem Jahre 1966, die dem Experten und seiner Vorbereitung breiten Raum einräumt. (2)

Gemessen an der Bedeutung der vorbereitenden Ausbildung für den Experteneinsatz erscheinen diese Lücken erstaunlich. Die vorliegende Studie versucht einen Beitrag zur Schliessung dieser Lücke im deutschen und schweizerischen Bereich zu leisten. Diese Aufgabe erscheint aber noch aus einem anderen Grund sinnvoll. Die deutschen Experten sowie die "Experten" für Expertenausbildung kennen kaum oder überhaupt nicht die schweizerischen Bemühungen auf diesem Gebiet – und umgekehrt.

2. AUFBAU UND ABGRENZUNG DES THEMAS

Die Studie beschäftigt sich primär mit der vorbereitenden Ausbildung (3) von Experten. Dabei war sich der Verfasser bewusst, dass die vorbereitende Ausbildung nur ein, wenn auch wichtiges Stadium im Lebenszyklus eines Experten darstellt. Die anderen, ebenso wichtigen oder noch wichtigeren und interessanteren Stadien, werden nicht behandelt. (4)

---

1 Vgl. Sozialpsychologische Forschungsstelle für Entwicklungsplanung an der Universität des Saarlandes, Auswahl und Ausbildungsverfahren für Fachkräfte der deutschen Entwicklungshilfe, bearbeitet von Bernwart Joerges, Studienauftrag des Bundesministeriums für wirtschaftliche Zusammenarbeit. Saarbrücken, März 1967, S. 61.
2 Vgl. W. Renschler, Die Konzeption der technischen Zusammenarbeit zwischen der Schweiz und den Entwicklungsländern. Zürich 1966, S. 177-214.
3 Synonym hierzu werden die Bezeichnungen Ausbildung und Vorbereitung verwendet.
4 Der vollständige Zyklus eines Experten umfasst folgende Stadien:
 - Rekrutierung
 - Auswahl
 - vorbereitende Ausbildung
 - Aufnahme sur place
 - Tätigkeit im Projekt
 - Rückkehr und Wiedereingliederung.
 Vgl. Institut universitaire d'études du développement T. 220-13(7), Evaluation de la préparation des coopérants Suisses, Rapport préparé par Pierre Dominicé, Werner Käser, Dominique Perrot, Roy Preiswerk,

Die Studie gliedert sich entsprechend ihrem Titel in zwei Teile. Im ersten Teil steht die Beschreibung des Kolonialexperten, der Ausbildungsfrage sowie die Darstellung von drei kolonialen Ausbildungsstätten im Vordergrund:

1. Das Hamburgische Kolonialinstitut wurde gewählt, weil es die einzige Ausbildungsinstitution akademischen Charakters war.

2. Die Deutsche Kolonialschule in Witzenhausen dagegen kann als die einzige landwirtschaftlich orientierte Ausbildungsinstitution betrachtet werden, die besonderen Wert auf praktische Unterweisungen legte.

3. Die Basler Mission wurde aus der Vielzahl der Missionswerke gewählt, weil
   - sie eine der ältesten und grössten Missionen war und noch ist,
   - obwohl in Basel ansässig, die Politik der Basler Mission weitgehend von Württembergern bestimmt wurde. Auch ein grosser Teil der Missionare stammte aus Württemberg. Insofern kann die Basler Mission auch als ein frühes Gemeinschaftsunternehmen der Schweiz und Deutschlands betrachtet werden.
   - sich die Basler Mission nicht auf die eigentliche Missionstätigkeit beschränkte, sondern über ihre Missions-Handelsgesellschaft auch kommerziell tätig war,
   - die in der Basler Mission durchgeführte Ausbildung und die dabei aufgetretenen Probleme als repräsentativ für andere Missionswerke angesehen werden können,
   - sie nicht zuletzt heute - allerdings in stark gewandelter Form - immer noch eine bedeutende Rolle spielt.

Auf die Einbeziehung des 1887 gegründeten Seminars für orientalische Sprachen in Berlin wurde wegen der starken Konzentrierung auf den Sprachbereich verzichtet. (1)

Rolf Vollenweider à la demande de la Direction de la coopération au développement et de l'aide humanitaire, Département politique fédéral, Berne, Coordinateur de l'équipe: Roy Preiswerk, Genève, avril 1978, S. 2, zukünftig zitiert als Evaluationsbericht 1978.

1 Bereits 1887 wurden 12 Sprachen gelehrt. 1913 wurde die Zahl der Sprachen auf 22 erhöht. Hierfür standen 34 Dozenten zur Verfügung, die durch 15 einheimische Lektoren unterstützt wurden. Vgl. J. W. Spidle, The German Colonial Service: Organization, Selection and Training. PhD, Stanford 1972, S. 278.
Vgl. auch Winckler, 25 Jahre Seminar für orientalische Sprachen. In: Zeitschrift für Kolonialpolitik, Kolonialrecht und Kolonialwirtschaft, XIV. Jg., Nr. 10, Nov. 1911, S. 864ff sowie o. V., Zum 25jährigen Bestehen des Seminars für orientalische Sprachen in Berlin. In: Koloniale Rundschau, Jg. 1912, Okt., Heft 10, S. 593ff.

Der zweite, postkoloniale Teil beschäftigt sich mit der Klärung des Expertenbegriffs, den "historischen" Aspekten des Experten und der Ausbildungskonzepte sowie mit 6 Fallstudien. Zwei Nachfolgeinstitutionen kolonialer Ausbildungsstätten und vier Neugründungen werden behandelt, die sich jeweils zur Hälfte auf die Bundesrepublik und die Schweiz verteilen. (1)

An dieser Stelle mag die Frage auftauchen, warum die Schweiz in eine Studie über koloniale Ausbildung miteinbezogen wurde.

War Deutschland unbestritten eine Kolonialmacht, so besass die Schweiz als traditionell neutraler Kleinstaat zwar nie Kolonien, konnte sich aber mit einigen zum Teil wichtigen Attributen einer Kolonialmacht schmücken. Ueber die Auswanderungsbewegung (2), den Handel (3), die Mission (4) und ihre Soldaten in fremden Diensten (5) stand die Schweiz direkt und aktiv mit den Kolonien bzw. den traditionellen Kolonialmächten in Verbindung.

Ein führender Regierungsvertreter wies ausdrücklich auf die Symbiose zwischen schweizerischem Kaufmannsgeist und englischer Kolonialmacht hin. Der künftige Bundesrat Ulrich Ochsenbein bemerkte in seinem Präsidialvortrag in Bern am 5. Juli 1847:

"Auf dem ganzen Erdenrund, soweit die Beharrlichkeit des kühnen Britten festen Fuss gefasst, findet Ihr den freien Schweizer als treuen Begleiter an seiner Seite, einen Absatz zu suchen für die Produkte der Kunst und des Fleisses seines Vaterlandes." (6)

---

1 Auf die Einbeziehung weiterer Institutionen wurde einerseits aus Platzgründen verzichtet, andererseits hätte deren Darstellung zu keinen grundsätzlichen neuen Erkenntnissen geführt.
2 Vgl. L. Schelbert, Einführung in die schweizerische Auswanderungsgeschichte der Neuzeit. Zürich 1976.
3 Vgl. Siber-Hegner, Hundert Jahre im Dienst des Handels. Zürich 1965 sowie G. Reinhart, Gedenkschrift zum 75jährigen Bestehen der Firma Volkart. Winterthur 1926.
G. A. Wanner, Die Basler Handels-Gesellschaft AG 1859-1959. Basel 1959.
4 Vgl. W. Schlatter, Geschichte der Basler Mission, 1815-1915. 3 Bände. Basel 1916 sowie F. Plattner, Verzeichnis der Schweizer Jesuitenmissionare 1542-1942. o. O. 1943.
5 Vgl. A. Lätt, Der Anteil der Schweizer an der Eroberung Indiens. CXXVI. Neujahrsblatt der Feuerwerker-Gesellschaft (Artilleriekollegium) in Zürich auf das Jahr 1934.
6 Zitiert nach M. Amiet-Keller, Die Kolonisation im Urteil schweizerischer Staatstheoretiker, Wirtschaftstheoretiker und Historiker (1815-1914). Diss., Basel 1974, S. 169. 100 Jahre später hatte sich an der o. g. Ausgangslage nichts geändert, erklärte doch ein schweizerischer Gesandter am 7. Februar 1947 anlässlich eines Vortrags in Zürich, dass

Bundesbehörden unterstützten aktiv die Bemühungen schweizerischer Kaufleute und Industrieller. So hiess es im Art. 16 des Reglements für die schweizerischen Konsularbeamten vom 26. Mai 1875 u. a. :

"Die Konsularbeamten haben zu Allem mitzuwirken, was das Gedeihen der Eidgenossenschaft in kommerzieller, industrieller und landwirtschaftlicher Beziehung fördern kann. Sie werden mit allen ihnen zu Gebote stehenden Mitteln und mit Ausdauer den Handel und den Verkehr zwischen der Schweiz und ihrem Konsularbezirken zu heben suchen, und ebenso bemüht sein, die Gefahren und Nachtheile abzuwehren, denen dieser Handel und Verkehr ausgesetzt sein können."

In einer Informationsbroschüre des Dienstes für technische Zusammenarbeit (DftZ) heisst es rückblickend:

"Was die Kolonien betrifft, so ist es zwar richtig, dass wir keine solchen besessen haben, aber wir haben aus den Verhältnissen, wie sie durch die Politik der ehemaligen Kolonialmächte entstanden waren, nicht unbeträchtlichen Nutzen gezogen, manchmal sogar ohne Risiko und Nachteile mitzutragen, die die Kolonialmächte in Kauf nehmen mussten." (1)

---

    die schweizerische Wirtschaft auch in Zukunft durch die Brücke über die britischen Inseln hinweg einen guten Teil ihrer Wege zu den Dominions, wie natürlich auch zu den Kolonien, suchen und finden müsse. R. Ruegger, Das Britische Empire und die schweizerische Wirtschaft. In: Weltwirtschaftliche Studien hrsg. vom Schweizerischen Komitee für Weltwirtschaft, Heft 2, Genf 1948, S. 14. Ruegger erinnerte bei dieser Gelegenheit auch daran, dass die Periode von 1846 bis zum 2. Weltkrieg für die schweizerische Wirtschaft ein goldenes Zeitalter gewesen sei. Ebenda S. 16f.

1 Dienst für technische Zusammenarbeit, Die Schweiz und die Entwicklungszusammenarbeit. Einige Antworten auf ebensoviele Fragen. Bern 1973, S. 18. Nach Stucki segelte die Schweiz im Kielwasser einer imperialistischen Politik "zu klein, um viel aktive Schuld auf sich zu laden, zu tüchtig, um dabei nicht erfolgreich ihre Ernte einzubringen". L. Stucki, Das heimliche Imperium. Bern-München-Wien 1968, S. 220. Dass es auch in der Zeit der Dekolonisation intensive schweizerische Bemühungen gab, spezielle Beziehungen mit Entwicklungsländern aufzubauen, zeigt folgendes Beispiel. W. Custer berichtet, dass 1951 dem Swiss Nepal Forward Team von einer einflussreichen schweizerischen Interessentengruppe ein Exposé "Zur Erschliessung Nepals" übergeben wurde, wonach durch Errichtung einer "Kolonialgesellschaft" und durch Erlangung von "Handelsmonopolen" die "reichlich zur Verfügung stehenden willigen Arbeitskräfte" ausgenutzt werden sollten. Vgl. Swiss Nepal Forward Team, Oktober-Dezember 1950. Bericht an die Koordinationskommission für technische Hilfe, verfasst von den Teammitgliedern Walter Custer, Architekt, Dr. Toni Hagen, Geologe, Erich Rauch, Ing. Agr., Alf de Spindler, Bauingenieur, August 1951, Teil I, S. 2.

Es scheint nicht übertrieben von einer profitablen Interessenharmonie zwischen schweizerischen Regierungsstellen, schweizerischen Kolonialexperten und den Kolonialmächten zu sprechen.

Die Einbeziehung der Schweiz, als einer "Kolonialmacht" ohne eigenes Territorium, in eine Studie über koloniale Ausbildung erscheint daher gerechtfertigt.

Von weitgehenden theoretischen Erörterungen wurde abgesehen, da entsprechend dem Selbstverständnis des Verfassers ein erstes Hauptanliegen einer wissenschaftlichen Studie auf einem neuen Gebiet in der möglichst umfassenden und objektiven Beschreibung der relevanten Fakten eines Problems liegen sollte. Acht Fallstudien von Ausbildungsstätten in ihren kolonialen und postkolonialen Ausprägungsformen stehen daher im Vordergrund. Auf die Experten wird nur insoweit eingegangen, wie das zum Verständnis ihrer Ausbildung notwendig erscheint. So etwas wie eine "Soziologie des Experten" zu erstellen, war nicht vorgesehen. Die vorliegende Studie kann im besten Falle nur einen Beitrag zu einer noch zu erarbeitenden "Soziologie des Experten" beisteuern.

Der zeitliche Rahmen der Arbeit umfasst innerhalb des Kolonialzeitalters die Periode 1817-1917 und in der postkolonialen Periode den Zeitabschnitt 1950-1979. Dieser Zeithorizont wurde in zwei Fällen durchbrochen, um die Kontinuität der Deutschen Kolonialschule Witzenhausen und der Basler Mission darzustellen.

Das Thema konnte nicht im Rahmen einer einzigen Disziplin bearbeitet werden. Historische, soziologische, bildungspolitische sowie kolonial- und entwicklungspolitische Gesichtspunkte waren zu berücksichtigen. In Ansätzen wurden auch Aspekte der Psychohistorie (1), einem neuen Forschungszweig der Geschichtswissenschaft, miteinbezogen. Diese Komplexität hat die Durchführung der Studie erschwert, aber auch interessanter gestaltet.

Abschliessend mögen noch einige Hinweise zur Materiallage interessieren.

Bei der Bearbeitung der kolonialen Ausbildungsinstitutionen konnte weitgehend auf unausgewertetes, z. T. unbekanntes Archivmaterial zurückge-

---

1 Die im einzelnen Menschen als der handelnden Hauptperson der Geschichte vorhandenen Strukturen und Leitbilder sind erst in jüngster Zeit und in Anlehnung an die Psychoanalyse zum Gegenstand einer eigenen Wissenschaft, der Psychohistorie, erhoben worden. Die Psychohistorie strebt eine Vertiefung der historischen Analysen um die Dimension der unbewussten, nicht-rationalen Antriebskräfte an, die die Handlungen der Individuen und Gruppen beeinflussen oder sogar bestimmen. Vgl. K. Spillmann, Die psychologische Dimension der Geschichte. In: Schweizerische Monatshefte, Dezember 1978, S. 941-948.

griffen werden. Eine Reihe von Textstellen, insbesondere aber Quellen, wurden daher über längere Passagen wörtlich zitiert. Dieses Vorgehen erschien unumgänglich, um deren Originalcharakter unverfälscht wiederzugeben. Eine indirekte oder abgekürzte Wiedergabe der Textstellen hätte deren Belegcharakter stark eingeschränkt; auch wäre der Sprachstil und der dahinter stehende Zeitgeist nicht zum Ausdruck gekommen.

Die Auswertung des Quellenmaterials wurde im Falle der Basler Mission und der Kolonialschule in Witzenhausen durch Umfragen unter deren Absolventen ergänzt.

Bei der Bearbeitung der postkolonialen Ausbildungsinstitutionen standen die Auswertung von Akten, Interviews mit den jeweiligen Leitern sowie teilnehmende Beobachtung an Unterrichtsveranstaltungen im Vordergrund.

Eine Sondersituation lag bei der Darstellung des Interdisziplinären Nachdiplomkurses über Probleme der Entwicklungsländer an der ETH Zürich vor, da der Verfasser dort über vier Jahre in leitender Funktion tätig war. Es war nicht zu vermeiden, dass in diesem Falle subjektive Erfahrungen — trotz Bemühens um deren Eliminierung — miteinflossen.

Zur Abrundung des Gesamtbildes wurden noch Interviews mit einigen Fachleuten, wie z.B. Winfried Böll, Paolo Freire und Roy Preiswerk geführt.

3. BEURTEILUNGSRAHMEN

Den Beurteilungsrahmen zur Ueberprüfung der zentralen These dieser Studie bilden die Fragenbündel "Experte" und "Ausbildungsinstitutionen".

Aus dem Fragenbündel "Experte" ergaben sich folgende Einzelfragen:

Wie sahen bzw. sehen die Anforderungsprofile der kolonialen und postkolonialen Experten aus? Welche Unterschiede lassen sich erkennen? Wirkten sich die veränderten Anforderungen auf die Lehrinhalte aus? Warum wurde eine vorbereitende Ausbildung der Experten erforderlich?

Aus dem Fragenbündel "Ausbildungsinstitutionen" wurden nachfolgende Einzelfragen abgeleitet:

1. Welche Personen und Personenkreise waren bei der Gründung massgebend? Welche Interessen leiteten sie? Lassen sich Auswirkungen dieser Motive erkennen?
2. Wie sahen die Adressatenmerkmale aus?
3. Wie lang war die Ausbildungsdauer und warum war sie unterschiedlich?
4. Wie waren die Lehrziele formuliert?
5. Welcher Erziehungsstil wurde praktiziert?

6. Was für ein Expertenbild wurde vermittelt?
7. In welcher Form wurde der Unterricht durchgeführt?
8. War der Unterricht praxisorientiert?
9. Konnten die Adressaten den Unterricht mitgestalten?
10. Wurden im Unterricht menschliche und psychologische Probleme der Zusammenarbeit berücksichtigt?
11. In welchem Umfang wirkten die Ausbildungsstätten als Sozialisationsinstanzen (1)?
12. Wie erfolgreich waren die Ausbildungsstätten, gemessen am Prozentsatz der in Uebersee bzw. in der Entwicklungszusammenarbeit tätigen Absolventen?

Die Antworten auf die Fragen 1-3 werden am Schluss der Studie in Uebersichten zusammengefasst.

Die Fragen 4-12 werden in Kriterien für Ausbildung umgesetzt, beantwortet und finden ihren Niederschlag in "realen" Profilen von Ausbildungsstätten. Diese werden im Schlussteil einem fiktiven Idealprofil (2) gegenübergestellt (vgl. Abb. 1).

Die Institutionsprofile ermöglichen es, die jeweiligen Besonderheiten darzustellen und erleichtern zudem eine Typisierung. Man muss sich allerdings darüber im klaren sein, dass die "realen" Institutionenprofile nur Tendenzen aufzeigen können, die zudem auf subjektive Bewertungen des Verfassers beruhen. Die verwendeten Kriterien sind nicht objektiv erfassbar und messbar.

Trotz dieser Einschränkung erleichtert die gewählte Vorgehensweise den Vergleich zwischen den acht Einzelinstitutionen und den kolonialen und postkolonialen Ausbildungsinstitutionen. Die angestrebte vergleichende Beurteilung wird allerdings durch die unterschiedliche Datenlage teilweise beeinträchtigt. So liegen z.B. für die Basler Mission sorgfältig geführte und umfangreiche Statistiken über den Verbleib der Absolventen vor, während für das Hamburgische Kolonialinstitut entsprechende Statistiken fehlen.

---

1 Nach Rückriem vermitteln Sozialisationsinstanzen Normen und Werte, steuern und lenken Lernprozesse, in denen der Einzelne Rollen übernimmt und Positionen einnimmt, und sie handhaben die soziale Kontrolle, wenn der Einzelne den ihm angetragenen Rollenerwartungen nicht entspricht. Sie sind es auch, die die gelungene Anpassung belohnen und den Widerstand bestrafen und so den Erfolg der Sozialisation überwachen, d.h. sie sind die Träger der sozialen Sanktionen. G.M. Rückriem, Der gesellschaftliche Zusammenhang der Erziehung. In: Funk-Kolleg, Erziehungswissenschaft 1, Frankfurt a.M. 1977, S. 270.
2 Dieses fiktive Idealprofil einer Ausbildungsinstitution spiegelt die bildungspolitische Ueberzeugung des Verfassers (und wahrscheinlich auch vieler Erziehungswissenschaftler) wieder.

ABB. 1: FIKTIVES IDEALPROFIL EINER AUSBILDUNGSINSTITUTION

KRITERIEN	BEWERTUNG	+ 2	+ 1	- 1	- 2	BEWERTUNG
ZIELFORMULIERUNG	klar	○				verschwommen
ERZIEHUNGSSTIL	sozial-integrativ	○				autokratisch
VERMITTELTES EXPERTENBILD	partner-schaftlich	○				patriarchalisch
UNTERRICHTSFORM	gruppen-orientiert	○				lehrer-zentriert
PRAXISORIENTIERUNG	stark	○				schwach
MITGESTALTUNG DURCH ADRESSATEN	ausgeprägt	○				nicht vorhanden
PSYCHOL. PROBLEME D. ZUSAMMENARBEIT	mitberück-sichtigt	○				unberück-sichtigt
WIRKUNG ALS SOZIALISATIONSINSTANZ	gering			○		hoch
% DER IN UEBERSEE TAETIGEN ABSOLV.	100 %	○				0 %

ERSTER TEIL: DER KOLONIALEXPERTE IM KONTEXT SEINER AUSBILDUNG

1. GRUNDLAGEN

1.1 Der Kolonialexperte

1.1.1 Versuch einer Definition und Interpretation

Unter kolonialen Experten sollen Angehörige diverser Berufsgruppen verstanden werden, die im Auftrag von Institutionen (z. B. Missionswerken, Handelsgesellschaften, Regierungen) oder auf eigene Initiative in einem oder mehreren Ländern ausserhalb ihrer Herkunftsregion tätig wurden, um zum einen die Ziele ihrer Entsendeinstitution bzw. ihre eigenen Ziele zu realisieren und zum anderen – wenn auch in beschränkterem Umfang – ihre Fähigkeiten und Kenntnisse an Dritte weiterzugeben.

Dementsprechend ist ein

- **Missionar** ein Fachmann insbesondere für Glaubensfragen, der den Auftrag hat, "Heiden" zum christlichen Glauben zu bekehren.

- **Kaufmann** ein Fachmann für Handelsfragen, der individuell oder im Auftrag einer Handelsgesellschaft neue Absatzwege und Rohstoffquellen erschliesst und ausbaut.

- **Siedler** ein Fachmann für Landwirtschaft, der in eigener Regie oder im Auftrag Dritter Land bebaut bzw. verwaltet.

---

1 Da die nachfolgende sachbezogene Darstellung kaum etwas von den Menschen, die sich dahinter verbergen, erahnen lässt, sei auf die vielen lebendigen Beispiele der Kolonialbelletristik verwiesen, die oft den Charakter der Epoche besser als irgendein anderes Dokument verdeutlichen. Vgl. z. B. U. Bitterli, Conrad-Malraux-Green-Weiss. Schriftsteller des Kolonialismus. Zürich, Köln 1973 sowie U. Timm, Morenga. München 1978.

- Administrator ein Fachmann für Verwaltungs- und Organisationsfragen, der im Auftrag seiner Regierung Verwaltungs- und/oder Hoheitsfunktionen wahrnimmt. (1)(2)

Die Aufgaben des vorgenannten Personenkreises waren eng verbunden mit Herrschaft. Ohne Absicherung durch Herrschaft konnten die Kolonialexperten ihre Aufgaben nicht erfüllen. Albertini (3) reserviert den Begriff "Herrschaft" für die Administration, unter der er Fremdherrschaft versteht und die primär die Aufgabe hatte, "Herrschaft zu etablieren, deren Dauer zu gewährleisten, Widerstände zu beseitigen oder zu neutralisieren und gleichzeitig die Aktivität der Europäer in den Kolonien zu ermöglichen – eine Aktivität, die in erster Linie als 'wirtschaftliche Erschliessung des Landes' verstanden wurde und primär der Metropole Vorteile einbringen sollte. Sie war Herrschaft einer Minderheit von Europäern – Offizieren, Beamten, Kaufleuten oder Siedlern (4) – über eine Bevölkerung anderer Rasse und Zivilisation ... ."

Dicht verwoben mit der Herrschaftsausübung und -absicherung und der jeweils spezifischen Aufgabenerfüllung waren Prozesse offener und verdeckter Wertübertragungen. Die Kolonialexperten hatten nicht nur technisch-organisatorische Kenntnisse und Fertigkeiten importiert, sondern auch die Normen ihrer abendländisch-industriellen Gesellschaft. (5) Die einheimischen Eliten, später auch grössere Bevölkerungsteile, wurden so ihrer traditionellen Verhaltensweisen und Wertvorstellungen entfremdet und von ihnen abgekoppelt. (6) Die Kolonialexperten waren die Transmissionsriemen diverser Penetrationsprozesse.

---

1 Selbstverständlich sind noch weitere Gruppierungen, wie z.B. die des Soldaten, denkbar. Erinnert sei hier nur an die Tätigkeit deutscher Militärberater in China. Seit 1885 war der ehemalige Kolonialoffizier Georg von Glasenapp als Instrukteur der chinesischen Armee tätig, der weitere Offiziere nach sich zog. Vgl. Der Spiegel, 20, 32. Jahrgang, 15. Mai 1978, S. 108ff sowie A. Lätt, a. a. O.
2 Die einzelnen Expertengruppen sollen als Idealtypen aufgefasst werden. Der Realtyp war oft ein Mischtyp, z.B. Missionar/Kaufmann oder Kaufmann/Administrator.
3 R. von Albertini, Europäische Kolonialherrschaft 1880-1940. Beiträge zur kolonialen Ueberseegeschichte, hrsg. von R. von Albertini und H. Gollwitzer, Band 14, Zürich und Freiburg i. Br. 1976, S. 385.
4 Hier hat Albertini offenbar die Missionare vergessen, auf deren Rolle er im allgemeinen ausführlich hinzuweisen pflegt.
5 Vgl. E. Keller, Strukturen der Unterentwicklung. Indien 1857-1914. Eine Fallstudie abhängiger Reproduktion. Zürich 1977, S. 58.
6 Heussler bemerkt über die europäischen Kolonialsysteme: "All produced native elites devoted, even fanatically so, to the imported culture.", R. Heussler, Yesterday's Rulers. The Making of the British Colonial Service. Syracuse 1963, S. 213.

1.1.2 Lebensumstände, Schwierigkeiten und Probleme

Von Missionaren sind aufgrund ihres ausgeprägten Berichtswesens auch die frühesten (1) und ausführlichsten Berichte überliefert, in denen die Schwierigkeiten, Probleme und Entbehrungen geschildert werden. Von Raubüberfällen (2), der Härte der Missionsarbeit (3), ihren Schwierigkeiten, einheimische Sitten (z. B. Verehrung der Kuh in Indien) (4) zu verstehen, ihrer Furcht vor wilden Tieren (5), aber auch von den angenehmen Seiten ihres Lebens (6) wird berichtet.

Sehr früh wurde erkannt, dass die Kenntnis der einheimischen Sprache die Schwierigkeiten erheblich mildern konnte:

"Die Haupt=Ursach aller derley Widerwärtigkeiten war die Sprach/ indem wir Anfangs nicht könten Spanisch/ sie aber nicht wolten Lateinisch reden/ um uns hiedurch zu zwingen/ ihre Land=Sprach zu lehrnen/ weil die Spanier

---

1 Die Missionare waren an vielen Stellen der Erde vor den Händlern, Siedlern und Beamten in bis dahin unberührte Gegenden Afrikas, Südamerikas und Asiens vorgedrungen. Vgl. J. Hermelinck, Die christliche Mission und der Kolonialismus. In: Das Ende der Kolonialzeit und die Welt von morgen. Eine Vortragsreihe des Heidelberger Studios des Süddeutschen Rundfunks. Stuttgart 1961, S. 31.
2 Die Missionare wurden "in den Bergen urblützlich von mehr dann zweyntzig Mörder angefallen unnd alles Gelt ... samt allem anderen Blunder ... geraubt". Sendschreiben von dem Wohlstand und glückseligen Fortgang der Christenheit in den Orientalischen Indien: durch den ehrwürdigen Patren Nicolaum Pimentan, der Societet IESV in denselben Indien Visitatoren/An seinen Hochehrwürdigen Generalen P. Claudium Aqua uiua auss Goa Letstn Novemb. Anno 1600 geschrieben und Jetzundt Teutsche Nation zu Nutz/Lust und Wohlgefallen in ihr gemeine Sprach versetzet. Constantz 1602, S. 37.
3 In Bekerung aber diser Heydenschafft ist grosse Gedult vonnöten/biss sie Gott der Herr dermahlen eines mit dem Liecht seiner Göttlichen Gnaden erleuchtet ... Es thun uns aber die Brachmani so dero Heyden Lehrmeister/grosse Widerstandt. Ebenda S. 95.
4 Sie beklagen, "dass solche sonst so vernünfftige und scharpffsinnige Leute ... in so groben und abscheuhlichen vihische Irrtumben stecken." Ebenda S. 98.
5 Es manglet aber auch nit an Tigerthieren und Crocodilen/so auss unser Nachlässigkeit oder Schuld/den Menschen als ihr Speiss hefftig nachstellen." Ebenda S. 131.
6 Der Lufft dess Landts ist so temperiert und gesund/dass die Innwohner schier nit wissen, was da seye kranck sein. Ebenda S. 140.
... und dass die Wälder überflüssig voll Pomerantzenäpffel, ... Feygen, Birn und andere vil und süsse Sorten Ops sein. Ebenda S. 138.

in beyden Indien gleich denen alten Römern vest darauf halten/ dass ihre Sprach samt ihrer Bottmässigkeit gleiches Schritts in der Welt fortgepflanzet werde. So bald wir nun in derselbigen uns besser aussgeübt hatten/ dass wir nicht allein mit ihnen hurtig reden/ sonder auch Beicht hören/ und andere geistliche Aemter verrichten kunten/ haben sie uns/ also zu sagen/ auf Händen getragen/ und alles/ was sie uns an denen Augen ansahen/ zu Gefallen gethan/ dass wir die Lieb/ Ehr und Freygebigkeit/ so sie uns von der Zeit an erwiesen/ nicht genug loben können." (1)

Trotz der harten Lebensbedingungen empfanden zumindestens einige Missionare ihr Leben erträglich bis vergnüglich. Ein Pater berichtet:

"Weil die unserigen hier Lands ein überauss strenges Leben führen/ und eine immerwährende harte Fasten beobachten/ ist allerdings nöthig/ dass welche auss Europa zu dieser Mission Lust haben/ einer starcken und vesten Natur seyen; angesehen sie zu allihrer Nahrung nichts als Reiss/ Kräuter und Wasser haben/ hingegen auch von oben mit desto mehrerem Geistlichen Trost / Freud und Vernügen werden heimgesucht werden. Dann ich kan Euer Ehrwürden versichern/ dass ich die Zeit meines Lebens niemahls also vergnügt gelebt habe/ als hier mit meinem Reiss/ Kraut und Wasser." (2)

Es fehlt auch nicht an bildhaften Schilderungen über die Marthyrien, die die Missionare erleiden mussten:

"Manche aus euch seynd aus Hass des Glaubens in Flüssen oder in dem Meer ertränket/ mithin von Crocodillen oder Fischen verschluckt: andere mit Schlacht=Sensen/ Beilen und Schwerdten enthauptet: einige an Händen und Füssen gestümmelt/ nachmals aber erst entleibt: andere an Mast= Bäume oder an Galgen aufgeknüpfft: etliche samt ihren Schiffen/ auf welchen sie reiseten/ lebendig verbrennt: diese gebraten/ von denen Barbarn ver= zehrt/ und ihre Hirnschaale zu Trinck=Geschirr gemacht: jene geschunden/ Riem=weis zerschnitten/ gemetzget oder mit feurigen Holtzscheitten am gantzen Leib gesenget: etwelche mit Hunger/ Durst oder Gifft hingerichtet: Viel entweder mit Wurffspiessen und Lantzen durchrennet/ oder mit Pfeilen erschossen/ oder mit Kolben erschlagen/ oder mit Ochsen=Sennen zu Tod gepeitschet/ oder auf andere Weise um das zeitliche Leben gebracht worden/..." (3)

---

1 J. Stöcklein. Allerhand so lehr- als geist-reiche Brief/Schrifften und Reis-Beschreibungen/ welche von den Missionariis der Gesellschaft Jesu aus beyden Indien/ und anderen über Meer gelegenen Ländern/ seit anno 1642 biss auf das Jahr 1726 in Europa angelangt seynd. Augspurg und Gratz 1726 (zukünftig zitiert als "Briefe und Schriften". Brief Num. 52. Anno 1688. P. Kaller zu Mexico.
2 J. Stöcklein, Briefe und Schriften, Brief Num. 59. Anno 1700. P. Manduit zu Puleur.
3 Ebenda.

In vielen Berichten werden den Missionsbrüdern eine Reihe von wertvollen Ratschlägen basierend auf eigenen Erfahrungen übermittelt. (1) Delavignette urteilt 1961 rückblickend über die Missionare:

"Ja, sie waren Kolonisatoren, diese Missionare und zwar in Zeiten, da die Kolonien das Chinin noch nicht kannten, da die Backofenhitze und die Schwüle der Tropen durch keinerlei Komfort gemildet wurden. Sie setzten ihre schlecht genährten Körper den saugenden Sonnenstrahlen aus. Man sollte nicht vergessen, dass die Missionare, wenn sie auch das Leben der Kolonisatoren führten, dieses auf der niedrigsten Stufe lebten." (2)

Und weiter heisst es:

"Das koloniale Leben im Busch hatte in seinen Anfängen nichts mit dem gemeinsam, zu dem es später in den europäisierten Städten wurde. In seiner primitiven Form hat es all die stark geprägt, die es führten. Aus dem gleichen Grundstoff wurden sowohl der Funktionär wie der Kaufmann, der Soldat und der Prediger gegossen. ... So waren alle diese weissen Männer, die Europa verliessen, um in den Dschungeln und Wüsten Afrikas und Asiens die Welt zu entdecken von einer besonderen Art. Sie schufen sich selbst als Menschen in irgendeiner Ecke Afrikas oder Asiens ein neues Leben. Der Missionar, der Mann Gottes, war auch einer dieser Pioniere." (3)

Diese Bemerkungen über die Lebensumstände der Missionare können mutatis mutandis auch für die anderen Kolonialexperten gelten. (4)

Zu Beginn des 20. Jahrhunderts hatte sich an den schwierigen Lebensbedingungen der Kolonialexperten nur wenig geändert. Dernburg (5), Staats-

---

1 Vgl. o. V., Instruktionen für vier unserer geliebten Missions-Zöglinge, Jakob Lang, Friedrich Werner, August Dittrich und Felizian Zaremba von denen die beyden Ersteren nach Halle, und die beyden Letzteren nach Petersburg und dem Schwarzen Meere die Reise antreten sollen. Vorgetragen in der Stunde ihrer feyerlichen Einweihung zum Missions-Dienst, Donnerstag, den 21. Juni 1821, Basel 1821, S. 36f, zukünftig zitiert als "Instruktionen von 1821", siehe auch Anhang I.
2 R. Delavignette, Christentum und Kolonialismus. Zürich 1961, S. 60.
3 Ebenda S. 61/62.
4 Die Lebensbedingungen der Kolonialexperten anderer Kolonialmächte waren ähnlich schwierig. Vgl. auch Anhang II: Berichte über die Lebensumstände englischer Kolonialexperten.
5 B. Dernburg, Rede zur Eröffnungsfeier des Hamburgischen Kolonialinstituts. In: H. Rathgen, Beamtentum und Kolonialunterricht. Hamburg 1908, S. 17f.

sekretär im Reichskolonialamt von 1906-1910, berichtet hierüber nicht zuletzt aufgrund eigener Erfahrungen in den Kolonien:

"Wer die Kolonien des deutschen Reiches kennt, der weiss, in welchem Stadium der Entwicklung sie sich noch befinden, der weiss, was für Entbehrungen, soziale und materielle, einem jungen Deutschen auferlegt werden, der hinausgeht."

Ferner führte er aus, dass der Mangel an geistiger Anregung, der Mangel eines geeigneten gesunden Klimas oft drücke und bedrücke und deshalb eine wirklich wertvolle Leistung nicht aufkommen lasse.

Dernburg weist auch auf gewisse Gefahren hin:

"Die Einkommen der jungen Ueberseeer pflegen höher zu sein als in der Heimat; eine Kontrolle und ein Familienanschluss ist auch dort schwer zu erzielen. Die Versuchung, allerhand Unmässigkeiten und schlechten Gewohnheiten sich hinzugeben, ist eine sehr grosse. Hauptsätzlich tragen dazu bei die ausserordentliche Leichtigkeit, mit welcher im Osten und in Südamerika jungen Leuten Kredit gewährt wird, und wenig empfehlenswerte Trinksitten, die schon um Mittag zu starkem Alkoholkonsum verführen." (1)

Auch an anderer Stelle wird geklagt: "Die Macht dieses Erbfeindes unseres Volkes ist, gestützt auf die Trinksitten und das törichte Wort 'Repräsentation', in den Kolonien noch riesengross. Kein Volk der Erde ist der Macht des Trinkens so untertan, wie das unsrige; der Deutsche bewahrt seine alkoholischen Bräuche treu bis in die heissesten Länder, oft getreuer als die Zugehörigkeit zu seinem Volke." (2)

Resümierend lässt sich feststellen, dass die Kolonialexperten unter harten Bedingungen (z.B. ungesundes Klima, materielle und soziale Entbehrungen) lebten, und dass ihre Existenz durch vielfältige Gefahren (z.B. durch Krankheiten) bedroht war.

Schwierigkeiten ergaben sich u.a. auch aus der Unkenntnis der einheimischen Sprachen, aus dem Unverständnis gegenüber fremden Kulturen, aus

---

1 B. Dernburg, Die Vorbedingungen für erfolgreiche koloniale und überseeische Betätigung. Berlin 1912, S. 28.
2 o.V., Die Gesundheitsverhältnisse in unseren Kolonien. In: Jahrbuch über die deutschen Kolonien, 6. Jahrgang, 1913, S. 44. In einem Artikel der Deutschen Kolonialzeitung vom 5.3.1892 wurde sogar festgestellt, dass der Deutsche mit seiner Vorliebe für Bier für den Tropendienst nicht geeignet sei, da Biertrinkern die Anpassung an die Tropen besonders schwerfalle.

dem z. T. übermässigen Alkoholgenuss und dem leichtfertigen Umgang mit
Geld.

Mit einer den damaligen Möglichkeiten und Kenntnissen entsprechenden
Vorbereitung wurde versucht, die Kolonialexperten gegenüber diesen
Schwierigkeiten und Problemen zu wappnen.

1.1.3 Leitbilder und Anforderungsprofile

Aufgrund der bekannten Dokumentationsfreudigkeit der Kirche sind frühe
Belege zum Anforderungsprofil der Missionare überliefert. Als grundlegend können die von der Propagandakongregation des Heiligen Stuhls herausgegebenen "Richtlinien für die apostolischen Vikare, die in die chinesischen Königreiche von Tonking und Indochina reisen", von 1695 angesehen
werden. Hierin heisst es u. a. :

"Bemüht Euch nicht, bringt keine Argumente vor, um diese Völker zu
überzeugen, ihre Riten, ihre Bräuche und ihre Sitten zu ändern, es sei
denn, sie stünden in offenem Widerspruch zur Religion und Moral. Was
könnte absurder sein, als den Chinesen Frankreich, Spanien oder irgendein anderes europäisches Land zu bringen?" (1)

Für Kritiker der Mission muss es schwer verständlich sein, dass die
Respektierung der Gewohnheiten fremder Völker besonders betont wurde.
Diese Sätze haben auch nach über 280 Jahren nichts von ihrer Bedeutung
verloren.

Die o. g. Richtlinien enthielten ferner Hinweise bezüglich der Ausbildung
eines einheimischen Klerus und des Gebots der Armut.

Auch im deutschsprachigen Raum gibt es frühe Belege für die Anforderungen
an zukünftige Missionare. Naturgemäss stand die wahrhafte und gründliche
Bekehrung und die Gewissheit der göttlichen Berufung im Vordergrund.
Aber auch Intelligenz, Fremdsprachenkenntnisse und eine gesunde, kräftige
Konstitution waren gefragt. (2)

---

1 Zitiert nach R. Delavignette, Christentum und Kolonialismus, S. 53.
2 So heisst es im "Magazin für die neuste Geschichte der evangelischen
 Missions- und Bibelgesellschaften. Basel 1839, S. 383ff. u. a. :
 "Die erste Grundbedingung, unter welcher ein junger Mann allein tüchtig zum Missionswerke werden kann, ist eine wahrhaftige und gründliche Bekehrung ...
 Ein zweites Erfordernis, das wir an unsere jungen Missionsfreunde
 stellen möchten, betrifft die intellektuelle Befähigung, die bei den mannigfachen schwierigen Aufgaben, die ein Missionar zu lösen hat, immer

Ihre Aufgaben waren vielfältig. Die Missionare mussten neben ihren eigentlichen Funktionen auch solche nicht-kirchlicher Art übernehmen. Sie waren "Prediger, Priester, wie auch Kriegsleut, Bauren und Maurer zu gleicher Zeit". (1)

Delavignette bezeichnet den Missionar als ein Mädchen für alles. "Er war Architekt, Unternehmer, Maurer, Strassenbauer, Pflanzer und darin zeigte er eine grosse Verwandtschaft zu den anderen Mädchen für alles, dem kolonialen Mann im Busch oder in der Steppe." (2)

Ihr Pflichtenheft sah z.B. wie folgt aus:

- "Ausbreitung des Wortes Gottes in den zahlreichen Sprachen und Dialekten jener Völkergebiete ...

---

unentbehrlicher wird. ..."
Des weiteren wird betont, "dass es eine unvergleichlich wichtige und köstliche Sache ist, die heiligen Schriften in der Ursprache lesen zu können, und sodann, dass die Völker, unter denen das Evangelium soll verkündet werden, fremde und zum Theil für uns Abendländer äusserst schwere Sprachen reden, die die Missionarien eben verstehen und sprechen müssen, so wird uns klarwerden, wie nötig auch eine gewisse wissenschaftliche Vorbildung und eben darum eine gewisse geistige Befähigung hierzu notwendig ist. ... in diesem Sinne glauben wir, von den eintretenden Brüdern eine gewisse geistige Befähigung voraussetzen zu müssen, die theils in einer ganz einfachen, aber gediegenen Schulbildung (wie sie z.B. in guten Landschulen Württembergs gegeben wird), theils im leichten Auffassungsvermögen, guten Gedächtnis, und gewandter Urtheilskraft bestehen möchte."
Ferner wurde darauf hingewiesen, dass es für die Missionare nützlich ist, wenn sie in "richtigem und ausdrucksvollem Lesen, dem gewandten Rechnen und den Elementen der Geographie recht zu Hause sind, namentlich aber eine gewisse Fertigkeit besitzen, ihre Gedanken geordnet, klar und bestimmt auszusprechen und niederzuschreiben.
Eine dritte Bedingung, die wir als Massstab der Befähigung eines Jünglings zum Missionsdienst mit grosser Bestimmtheit hinstellen müssen, ist die Gewissheit göttlicher Berufung zu diesem Amte. ... Kaum wird es nöthig seyn, noch als vierte Bedingung einige äusserliche Dinge zu nennen. Eine gesunde, kräftige Konstitution ist bei einem Missionar ebenso sehr, als bei irgendeinem anderen Berufe, in hohem Grade notwendig. Sind doch die leiblichen Mühseligkeiten, Entbehrungen und Beschwerden so viele, die in fremdem Klima, auf mühevollen Reisen, in Ländern, wo die gewohnten Bequemlichkeiten eines Europäers gänzlich fehlen, des Heidenboten warten!"

1   J. Stöcklein, Briefe und Schriften, Brief Nr. 1, 1677.
2   R. Delavignette, Christentum und Kolonialismus, S. 59.

- Erlernung einiger der ausgebreitetsten und gangbarsten Völkersprachen jeder Gegenden, welche für das Fach der Bibelübersetzungen sowohl als für die Sprachstudien unserer evangelischen Missionsschule fruchtbare Beziehungen darbieten.

- Errichtung eines tartarisch-persischen Kollegiums.

- Aufstellung einer Druckerpresse an irgendeiner geeigneten Stelle des Schwarzen oder Kaspischen Meeres, um mit derselben nicht nur den Druck neuer Bibelübersetzungen hulfreiche Hand zu leisten, sondern auch den gangbarsten und gelesensten Sprachen jener Völker in kleinen inhaltsreichen Blättern die neusten Nachrichten aus dem Reich Gottes allgemein bekanntzumachen, und die Volksschulen mit zweckmässigen Elementarbüchern des Unterrichts zu versehen." (1)

Bereits mit Beginn der deutschen Kolonialzeit war den Vertretern kolonialer Interessen (Handelsfirmen, Regierung, Mission) klar, dass es eines besonders qualifizierten Kaders bedurfte, um die erworbenen Gebiete zu verwalten und wirtschaftlich auszunutzen. So schrieb bereits Warneck 1885 folgendes:

"Wenn irgendwo die Persönlichkeit der leitenden Männer von geradezu ausschlaggebender Bedeutung und vielmehr wert ist als selbst die besten Gesetze und Verordnungen, so ist das in den so weit entfernten Kolonien der Fall, deren ganzer Zuschnitt mit dem der heimatlichen Verhältnisse so grundverschieden ist. Dass dort bureaukratische Pedanten von übel sind, vielmehr Charaktere gebraucht werden von grosser Selbständigkeit, mit der Fähigkeit, sich den fremden Verhältnissen anzupassen und in ihnen eigene Wege zu gehen ist von selbst einleuchtend. Aber noch mehr. Diese Männer müssen auch neben gründlicher Sachkenntnis und pädagogischer Begabung im weitesten Sinne des Wortes etwas Patriarchalisches haben und mit ehrfurchtsgebietender Autorität eine väterliche Gesinnung gegen die Eingeborenen verbinden, ihre Sprache reden und ihre Interessen ebenso vertreten wie die der Weissen. Ja, auch das ist noch nicht genug: es müssen gewissenhafte, unparteiische, sittlich-ernste und besonders gegen fleischliche Versuchungen gewappnete, religiös gegründete Männer sein; Leute, welche daheim in ihrer Laufbahn Schiffbruch gelitten, ihren guten Namen verloren und einen unsittlichen Wandel geführt, können wir als Kolonialbeamte nicht brauchen. Es wäre ein Unglück, wenn man die Kolonien als Versuchsstation für Abenteurer oder sittlich bankrotte Existenzen ansehen und verwerten wollte." (2)

---

1 Instruktionen von 1821, S. 48.
2 G. Warneck, Welche Pflichten legen uns unsere Kolonien auf. In: Zeitfragen des christlichen Volkslebens, Bd. XI, Heft 3/4, 1885, S. 92f. Dieses Zitat wurde in voller Länge wiedergegeben, da hier zum erstenmal ein recht vollständiges Anforderungsprofil an einen Kolonialexperten

Beneke betont schon frühzeitig die Anpassungsfähigkeit an unbekannte Verhältnisse sowie die Eigenständigkeit. (1)

Fabri meinte, dass dem Kolonialbeamten neben einer allgemeinen Bildung gesunder Menschenverstand, ruhige Beobachtungsgabe, sprachliche Begabung, humane Gesinnung, Selbstbeherrschung und Entschlossenheit nicht fehlen dürfe. (2)

In diesem Zusammenhang mag es interessant erscheinen, einen kurzen Blick auf die Anforderungsprofile der englischen "sun dried bureaucrats" (3) zu werfen.

Besonderen Wert wurde auf charakterliche Qualitäten gelegt. Hall überliefert folgende Bemerkung eines hohen Kolonialbeamten: "I think that certain moral qualities - integrity and honorable esprit de corps, are as really valuable for our purposes as intellect and its appendages. I think the habits and manners of a gentleman are also valuable." (4)

Aehnliches galt für den indischen Dienst: "Die Aufgaben, die die indische Verwaltung stellt, sind ganz besonders geeignet, Männer heranzubilden, wie wir sie bei uns am nötigsten haben -- entschlossene, willensstarke Männer, hochbefähigt zu regieren und zu organisieren, Männer, die gewohnt sind, mit Tatsachen mehr als mit Worten umzugehen und Massregeln nach ihrem inneren Wert und nicht nur nach Parteivorteilen abzuschätzen, Männer, die die menschliche Natur in allen ihren Arten, Erscheinungen und Verkleidungen zu beurteilen verstehen." (5)

---

formuliert wurde. Ein ähnliches Profil ergab sich für den kolonialen Kaufmann. Vgl. G. A. Wanner, Die Basler Handelsgesellschaft AG 1859-1959. Basel 1959, S. 489.
1 M. Beneke, a. a. O., S. 2: "Vielmehr als im Mutterlande kommt es in den Kolonien auf die individuelle Befähigung der einzelnen Beamten an, welche – oft plötzlich, in ihnen ungewohnte, in der Regel, wenigstens bisher, auch unbekannte Verhältnisse versetzt, zu einer leitenden oder doch verhältnismässig unabhängigen Stellung berufen sind und die Angelegenheiten eines ausgedehnten und entwicklungsfähigen Gebietes zu ordnen haben."
2 F. Fabri, Fünf Jahre Deutsche Kolonialpolitik. Gotha 1884, S. 126.
3 O'Malley, a. a. O., S. 157.
4 H. L. Hall, The Colonial Office. A History. London, New York, Toronto 1934, S. 75.
5 H. Lecky, Das britische Kolonialreich, 1906, zitiert nach E. Kade. Die Anfänge der deutschen Kolonial-Zentralverwaltung. Würzburg 1939, S. 49.

Und ein Parlamentskomitee äusserte sich 1929 wie folgt: "The special needs (of the administrator) are a liberal education, a just and flexible mind, common sense and a high character, and there is no calculus by which these endowments can be accurately assessed." (1)

Ueber Leitbilder und Rollenanforderungen geben auch Bestimmungen für Kolonialbeamte aus dem Jahre 1909 Auskunft:

"Die Beamten sollen die wirtschaftliche und kulturelle Entwicklung der Schutzgebiete zu fördern bestrebt sein. Sie haben den Deutschen und sonstigen Europäern in der Ausübung ihres Berufes und Gewerbes entgegenzukommen und ihnen sowie den christlichen Missionsgesellschaften weitgehendste Unterstützung zu gewähren. ... Im persönlichen Verkehr müssen sie stets der Pflichten eingedenk sein, welche ihnen ihre Stellung auferlegt. Sie dürfen niemals die erforderliche Ruhe und Besonnenheit verlieren oder sich gar hinreissen lassen, Angriffe und Beleidigungen in gleicher Weise zu erwidern."

Und weiter heisst es:

"Pflicht eines jeden Beamten und Angestellten ist es, in sittlicher Beziehung ein gutes Beispiel zu geben und alles zu vermeiden, was in dieser Hinsicht Aergernis erregen könnte. Es wird mit besonderem Nachdruck darauf hingewiesen, dass das Ansehen des Beamten in den Augen der Eingeborenen durch den geschlechtlichen Verkehr mit eingeborenen Weibern ernsten Schaden leidet. Die Bestimmungen der Paragraphen 174, 176, 177 des Deutschen Strafgesetzbuches gelten in vollem Umfang auch in den Schutzgebieten.

Die Aufnahme unerwachsener weiblicher Eingeborener, sei es als Dienerin, sei es in irgendwelcher anderer Eigenschaft in den Hausstand unverheirateter europäischer Beamter und sonstiger Gouvernementsangestellter, ist unzulässig.

Körperliche Züchtigungen (2) gegenüber Eingeborenen dürfen nur von den dazu ermächtigten Personen und in den verordnungsmässig festgesetzten

---

1 Zitiert nach R. Heussler, Yesterday's Rulers. The Making of the British Colonial Service. Syracuse 1963, S. 19.

2 Hierüber wurden in den amtlichen Jahresberichten des Reichskolonialamtes genaue Statistiken geführt. Die Zahl der Prügel- und Rutenstrafen entwickelte sich kontinuierlich wie folgt:

	1901/2	1912/13
Deutsch-Ostafrika	3.467	8.057
Kamerun	315	4.800
Deutsch-Südwestafrika	257	1.655 (1911/12)
Togo	162	832

F. F. Müller (Hrsg.), Kolonien unter der Peitsche. Berlin 1962, S. 114. Grundlage für diese Dokumentation bildeten die Akten des Reichskolonialamtes im Deutschen Zentralarchiv Potsdam.

Grenzen verhängt werden. Zuwiderhandlungen werden disziplinarisch, gegebenenfalls auch gerichtlich bestraft.

Die Aufrechterhaltung eines guten Verhältnisses zu den Eingeborenen und deren Heranziehung zur Arbeit ist eine der wichtigsten Aufgaben der Verwaltung. Sie hat zur Voraussetzung, dass die Eingeborenen mit Wohlwollen und Selbstbeherrschung behandelt, und dass Uebergriffe und unberechtigte Härten, welche häufig nur auf Unkenntnis der Sprache und Sitten der Eingeborenen zurückzuführen sind, unter allen Umständen vermieden werden. Eine gute Kenntnis der Eingeborenensprache wird daher dem Beamten als besonderes Verdienst angerechnet. Die Ueberlegenheit des Europäers und das Verständnis für die kolonialen Bedürfnisse wird nicht durch selbstbewusstes Herabsehen auf die farbige Bevölkerung dargetan, sondern durch die Erkenntnis ihrer Wichtigkeit für die Entwicklung der natürlichen Hilfskräfte des Landes und durch entsprechende Behandlung." (1)

Besonders interessant sind die Ausführungen von B. Dernburg, Staatssekretär im Reichskolonialamt, über die Anforderungsprofile der Kolonialbeamten, Farmer und Kaufleute:

"Die Beamten müssen fühlen, dass es nicht ihre Aufgabe sein kann, ihre heimischen Begriffe zu übertragen, dass es nicht ihre Aufgabe sein kann, kastenmässig und abgeschlossen, wie leider vielfach in der Heimat, zu existieren, dass jeder Deutsche da draussen, soweit er ein anständiger Mensch ist, ein vollständig gleichberechtigter Pionier, ein vollständig gleichberechtigtes Mitglied ihrer Gesellschaft ist. Sie müssen S o l i d a r i t ä t   d e r   W e i s s e n   g e g e n ü b e r   d e n   S c h w a r z e n   b e t o n e n ...

Dazu müssen sie die Sprache lernen und in die religiösen Anschauungen eintreten. Sie müssen das alles tun, ohne Kleinlichkeit und Vorurteile. Vor allen Dingen aber müssen sie alles vermeiden und sich abgewöhnen, was nach Willkür und nach Selbstsucht aussieht, und sie müssen verstehen, dass nach manchem Ueblen und Hässlichen, was vorgekommen ist, sie ganz besonders auch von der Heimat her unter Beobachtung stehen, und

---

1 J. Tesch, Die Laufbahn der deutschen Kolonialbeamten, ihre Pflichten und Rechte. Mit Genehmigung des Herrn Staatssekretärs des Reichs-Kolonialamtes und der Benutzung amtlicher Quellen. Berlin 1909, 4. vermehrte Auflage, S. 78f.
Die Bestimmungen wurden absichtlich in ihrer Länge wiedergegeben, um deren Authentizität nicht abzuschwächen.
Aus diesen Bestimmungen ist auch ersichtlich, dass die Bemühungen Dernburgs um eine verbesserte Kolonialpolitik ihre Früchte trugen. Vgl. hierzu auch W. Schiefel, Bernhard Dernburg 1865-1937, Kolonialpolitiker und Bankier im wilhelminischen Deutschland, Zürich 1974, S. 82f.

dass die schärfste, nachhaltigste und beste Leistung für die Kolonien gerade diejenige ist, die verlangt wird. ...

Nicht anders aber der **Farmer und der Plantagenbauer**. Auch sie haben mancherlei neue und ungewohnte Arbeitsmethoden zu bemeistern. Sie haben den Umgang mit einer fremden Rasse zu lernen; sie werden in ihren Kulturen mancherlei Fehlschläge zu erwarten haben, sie müssen wissen, dass nur unermüdlicher Fleiss, genaue Verfolgung der Erfahrungen der anderen kolonisierenden Nationen, richtige Beurteilung der Lage des Weltmarktes oder der Bedürfnisse ihrer Umgebung sie vorwärts bringen kann. Und nicht zuletzt muss der **Kaufmann**, derjenige, der zuerst mit den fremden Kulturen, mit den fremden Menschen in Berührung kommt, sich allezeit eingedenk sein, dass er nicht nur seiner wirtschaftlichen Erfolge halber da ist, sondern dass der Schutz, den ihm das Deutsche Reich in seinen Unternehmungen gewährt, **auch die vornehme Aufgabe bringt, sich dem Deutschen Reich als Kulturträger würdig zu erweisen.**" (1)

Dernburg fasst die für den deutschen Kolonialen zum Erfolg erforderlichen Eigenschaften wie folgt zusammen:

"Ein gesunder Körper, geübte Sinne, eine gefestigte und kraftvolle Geistesrichtung, Geduld und Gerechtigkeitsempfinden und eine nicht zu knappe wissenschaftliche Vorbereitung, und es muss sich jeder, der diese Laufbahn ergreift, vorher prüfen mit einem strengen Massstab, ob er solchen Anforderungen gewachsen ist, und ob er die gewissen Güter der Heimat eintauschen will gegen ein Leben, in dem der Mensch im wesentlichen auf sich selbst gestellt ist, sich und der Heimat gegenüber im gleichen Masse eine hohe Verantwortung zu tragen hat. ... Keiner aber kann auskommen ohne die Kenntnis der betreffenden kolonialen Sprachen (2), ohne ein eifri-

---

1 B. Dernburg, Koloniale Erziehung. München 1907, S. 13ff. (Sperrungen im Original).

2 In diesem Sinne äusserte sich auch Fülleborn, ein Dozent am Hamburgischen Kolonialinstitut: "Für alle, die speziell nach Ostafrika gehen, seien es nun Verwaltungsbeamte, Aerzte, Offiziere oder Kaufleute, ist es aber ein unbedingtes Erfordernis, dass sie in Europa gründlich Suhaeli studieren, ohne die Kenntnis dieser in ganz Afrika gangbaren 'Lingua franca' schlechterdings nichts anzufangen ist; auch die Unterweisung der Unterbeamten und Unteroffiziere in Suhaeli, da der Neuankömmling, bis er die Sprache notdürftig erlernt hat, nur eine halbe Kraft ist und oft genug durch Missverständnisse bösen Schaden anrichtet." Denkschrift von Prof. Fülleborn, vom 26. März 1908, S. 2, Staatsarchiv Hamburg, Akte Professorenrat des Kolonialinstituts, EI A, Heft 2.

ges Studium der Psychologie der Eingeborenen (1), ohne möglichst eingehendes Studium der auch den Laien zugänglichen Teile der tropischen Hygiene und Tropenmedizin, ohne gewisse biologische und andere naturwissenschaftliche Vorkenntnisse." (2)

Rathgen führte anlässlich der Eröffnung des Hamburgischen Kolonialinstituts u. a. aus, dass man nicht einfach Kolonialtechniker ausbilden wolle.

"Wir brauchen Männer mit festen Ueberzeugungen, Männer die das Ehrgefühl der Zugehörigkeit zu einem festen und ehrenwerten Stande haben, den sie sauber erhalten wollen, Männer mit fester Staatsgesinnung, welche die dauernden Interessen verteidigen gegen die Interessenten." (3)

Er fügte hinzu, dass das in den Kolonien noch schwieriger sei, in denen der Beamte alleinstehe und wo die Privatinteressen sich in besonders rücksichtsloser Form zur Geltung brächten.

Aus diesen Ausführungen geht hervor, dass an den Kolonialexperten die Anforderungen eines kolonialen "Supermannes" gestellt wurden. Dieser Supermann sollte in hohem Masse folgende Anforderungen in physischer, intellektueller und charakterlicher Hinsicht erfüllen:

- Tropentauglichkeit
- Sprachkenntnisse (lingua franca, einheimische Sprachen)
- Fachkenntnisse

---

1 Vgl. den folgenden Auszug aus der Denkschrift von Prof. Fülleborn, S. 4f:
"Der Wert der Völkerkunde für die praktische Kolonialpolitik wird zur Zeit leider vielfach unterschätzt; ich habe mich jedoch oft genug davon überzeugt, wie unbedingt notwendig es ist, überhaupt erst einmal gelernt zu haben, dass nicht alle Menschen in denselben Bahnen denken und fühlen wie wir Europäer, und, wenn man die Handlungen der Eingeborenen verstehen und sie richtig behandeln will, so müssen einem erst einmal die Augen über diese Dinge durch völkerkundliche Belehrungen geöffnet sein, da dem Laien diese Betrachtungsweise von Haus auf fern liegt. Zu erfahren, unter welchen Bedingungen die Eingeborenen in den einzelnen Kolonien leben, was ihre Rechtsanschauungen sind und wie sich ihre politischen Verhältnisse gestaltet haben etc., wird dem Kolonialbeamten auch nur von Nutzen sein. Ethnologie ist ja keineswegs nur die Kenntnis dessen, was man in den Sammlungsschränken der Museen aufgestapelt sieht!"
2 B. Dernburg, Die Vorbedingungen für erfolgreiche koloniale und überseeische Betätigung. Berlin 1912, S. 25f.
3 K. Rathgen, Beamtentum und Kolonialunterricht. Hamburg 1908, S. 84.

- Landeskenntnisse
- Kenntnisse der Mentalität der Einheimischen
- Eigenschaften wie Entschlossenheit, Selbstbeherrschung, Anpassungsfähigkeit, Selbständigkeit, Solidarität mit den Einheimischen, Fleiss, Hilfsbereitschaft, Geduld, Sittlichkeit, Toleranz, sowie die Bereitschaft, unter einfachen Verhältnissen zu leben.

Dieser Idealtyp kontrastierte stark mit dem Realtyp. (1)

Es war daher offensichtlich, dass Personen, die solche Anforderungen erfüllten, nur durch eine bessere Auswahl ermittelt und die notwendigen Kenntnisse nur durch eine solide Vorbereitung und Ausbildung der Kolonialexperten vermittelt werden konnten.

1.2 Die Ausbildungsfrage

1.2.1 Die Notwendigkeit einer gezielten Ausbildung und Vorbereitung (2)

Mit einer Aneignung neuer Länder durch die europäischen Mächte im 16. und 17. Jahrhundert wurde klar, dass mit der Besitzergreifung allein nichts gewonnen war. Die Weite der Länder, das Klima, der Mangel an qualifizierten Kolonialexperten, ungenügende Landeskenntnisse und die fehlende Infrastruktur, sowie die Unkenntnis der Mentalität der einheimischen Bevölkerung setzten der wirtschaftlichen Entwicklung und Ausbeutung erhebliche Widerstände entgegen. So kam die Frage auf: Wer kann diese Widerstände beseitigen oder mit anderen Worten, wer ist geeignet zur Verwaltung der Kolonien? (3)

---

1 Vgl. hierzu die Ausführungen unter 1.2.1.
2 Für die Notwendigkeit einer Auswahl und Vorbereitung gibt es schon frühe Belege. In einer päpstlichen Bulle vom 14. Mai 1495 wird den Spaniern ans Herz gelegt:
"Ihr sollt die Völker, welche diese Inseln und Kontinente bewohnen, gewegen, den christlichen Glauben anzunehmen. Wir legen euch ans Herz, ... eurem Versprechen gemäss ... ehrenhafte Männer auszuwählen und nach den Inseln und Kontinenten zu schicken, Männer, die Gott fürchten, unterrichtet, geschickt und geeignet, den Bewohnern und Eingeborenen den katholischen Glauben zu lehren und sie zu guten Sitten zu erziehen." Zitiert nach M. Erzberger, Die Kolonialbilanz. Bilder aus der deutschen Kolonialpolitik auf Grund der Verhandlungen des Reichstages im Sessionsabschnitt 1905/6. Berlin 1906, S. 93, zukünftig zitiert als Kolonialbilanz.
3 Vgl. M. Beneke, a.a.O., S. 1.

Menschen mit Tatkraft, Willensstärke, Findigkeit, Unternehmungslust, Anpassungsfähigkeit und Menschenkenntnis waren gefragt. Die Eroberer, die Militärs, die Kaufleute, die der Flagge folgten, boten sich an. Auf dieses Potential musste in den Anfängen der Kolonisation zurückgegriffen werden. Hieraus ergaben sich oft unerwünschte Entwicklungen, die durch die Entsendung von Beamten, die sich dem Aufbau einer Kolonialverwaltung widmeten, abgebaut bzw. beseitigt wurden. Ebenso wie die Militärs und Kaufleute versagten aber oft auch die Beamten bei der Erfüllung ihrer Aufgaben. So kam schon frühzeitig die Forderung auf, die Beamten besser auszuwählen und auch auszubilden.

Die in den Mutterländern übliche Fachausbildung war für die Kolonien keine günstige Voraussetzung erfolgreicher Tätigkeit. Hierzu bedurfte es des Studiums der Sprache, der kulturellen und wirtschaftlichen Verhältnisse. Zudem waren zusätzliche Kenntnisse und Fertigkeiten, z.B. auf dem Gebiet der Landwirtschaft, erforderlich. Der Typ des spezialisierten Generalisten war gefragt, da bei besonderen Fragen nur in Ausnahmefällen Sachverständige zur Verfügung standen. (1)

Bereits Bismarck war sich der Mängel seiner Kolonialbeamten bewusst. Von ihm sind folgende Bemerkungen überliefert:

"Mit preussischen Geheimräten kann ich keine Kolonialpolitik betreiben. Ich kann ihnen doch keinen Landrat nach Kamerun setzen." (2)

"Wie selten sind die Leute unter den höheren Regierungsbeamten, die ich brauchen kann. In der Welt sind sie nicht herumgekommen, fremde Sprachen verstehen sie nicht und denken Wunder was sie sind." (3)

"Die Beamten, die wir hinausschicken, benehmen wie als ob sie den Landrat von Prenzlau zu machen hätten, regieren und diktieren munter drauf los, ohne danach zu fragen, ob ihre Verfügungen auch ausführbar sind und der Lage entsprechen." (4)

Aber schon 1880, 4 Jahre vor Eintritt in die aktive Phase der Kolonialpolitik, war man sich im Auswärtigen Amt im klaren, dass der Ausbildung von Beamten für die Kolonien ein hoher Stellenwert zukommen würde. So

---

1 Vgl. M. Beneke, a.a.O., S. 2.
2 Poschinger, Bismarck und die Parlamentarier, S. 150, zitiert nach E. Kade, Die Anfänge der deutschen Kolonial-Zentralverwaltung, Würzburg 1939, S. 4.
3 Poschinger, Stunden bei Bismarck, zitiert nach E. Kade, a.a.O., S. 4.
4 Von Brauer, Erinnerungen, S. 289, zitiert nach E. Kade, a.a.O., S. 16.

schlug Konsul Weber (1) in einem Vier-Punkt-Programm vor, das als vierten Punkt die "Heranziehung und Heranbildung geeigneter Personen sowohl für Dienstleistungen bei dem Generalkonsulat in Samoa, Tonga und auf anderen Inseln, wie auch für die Uebernahme von Aemtern in Samoa, im Hinblick auf eine Annexion durch Deutschland oder auf eine Ausübung des Aufsichtsrechts" beinhaltete.

Die Kritik an der unzureichenden Vorbildung der Beamten hatte bereits Anfang der 90er Jahre wegen zahlreicher auf das Konto der Beamten gehender Missverständnisse, Konflikte und Fehlverhalten begonnen. 1893 wurde in der Deutschen Kolonialzeitung (2), dem Sprachrohr der Kolonialenthusiasten, scharfe Kritik an der Qualität und Leistung der Kolonialbeamten geübt. Insbesondere die Auswahl und das Fehlen einer intensiven Ausbildung standen im Brennpunkt der Diskussion. In den Zeitungen war zu lesen, dass sich diese verhängnisvolle Entwicklung fortsetzen werde, wenn die Auswahl und die Ausbildung nicht verbessert würde. (3)

1896 fasste der Kolonialrat seine Vorschläge zur Verbesserung der Lage in einer programmatischen Resolution zusammen. (4) 1899 kritisierte der Kolonialrat in einer "Denkschrift, betreffend die Organisation der Verwaltung in den Schutzgebieten" die Personalpolitik der Regierung, die zur Uebertragung des Bürokratismus, Assessorismus, Militarismus auf die Kolonien führe. (5)

Mit dieser Kritik an den Kolonialbeamten hängt zugleich die Frage der Ausbildung zusammen. Die Juristen herrschten im höheren Verwaltungsdienst vor, der "Assesorismus" (6) breitete sich aus. Fachleute mit Kenntnissen

---

1   Zitiert nach M. Nussbaum, Vom "Kolonialenthusiasmus" zur Kolonialpolitik der Monopole. Zur deutschen Kolonialpolitik unter Bismarck, Caprivi, Hohenlohe. Berlin 1962, S. 67.
2   Deutsche Kolonialzeitung, vom 7. Januar 1893, S. 1f.
3   Koloniale Zeitschrift, II (1901) S. 87f.
    Deutsche Kolonialzeitung, vom 1. Januar 1893, S. 1 f; vom 4. März 1893, S. 27f; vom 29. April 1903, S. 63f.
4   Näheres hierzu siehe M.E. Townsend, Macht und Ende des deutschen Kolonialreichs. Leipzig 1928, S. 116.
5   Ebenda
6   Fabri, Inspektor der Rheinischen Mission und einer der führenden Kolonialpropagandisten (vgl. sein Buch: Bedarf Deutschland der Kolonien? Gotha 1879) umschreibt den Assesorismus wie folgt:
    "Es ist die preussisch-deutsche Ueberlieferung, dass nach dreijähriger Immatrikulation auf einer Universität das juristische Referendar- und Assesor-Examen die notwendige Grundbedingung zu Leistungen in den aller verschiedenartigsten Gebieten des Wissens und Lebens sei. ...
    Mag in der Heimat jene Ueberlieferungen noch lange ihre Macht behalten, in der Kolonialpolitik wäre ihre Herrschaft bedenklich. Einige

in den Sozial- und Wirtschaftswissenschaften – damals Staatswissenschaften genannt – waren nicht gefragt.

Erzberger fasst seine Hauptvorwürfe dahingehend zusammen, "dass die Kolonialverwaltung eine ungemein unglückliche, ungeschickte Hand in der Auswahl ihrer Beamten gehabt hat". (1)

Ein weiterer Kritikpunkt Erzbergers richtet sich gegen den Kolonialbürokratismus. Er zitierte einen englischen Kolonialpolitiker aus dem Jahre 1849 der gesagt hat, "dass die englische Kolonialbürokratie bei weitem nicht so schlecht sein würde wie unter ähnlichen Verhältnissen etwa die preussische sein würde." (2)

Nach Erzberger ist es aber noch schlimmer geworden, und er nennt in seinem Buch eine Reihe von Beispielen. (3)

Kenntnis des römischen oder gemeinen oder französischen Rechts ist für den praktischen Kolonialbeamten eine sehr unwesentliche Eigenschaft. Umso wichtiger ist es, dass ihm neben einer allgemeinen Bildung gesunder Menschenverstand, ruhige Beobachtungsgabe, sprachliche Begabung, humane Gesinnung, Selbstbeherrschung und Entschlossenheit nicht fehle." F. Fabri, Fünf Jahre Deutscher Kolonialpolitik. Gotha 1889, S. 125f.
Dernburg urteilte ähnlich wie Fabri:
"Ein Beamter, der in Deutschland etwa für den höheren Justizdienst vorbereitet wurde, der 10 oder 12 Jahre das Gymnasium besuchte, dann drei oder vier Jahre auf die Universität und schliesslich noch vier Jahre Referendär (sic!) oder Assesor war, ist mit diesem Bildungsgang durchaus nicht vorbereitet für die Dienste in den Kolonien. In Deutschland ist er fähig, eine höhere Stellung in der Regierung einzunehmen, von Afrika weiss er gar nichts.
Wir müssen gerade auch hier lernen, wie es die anderen Länder gemacht haben, und es sind auch sehr erfreuliche Ansätze bei uns schon vorhanden." B. Dernburg, Koloniale Lehrjahre. Stuttgart, Berlin, Leipzig 1909, S. 4.
1 M. Erzberger, Kolonialbilanz, S. 10.
2 Ebenda S. 11.
3 So hat man sich in einem Schriftwechsel, der bis nach Berlin seine Wellen geworfen hat, gestritten, ob ein Bürovorsteher gegenüber einem Assessor "ergebenst" sagen dürfe oder die Formel "gehorsamst" anzuwenden habe. Die Sache wurde übrigens dahingehend entschieden, dass der Bürovorsteher gegen einen Assessor in Togo "gehorsamst" zu fühlen habe. Vgl. M. Erzberger, Kolonialbilanz, S. 11.

Auch das moralische Verhalten der Beamten in den Kolonien liess offenbar zu wünschen übrig, sah sich doch der Kolonialdirektor im November 1904 veranlasst, eine Vereinbarung zu treffen, in der sich folgender Passus findet:

"Es wird das Gouvernement angewiesen, dafür Sorge zu tragen, dass, falls der Brauch eingerissen sein sollte, wonach von B e a m t e n a u f R e i s e n von den Eingeborenen Weiber zum geschlechtlichen Verkehr gefordert werden, den Beamten ein solches Verhalten als mit ihrer Würde unvereinbar verboten wird. Auch soll es unstatthaft sein, dass Soldaten, Dolmetscher und ähnliches farbiges Personal von Beamten beauftragt wird, die Herbeischaffung von Weibern für den Geschlechtsverkehr zu vermitteln." (1)

Erzberger hat vor dem Reichstag auch eine Fülle von Vergehen meist höherer Kolonialbeamter behandelt. (2) Die von ihm zitierten Fälle reichen von Urkundenfälschung im Fall Puttkammer über Misshandlungen mit Todesfolge im Falle Horn bis zur Verwendung von Reichsmitteln zur Förderung der Unzucht durch den Bau von Unterkünften für Konkubinen. Auch der Fall des Hauptmanns Thierry bleibt nicht unerwähnt, der den Vater eines katholischen Missionszöglings, der sich aus Angst vor Thierry auf einen Baum geflüchtet hatte, einfach von dem Baum herunter geschossen hat.

Nicht zuletzt die gewaltigen Steigerungen der Ausgaben der Kolonialpolitik machten es erforderlich, diese Summen besser zu verwalten. So wurden noch 1885 für die Kolonialpolitik insgesamt ca. 348'000 Mark ausgegeben. 1895 betrugen die Ausgaben 6'107'100 Mark, 1904 stiegen sie auf 149'490'600 Mark. Erzberger kommt zu dem Ergebnis, dass in 20 Jahren deutscher Kolonialpolitik bereits über 750 Mio. Mark ausgegeben wurden. (3)

Nach Erzberger gab es auch kein bestimmtes Kolonialprogramm, keine einheitliche Kolonialpolitik. Er vermisste eine Darlegung der Grundsätze, nach welchen in den Kolonien gewirtschaftet werden soll. Ueber solche Grundsätze sei auch im Bundesrat in den letzten 20 Jahren noch keine Erklärung abgegeben worden. Erzberger unterschrieb daher den in der Oeffentlichkeit geprägten Ausdruck von der Systemlosigkeit (4) der Kolonialpolitik vollständig.

---

1 Zitiert nach M. Erzberger, Kolonialbilanz, S. 12.
2 Vgl. zum folgenden M. Erzberger, Kolonialbilanz, S. 73-82.
3 M. Erzberger, Kolonialbilanz, S. 8.
4 "Jeder Kolonialdirektor hatte bisher sein eigenes System, und das des Nachfolgers stand sehr oft im grössten Widerspruch mit dem des Vorgängers. Ja, der Nachfolger hatte oft einen grossen Teil seiner ganzen Arbeitskraft darauf zu verwenden, dass er die Fehler seines Vorgängers wieder gut gemacht hat ... Der Herr Reichskanzler hat bereits am letzten Samstag erklärt, er gebe gern zu, dass auf kolonialpolitischem

Die Beispiele Erzbergers bezogen sich auf den Zeitraum 1901-1905. Aber bereits früher wurden die Verhaltensweisen der Kolonialbeamten kritisch betrachtet.

Nach Townsend waren die Geheimräte, Generäle und Abenteurer, aus denen sich die koloniale Beamtenschaft zusammensetzte, höchst unpraktische Menschen. Sie besassen keinerlei Erfahrung, Erziehung und Vorbereitung zum Kolonialdienst und hatten ihre Stellung auch nicht auf dieser Grundlage errungen. "Sie nützten ihre Stellungen zu unbefugten Streifzügen gegen die Eingeborenen aus, erlaubten sich Ausschreitungen aller Art und liessen sich in gesetzwidrige finanzielle Abenteuer ein, ... wodurch die ganze Kolonialpolitik in Verruf gebracht wurde." (1) Dies bildete ein Hemmnis für die deutsche Kolonisation, dessen Ueberwindung viel Zeit und Anstrengung erforderte.

Auch Dernburg war sich der Mängel in der Ausbildung der Kolonialexperten, insbesondere der Kolonialbeamten, bewusst:

"Ganz besonders schwierig liegt die Sache bei den Beamten, deren heimische Vorbildung besonders ungeeignet ist, ein schnelles Einleben herbeizuführen, und die mit manchem europäischen Gepäck in die Kolonien abmarschieren, dass sie je eher je besser über Bord werfen, um auf die Entwicklung derjenigen Eigenschaften den grössten Nachdruck zu legen, die, mit einem unersetzten Fremdwort der Engländer, einen 'Gentleman' machen und in dem Nachbarn einen solchen sehen." (2)

Dernburg beauftragte seinen Mitarbeiter v. Halle, Vorschläge zur Verbesserung der unbefriedigenden Situation zu erarbeiten.

In einer von v. Halle 1907 verfassten Denkschrift heisst es u. a.:

    Gebiet grobe Fehler begangen worden seien, dass es aber keinen Zweck hätte, weiter darüber nachträglich zu streiten, wie sie hätten vermieden werden können; worauf es ankomme, sei jetzt, dahin zu wirken, dass diese Fehler in Zukunft vermieden werden können, und vorhandene Missstände zu vermeiden" (12. Sitzung vom 14. Dezember 1909).
    M. Erzberger, Kolonialbilanz, S. 10.
    Hier war sich Erzberger mit Dernburg einig, denn auch Dernburg stellte fest: "Wir haben seit einundzwanzig Jahren Kolonien, aber haben bisher keine koloniale Politik gehabt." B. Dernburg, Koloniale Lehrjahre. München 1907, S. 3.
1 M. E. Townsend, a. a. O., S. 143. Diese Bemerkungen von Townsend beziehen sich auf die Zeit um 1890.
2 B. Dernburg, Koloniale Erziehung. München 1907, S. 15.

"Nachdem Deutschland nunmehr in das dritte Jahrzehnt kolonialer Betätigung eingetreten ist, scheint es geboten, eine Anstalt zu schaffen, welche die kolonialen Angelegenheiten von einer höheren Warte aus einheitlich beobachtet, die die Ergebnisse der daheim und im Ausland gemachten Erfahrungen ansammelt, durchforscht, zusammenfasst und derartig für die Verwertung zur Verfügung stellt oder aufbereitet, dass sie der Wissenschaft wie der Praxis gleichmässig und unmittelbar zugute kommen." (1)

Dieser Plan wurde von Dernburg auch in der Oeffentlichkeit vertreten (2) und mit seiner Unterstützung in die Tat umgesetzt. (3)

Rathgen, einer der geistigen Väter des Hamburgischen Kolonialinstitutes, fasste anlässlich der Eröffnung des Instituts die Notwendigkeit einer speziellen Ausbildung wie folgt zusammen:

"Gewiss hat jeder kolonisierende Staat unter den Leuten, die er hinausschickte, ausgezeichnete Männer gefunden, deren Begabung und Energie sie befähigte, sich in ihre neuen Aufgaben einzuarbeiten. Aber man braucht nur etwas die holländischen, französischen, englischen Materialien zu kennen, um zu wissen wie oft die ausgesandten Personen versagten. Und so begegnen wir heute überall der Forderung: Auslese der künftigen Kolonialbeamten und Ausbildung eines Berufsbeamtentums mit eigener Fachausbildung." (4)

Ein weiteres Mitglied des Lehrkörpers des Hamburgischen Kolonialinstituts, Professor Fülleborn, bemerkte in einer Denkschrift vom 26. März 1908: (5)

"Wie ich während der Vorbereitungszeit zu meiner eigenen kolonialen Tätigkeit schmerzlich verspüren musste, ist ein ganz besonderer Lehrgang, wie ihn bisher weder das Orientalische Seminar, noch die Universität bieten, für die Ausbildung von Kolonialbeamten unbedingt erforderlich."

Fabarius, der Gründer der Kolonialschule in Witzenhausen, äusserste sich 1909 über die Notwendigkeit einer Ausbildung für den Kolonialdienst wie folgt: (6)

---

1 Staatsarchiv Hamburg, Akte CE VII Lit. H^e Nr. 1 Vol. 63 Fasz. 12/ nv. 1, Nr. 1. v. Halle, Vorläufiger Plan für die Errichtung eines Kolonialinstituts zu Berlin, S. 1.
2 B. Dernburg, Koloniale Lehrjahre, Berlin 1907, S. 16.
3 Vgl. die Aufführungen im 1. Teil der Studie unter 2.3.
4 K. Rathgen, Beamtentum und Kolonialunterricht. Hamburg 1908, S. 47f.
5 Staatsarchiv Hamburg, Professorenrat des Kolonialinstituts, Akte E I A, Heft 2.
6 E. A. Fabarius, Ausbildung für den Kolonialdienst. In: Jahrbuch über die deutschen Kolonien, 2. Jahrgang, 1909, S. 135.

"Es ist glücklicherweise in den kolonialverständigen Kreisen unseres Volkes allgemach zu einer unbestrittenen Ueberzeugung, ja, man kann fast sagen zu einem 'Gemeinplatz' geworden, dass der Erfolg der Kolonisation im letzten Grund nicht vom Reichtum des Koloniallandes, nicht von seinem Klima, seiner Fauna und Flora, nicht von seinen Bodenschätzen, ja selbst nicht einmal von seiner eingeborenen Bevölkerung, sondern von der Tüchtigkeit der Kolonisatoren selbst abhängt. Die glänzendsten Aussichten zerfallen ... in einen Misserfolg, wenn den Kolonialarbeitern die wichtigsten Erfordernisse fehlen . ... Bei uns in Deutschland freilich hat man anfänglich diese, wir möchten sagen, persönliche Seite der Kolonisation leider zu sehr vernachlässigt. ...
Tüchtige Leute gehören in die Kolonien; ja die besten sind gerade gut genug für diese Arbeit! Mit Recht sagt der bekannte englische Staatsmann Lord Millner in einer neuerlichen Veröffentlichung: 'Der Erfolg oder Misserfolg der Kolonisation wird bestimmt durch den Wert des kolonialen Verwaltungspersonals. Dieses Personal muss mit der grössten Sorgfalt ausgewählt werden.' Es ist daher nur zu verständlich, dass im Anschluss an diese Erkenntnis die Frage nach einer guten Vorbereitung und zweckmässigen Ausbildung für den Kolonialdienst heutzutage die weitesten Kreise beschäftigt."

Die vorherigen Bemerkungen galten hauptsächlich dem Kolonialbeamten. Sie gelten aber mutatis mutandis auch für den Missionar, den Händler, den Landwirt und Siedler, nur sind die Belege über die Notwendigkeit deren Ausbildung spärlicher.

So nimmt Schaefer (1) zur Ausbildung der Kolonisten wie folgt Stellung:

"Wir Deutsche stecken noch so sehr in den Kinderschuhen der Kolonisation, dass wir als eines ihrer Erfordernisse, die wissenschaftliche Ausbildung von Kolonisten – trotz unserer sonstigen Vorliebe für Unterrichtssysteme aller Art – vorläufig kaum anerkennen werden. ... Wir senden ausser gescheiterten Existenzen, bei denen von einer planmässigen Vorbildung für die Kolonien ohnehin keine Rede sein kann, wohl gebildete Kaufleute, Techniker usw. meist auf Zeit über den Ozean, aber fast niemals gebildete Landwirte."

Schaefer schildert dann ausführlich das "Colonial College and Training Farms" in England und stellt die Frage, ob für die Ausbildung von Kolonisten nicht auch in Deutschland etwas geschehen könne. Er schliesst seine Ausführungen mit der Bemerkung: "Wenngleich das englische College für unsere andersartigen Bedürfnisse nicht als Muster dienen kann, so wird

---

1 W. Schaefer, Koloniale Bestrebungen in England, wissenschaftliche Ausbildung von Kolonisten. In: Deutsche Kolonialzeitung, Nr. 1 vom 4.1.1890.

der in seiner Errichtung zugrunde liegende Gedanke doch auch in Deutschland einmal ausgeführt werden müssen." (1)

Auf die Wichtigkeit guter Mitarbeiter und deren Schulung wurde frühzeitig auch von privaten Handelsfirmen Wert gelegt; "denn eine kaufmännische Organisation beruht eben nicht nur auf der räumlichen Anordnung des Einkaufs- und Verkaufsapparates, ... sondern ebensosehr, wenn nicht noch mehr, auf geistigen Faktoren, zu denen in erster Linie Qualitäten des Charakters und des Intellekts jeden einzelnen Mitarbeiters, dann aber auch ein auf das Wohl des ganzen gerichteter Kollektivwille aller zu rechnen sind." (2)

An anderer Stelle heisst es, dass die Durchführung der Geschäftsprinzipien "selbstverständlich eine Truppe von intelligenten, umsichtigen und vertrauenswürdigen Mitarbeitern" (3) erfordere. "Grosse Sorgfalt verwenden wir besonders auf die Auswahl unserer Lehrlinge, da die den Grundstock bilden, aus denen wir den Nachwuchs für unsere Zweighäuser rekrutieren. Die Lehrzeit dauert in der Regel 3 Jahre. Nach Beendigung derselben findet eine nochmalige Auswahl statt, und die in Frage kommenden machen hierauf eine weitere Vorschulung in Winterthur, eventuell auch in London, Bremen oder New York durch, bevor sie ihren Posten in einer überseeischen Filiale antreten. Von den jetzigen Leitern unserer Filialen und Tochtergesellschaften haben weitaus die meisten ihren Werdegang in der Firma von der Pike auf durchgemacht." (3)

Besonderer Wert wurde auch auf die Vermittlung von englischen Sprachkenntnissen gelegt. Die Kosten hierfür übernahm die Firma. Für das Studium der Eingeborenensprachen wurden ebenfalls die Kosten übernommen und für erfolgreich abgelegte Prüfungen namhafte Prämien ausgerichtet. Die Firma Volkart war in dieser Hinsicht bahnbrechend, da ihr frühzeitig klar war, wie wichtig es ist, dass ihre Mitarbeiter in überseeischen Ländern sich mit den Einwohnern ohne Vermittlung von Dolmetschern fliessend verständigen können. (4)

Selbstverständlich waren sich auch die Missionswerke über die Notwendigkeit einer Ausbildung der Missionare im klaren. Eine gediegene Ausbildung wurde als Voraussetzung vor eine erfolgreiche Missionsarbeit angesehen. (5)

---

1 Bis zur Errichtung der Deutschen Kolonialschule in Witzenhausen vergingen noch 9 Jahre.
2 G. Reinhardt, Gedenkschrift zum fünfundsiebzigjährigen Bestehen der Firma Gebr. Volkart. Winterthur 1926, S. 75.
3 Ebenda S. 76.
4 Ebenda S. 77.
5 "Ueberhaupt zeigt sich bei allen Missionsorden und -genossenschaften das lobenswerte Bestreben, dem Nachwuchs eine möglichst gründliche und gediegene Ausbildung zukommen zu lassen, die ihn auch befähigt, die grosse Aufgabe, die seiner auf dem Missionsfelde harrt, möglichst

Abschliessend kann folgendes festgestellt werden:

Die Mängel in der Vorbereitung und Ausbildung der Kolonialexperten waren spätestens seit Gründung des deutschen Kolonialreichs bekannt. Die Notwendigkeit, auf dem Gebiet der kolonialen Ausbildung etwas zu tun, wurde anerkannt. Entsprechende konkrete Vorschläge lagen vor. (1) Ferner war klar, dass es einer langen Lehrzeit in den Kolonien bedurfte, ehe von den Kolonialexperten brauchbare Ergebnisse erzielt werden konnten. Und letztlich wurde erkannt, dass eine gezielte Ausbildung diese Versuchs- und Irrtumsphase abkürzen konnte. (2)

Letztlich ergab sich folgende Gedankenkette: Aus den Beziehungen mit den Kolonien erwachsen eine Reihe von Problemen, die einer erfolgreichen Kolonialpolitik im Wege stehen. Werden diese Hindernisse ausgeräumt, so wird die Kolonialpolitik "erfolgreicher". Ein Haupthindernis liegt in der Unfähigkeit der Kolonialexperten, ihren Rollenanforderungen gerecht zu werden. Dieses Haupthindernis kann durch eine entsprechende Ausbildung beseitigt oder doch zu mindestens abgebaut werden.

Begriffe der Bildungsökonomie (3) waren zwar damals noch nicht bekannt; die getroffenen Ausbildungsmassnahmen deuten aber darauf hin, dass man sich durchaus einer positiven Korrelation zwischen Ausbildungsanstrengungen und Erfolgen in der Kolonialpolitik, der Handels-, Missions- und Siedlungspolitik bewusst war.

---

gut zu lösen." P. M. Galm, Die Ausbildung des katholischen Missionspersonals der deutschen Kolonien. In: Jahrbuch über die deutschen Kolonien, VII. Jahrgang, Essen 1914, S. 63.
1 Vgl. hierzu auch die Ausführungen dieser Studie unter 1. 2. 3.
2 Vgl. die Ansprache B. Dernburgs anlässlich der Eröffnung des Hamburgischen Kolonialinstituts, abgedruckt in: K. Rathgen, a. a. O. , S. 16f.
3 Die Beschäftigung der Nationalökonomen mit Fragen des Bildungswesens begann in den 60er-Jahren dieses Jahrhunderts. Die Diskussionen zwischen den Bildungsökonomen führten unter anderem zu der Erkenntnis, dass neben die Produktionsfaktoren Arbeit und Realkapital noch ein dritter Faktor getreten war, nämlich das menschliche Wissen und Können, gegebene Ressourcen bestmöglich zu nutzen. Man spricht seither vom "dritten Faktor" oder vom "human factor". Dieser Faktor wird hauptsächlich bestimmt durch die natürlichen Fähigkeiten der Menschen eines Landes sowie durch die Anstrengungen auf den Gebieten des Bildungswesens und der Forschung.
Investitionen im Bereich der Forschung und Bildung schlagen sich nicht unmittelbar in einem Ertrag nieder, sondern oft erst mittel- oder langfristig. Bei der nachträglichen Beurteilung der Wirkungen von Massnahmen auf dem Gebiet der kolonialen Ausbildung wird zu beachten sein, dass es nicht möglich sein wird, sofort Zusammenhänge zwischen laufenden Ausgaben und Erfolgen in der Kolonialpolitik, und auf dem Gebiet des Handels, der Mission und der Landwirtschaft zu entdecken.
. /.

1.2.2 Die Ausbildung für den Kolonialdienst in England, Holland und Frankreich

England

Es liegt nahe, zuerst einen Blick auf England zu werden, wurde doch dessen ausserordentliche Ueberlegenheit in der kolonialen Praxis auch von deutscher Seite anerkannt. (1) Dies galt insbesondere für den Indian Civil Service.

Es begann 1601 mit der Aussendung der ersten factors durch die Ostindische Handelsgesellschaft. (2) Factors waren Handelsagenten, deren Name sich von der Bezeichnung Faktoreien (Handelsniederlassungen) ableitete, in denen sie lebten und auch arbeiteten. Bis 1669 wurden überwiegend factors im Erwachsenenalter ausgesandt. Ab 1669 lag das Alter zwischen 15 und 22.

1675 wurde eine Rangfolge eingeführt, die vom apprentice über den writer, factor, agent, merchant bis zum senior merchant reichte. Ausser ihrer Jugend mussten die Bewerber nur grundlegende Buchhaltungskenntnisse besitzen. Nach ihrer Ankunft in Indien wurde den writers (das war ab 1695 der niedrigste Rang) Gelegenheit zum Studium der einheimischen Sprachen gegeben. Häufig wurden hierfür Lehrer angestellt. Fleiss wurde belohnt, Faulheit durch Bestrafungen geahndet. In Madras zum Beispiel wurde ein Tutor angestellt, der pro Tag eine Stunde Sprachunterricht gab. "If any absent or neglect, to forfeit; if any be not 6 month perfect, then 3 more month allowed; wherein he that speakes not the language shall forfeit for every time that he speakes English." (3)

Zusammenfassend kann festgestellt werden, dass bis 1800 von den Bewerbern nur Schreib- und Buchhaltungskenntnisse verlangt wurden. Die notwendige Landessprache wurde am Ort und die Praxis on the job vermittelt.

Näheres vgl. hierzu: G. Bombach, Bildungsökonomie, Bildungspolitik und wirtschaftliche Entwicklung. In: Bildungswesen und wirtschaftliche Entwicklung, 7. Gespräch zwischen Wissenschaft und Wirtschaft, veranstaltet vom Bundesverband der deutschen Industrie, im Einvernehmen mit dem Stifterverband für die deutsche Wissenschaft und dem deutschen Industrie- und Handelstag am 2. Dezember 1963 in Bonn, Heidelberg 1964, S. 10-40.
1 Vgl. die Rede von Dernburg, Staatssekretär des Reichskolonialamtes, gehalten bei der Eröffnungsfeier des Hamburger Kolonialinstitutes am 20.10.1908. Abgedruckt in: K. Rathgen, Beamtentum und Kolonialunterricht, Hamburg 1908, S. 25.
2 Vgl. zum folgenden L.S.S. O'Malley, The Indian Civil Service 1601-1930, London 1965, S. 2ff.
3 Zitiert nach O'Malley, a.a.O., S. 229.

Die harten Lebensbedingungen und die unzureichende Ausbildung führten zu Zuständen, die der Sprecher einer Parlamentskommission als "the most atrocious abuses that ever stained in the name of civil government". (1)

Eine Generation habgieriger Angestellter der Ostindischen Kompanie "in search of quick profit" (2) hatte z. B. Bengal verwüstet. In offiziellen Berichten wurden die Angestellten der Company als "a confused heap as wild as the chaos itself" (3) bezeichnet.

Zwischen 1757 und 1772 hatten sich die Engländer in Bengalen radikal gewandelt, nämlich von "pettifogging traders quarreling over their seats in church ... into imperialist swashbucklers and large scale extortionists". (4) Erst als Warren Hastings 1672 Generalgouverneur von Indien wurde, trat eine Wandlung ein. Ein Parlamentsbeschluss ermöglichte es, ihm 1773 eine dringend notwendige Verwaltungsreform in Angriff zu nehmen. Hastings, der selbst mehrere einheimische Sprachen beherrschte und ein Bewunderer Indiens war, sah einen direkten Zusammenhang zwischen Kulturverständnis und einem effizienten Beamten. (5)

Spear (6) bemerkt, dass Hastings versuchte, die indische Kultur "as a basis for sound Indian administration", zu verstehen.

Aber erst Lord Wellesley, Generalgouverneur von 1798 bis 1805, war es vergönnt, den entscheidenden Schritt zu tun. Ihm war klar, dass die Tage der factors und merchants gezählt waren. Zukünftig benötigte man zunehmend Verwaltungsfachleute, Richter und Provinzgouverneure. Für diese Aufgaben mussten die Angestellten der Kompanie entsprechend vorbereitet werden.

Im Juli 1800 verkündete Wellesley die Gründung des College of Fort Williams "which he hoped would transform inept, selfseeking servants of the East India Company into efficient, devoted civil servants of the British Empire in India". (7)

---

1 Zitiert nach N. K. Sinha, The Economic History of Bengal. Calcutta 1962, S. 186.
2 D. Kopf, British Orientalism and the Bengal Renaissance. The Dynamics of Indian Modernization 1773-1835. Berkeley and Los Angeles 1969, S. 13.
3 Ebenda
4 P. Spear, The Nabobs. A Study of the Social Life of the English in eighteenth Century India. London 1963, S. 23.
5 D. Kopf, a. a. O., S. 16.
6 P. Spear (Ed.), Oxford History of India. Oxford 1958, third edition, S. 513.
7 D. Kopf, a. a. O., S. 47.

Hier wurde das von Hastings abgeleitete Credo der Orientalisten verwirklicht: "To rule effectively, one must love India; to love India, one must communicate with her people; to communicate with her people, one must acquire her language." (1)

Wellesleys "Oxford of the East" (2) bot in drei Jahren folgendes Programm an:
- Allgemeine Regeln der Ethik
- Zivilrecht
- Internationales Recht
- Geschichte Indiens
- Völkerkunde
- Mohammedanisches und hinduistisches Recht
- Religion Indiens
- Diverse Sprachen (z. B. Sanskrit, Hindi, Urdu, Persisch)

Die Direktoren der Company beschränkten ab 1807 den Unterricht auf die Sprachen, so dass Fort Williams eine Stätte des Sprachunterrichts und der Sprachforschung wurde, wahrscheinlich sogar die brillanteste ihrer Art, deren Existenz massgeblich zur "Bengal Renaissance" beitrug. (3)

Die restlichen Fächer des Lehrplans wurden ab 1806 am "East India College" in Haileybury gelehrt. Haileybury sollte Fort Williams nicht ersetzen, aber "it should function as a sort of preparatory school where civil servants were to be indoctrinated with British socio-cultural values before being turned over to the tutelage of the Calcutta Orientalists". (4)

Das Ziel des East India College war entsprechend dem Schulprospekt von 1806 "to provide a supply of persons duly qualified to discharge the various and important duties required from the Civil Servants of the Company in administering the government in India". (5)

Das Eintrittsalter der Schüler lag bei 15 Jahren, das Studium dauerte 3 Jahre. Der Lehrplan (6) beinhaltete folgende Fächer:
- Oriental literature
- Mathematics and natural philosophy
- Classical and general literature
- Law, history and political economy (7)

---

1 D. Kopf, a. a. O., S. 95.
2 D. Kopf, a. a. O., S. 45.
3 Ausführlich hierzu D. Kopf, a. a. O.
4 D. Kopf, a. a. O., S. 104.
5 Zitiert nach L. L. S. O'Malley, a. a. O., S. 236.
6 Ebenda S. 236f.
7 Robert Malthus hat in Haileybury Geschichte und Nationalökonomie gelehrt. Vgl. K. Rathgen, Beamtentum und Kolonialunterricht. Hamburg 1908, S. 56.

Das East India College wurde 1857 geschlossen, Fort Williams hatte bereits 1853 zu bestehen aufgehört.

Das darauf folgende Vorbereitungs- und Ausbildungssystem beruhte auf Vorschlägen einer Reformkommission, der Lord Macaulay vorstand. (1) Der Eintritt in den Indian Civil Service wurde statt wie früher durch Patronage nunmehr vom Bestehen eines Konkurrenzexamens in allgemeinbildenden Fächern abhängig gemacht. Den Kern des Examens bildeten die klassischen Sprachen, Englisch, Geschichte und Mathematik – häufig auch Nationalökonomie. Die meisten Bewerber kamen aus Oxford und Cambridge. Die für den höheren Dienst in Indien angenommenen Kandidaten studierten sodann für ein Jahr – zeitweise waren es zwei Jahre – Sprachen, Geschichte und Recht Indiens. Alle weiteren notwendigen Kenntnisse, insbesondere eine Vertiefung in den Sprachen, sowie die berufliche Praxis wurden in Indien vermittelt.

Erwähnenswert scheint noch das 1887 gegründete "Colonial College and Training Farms". (2) Dieses in der Nähe von Harwich gelegene Ausbildungsinstitut bereitete zukünftige Kolonisten, meist Landwirte, in zweijährigen Kursen für ihre künftigen Aufgaben praxisorientiert vor.

Die theoretische Ausbildung umfasste folgende Fächer:
- Ackerbau
- Geologie
- Mineralogie
- Zoologie
- Botanik
- Chemie
- Forstlehre
- Feldmesskunde
- Tierarzneilehre
- Baukonstruktionslehre

Eine praktische Ausbildung wurde in folgenden Gebieten vermittelt:
- Ackerbau
- Viehzucht
- Milchwirtschaft
- Tierarzneikunde
- Feldmesskunde
- Schmiede-, Zimmer- und Sattlerarbeiten.

Daneben wurde auf körperliche Ertüchtigung durch Reiten, Schwimmen und Bootfahren Wert gelegt. Auch wurden Fertigkeiten im Kochen, Brotbacken, Stricken und Blockhausbau vermittelt.

---

1 Vgl. L. L. S. O'Malley, a. a. O., S. 243, ferner M. Beneke, a. a. O., S. 31.
2 Vgl. M. Beneke, a. a. O., S. 45ff.

Holland (1)

Nachdem bereits 1825 ein königliches Dekret erste Vorschriften über die Anstellung von Kolonialbeamten verfügt hatte, ging man 1831 mit der Gründung einer Schule zur Erlernung der javanischen Sprache in Jogjakarta einen Schritt weiter.

1842 wurde in Delft eine Königliche Akademie gegründet, welche die Aufgabe hatte, den Kolonialanwärtern die notwendige Vorbildung zu vermitteln. Da die Kapazität der Schule nicht ausreichte, wurde 1864 durch den Kolonialminister Fransen von der Pütte in Leyden eine staatliche Kolonialschule gegründet.

An der Delfter Schule wurden bis 1899 in jeweils drei Jahreskursen folgende Fächer vermittelt:
- Geographie von Niederländisch-Indien
- Niederländisch-Indisches Recht
- Einführung in die religiösen Satzungen, nationale Institutionen und Gebräuche in Niederländisch-Indien
- Die Elemente der malayischen Sprache
- Die Elemente der javanischen Sprache
- Geschichte Niederländisch-Indiens

Das Studium wurde mit dem "Groot-ambtenaars examen" (Examen für den höheren Verwaltungsdienst) (2) abgeschlossen.

In Delft studierten von 1864 bis 1892 2250 Schüler (pro Jahr $\emptyset$ 77), von denen 1152 (jährlich $\emptyset$ 40) das "Groot-ambtenaars examen" bestanden. Von diesen wurden wiederum 815 ($\emptyset$ 28 jährlich) für den Kolonialdienst angestellt. (3) Interessant ist, dass sich Beneke in einer Würdigung der holländischen Anstrengungen für eine Bedarfsplanung kolonialer Führungskräfte einsetzt. (4)

Juristen hatten ein Ergänzungsexamen an der Universität in Leyden abzulegen. Erst dann bestand die Möglichkeit des Eintritts in den Kolonialdienst.

Höhere Forstbeamte wurden seit 1893 auf der Staatlichen Ackerbauschule (5) in Wageningen ausgebildet. Unterrichtsgegenstände waren u. a. :
- Mathematik und Feldmesskunde
- Physik und Meteorologie

---

1 Vgl. zum folgenden M. Beneke, a. a. O., S. 8ff.
2 Näheres hierzu siehe M. Beneke, a. a. O., S. 11ff.
3 Vgl. M. Beneke, a. a. O., S. 23.
4 Vgl. Ebenda, S. 27.
5 Vgl. Ebenda, S. 28.

- Nationalökonomie
- Agrikulturchemie
- Forst-Oekonomie
- Forstmesskunde
- Forst-, Rechts- und Verwaltungskunde
- Elemente der lateinischen und malayischen Sprache

Frankreich

Die "école coloniale" wurde 1890 gegründet und bestand aus zwei Abteilungen. Die "section indigéne" sollte jungen Eingeborenen aus den Kolonien eine französische Erziehung sowie eine höhere Schulbildung (instruction primaire supérieure) vermitteln. Die "section française" war für die Ausbildung der Kolonialbeamten gedacht. Zulassungsvoraussetzung war der Besitz eines Diploms als bachelier. Die Studiendauer betrug 3 Jahre (für Juristen 2 Jahre). Entsprechend einem Dekret vom 14.11.1892 (1) verteilten sich die Fächer über die Studienjahre wie folgt:

1. Jahr

- Geschichte der französischen Kolonisation
- Moderne französische Kolonisation I
- Fremde Kolonialsysteme I
- Allgemeine Organisation der Kolonien
- Fremde Sprachen
- Militärische und Leibesübungen

2. Jahr

- Moderne französische Kolonisation II
- Fremde Kolonialsysteme II
- Kolonialhilfswissenschaften I
- Fremde Sprachen
- Militärische Leibesübungen

3. Jahr

- Koloniale Hilfswissenschaften II
- Fremde Sprachen
- Militärische Leibesübungen

Von den modernen Sprachen war die Kenntnis mindestens einer (Englisch, Deutsch, Spanisch) obligatorisch.

---

1 Vgl. M. Beneke, a. a. O., S. 58ff.

Nichtjuristen mussten sich gleichzeitig juristischen Studien unterziehen.

Ferner gab es spezielle Lehrveranstaltungen für den Dienst in Indochina, Afrika und in der Gefängnisverwaltung. Nach bestandenem Examen erhielten die Absolventen der Ecole Coloniale eine der folgenden Stellen:

- Commis-redacteur-stagiaires
- Attachés aux Parquets des Procureur généraux
- Elèves-commissaires
- Elèves-administrateurs

Der Ueberblick über die Bemühungen der massgebenden Kolonialmächte auf dem Gebiet der kolonialen Ausbildung, der nicht den Anspruch auf Vollständigkeit erhebt, zeigt, dass schon frühzeitig eine Fülle praktischer Lösungen gesucht, gefunden und realisiert wurde.

Aus diesem Ueberblick lassen sich einige Charakteristika ableiten:

- Es gab sowohl theoretisch orientierte Ausbildungsgänge für höhere Verwaltungsbeamte als auch mehr praktisch orientierte Kurse, z. B. für koloniale Landwirte.

- Grosses Gewicht wurde auf die Vermittlung von Kenntnissen der einheimischen Sprachen sowie des einheimischen Rechts- und Verwaltungswesens gelegt.

- Der Lehrkörper war in allen Ausbildungsinstitutionen mit den hervorragendsten Fachleuten besetzt, die z. T. über intensive Kolonialerfahrung verfügten.

- Körperliche Ertüchtigung durch sportliche Uebung spielte eine bedeutende Rolle. (1)

- Die Ausbildung wurde im allgemeinen so zeitig begonnen, dass sie spätestens im 25. Lebensjahr des Kandidaten beendet war.

- Die Ausbildungsdauer lag zwischen 1 und 3 Jahren.

---

1 So wurde für die Kandidaten des Indian Civil Service beim Schlussexamen nach 1892 ein Hauptgewicht auf die Fertigkeit im Reiten gelegt, ohne die ein sonst vorzüglicher Kandidat als nicht bestanden galt. Der Kandidat musste z. B. in der Lage sein, eine Tür zu Pferde zu öffnen. Die Vorliebe der wohlhabenden Engländer für den Reitsport mag eine Erklärung für den ungewöhnlichen Stellenwert im Examen gewesen sein.
Vgl. M. Beneke, a. a. O., S. 43.

Die Mitbegründer der entsprechenden deutschen Institutionen, wie Rathgen (Kolonialinstitut in Hamburg) und Fabarius (Kolonialschule in Witzenhausen), hatten die ausländischen Vorbilder ausführlich studiert und sich auch ausdrücklich auf sie berufen:

"Wenn wir für unsere kommende Tätigkeit die Muster und Vorbilder in Deutschland, einem der jüngsten kolonisierenden Staaten Europas nicht finden, so ist es natürlich, dass wir unsere Blicke ins Ausland richten, dass man uns zuruft: Seht Euch doch um nach dem was die alten Kolonialvölker, was Engländer, Holländer, Franzosen tun und getan haben um ihre Kolonialbeamten zu tüchtigen Fachmännern zu erziehen." (1)

1.2.3 Die staatlichen Bemühungen in Deutschland auf dem Sektor der kolonialen Ausbildung bis 1906

Das Deutsche Reich war seit 1884 (2) Kolonialmacht, kam also relativ spät, um sich noch einen "Platz an der Sonne" (3) zu sichern. Die Organisation einer Kolonialverwaltung war daher wegen fehlender entsprechender Traditionen gewissermassen aus dem Nichts zu schaffen. (4)

Nach Beneke (5) hat Deutschland während der ersten 10 Jahre seines Kolonialbesitzes für die Fachvorbildung der Kolonialbeamten im wesentlichen nur etwas für deren sprachliche Ausbildung getan, die am Seminar für orientalische Sprachen erfolgte. So kommt Beneke zu folgendem Urteil:

---

1 Festrede von Prof. Rathgen anlässlich der Eröffnung des Kolonialinstituts in Hamburg. In: K. Rathgen, a.a.O., S. 37. Fabarius weist darauf hin, dass England und Holland "je eine Anstalt für den practisch-wirtschaftlichen Beruf in den Kolonien, nämlich das Colonial College and Training Farms, Limited bei Harwich und die Holländische Reichs-Ackerbau-Schule zu Wageningen" besitzt. "Hierzu also würde die geplante deutsche Kolonialschule ein Seitenstück bilden." E.M. Fabarius, Eine deutsche Kolonialschule. Denkschrift zur Förderung deutschnationaler Kulturaufgaben und zur Wahrung deutsch-protestantischen Interesses in überseeischen Gebieten. Koblenz 1897, S. 11.
2 Als Geburtsdatum der deutschen Kolonien gilt der 24. April 1884. An diesem Tage sandte Bismarck eine Depesche mit folgendem Wortlaut an den deutschen Konsul in Kapstadt: "According to statements of Mr. Lüderitz, colonial authorities doubt as to his aquisitions north of Orange river being entitled to German protection. You will declare officially that he and his establishments are under protection of the Empire." Koloniale Reichsarbeitsgemeinschaft (Hrsg.), 40 Jahre deutsche Kolonialarbeit. Gedenkschrift zum 24. April 1924. Berlin 1924, S. 1.
3 Dieser Ausdruck ist einer Kapitelüberschrift des Buches von G. Noske Kolonialpolitik und Sozialdemokratie. Stuttgart 1914, S. 95, entnommen.
4 Vgl. Helferich, Zur Reform der Kolonialverwaltungs-Organisation. Berlin 1905, S. 5.
5 Vgl. M. Beneke, a.a.O., S. 70.

"Bisher ist das hiesige Orientalische Seminar thatsächlich der Ausbildung zum Kolonialbeamten nur in sehr beschränktem Masse zu Gute gekommen. (1) ... Sicherlich sind die auf dem Orientalischen Seminar zur Vorbereitung auf den Kolonialdienst gehaltenen Kurse der Erweiterung fähig und bedürftig." (2)

An Vorschlägen zur Bereicherung des Angebots an kolonialem Lehrstoff hat es nicht gefehlt. Schon Schäfer (3) machte 1890 den Vorschlag, ein dem Colonial College in Harwich ähnliches Institut in Deutschland insbesondere für auswanderungswillige Landwirte zu gründen:

"Was ihnen fehle, dass sei eine praktische Unterweisung, in den gerade für das Kolonialistenwesen erforderlichen Kenntnissen und Handfertigkeiten. Zur Erlangung derselben würden sie vielleicht gerne 1 oder 2 Jahre unentgeltlich oder für geringes Lehrgeld auf einem Landgut arbeiten, wenn dieses ihnen das Bild einer überseeischen Wirthschaft zu geben vermöchte. Sollte die Urbarmachung etwa eines mit Wald bestandenen Areals in der Lünbeburger Heide, verbunden mit der dort sehr lohnenden Viehzucht nicht viele Anknüpfungspunkte bieten, durch deren geschickte Nutzung ein Stück Kolonistenleben in Deutschland darzustellen wäre? Wenn eine Gesellschaft eine derartige Grundfläche erwürbe, so könnte sie unter Benutzung älterer Kolonisten den doppelten Zweck erreichen, erstens Kolonisten auszubilden und zweitens billig und kostenfrei ein grösseres Landgut zu schaffen."

Kerger (4) empfahl 1892 für Juristen nach dem Referendarexamen folgende Ausbildungsabschnitte und Prüfungen, die zum "Kolonialassessor" führen sollten:

- 1 Jahr Amtsgericht
- 1 Jahr Verwaltungsbehörde
- 1 Halbjahr Tätigkeit in einer grösseren Gutsverwaltung
- 1 Halbjahr Tätigkeit in einem grossen Importgeschäft
- 2 Jahre Kolonialreferendar in der Kolonialabteilung des Auswärtigen

---

1 So haben in der Zeit von 1887 bis 1893 etwa 20 Personen (insbesondere Juristen) den Unterricht über 2 Jahre regelmässig besucht. Bis 1893 hatten 13 Kandidaten das Diplomexamen bestanden, hiervon waren 11 Juristen, von denen nur 2 im Kolonialdienst aufgenommen wurden. Vgl. M. Beneke, a. a. O., S. 74ff.
2 Beneke, a. a. O., S. 79.
3 Vgl. Deutsche Kolonialzeitung, Jg. 1890, S. 32, zitiert nach M. Beneke, a. a. O., S. 50.
Ein weiterer Vorschlag in dieser Richtung ist dem "Kolonialjahrbuch", Jg. 1893, S. 142ff zu entnehmen, der die Errichtung einer Vorbereitungsschule für Tropenpflanzer vorsah.
4 Aus drei Erdtheilen. Gesammelte Aufsätze, Leipzig 1893, zitiert nach M. Beneke, a. a. O., S. 82ff.

Amtes bei gleichzeitigem Besuch von Vorlesungen über Kolonialgeschichte, koloniale Handelspolitik und koloniale Sprachen.

- Examen, Ernennung zum Kolonialassessor
- 1 Jahr Tätigkeit auf einem überseeischen deutschen Konsulat
- Erstellung einer wissenschaftlichen Arbeit, von deren Ausgang die Anstellung abhängig gemacht werden sollte.

Dieser vorgeschlagene Weg, selbst von Kerger als mühevoll und lang bezeichnet, stiess nicht auf Zustimmung, da er sich zeitlich zu wenig an einheimische Bildungsgänge anlehnte. Beneke beurteilt den Vorschlag von Kerger wie folgt: "Der Zeitpunkt für den 'Kolonialassessor' im Sinne des Fachexamens ist wohl noch nicht gekommen." (1)

Beneke schlug statt einer 6jährigen eine nur ca. 2jährige Ausbildung der Rechtsreferendare vor. In einem Dreivierteljahr sollte die herkömmliche juristische Ausbildung vorgenommen werden, während der sich der Kandidat auch Fachkenntnisse für ein Kolonialexamen aneignen sollte. Nach dem Examen sollte sich ein 1jähriger Aufenthalt in den Schutzgebieten anschliessen. (2)

Beneke beschliesst sein Buch mit folgender Bemerkung:

"In den älteren Kolonien hat sich überall der Kolonialdienst zu einem Lebensberuf entwickelt. Die Schaffung einer Kolonialkarriere bietet die besten Garantien für die Tüchtigkeit der Beamten, an die gerade bei der Einrichtung und Erweiterung der Verwaltung die schwierigsten Aufgaben herantreten, und damit zugleich für die schnelle und gedeihliche Entwicklung unserer Kolonien." (3)

Doch die bisher geschilderten Anregungen zur Einführung einer Laufbahn für Kolonialbeamte wurden erst 1905 mit dem Experiment "Kolonialeleven" wieder aufgenommen.

---

1 M. Beneke, a.a.O., S. 83.
2 "Dieser Aufenthalt hätte es sowohl der Regierung als auch dem Kandidaten ermöglicht, sich ein Urteil über die Brauchbarkeit bzw. Neigung für den Kolonialdienst zu bilden. Das hätte auch den Vorteil gehabt, dass der junge Bewerber nach seiner endgültigen Aussendung "schon bis zu einem Grade die Theorie des grünen Tisches mit der Praxis des grünen Buches verbindet."
M. Beneke, a.a.O., S. 85.
3 M. Beneke, a.a.O., S. 90.

In einer "Denkschrift, betreffend die Ausbildung eines eigenen Beamtenstandes für die Kolonien" (1) hatte sich die Kolonialverwaltung für das System der Kolonialeleven entschieden. Es war beabsichtigt, für die Verwaltung von Deutsch-Ostafrika etwa 10 Anwärter zur Ausbildung zu übernehmen.

Folgende Eingangsvoraussetzungen waren nachzuweisen:
- Abschluss eines Gymnasiums, Realgymnasiums oder einer Realschule
- gute Grundkenntnisse der englischen Sprache
- abgeleisteter Militärdienst bzw. Freistellung vom Militärdienst
- Alter nicht über 23 Jahre
- kräftiger Körperbau
- Tropentauglichkeit
- ledig

Die Ausbildung (2) begann in der Kolonialabteilung des Auswärtigen Amtes. Nebenbei mussten Sprachen (Suaheli, Englisch) am Seminar für orientalische Sprachen belegt werden. Dieser erste Ausbildungsabschnitt dauerte etwa 1 Jahr. Hieran schloss sich eine 4jährige praktische Tätigkeit in Deutsch-Ostafrika an, die auch mit einer gewissen theoretischen Ausbildung (Landeskunde, Verwaltung, Hygiene) verbunden war. Während dieser 4 Jahre waren zwei Prüfungen abzulegen. (3)

Anschliessend wurden die Kolonialeleven für 1 Jahr beurlaubt, um am Seminar für orientalische Sprachen, an der Universität sowie der Handelshochschule in Berlin ihre fachlichen und sprachlichen Studien zu vervollkommnen. Nach Abschluss einer letzten Prüfung reisten die verbliebenen 5 Eleven im März 1913 endgültig nach Ostafrika aus. Sie wurden in die Klasse der Sekretäre eingereiht. Der Gouverneur gestattete ihnen die Beilegung der Amtsbezeichnung "Hilfsarbeiter". Die Eleven fühlten sich aber als Sekretäre nicht wohl und drängten darauf, in Stellen höherer Beamte zu kommen.

---

1 Beilage 3, Kapitel 6a, Titel 23 des Etats für 1905. Staatsarchiv Hamburg, Akte Professorenrat, Heft 5 zur Akte 3 III A 2.
2 Vgl. zum folgenden Brief des Reichskolonialamtes an den Professorenrat des Kolonialinstituts in Hamburg vom 20. März 1914. Staatsarchiv Hamburg, Akte Professorenrat, Heft 5 zur Akte 3 III A 2.
3 10 Anwärter unterzogen sich der ersten Prüfung. 2 Eleven schieden wegen Tropenuntauglichkeit aus, 1 wegen mangelhafter dienstlicher und ausserdienstlicher Führung. Von den verbliebenen 7 meldeten sich 6 zur zweiten Prüfung; 5 bestanden diese Prüfung.

Dieser Versuch mit der Ausbildung von Kolonialeleven ist nicht wiederholt worden. (1)

Neben den vorgenannten Institutionen boten z. B. im Wintersemester 1906/1907 (2) 17 Hochschulen, u. a. die Handelshochschulen in Aachen, Berlin, Köln, Frankfurt a. Main und Leipzig, die Tierärztliche Hochschule und die Bergakademie in Berlin ein reichhaltiges Angebot (3) an kolonialen Vorlesungen. Dieses war an den Universitäten Berlin und Halle (4) und an der Akademie für Sozialwissenschaften in Frankfurt besonders gross.
Die Universität Göttingen führte z. B. innerhalb ihrer Abteilung Kolonialkunde folgende Lehrveranstaltungen durch:
- Völkerrecht
- Kolonialpolitik
- Missionsgeschichte
- Ausgewählte Kapitel der Hygiene
- Tropenkrankheiten und deren Vorbeugung
- Anatomie und Physiologie der Haustiere, sowie die Lehre von den Seuchen derselben, speziell der in den Tropen vorkommenden

---

1   Aus der Sicht der Praxis wurde das Experiment als zu lang und praxisfern beurteilt. So hat der Kaiserliche Gouverneur in Dar-es-Salaam besonderen Wert darauf gelegt, dass die Ausbildungszeit in Deutschland möglichst abgekürzt wird, um die Kolonialeleven baldmöglichst ihrer praktischen Tätigkeit im Schutzgebiet wieder zuführen zu können. Die Befürchtung des Gouverneurs, dass die Eleven durch einen längeren Aufenthalt in Deutschland dem praktischen Dienst entfremdet werden könnten, wurde auch vom Reichskolonialamt nicht von der Hand gewiesen. Vgl. Schreiben des Staatssekretärs im Reichskolonialamt an den Professorenrat des Kolonialinstituts Hamburg vom 5. Dez. 1910. Staatsarchiv Hamburg, Akte Professorenrat K I, Akte G II a 1 a.
2   Vgl. Deutsche Kolonialzeitung Nr. 43 vom 27.10. 1906, S. 429.
3   Die am häufigsten anzutreffenden Veranstaltungen waren: Landeskunde, Kolonialkunde, Kolonialpolitik, Missionslehre, Vegetation der Tropen und Tropenhygiene.
4   1908 gipfelte die Entwicklung in Halle mit der Gründung der Kolonialakademie. Dies war eine private Vereinigung, gegründet von Hochschullehrern der Universität Halle, die den Zweck verfolgte, die Kolonialwissenschaften unter besonderer Berücksichtigung der deutschen Schutzgebiete zu pflegen. Der Erreichung dieses Zweckes dienten ausser den Vorlesungen und Uebungen an der Universität, wissenschaftliche Vorträge, die Förderung wissenschaftlicher Arbeiten sowie der Meinungsaustausch im Kreise der Mitglieder. Durch diesen Meinungsaustausch wurde eine Verbindung zwischen den einzelnen kolonialen Wissenschaften angestrebt, womit im eigentlichen Fachgebiet eine Vertiefung der Kenntnis gewonnen werden sollte. Vgl. Staatsarchiv Hamburg, Akte Kolonialinstitut, Hefte 3 zur Akte B, IVa, Band 4. Die Wichtigkeit des interdisziplinären Kontaktes wurde bereits damals erkannt.

- Pflanzengeographie mit besonderer Berücksichtigung der deutschen Kolonien
- Geographie von Asien.

Die Bestandsaufnahme staatlicher kolonialer Ausbildungsbemühungen hat gezeigt, dass sich bis 1906 die Vorbereitung der Beamten auf Studien am Seminar für orientalische Sprachen beschränkte. Es wurde aber auch deutlich, dass es an zahlreichen Vorschlägen und praktischen Experimenten nicht fehlte, mit denen aber kein Durchbruch erzielt werden konnte. Erst mit dem Amtsantritt des Kolonialstaatssekretärs Dernburg im Jahre 1906 trat eine grundlegende Wandlung ein. Koloniale Ausbildung erhielt nunmehr eine hohe Priorität. (1) Diese gewandelte Einstellung fand bereits knapp zwei Jahre später ihren sichtbaren Ausdruck in der Gründung des Hamburgischen Kolonialinstituts. (2)

2. KOLONIALE AUSBILDUNGSINSTITUTIONEN

2.1 Die Ausbildung von Missionaren – Das Beispiel der Basler Mission

2.1.1 Der Pietismus als dominierender Gründungsimpuls (3)

Die Basler Mission geht in ihren Ursprüngen zurück auf die "Deutsche Christentumsgesellschaft", die 1780 in Basel ins Leben gerufen wurde, und die die verschiedenen pietistischen Strömungen der Zeit in klare Bahnen lenkte. (4)

Durch zahlreiche persönliche Kontakte bestanden insbesondere enge Beziehungen zu pietistischen Kreisen in Württemberg.

Jenkins (5) beschreibt den württembergischen Pietismus wie folgt:

---

1 Vgl. M.E. Townsend, a.a.O., S. 208.
2 Vgl. hierzu die Ausführungen auf S. 126ff.
3 Da Schlatter, der Chronist der Basler Mission, die Entstehungsgeschichte der Missionsanstalt ausführlich beschrieben hat, wird hier nur kurz darauf eingegangen. Vgl. W. Schlatter, Geschichte der Basler Mission 1815-1915. Mit besonderer Berücksichtigung der ungedruckten Quellen. I. Band: Die Heimatgeschichte der Basler Mission. Basel 1916, S. 1-27, zukünftig zitiert als Schlatter I.
4 Vgl. G.A. Wanner, Die Basler Handels-Gesellschaft AG 1859-1959. Basel 1959, S. 22.
5 P. Jenkins, Towards a definition of the Pietism of Wurtemberg as a Missionary Movement. Paper präsentiert auf der Oxford Conference 1978 der African Studies Association of the United Kingdom: Whites in Africa – Whites as Missionaries, Falmouth, 15th - 27th Juli 1978, S. 3.

"1. Pietists attended the services of the established protestant church and sent their children to confirmation classes. In addition, they attended their own weekly meetings - the Stunde or Sammlung - and had a much more intensive pattern of personal piety than their neighbours.

2. In terms of conduct they were the puritans in their Society with visibly 'higher' standards of behavior than the general community.

3. Central to the religious consciousness of the individual and the group was the experience of a conversion – sudden or gradual – which anchored christian piety in the emotional life." (1)

Der Pietismus stand in einer puritanischen Tradition und war gekennzeichnet durch einen "Rückzug aus der Welt auf die Innerlichkeit des eigenen Ichs." (2) Er war ferner, wie Jenkins nachweist, "a rural movement in a traditional pre-industrial setting." (3)

Einer der Gründer und spätere erste Inspektor der Basler Mission, der württembergische Theologe Chr. G. Blumhardt, war der Tradition der pietistischen Bewegung ebenso verpflichtet wie die nachfolgenden Inspektoren.

Aus pietistischen Kreisen, den "Stillen im Lande" (4), gewann die Basler Mission in erster Linie auch ihre Interessenten. (5)

Von diesem Personenkreis ging u. a. der Impuls aus, den in der Heimat gefährdeten christlichen Glauben in die heidnische Welt zu verpflanzen. Die Heidenmission war für die Pietisten ein Hauptanliegen. (6)

---

1 Ebenda, S. 3.
2 Philosophisches Wörterbuch (herausgegeben von G. Klaus und M. Buhr, 8. berichtigte Auflage, Stichwort "Pietismus", Leipzig 1972, Band 2, S. 845.
3 P. Jenkins, a. a. O., S. 4.
4 L. Mühlhäuser, Zum Jubiläum des Balser Missionshauses. In: Evangelisches Missions-Magazin, Neue Folge, 60. Jg., 1960, S. 393.
5 Vgl. ebenda.
6 Vgl. R. Hoffmann, Die neupietistische Missionsbewegung vor dem Hintergrund des sozialen Wandels um 1800. Ms., Salzburg 1976, S. 1. Vgl. auch C. Vogelsanger, Pietismus und afrikanische Kultur an der Goldküste. Die Einstellung der Basler Mission zur Haussklaverei. Diss., Zürich 1976, S. 39.

Es ist somit festzuhalten, dass die Basler Mission personell und in ihrer religiösen Ausrichtung fest im Pietismus württembergischer Prägung verwurzelt war. (1)

Abschliessend bleibt noch zu vermerken, dass sich einige Mitglieder der eingangs erwähnten "Christentumsgesellschaft" am 25. September 1815 in einem Komitee, dem zukünftigen obersten Organ der Basler Mission, konstituierten. (2) Dem Komitee gehörten neben dem Inspektor, der für die Missionsschule verantwortlich war, angesehene und finanzkräftige Basler Bürger an. (3) Dieser Zusammensetzung entsprach die aristokratisch-patriarchalische Regierungsform des Komitees. (4)

In der Zeit des dritten Inspektors Josenhans (1850-1879) entwickelte sich das Komitee zu einer autoritären Führungsclique. Von Josenhans sind folgende Aeusserungen überliefert: "Das Komitee nimmt nichts zurück; das Komitee weiss immer am besten was not tuth; die Baseler Mission ist keine Republik". (5)

Die Basler Mission kann somit als eine stark vom Pietismus geprägte Organisation bezeichnet werden, deren Leitung ein straffes Regiment ausübte.

2.1.2 Adressatenmerkmale

Nach Vogelsanger öffnete die Basler Mission einem bestimmten Typus von Kandidaten ihre Tore, nämlich "dem 'einfachen Manne aus dem Volke', dem schwäbischen Handwerkergesellen, der aus einer frommen ländlichen Familie stammend, ausser seinem Glauben die konservative, demütige Haltung, die unverbrauchte geistige Frische und Aufnahmefähigkeit, den Enthusiasmus und den physischen Mut für seine künftige Aufgabe mitbrachte". (6)

---

1 Vgl. auch W. Hoffmann, Elf Jahre in der Mission. Stuttgart 1853, S.104. Auch der derzeitige Präsident der Basler Mission, Pfarrer Rossell, sieht sich durchaus in der Tradition des Pietismus stehen, wie er in einem Gespräch mit dem Verfasser am 8.3.1979 in Basel versicherte. Er betonte allerdings, dass es den Pietismus nicht gäbe. Er habe diverse Spielarten und sei zudem zahlreichen Wandlungen unterworfen gewesen.
2 Vgl. Schlatter I, a.a.O., S. 24.
3 Vgl. C. Vogelsanger, a.a.O., S. 47.
4 Vgl. Schlatter I, a.a.O., S. 167.
5 Zitiert nach J. Hesse, Joseph Josenhans. Ein Lebensbild. Calw und Stuttgart 1895, S. 177.
6 C. Vogelsanger, a.a.O., S. 57.

Diese Feststellung, die von Vogelsanger nicht durch Zahlenmaterial belegt wurde, soll im folgenden untermauert werden.

Ein Blick auf die Tabelle 1 zeigt, dass der grösste Teil der Brüder vor ihrem Eintritt "Professionisten" (1) waren, also praktischen Berufen entstammten. Innerhalb dieser Gruppe waren die Handwerker weitaus am stärksten vertreten. (2) Der Anteil der Fabrikarbeiter war verschwindend gering.

Vergleicht man die Phase 1816-1849 mit der von 1900-1906, so ergibt sich folgende Entwicklung:

- der Anteil der Kaufleute zeigte eine stark steigende Tendenz (von ca. 8 auf über 30%)

- der Anteil der bäuerlichen Berufe blieb relativ konstant und lag bei durchschnittlich 10%.

- sinkende Tendenz wiesen die handwerklichen Berufe (von 60% auf ca. 46%) sowie die "Geistesarbeiter" (von 22% auf unter 13%) auf.

- einige traditionelle Berufe (z. B. Schuhmacher, Weber, Schneider) waren nicht mehr oder nur noch verschwindend gering vertreten. Nur der "moderne" Beruf des Mechanikers/Maschinentechnikers zeigte eine Zunahme.

In Bezug auf die Herkunft der Brüder lässt sich feststellen, dass sie mehrheitlich (über 70%) aus Deutschland stammten, wie ein Blick auf die Tabelle 2 zeigt. Knapp die Hälfte der Zöglinge kam aus Württemberg, während nur ein Fünftel Schweizer waren.

Weitere, wenn auch unvollständige Informationen über den Familienhintergrund und die Religiosität der Zöglinge, können den folgenden Charakterisierungen der Brüder durch die Lehrerschaft entnommen werden: (3)

... Ursprünglich von Beruf Wagner, stammt aus kleinbäuerlichen Verhältnissen und bringt von dort ein gesundes, natürliches Erbe mit: angeborene

---

1 R. Hoffmann, Die neupietistische Missionsbewegung vor dem Hintergrund des sozialen Wandels um 1800. Ms. Salzburg 1976, S. 19.
2 Bei den deutschen und englischen protestantischen Missionen war die berufliche Zusammensetzung im 19. Jahrhundert ähnlich. Vgl. R. Hoffmann, a. a. O., S. 18 und 20.
3 Vgl. zum folgenden Archiv der Basler Mission, Akte "Seminar BM, Verschiedenes I, 1906-1955. Mit Rücksicht auf die noch lebenden Missionare wird auf die Wiedergabe der Namen und der entsprechenden Schülerjahrgänge verzichtet.

Tabelle 1 Berufliche Herkunft der aufgenommenen Brüder 1816-1881, 1900-1906

BERUFSGRUPPE	1816-1849		1816-1881		1900-1906	
	abs.	rel.	abs.	rel.	abs.	rel.
1. "Professionisten"						
1.1 Bauern incl. Weingärtner	34	8,9%	143	12,9%	22	11,0%
1.2 Kaufleute	30	7,9%	123	11,1%	61	30,7%
1.3 Handwerker	229	60,0%	607	54,6%	91	45,7%
Weber	33		98		3	
Schuhmacher	33		69		-	
Zimmerleute, Schreiner u. dgl.	16		65		16	
Schmiede, Schlosser	13		50		6	
Schneider	24		46		1	
Bäcker, Konditoren	11		16		4	
Buchdrucker	3		16		4	
Buchbinder	-		15		1	
Mechaniker/Maschinentechniker	-		15		19	
Sattler	-		13		2	
Gärtner	-		13		10	
sonstige	96		191		25	
1.4 Fabrikarbeiter	4		19	1,7%	-	
2. "Geistige Arbeiter"	85	22,2%	203	18,2%	25	12,6%
2.1 Schüler u. Studenten	26		73		14	
2.2 Theologen u. Kandidaten	12		16		3	
2.3 Lehrer und Lehrgehilfen	23		73		3	
2.4 Aerzte, Chirurgen	8		12		1	
2.5 Schreiber	12		29		4	
2.6 sonst. Akademiker	4		-		-	
ohne Angabe/Beruf	-		17	1,5%		
SUMME 1 + 2	382	100,0%	1112	100,0%	199	100,0%

Quelle: R. Hoffmann, Die neupietistische Missionsbewegung vor dem Hintergrund des sozialen Wandels um 1800. Salzburg 1976, Ms, S. 19 (für den Zeitraum 1816-1849)
- Archiv der Basler Mission, Akte "Geschichtliches, Organisation, diverse Missionsfragen", Informationsblatt: die Evangelische Missionsgesellschaft in Basel, o.J., wahrscheinlich um 1882 (für den Zeitraum 1816-1881)
- eigene Auszählung laut Brüderverzeichnis der Basler Mission (für den Zeitraum 1900-1906)

Tabelle 2   Herkunft (nach Ländern) der im Basler Missionsdienst ausgesandten Brüder 1816-1940

LAND	Zahl der Brüder	
	absolut	relativ
Schweiz	259	20,1%
Württemberg	587	45,6%
sonst. Deutschland	361	28,0%
Elsass	24	1,9%
sonst. Ausland	38	2,9%
Eingeborene	19	1,5%
SUMME	1288	100%

Quelle: Basler Mission, Sekretariat, Akte "Statistiken über Aussendungen und Gebietsaufenthalte". Einige statistische Angaben aus der 125jährigen Arbeit der Basler Mission, vom 25.9.1940, zukünftig zitiert als "Basler Mission, Statistiken 1816-1940", Beilage IV c.

Rechtschaffenheit und Geradheit und einen ausgesprochenen Mutterwitz. Seiner inneren Entwicklung nach ist er geprägt durch den Pietismus Hahnischer Richtung, wodurch seine natürliche Originalität der Weg in die Entfaltung zum christlichen Charakter mit scharf ausgeprägten Zügen gewiesen wurde. ...

... Stammt ebenfalls aus einem württembergischen Gemeinschaftshaus altpietistischer Prägung. Gute Begabung und frische Auffassungsgabe im Verein mit Treue in der Arbeit liessen ihn während der Studienjahre im Missionshaus erfreuliche Ergebnisse erzielen. ...

... Kommt aus pietistischem Stuttgarter Haus und bringt von dort ein gutes geistliches Erbe mit. ...

... Stammt aus bäuerlich-kirchlichen Kreisen und verdankt den Anstoss zu seinem inneren Leben der christlichen Jugendbewegung. ...

... Kommt aus Tübinger Gemeinschafts- und Vereinskreisen. ...

... Sohn eines einsamen fränkischen Bauernhofes. Ehrliche, kraftvolle, einfach angelegte Natur mit starker Begabung für das volkstümliche. Kirchlich steht ... ganz auf der Linie der Volkskirche. ...

... Kommt aus schwäbischen Gemeinschaftskreisen war früher Diakon auf der Karlshöhe. ...

... Anima candida. Ein besonders erfreulicher Vertreter des ursprünglichen württembergischen Pietismus. ...

... Kommt aus einfachem, frommem Haus; verdankt der gläubigen Mutter besonders viel.

Die vorgenannten typischen Merkmale des Basler Missionars "schwäbischer Handwerker aus frommer, ländlicher Familie", haben sich bis zur Auflösung des Missionsseminars im Jahre 1954 grundsätzlich nicht geändert. (1)

Die schulische Vorbildung war der sozialen und beruflichen Herkunft entsprechend nicht besonders hoch. Die meisten Zöglinge konnten nur eine Volksschulbildung vorweisen. (2) Nach Mühlhäuser (3) war auch der Prozentsatz der einigermassen Begabten unter der Schülerschaft nach übereinstimmendem Urteil der massgeblichen Persönlichkeiten nie sehr gross.

Ueber die Beweggründe der Zöglinge zum Besuch des Missionshauses sind keine fundierten Aussagen möglich. Ohne jedoch den aus der Unterschicht bzw. dem Kleinbürgertum stammenden Missionaren utilitaristisch-materialistische Motive unterschieben zu wollen, kann doch die Vermutung ausgesprochen werden, dass zumindest für einige die Basler Mission ein Vehikel des sozialen Aufstiegs darstellte. (4) Es gab neben den Missions-Seminaren im 19. Jahrhundert kaum eine vergleichbare institutionalisierte Möglichkeit für Erwachsene ohne höhere Schulbildung, das Versäumte nachzuholen und zu einer ansonsten auf den Nachweis eines regulären Bildungswegs begründeten sozialen Position aufzusteigen. (5) Die Tätigkeit des "Heidenmissionars" war eine in der breiten Oeffentlichkeit heroisierte, interessante und gesellschaftlich anerkannte Aufgabe. (6) Es handelte sich um ein Berufsbild, das für den "Professionisten", den "einfachen Mann aus dem Volke", als erstrebenswert gelten konnte.

Dementsprechend gross war das Interesse an einer Ausbildung zum Missionar, wie ein Blick auf die Tabelle 3 zeigt.

---

1 Vgl. Archiv der Basler Mission, Akte "Seminar BM, Schülerlisten 1815-1955".
2 L. Mühlhäuser, a. a. O., S. 394.
3 Ebenda S. 395.
4 Aehnlich äussert sich R. Fischer, Die Basler Missionsindustrie in Indien 1850-1913. Zürich 1978, S. 292 über die Handelsbrüder.
5 Vgl. R. Hoffmann, a. a. O., S. 21.
6 Ebenda

Tabelle 3   Uebersicht über die Zahl der Bewerber und der Aufgenommenen
1880-1931

Jahr	Bewerber	davon aufgenommen	
		absolut	relativ
1880	49	15	30,6%
1885	59	25	42,4%
1890	52	18	34,6%
1900	37	14	37,8%
1910	52	24	46,2%
1913	52	23	44,2%
1914	42	26	61,9%
1920	30	12	40,0%
1922	34	9	26,5%
1923	31	8	25,8%
1924	42	14	33,3%
1925	45	14	31,3%
1926	59	15	25,4%
1927	71	17	23,9%
1928	53	13	24,5%
1929	43	12	28,6%
1930	40	12	30,0%
1931	51	16	31,3%
SUMME	842	287	⌀ 34%

Quelle: Archiv der Basler Mission, Akte "Seminar BM, Schülerstatistiken 1815-1955", Aktennotiz des Heiminspektorats an das Komitee über den Mangel an Schweizer Petenten für unser Missionsseminar vom 26. Januar 1931, S. 1.

Die Zahl der Bewerber schwankte zwischen 71 und 30, lag durchschnittlich aber bei 46 pro Jahr. Nach Mühlhäuser führte die hohe Bewerberzahl dazu, "dass minderwertige, ja unlautere Elemente sich hie und da, trotz der genauen Prüfung der Bewerber, Eintritt in die Brüderschaft verschaffen konnten". (1)

---

1   Vgl. L. Mühlhäuser, a.a.O., S. 394.

Die Zahl der aufgenommenen Brüder schwankte zwischen 24 und 8, durchschnittlich lebten aber 16 Zöglinge pro Jahrgang im Missionshaus. Nur jeder Dritte hatte demnach eine Chance, aufgenommen zu werden.

2.1.3 Zulassungsbedingungen

Die Aufnahme in die Missionsanstalt war an folgende Bedingungen geknüpft: (1)

- Jeder Bewerber musste das 18. Lebensjahr vollendet haben. Nach vollendetem 24. Lebensjahr war in der Regel die Aufnahme nicht mehr möglich.

- Nachweis einer Lehre in Gewerbe oder Landwirtschaft oder eine genügende Ausbildung in einer höheren Lehranstalt (Gymnasium, Realschule oder Gewerbeschule) bis zur Abschlussprüfung.

- Der Bewerber musste nicht nur frei von körperlichen Gebrechen, sondern auch so kräftig und gesund sein, damit er hoffen konnte, "die Anstrengungen einer 6jährigen Vorbereitungszeit, die Gefahren der Verpflanzung in ein tropisches Klima und die Strapazen des Missionslebens zu ertragen". Insbesondere war ein gesundes und leistungsfähiges Nervensystem erforderlich.

- Gründliche Kenntnisse der Heiligen Schrift.

- Ausstattung mit "guten Gaben des Verstandes und des Gedächtnisses".

- Sittliche Unbescholtenheit.

- Gewissheit "seiner göttlichen Berufung zum Missionsdienst durch reifliches Nachdenken, längere Selbstprüfung nach Gottes Wort unter Gebet und Beratung sachverständiger und ihn genau kennender Männer".

- Die Zöglinge mussten sich der Gesellschaft für immer zur unbedingten Verfügung stellen, "ohne dass diese sich in irgend einer Weise rechtlich verbindlich machte, sie anzustellen, auszusenden, im Dienst zu behalten, zu besolden oder zu unterstützen".

- Bewerber, die verlobt waren, wurden nicht akzeptiert.

---

1 Vgl. zum folgenden Bedingungen des Eintritts in die Evangelische Missionsanstalt zu Basel und Anweisung zur Meldung und Aufnahme. In: Verordnungen über die persönliche Stellung der Missionare (revidiert 1913), S. 1ff.

Diese Aufnahmebedingungen hatten Knebelungscharakter, denn sie forderten bedingungslose und rechtlose Unterwerfung. Solche Bedingungen konnten wohl nur von Bewerbern akzeptiert werden, die "sich mit festem Entschluss Gott und dem Herrn Christus als seinen Heiland ergeben haben, um bei ihm zu bleiben und ihm zu dienen". (1)

An diesen Zulassungsbedingungen hat sich bis zum Auflösungsbeschluss des Seminars im Jahre 1950 grundsätzlich nichts geändert. (2)

2.1.4 Lehrpläne

"Wir haben uns geeinigt, eine Missionsanstalt in unserer Stadt zu errichten, welche den einfach grossen Zweck hat, durch einen regelmässigen Kursus im zweckmässigen Vorbereitungsunterricht Zöglinge zu bilden, welche von den schon lange mit glücklichem Erfolg arbeitenden englischen und holländischen Missionsgesellschaften als Verbreiter einer wohltätigen Zivilisation und als Verkünder des Evangeliums des Friedens nach verschiedenen Gegenden der heidnischen Welt versendet werden können." (3)

Mit diesen Worten wurde der Zweck der Missionsschule im Berufungsschreiben Blumhardt, des ersten Inspektors, umschrieben; und daran orientierten sich alle Lerhpläne.

Im Frühjahr 1816 lag ein erster "Plan des Missionsinstituts" vor. In diesem Plan heisst es u. a.:

"In die Missionsschule werden 10-15 fromme Männer oder Jünglinge, die das 20. Jahr erreicht haben, nach angestellter Prüfung aufgenommen. Sie stehen unter der unmittelbaren Aufsicht des Missionslehrers, der die Leitung des ganzen Unterrichts übernimmt und so viele Lektionen selbst erteilt, als ihm Zeit und Kraft gestatten. Der Unterricht in dieser Schule muss nicht zu weit ausgedehnt, aber gründlich, durchaus praktisch, mit steter Rücksicht auf den Missionszweck erteilt und für die eigene Fortbildung der Zöglinge berechnet werden.

Der Lehrplan wird in sechs halbjährliche Kurse eingeteilt, und zwar so:

I. Kurs: Bibelstudium, oder populäre Erklärung des historischen oder grammatischen Wortsinns der Schrift; Memorieren der Bibelsprüche; deutsche Sprachlehre; Englisch, Anfangsgründe; Arithmetik, Kalligraphie und Orthographie.

---

1 Ebenda, S. 4.
2 Vgl. Archiv der Basler Mission, Akte "Seminar BM, Verschiedenes 1906-1955", Aufnahmebedingungen für das Seminar der Evangelischen Missionsgesellschaft, Basel 1948.
3 Zitiert nach Schlatter I, a. a. O., S. 28.

II. Kurs: Fortsetzung des Bibelstudiums; allgemeine Sprachlehre in Verbindung mit den wichtigsten Lehrsätzen der Rhetorik und Uebung in Aufsätzen an Regierungsbehörden; Englisch, abwechselnd mit Holländisch; Geographie, besonders der aussereuropäischen Länder, mit Berücksichtigung ihrer Kulturgeschichte; Kartenzeichnen.

III. Kurs: Bibelstudium zum Behuf der christlichen Glaubens- und Sittenlehre; Englisch; Geographie; Lehre vom menschlichen Körper; Seelenlehre; eine Stunde wöchentlich Unterricht in den nötigsten Vorkenntnissen der Medizin, Chirurgie und Botanik.

IV. Kurs: Populäre Erklärung des Neuen Testaments zum Behuf der Glaubens- und Sittenlehre; Unterricht in der populären christlichen Glaubens- und Sittenlehre; praktische Logik; Englisch; Anlage von Sammlungen für die Glaubens- und Sittenlehre aus dem Neuen Testament.

V. Kurs: Geschichte der Ausbreitung des Christentums; populäre Glaubens- und Sittenlehre, Fortsetzung; Erklärung der Heiligen Schrift zum homiletischen Gebrauch; Unterricht im Wesentlichen der Homiletik und Katechetik.

VI. Kurs: Missionsgeschichte mit Rücksicht auf die verschiedenen Methoden des Lehrvortrags unter den heidnischen Völkern; Schrifterklärung zum homiletischen Gebrauch; Unterricht in der Katechese; Anleitung zu zweckmässiger Disposition von Predigten.

Auch ist noch als zweckmässig zum Unterricht eines Missionars gehörend gefunden worden:

a) Anweisung zur besonderen Seelenpflege.

b) Kurze Entwürfe und Pläne von einer kleinen und ordentlich eingerichteten Gemeine und deren Kirchenbücher.

c) Winke, wie man sich in Gegenden, wo katholische Missionare existieren oder sich bilden wollen, zu verhalten habe.

Auf Zeichnen, Musik, Singen, Privatlektüre der Missionsgeschichte und Anleitung zu allerlei technischen Arbeiten ist im Lehrplan Rücksicht zu nehmen. Während der zweimaligen Ferien mögen die Zöglinge die Missionsfreunde auf dem Lande besuchen und Ansicht nehmen vom Landbau und andern wirtschaftlichen Gegenständen; nachher sollen sie freie Aufsätze über das Erfahrne, auch Beschreibung der besuchten Gegenden einliefern, damit sie eine Vorübung darin erlangen, Schilderungen zu entwerfen. **Ueberhaupt wird ihnen für persönliche sowohl als für schriftliche Verhältnisse eine gewisse praktische**

Gewandtheit und richtiges Judizium in vielen Fällen sehr zustatten kommen und mehr nützen als Gelehrsamkeit." (1)

Dieser Plan konzentrierte sich auf das Bibelstudium. Latein- und Griechischunterricht wurden nicht erwähnt. Nach Schlatter (2) wollte man während der drei Jahre, um etwas Solides zu erzielen, durchaus beim Einfachen bleiben und keine Theologen oder Halbtheologen, sondern praktisch tüchtige Missionare heranbilden.

Ueber diesen Plan urteilte der dritte Inspektor, Josenhans, wie folgt:

"Er war unter den damaligen Verhältnissen ein bedeutendes Werk. Ob ihm gleich sehr ideale Ansichten und Urteile zu Grunde liegen, denen die wirklich vorhandenen Kräfte und Mittel und die zu seiner Ausführung eingeräumte Zeit nicht entsprachen, ist er nichtsdestoweniger ein Meisterwerk in seiner Art, das immer wieder angeschaut zu werden verdient." (3)

Im Juli 1816 wurden die ersten 7 Zöglinge aufgenommen, und am 26. August 1816 fand die feierliche Eröffnung der Missionsschule statt.

Der vorerwähnte Lehrplan wurde von Anfang an nicht als unverrückbar betrachtet, sondern er erfuhr weitgehende Modifikationen mit Rücksicht auf die Verhältnisse in der Schülerschaft und dem Lehrpersonal, vor allem aber auch auf die besonderen Anforderungen, die seitens der künftigen Arbeitsfelder und der Entsendeorganisationen gestellt wurden. (4)

So blieb der erste Lehrplan, der sich durch Einfachheit und Geschlossenheit auszeichnete und dem Auffassungsvermögen der Mehrzahl der Zöglinge angepasst war (5), nur zwei Jahre in Kraft.

Im Juni 1818 teilte die Church Missionary Society (CMS), in deren Dienste die meisten Absolventen traten, der Basler Mission mit, dass man nur noch Zöglinge aufnehmen wolle, "die nebst den christlichen Herzensfähigkeiten auch eine wissenschaftliche Bildung (Kenntnisse der lateinischen, griechischen und hebräischen Sprache) und selbst eine gewisse äussere Bildung besässen". (6) Diesem Wunsch kam man in Basel nach. So waren die philologischen Fächer "eben doch wie ein Fremdkörper in das ursprüngliche Lehrprogramm hereingedrungen,...". (7)

---

1 Zitiert nach Schlatter I, S. 29f. Sperrungen im Original.
2 Vgl. Schlatter I, S. 30.
3 Zitiert nach Schlatter I, S. 32.
4 Vgl. L. Mühlhäuser, a. a. O., S. 345.
5 Ebenda S. 346.
6 Zitiert nach Schlatter I, S. 62.
7 L. Mühlhäuser, a. a. O., S. 347.

Im Laufe der kommenden Jahre wurde die Studienzeit auf 5 Jahre verlängert. Auf diese Weise konnten die philologischen Fächer besser verteilt werden. Andere Fächer traten im Laufe der Zeit hinzu. Erwähnt werden sollen hier nur die Fächer Religionsgeschichte, Pädagogik, Medizin und Naturkunde. (1)

Der Lehrstoff wurde von einer Lehrerschaft vermittelt, die sich aus dem Inspektor, den theologischen Lehrern, den Kandidaten – meist junge Lehrer aus dem Theologen- oder Lehrerstand – sowie Lehrkräften für Spezialfächer zusammensetzte. (Die Kandidaten bildeten ein wertvolles Vermittlungselement zwischen den Zöglingen und den älteren Lehrern.) (2)

Die meisten Lehrer kamen aus Württemberg. Ausserhalb Württembergs hätte die Missionsleitung schwerlich lehrfreudige und -fähige Lehrer finden können. (3)

Mit einer Schwierigkeit hatte die Missionsschule immer zu kämpfen, nämlich, "bei stets wachsender Fülle des Lehrstoffes die erstrebenswerte Vertiefung zu erzielen". (4)

Die folgenden Jahre bis zur Aufgabe des Missionsseminars im Jahre 1950 waren durch zahlreiche Konzeptdiskussionen gekennzeichnet, die einen ganzen Ordner füllen. (5)

Unter dem zweiten Inspektor W. Hoffmann wurde erneut stärkeres Gewicht auf die altphilologischen Fächer gelegt. Josenhans, der dritte Inspektor, vollzog noch weitergehender die Angleichung an die Struktur des theologischen Studienganges. Ihm schwebte deutlich das Tübinger Stift mit seinen Einrichtungen vor. Auch unter den folgenden Inspektoren Schott und Oehler wurden verschiedene Aenderungen vorgenommen.

Eine umfassende Kritik der Missionarsausbildung setzte im Ersten Weltkrieg bzw. in der Nachkriegszeit ein. Im Protokoll der Verhandlungen der 4. (Kriegs-) Tagung der deutschen Missionslehrerkonferenz in Bethel am 12. und 13. April 1916 (6) heisst es, dass sich die Aufgaben, welche der

---

1 Ebenda
2 Vgl. L. Mühlhäuser, a. a. O., S. 392 und 396.
3 Vgl. Schlatter I, S. 121.
4 C. Mirbt, Hundert Jahre Basler Missionsarbeit. In: Evangelisches Missions-Magazin, Neue Folge, 59. Jahrgang, 1915, S. 480.
5 Vgl. zum folgenden insbesondere Archiv der Basler Mission, Akte "Seminar BM - Weiterführung? Ausbildungspläne 1838-1959", insbesondere H. Gelzer, Die neue Studienordnung von 1928, ihre Intentionen und ihre praktischen Auswirkungen, S. 1ff.
6 Archiv der Basler Mission, Akte "Seminar BM, Studienpläne, Reformvorschläge 1838-1954", S. 2.

Missionar zu erfüllen habe, sowie die Verhältnisse, unter welchen er arbeite, gegenüber früher verschoben hätten. "Er hat nicht nur in schlichter Weise das Evangelium zu predigen. Er hat Gemeinden zu organisieren, die Bildung einer Kirche in die Wege zu leiten, farbige Lehrer und Prediger zu erziehen. Er begegnet den Trägern moderner Bildung, die vielfach Vertreter des Unglaubens sind, und muss ihrem Einfluss entgegenwirken können. Darum muss seine Bildung umfassender und gründlicher sein als bisher. Wir haben dies Ziel durch Erweiterung unserer Lehrpläne, durch Verlängerung der Ausbildungszeit zu erreichen versucht. Der erhoffte Erfolg ist nur sehr teilweise eingetreten. Dagegen ist über den vermehrten Unterrichtsstoffen die gründliche Behandlung derselben oft zu kurz gekommen. Die Gefahren der Halbbildung traten schärfer hervor. Auch hatten wir über Ueberbürdung unserer Schüler und gesteigerter Nervösität zu klagen."

Der Ruf nach einer veränderten Ausbildung des Missionars kam aber auch von den Missionaren selbst. Anlässlich der chinesischen Generalkonferenz der Basler Mission wurde in einem Referat u. a. folgendes festgestellt: "Der Mangel in unserer Ausbildung liegt nicht auf rein theologischem Gebiet, vielmehr auf dem der Allgemeinbildung, wie sie von den zum Maturum vorbereitenden Lehranstalten vermittelt wird. ... Mangelhafte Allgemeinbildung ist vielen gleichbedeutend mit Halbbildung. Unter dieses Urteil fallen wir Missionare häufig in der Oeffentlichkeit." (1)

Auch in der Leitung der Basler Mission sah man den "Umbruch der Zeiten". Direktor Hartenstein analysiert die Lage wie folgt: (2)

"Einmal sind die aus Deutschland stammenden Brüder der Nachkriegszeit körperlich und seelisch bedeutend sensibler und weniger leistungsfähig als früher. Dies prägt sich dem Beobachter auf dem Felde deutlich aus. Das junge Nachkriegsgeschlecht ist ferner zum grossen Teil durch stärkere innere Erschütterungen gegangen als früher und hat grössere Schwierigkeiten, Autorität zu bejahen und anzuerkennen. Es ist stärker auf Selbständigkeit und Selbsttätigkeit eingestellt und Radikalismen religiöser und erzieherischer Art leichter zugänglich als das Geschlecht vorher. Aeussere Institution als solche gilt ihm weniger. Er will von innen heraus, durch bevollmächtigte Autorität gewonnen werden und den Sinn der Institution und Ordnung verstehen, um sie zu bejahen. ...

---

1 Archiv der Basler Mission, Akte "Seminar BM, Studienpläne, Reformvorschläge 1838-1954", Abschrift eines Referats von Missionar P. Weller: "Reform der missionarischen Ausbildung" gehalten bei der chinesischen Generalkonferenz, August 1927.
2 Archiv der Basler Mission, Akte "Seminar BM, Studienpläne, Reformvorschläge 1838-1954", K. Hartenstein, Vorlage an das Komitee betr. Dreiteilung des theologischen Lehramtes am Missionsseminar vom 28. November 1929, S. 3ff.

Ganz neu und eigenartig ist das Verhältnis des jungen Missionars zu den
mehr oder weniger selbständig werdenden Kirchen. Der Nationalismus der
erwachenden Völker, die Desillusionierung der Völker in ihrer Beurteilung Europas und des weissen Mannes überhaupt, erzeugen das Gefühl
grosser Empfindsamkeit und den Willen zu dezidierter Gleichberechtigung.
Jedes patriarchalische und pationisierende (sic!) Verhältnis des Missionars
zum Eingeborenen ist weithin unmöglich geworden. Seine Qualität als Führer muss tiefer verankert sein als in seiner Farbe, seinem Rassenbewusstsein und seiner überlegenen Bildung. Es bedarf für den jungen Missionar
grossen Taktes, Geduld und Zurückhaltung und daneben die Bereitschaft zu
wirklichem Dienst in voller Selbstlosigkeit, um mit diesen jungen Kirchen
zusammenzuarbeiten. Der Missionar muss offen sein für die besondere
Eigenart der Lage und bereit sein, diese Christen zu nehmen, wie sie sind
und nicht, wie er sie haben möchte. Er muss den klaren Mittelweg zu
gehen vermögen zwischen falscher Vertraulichkeit und herrischer Ueberlegenheit. Er muss als Schweizer und als Deutscher ohne jedes nationale
Vorurteil sich in die nationale Erregtheit dieser erwachenden Völker hineinzustellen vermögen. ...
Was sich jetzt in jeder Familie unseres Volkes abspielt, was in allen
Berufszweigen zum Ausdruck kommt, spüren wir in der Mission in verstärktem Mass, dass das jüngere Geschlecht sich viel rascher entwickelt
und sehr oft vom älteren Geschlecht wegentwickelt hat. Die brennende Frage
kann etwa durch die Ausdrücke: Autorität und Freiheit, Tradition und individuelle Eigenart bezeichnet werden. ...
Es ist für uns in der Heimat sehr schwer, nach zu erleben, in welch unheimlicher Weise der Ruf, die Achtung und das Ansehen des w e i s s e n
M a n n e s in der Welt gesunken, ja vernichtet ist. Die erwachenden Völker
des Ostens sehen im weissen Mann nur den gewissenlosen Ausbeuter und
Imperialisten, nur den Zerstörer alter Sitten und Bindungen, nur den Träger der Macht, des Geldes und des Alkoholismus. Wir können das nicht
Ernst genug nehmen, denn die Mission hat – jedenfalls aufs allgemeine
gesehen, weithin an dieser Beurteilung teil. Der Missionar muss sich heute
seine Stellung erringen und wird anerkannt nur insofern er wirklich religiös und sittlich eine von Gott bestätigte und bevollmächtigte Persönlichkeit
ist. Er befindet sich mit all seinem Tun und Lassen in einem Kreuzfeuer
der Kritik, mit seiner Lebenshaltung, seinem Eheleben, seinem Verhältnis
zu den Eingeborenen in schärfster, steter Beobachtung aller. Es sind ihm
alle äusseren Stützen von einst genommen, vor allem jeder Nimbus der
Macht- und der Rassenüberlegenheit. Dies erfordert vom jungen Missionar
eine innerste Umstellung auf ganz andere Verhältnisse, eine elastische
und bewegliche, nach aussen hin geöffnete Art, eine Bereitschaft zu sehen
und zu hören, wie die Dinge wirklich liegen und nicht zuletzt eine tiefe,
selbstlose Demut, die bereit ist die Solidarität der Schuld seiner Rasse
anzuerkennen und sich unter sie zu stellen. ...
Neu errungen werden muss von seiten der jungen Brüder auch das Verhältnis zur Leitung. Die Leitung, das Komitee, ist für den jungen Bruder nicht
mehr selbstverständliche Autorität. Aeusserer Zwang und nur äussere
Institution sind ohne Eindruck auf ihn, eine Tatsache, die wir in der Kirche

ebenso, wie im Staat beobachten. Der junge Bruder möchte sich nicht nur als Angestellter und Untergebener, sondern auch als Mitarbeiter fühlen."

Diese vorgenannten Faktoren, wie
- Zerstörung des Images des weissen Mannes
- Neue, erhöhte Anforderungen an die Missionare
- Wandlung des Selbstverständnisses der Missionare,

machten eine Umorientierung der Ausbildung erforderlich, der sich die Basler Mission nicht entzog.

Der neugewählte Direktor K. Hartenstein äusserte sich über die Intention eines neuen Studienplanes im November 1926 wie folgt:

"Im Blick auf die hohen Anforderungen sämtlicher Missionsfelder soll einerseits die Heranziehung wirklich berufener Theologen und anderer Akademiker stärker als bisher ins Auge gefasst werden. Besonders für Spezialaufgaben an den werdenden Kirchen sind Theologen nötig. Andererseits soll entgegen den Vorschlägen des Deutschen Evangelischen Missionarsbundes an der seminaristischen Ausbildung festgehalten werden, damit die im Volk wurzelnden Originale, denen der Weg durchs Gymnasium und Matur verschlossen blieb, fürs Missionswerk fruchtbar gemacht werden können. Aber der bisherige Lehrplan bedarf einer gewissen Umbildung - besonders nach zwei Seiten hin:

Einmal soll die realistische Bildung des Hauses verbreitert werden, damit den Missionaren das moderne naturwissenschaftliche Weltbild in der Auseinandersetzung mit den Gebildeten unter den Heiden klar wird. Sodann soll die philosophische Bildung vertieft werden, auch in der Richtung auf Völkerpsychologie und Ethnographie. ..." (1)

Hartenstein unterbreitete folgende Vorschläge: (2)

- Einführung einer Vorklasse für alle, die keine Sekundarschulbildung mitbringen, um so den Unterricht für die höheren Klassen auf einer gehobenen Stufe und vor allem einen gleichmässigeren Bildungsstand vermitteln zu können.

- Abbau der Altphilologie durch Beschränkung von Latein und Griechisch auf die ersten zwei Jahre.

- Erweiterung folgender Fächer: Deutsche Literatur, Naturwissenschaften, Philosophie und wissenschaftliche Völkerkunde.

---

1   Zitiert nach dem Referat von H. Gelzer, a. a. O., S. 2f.
2   Vgl. zum folgenden ebenda S. 3.

- Einrichtung freier Studiennachmittage, an denen die Schüler zum eigenen Lesen und Vertiefen des dargebotenen Stoffes, zu mehr selbständiger geistiger Arbeit gegenüber nur rezeptiver Aneignung des Wissensstoffes kommen können.
- Abschlussprüfung nach der obersten Klasse vor Experten; Verleihung eines "Diploms".

Hartenstein charakterisierte seinen Plan als einen "Versuch, einen eigenen Typus missionarischer Ausbildung zu finden unter stärkerer Betonung der Allgemeinbildung, der Weltanschauungs- und vor allem der missionstechnischen Fächer, Religionsgeschichte, Religionspsychologie, Völkerkunde, Pädagogik". (1)

Hartenstein schlug ferner vor, den Unterricht in drei jeweils zweijährigen Stufen (Unterstufe, Mittelstufe, Oberstufe) durchzuführen. (2)

Die Grundgedanken des Plans wurden vom Komitee bejaht, doch blieb die praktische Verwirklichung dahinter zurück. Der Abbau der altphilologischen Fächer erfolgte nicht so stark wie vorgesehen. Völkerpsychologie und Ethnologie kamen nicht zu ihrem Recht. (3) In seinen Grundtendenzen blieb aber der Studienplan von 1928 bis zur Auflösung des Seminars in Kraft. (4)

Zusammenfassend kann festgestellt werden, dass es der Basler Mission immer wieder gelungen ist, ihre Lehrpläne an die sich verändernden Gegebenheiten anzupassen. Die fünf Leitsätze des ersten Inspektors der Basler Mission waren den Verantwortlichen immer präsent. Sie lauteten:

"1. Aus der Gesamtbildung für den Heiden-Boten überall das Wissenswerteste und Fruchtbarste!
2. Lieber weniger aber gründlich!
3. Alles von der praktischen Seite her und für die Praxis!
4. Alles aus der Wurzel des lebendigen Christusglaubens heraus aufgefasst.
5. Alles in steter Beziehung auf den künftigen Missionarsberuf." (5)

---

1 Archiv der Basler Mission, Akte "Seminar BM Studienpläne, Reformvorschläge 1838-1954", Leitsätze eines Referats von Direktor Hartenstein anlässlich der Spezialkonferenz am Basler Missionsfest vom 29.6.1927. Reformvorschläge für den Studienplan des Missionshauses, S. 1.
2 Ebenda S. 2.
3 Vgl. das Referat von H. Gelzer vom 23.3.1944, a. a. O., S. 5.
4 Archiv der Basler Mission, Akte "Seminar BM, Studienpläne, Reformvorschläge 1838-1954", Studienplan des Missionsseminars der Basler Mission in Basel, zusammengestellt von Rektor H. Gelzer, 1948 sowie Ausbildungspensum der vergangenen 15 Jahre am Seminar der Basler Mission in Basel vom 17.6.1954.
5 Zitiert nach dem Referat von H. Gelzer, vom 23.3.1944, a. a. O., S. 5.

Aus den vorgenannten Punkten 3 und 5 leitete sich unter anderem eine Besonderheit des Basler Missionshauses ab, die nicht in den offiziellen Lehrplänen stand: die handwerkliche Ausbildung.

Bereits in der ersten Hausordnung, die von Inspektor Blumhardt verfasst wurde, findet sich der Passus:

"Mässige Handarbeit ist zur Erhaltung der körperlichen Gesundheit ungemein förderlich. Hierzu bietet sich unsern lieben Brüdern jeden Tag im Garten, auf dem Holzplatz und in der Schreinerstube die geschicklichste Gelegenheit dar, und ein jeder ist ersucht, sich dieselben oft zu Nutze zu machen." (1)

Auch in den Hausordnungen von 1860 und 1888 findet sich der Passus über die Handarbeit ohne Aenderung. (2)

Sinn dieser Regelung war es, der Gruppe von Brüdern, die "vor dem Eintritt ins Missionshaus nur mit der Feder umging" (3) handwerkliche Grundkenntnisse zu vermitteln, die für die spätere Tätigkeit in Uebersee nützlich sein konnten. Es bestand die Möglichkeit, in der Schuhmacherei, der Schneiderei, der Schreinerei, der Schlosserei, der Glaserei und der mechanischen Werkstätte zu arbeiten.

Die Instruktionsstunden fanden für die verschiedenen Klassen jeweils an einem Nachmittag pro Woche statt. Bei dieser Regelung blieb es bis 1950. (4)

Alles wurde von Hand gefertigt. Maschinen schaffte die Mission nicht an, "da man auf dem Missionsfeld auch keine zur Verfügung hat". (5)

Unter Epting, der seit 1911 für den Arbeitsdienst verantwortlich war, fanden über viele Jahre hindurch auch Kurse über das Bauen in den Tropen statt.

Wichtig war aber ebenfalls die erzieherische Seite der handwerklichen Ausbildung. Epting urteilt hierüber:

---

1 Archiv der Basler Mission, Akte "Seminar BM-Weiterführung? Ausbildungspläne 1838-1955", Referat von K. Epting über den Wert von Bedeutung des Arbeitsdienstes im Missions-Seminar vom 22.3.1948, S. 1.
2 Ebenda
3 Zitiert nach Archiv der Basler Mission, Akte "Seminar BM-Weiterführung? Ausbildungspläne 1838-1955", Bericht von K. Epting vom 3.11.1927. Die handwerkliche Ausbildung der Missionsbrüder im Missionshaus, S. 2.
4 Vgl. Bericht von K. Epting, vom 22. März 1948, a.a.O., S. 2.
5 Ebenda S. 4.

"Von meiner Schau aus gesehen ist es geradezu entscheidend für einen jungen Menschen, wie er sich zur Handarbeit einstellt, ob er bald sich zu gut deucht, obwohl er früher auch mit der Hand gearbeitet hat, oder ob er willig ist und bis zur ersten Klasse bereit ist, mit Hand anzulegen. Soweit ich beobachten konnte, hat kaum einer auf dem Missionsfeld versagt, der treu bei der Handarbeit war." (1)

2.1.5 Die Basler "Missionspädagogik"

Das Leben im Missionshaus und auf den Stationen war gekennzeichnet durch zahlreiche Verordnungen, die praktisch das gesamte Leben der Missionsbrüder reglementierten.

So sah die Heiratsordnung (2) vor, dass während der Ausbildung jedem Bruder "um des Herrn und um seines Berufes willen jeder vertrauliche Zusammenhang oder Ehegelöbnis mit einer Person vom anderen Geschlecht in Korrespondenz oder Umgang" untersagt war.

Aber die Bevormundung ging noch weiter. Kein Bruder, der als Missionar im Dienst der Gesellschaft stand, durfte sich verheiraten, "ehe er die Erlaubnis zur Verheiratung vom Komitee erhalten hat". Es galt als Regel, dass ein Bruder erst um eine Heiratserlaubnis bitten sollte, wenn er nach zweijährigem Aufenthalt im Missionsgebiet seine geistige Befähigung zum Missionsdienst und seine körperliche Widerstandsfähigkeit gegenüber dem Klima erprobt hatte.

Die Missionsleitung kümmerte sich zumindest zeitweise sogar um die Zuteilung der Ehefrauen. Der Bremer Missionsinspektor G. Stoevesandt berichtet in einem Brief vom 27.11.1928 an Inspektor E. Oettli, dass ein ehemaliger Missionszögling an der Behauptung festhält, "dass sich noch in der Zeit, als er im Seminar war (1891) junge Mädchen zur Verfügung stellten, um ihnen unbekannten Missionaren als zukünftige Frauen von dem Vorstande zugeteilt zu werden". (3)

Einige Zöglinge waren mit diesem Vorgehen nicht einverstanden. In einem Brief an das Komitee fragten sie, "ob hier wirklich genau die Linie eingehalten ist, welche die heilige Schrift dem Weibe vorzeichnet? Ist die Art,

---

1 Ebenda S. 5.
2 Abgedruckt in: Verordnungen über die persönliche Stellung der Missionare. Revidiert 1886, S. 12ff.
3 Archiv der Basler Mission, Akte Basler Missionare, Komitee, Verlobung und Verheiratung, 1823-1928.

wie manche Jungfrau einen Mann zugeteilt erhält, ohne ihn vorher zu kennen, wirklich von allen Bedenken frei? Hat sie gar nichts Unnatürliches, Unweibliches an sich?" (1)

Eine weitere Verordnung beinhaltete "einige wichtige Regeln für das Verhalten der Brüder z. B. auf den Missionsfeldern". (2)

Bezüglich der Malaria wurde dem Missionar folgender Rat gegeben:

"Je gesünder sich ein Missionar im allgemeinen erhält, je heiterer und ruhiger seine Seele ist durch den Frieden Gottes, desto widerstandskräftiger wird er gegen die Angriffe des Fiebers sein.
Einen Anlass zu ängstlicher Sorge bietet nun dieses Vorkommen von Fiebern dem Missionar nicht. Er weiss, dass der Dienst des Herren unter den Heiden ein Kriegs- und Reichsdienst ist, der zum Siege führt, auch wenn der einzelne unterliegen sollte. Er weiss, dass die Kraft des Herrn auch in dem Schwachen mächtig ist und dass er seine Kinder stärkt und erhält, solange er sie gebrauchen will und kann in seinem Erntefelde. Auch liefern uns manche alte und wieder glücklich zur Rast in die Heimat gekehrte Geschwister den Beweis, dass es sich auch in Fieberländern in Gott vergnügt lange leben lässt." (3)

Vor dem Genuss geistiger Getränke wurde schärfstens gewarnt und Abstinenz bzw. warmer oder kalter Tee empfohlen. (4)

Ein spezielles Verhältnis der Basler Missionsherren drückte sich in den "Regeln für das Verhalten gegen das weibliche Geschlecht in den Missionsländern aus. Einige Grundregeln besagen folgendes:

"Der unverheiratete Missionar hält sich in jedem Fall einen männlichen Diener. Hat je ausnahmsweise eine Magd der Missionsfrau ihm Dienste zu leisten, so ist folgendes dringend geboten: Der Bruder sehe darauf, dass die betreffende Person sein Zimmer nicht öfters betrete, als unbedingt nötig ist. Hat sie etwas darin zu tun, so verlasse er dasselbe, jedenfalls aber vermeide er aufs Strengste, dass er mit ihr allein im Zimmer sei, besonders wenn Türe oder Fensterläden geschlossen oder auch nur angelehnt sind. ... Auch wo der Missionar in Ausübung seines Berufes mit weiblichen Personen zu tun hat, ist grösste Vorsicht nötig. Er vermeide auch hier das Alleinsein mit einer solchen in einem Zimmer, dessen Türe oder Fensterläden nicht offenstehen. Ebenso enthalte er sich jeder körper-

---

1 Ebenda. Eine Abschrift dieses Briefes ist dem o. g. Schreiben vom 27.11.28 beigefügt.
2 Verordnung VIII, abgedruckt in Verordnungen über die persönliche Stellung der Missionare. Revidiert 1913.
3 Ebenda S. 26.
4 Ebenda S. 28.

lichen Berührung und jeder auffallenden Freundlichkeit in Worten, in Miene, auch da, wo seelsorgerischer Verkehr den Anlass dazu bieten könnte. ... Da, wo es vorkommt, dass sich die Dienstmädchen in Missionshäusern bei grosser Hitze abends auf offener Veranda zur Ruhe legen, vermeide man es, die Abendpromenade bis in ihre Nähe auszudehnen." (1)

Die vorgenannten Regeln galten auch für den Verkehr mit unverheirateten Europäerinnen. Selbst Brautleute durften nicht im verschlossenen Zimmer oder im Dunkeln sitzend angetroffen werden. Sie mussten alle Scherze und auffallenden Zärtlichkeiten vor den Augen der Eingeborenen vermeiden. Auch durften die Brautleute nicht in demselben Haus wohnen. (2)

Durch diese Verordnungen wurde der Privatbereich des Missionars sowohl in Basel als auch im Missionsgebiet reglementiert und stark eingeschränkt. (3)

Diesbezüglich besonders aufschlussreich ist die Hausordnung der Basler Mission. (4) Diese Hausordnung sah in Paragraph 3 vor, dass die Missionsschule "nicht der Herrschaft des eisernen, gesetzlichen Zwanges, sondern dem heitern Reiche der göttlichen Freiheit angehören" (5) sollte.

Die Zöglinge sollten "zu Knechten Jesu Christi in der Heidenwelt herangebildet werden". (6)

Die Tagesordnung enthielt folgende Bestimmung:

"Jedes Tagwerk wird mit einem kurzen Gesang, Gebet und Lesen der Heiligen Schrift begonnen und ebenso wieder beschlossen. In dem Geiste einer wahren, das Herz erwärmenden Andacht ist der eigentliche Lebenspunkt unserer Anstalt zu finden. Haben wir diese Perle verloren, so ist das Grundelement unserer Missionsschule eingebüsst. Der Herr bewahre uns vor diesem fürchterlichen Verluste!" (7)

---

1 Ebenda S. 29f.
2 Ebenda S. 30.
3 Aehnlich strenge Regelungen wurden gegenüber den einheimischen Christen mit ihren unterschiedlichen Sitten und Moralkodex praktiziert. So gab es Verordnungen über "Verfahren gegen Ehebrecher" und über "Ehebruch-Sühnegeld". Vgl. Verordnungen und Mitteilungen für die Missionare der Basler Mission ("Amtsblatt"). Herausgegeben vom Missionskomitee. I. -XII. (1891-1900). Basel 1901, Verordnung Nr. 71 und Nr. 267.
4 Vgl. zum folgenden Haus-Ordnung der Evangelischen Missions-Anstalt zu Basel. Neu ausgegeben 1888, Basel 1888.
5 Ebenda S. 4. (Dieses Passus taucht bereits wörtlich in der Hausordnung von 1819 auf. Vgl. Schlatter I, a. a. O. , S. 67.)
6 Ebenda
7 Ebenda S. 7.

Die Tagesordnung enthielt auch die Bestimmung, den Körper durch fleissiges Waschen rein und gesund zu erhalten. "Ohne strenge Ordnung und Reinlichkeit am Körper und im kleinen Hauswesen des einzelnen ist das gedeihliche Zusammenleben eines brüderlichen Kreises unmöglich." (1) Auch das fleissige Lüften der Stuben wurde erwähnt.

Bezüglich des Unterrichtes gab es die Bestimmung, dass keiner der Brüder ohne vorherige Erlaubnis des betreffenden Lehrers eine Lektion versäumen durfte. Die Privatlektüre der Brüder wurde von den Lehrern geleitet. (2)

Die Hausordnung sah auch Bestimmungen vor, wie Missverständnisse im Hause beizulegen waren:

"Glaubt ein Bruder Ursache zu haben, gegen einen seiner brüderlichen Lehrer und Vorgesetzten im Hause ein Misstrauen zu fassen und sein Herz von demselben abzuwenden, so ist es für ihn selbst und für den Lehrer wohlthuend und dem Sinn Christi gemäss, dass er, ehe er sich klagend anderswohin wendet, mit bescheidener Offenheit und Liebe die Ursache seines Misstrauens oder seiner Unzufriedenheit seinem Lehrer aufdecke und demselben dadurch Gelegenheit gebe, sich über den Gegenstand seiner Klage liebreich mit ihm zu verständigen. ...
Hat ein Bruder gegen den anderen eine Klage, so ist er, statt mit ihm zu zürnen oder sein Herz vor demselben zuzuschliessen, nach dem Gesetz Christi (Matth. 18, 15) verpflichtet, zu ihm hinzugehen und ihm im Geiste der Sanftmut und Brüderliebe sein wahres oder vermeintes Unrecht vor Augen zu stellen. ..." (3)

Jede unnütze Korrespondenz sollte sorgfältig gemieden werden, da sie Zeit koste, die auf etwas Besseres verwendet werden könnte. (4)

Der Tagesablauf war straff geregelt. (5) Die Zöglinge wurden im Sommer um 5.00 Uhr, im Winter um 5.30 Uhr geweckt. Die folgende Zeit stand zum Waschen und zum Beten zur Verfügung. Danach war der Tag wie folgt eingeteilt:

---

1 Ebenda S. 8.
2 Ebenda S. 9. (Schlatter berichtet von einem Zögling, der "einen geschmacklosen Roman zu seiner Lektüre gemacht hatte". Vorsteher und Inspektor machten ihm "väterliche Vorstellungen, auch wurden ihm einige Brüder zu besonderer Aufsicht und herzlicher Fürbitte beigegeben". Schlatter I, a. a. O., S. 37.)
3 Ebenda S. 11.
4 Ebenda S. 13.
5 Vgl. zum folgenden ebenda S. 20/21.

7.00 Uhr	Morgenandacht
7.30 Uhr	Frühstück
7.45 Uhr	Runde der Wöchner bei den Lehrern
8.15 bis	
12.15 Uhr	Lektionen und Arbeitszeit
12.15 Uhr	Mittagessen
	Anschliessend bis 14.15 Uhr Freizeit bzw. Arbeiten in Werkstätten, im Garten oder auf dem Acker
14.15 Uhr bis	zum Nachtessen Studierzeit oder Lektionen
17.00 Uhr im	Sommer, 18.00 Uhr im Winter Nachtessen
bis 21.00 Uhr	Freizeit oder körperliche Arbeit
21.00 Uhr	gemeinschaftliche Abendandacht mit anschliessender Studier- und Betzeit
22.00 Uhr, spätestens 22.30 Uhr Schlafengehen.	

Die Zöglinge waren bis nach 1920 in grossen Schlafsälen mit Strohmatrazen untergebracht. Nach Witschi (1) verriet die solid-primitive Einrichtung noch immer den Geist von Josenhans (Schlafsäle findet man heute nicht mehr. Statt dessen gibt es Einzel- und Doppelzimmer, deren Mobiliar sich durch schlichte Gediegenheit auszeichnet).

Viele Aemter im Missionshaus wurden den Zöglingen übertragen und durch Instruktionen reglementiert. (2)

So gab es z.B. Instruktionen
des Oberkrankenwärters,
des Bademeisters,
des Museumsaufsehers,
des Betsaalwärters,
des Vorturners,
des Erdölverwalters,
des Schuhaufsehers,
des Kleideraufsehers,
der Fremdenführer,
der Dachstockaufseher und
der Nachtwächter und Türschliesser.

Die Hausordnung des Balser Missionsseminars von 1948 (3) wurde zwar entstaubt, doch wies man unter der Ueberschrift "Grundsätzliches über den Geist unseres Hauses" ausdrücklich auf die alten Hausordnungen hin - "als liebevolle Weisungen des himmlischen Meisters - zur Förderung einer geheiligten Selbstdisziplin". (4)

---

1 H. Witschi, Geschichte der Basler Mission 1920-1940, Band 5, Basel 1970, S. 21.
2 Vgl. zum folgenden Hausordnung der Basler Mission v. 1888, S. 21-44.
3 Archiv der Basler Mission, Akte Seminar, Verschiedenes, 1906-1955.
4 Ebenda S. 1.

Die Richtlinien über den "Umgang der Seminaristen mit jungen Mädchen", die das Komitee am 26. März 1947 beschloss, zeigen, dass immer noch eine gewisse Betulichkeit unter den Komiteemitgliedern herrschte.

"Der Umgang mit einem jungen Mädchen, sofern er sich in schicklichen Grenzen bewegt, ist gestattet. Dabei haben sich aber die Schüler und Studenten des Seminars stets ihrer besonderen Verantwortung gegenüber ihrer Missionsberufung bewusst zu sein. ... Sie schliesst jede Bindung aus, die ernster, gewissenhafter Arbeit abträglich sein oder gar die Verwirklichung der Missionsberufung in Frage stellen könnte. ...
Erweist es sich, dass die Beziehungen zu einem jungen Mädchen zu einer tiefern und festern Bindung führen, so sind die Seminaristen und Studenten des Seminars angehalten, dies ihren Hausvätern oder einer anderen hierfür von der Missionsleitung bezeichneten Persönlichkeit mitzuteilen. ...
Beim Umgang mit jungen Mädchen ist stets zu bedenken, dass jede Verlobung nach wie vor der Genehmigung des Komitees bedarf. Diese kann erst erfolgen, wenn der Seminarist und Student nach erfolgter Ausbildung als Missionar für die Aussendung auf eines der fünf Missionsfelder bestimmt ist." (1)

In der 1979 gültigen Hausordnung finden sich solche repressiven Relikte nicht mehr. (2)

Es darf wohl nicht zu Unrecht vermutet werden, dass durch die zahlreichen Verordnungen und die diversen Bestimmungen der Hausordnung der Geist des Hauses sowie später der Geist in den Missionsstationen mit geprägt wurde.

Mindestens ebenso stark dürften die Einstellungen und Haltungen der Schüler sowie die Atmosphäre im Missionshaus von den markanten Persönlichkeiten der Inspektoren geformt worden sein.

Der erste Inspektor Ch. G. Blumhardt (1816-1838) wird von Schlatter (3) als ein Mann der Arbeit charakterisiert. Er verlangte von den Brüdern so viel Arbeit, dass er diesbezüglichen Reklamationen Recht geben musste. Er war aber vor allem ein Mann, "der die Hauptsache vom Gebet erwartete. Ja, Blumhardt war überzeugt, dass das Missionshaus untergehen würde, wenn es aufhörte, ein Bethaus zu sein. Der Geist des Gebets, der ihn erfüllte, war eine Macht des Segens im Hause, für deren heiligenden Einfluss die meisten Zöglinge ihm in herzlicher Liebe dankbar wurden." (4)

---

1 Ebenda S. 6.
2 Der Hinweis, dass man "musikalisches Vor- und Nachspiel" beim Nachrichtenhören vor 7.00 Uhr vermeiden soll, kann als normal gelten.
3 Vgl. Schlatter I, a. a. O., S. 68.
4 Ebenda

Mit Blumhardt trat aber auch ein "in harter Lebensschule und unter ernster Selbstzucht gereifter und völlig durchgebildeter Charakter an das Werk heran, der darum auch hervorragend geeignet war, der personelle Träger der ganzen Anstalt zu werden". (1)

Der zweiten Inspektor, W. Hoffmann (1839-1850) beschreibt Schlatter als resoluten Hausvater:

"Er ergriff die Zügel mit fester Hans und verschaffte sich Autorität. Als er sich einmal stundenlang umsonst bemüht hatte, einen Zögling mit der Hausordnung in Einklang zu bringen, zog er die Uhr und stellte es ihm zur Entscheidung anheim, binnen einer halben Stunde sich zu fügen oder seine Entlassung zu gewärtigen; dies wirkte. ... Nur selten jedoch musste Hoffmann die unbeugsame Autorität hervorkehren. Wohl schaute er auf Zucht und durchgreifende Ordnungsliebe; der Stolz musste Demütigung über sich ergehen lassen und zur Beugung werden, und für selbstbewusstes und selbstsüchtiges Auftreten starker, persönlicher Eigenart war glücklicherweise kein Raum – aber diese Zucht ging vor allem vom evangelischen Geist der Liebe aus. ..." (2)

Nach Mühlhäuser verstand es Hoffmann, "die Zucht und Ordnung des Hauses zu wahren und vorlautes oder hochmütiges Wesen zu strafen". (3)

Hoffmann muss geradezu als liberal bezeichnet werden, wenn man ihn mit seinem Nachfolger J. Josenhans (1850-1879) vergleicht.

Nach Hesse (4) war das Hauptmittel seiner Erziehung die persönliche Einwirkung. Ein Zeitgenosse berichtete, dass er die Zöglinge gleichsam wie der Töpfer den Ton so recht durch und durch knetete. Er habe ferner aufgeblasene Leute mit einem Wort so demütigen können, dass sie sich gern in den hintersten Winkel verkrochen hätten. (5)

Hesse, der Josenhans ein Jahr als Privatsekretär gedient hatte, berichtet, dass er "furchtbar dreinfahren" (6) konnte. Als er einmal einen Zögling kräftig angefahren hatte, erlaubte sich dieser zu bemerken: "Herr Inspektor, Sie sind sehr zornig", da erwiderte Josenhans: "Nein, lieber Bruder, ich bin nicht zornig, wenn ich zornig wäre, so würdest Du davonlaufen wie vor einem Löwen!" (7)

---

1 L. Mühlhäuser, a. a. O., S. 342.
2 Schlatter I, a. a. O., S. 151.
3 L. Mühlhäuser, a. a. O., S. 397.
4 Vgl. J. Hesse, Joseph Josenhans. Ein Lebensbild, Calw und Stuttgart 1895, S. 211.
5 Vgl. ebenda.
6 Ebenda S. 214.
7 Ebenda S. 214f.

In einem Selbstzeugnis bekennt Josenhans, "dass ich, um zu prüfen, ob einer aus Gott ist oder nicht, ob einer Missionar sein kann oder nicht, es darauf anlege, ihn furchtbar niederzuschmettern, damit offenbar werde, ob er Zucht zu ertragen vermag oder nicht. ... Früher oder später, an irgendeinem Punkt muss es zur Entscheidung kommen, wie beim Verräter Judas, den der Herr auch lange getragen hat. Man mag meine Handlungsweise oft zu hart finden, aber ich handle so mit vollem Bewusstsein vor dem Herrn und fahre auf einen mit der ganzen Kraft meines Geistes los, ob er es aushalten kann. ... Ich bin mir bewusst, dass ich ein Mann bin und dass ich ein Christ bin. ... Ich bin dem Herrn verantwortlich für dieses ganze Haus und die ganze Mission; da kann ich nicht nach meiner natürlichen Aengstlichkeit handeln, sondern muss heraus mit der Wahrheit und Zucht.
Wir müssen einander die Wahrheit sagen, ob wir auch darüber verleumdet und verdammt werden. Wer es nicht wagt, die Wahrheit zu sagen, der hat nicht nur keine Liebe und kein Zutrauen zu den Brüdern, sondern er ist überhaupt kein rechter Geistes- und Gottesmensch und am wenigsten ein Missionar." (1)

Seine Zöglinge schockte er mit Bemerkungen wie: "Du, lieber Bruder, wirst immer dicker; bei Dir schlägt alles ins Fleisch, Du bist faul und arbeitest nichts! -"Du, lieber Bruder, mit Dir will's auch gar nicht anders werden, raff Dich doch einmal auf und werd ein Mann!" - "Du hast eine Liebe, gesteh es nur!" (2)

Von Hesse wird die Meinung eines Zeitgenossen überliefert, dass Josenhans "mit Menschenleben wie mit Basler Leckerli" umging. (3)

So haben ihn die meisten Zöglinge wohl mehr gefürchtet als geliebt. Für viele hatte die Wucht seiner Persönlichkeit etwas Erdrückendes. Nur wenige zeigten Rückgrat, wie folgender Vorfall zeigt:

"Eines Tages tritt Josenhans unverhofft ins Arbeitszimmer der zweiten Klasse, und zwar die brennende Zigarre im Munde. Breitenbach, ein noch gar junges Blut, zufällig aber gerade Senior und als solcher verpflichtet, über Einhaltung der Hausordnung zu wachen, stellt sich mit etwas schelmischem Blick vor ihm hin und sagt: 'Herr Inspektor, die Hausordnung verbietet das Rauchen in den Arbeitszimmern.' Darauf natürlich Totenstille bei den Brüdern, alles in banger Erwartung, auf den Ausbruch eines Gewitters gefasst, der Inspektor selbst einen Augenblick verdutzt und unschlüssig. Dann aber tritt ein Lächeln über seine Züge, er legt die Zigarre weg und sagt gelassen: 'Gelt, Du denkst, der Inspektor soll selber thun, was er von anderen verlangt.'" (4)

---

1 Zitiert nach J. Hesse, a. a. O. , S. 212.
2 Zitiert nach J. Hesse, a. a. O. , S. 220.
3 Ebenda S. 221.
4 Ebenda S. 216.

Zweifellos hat die autoritäre Persönlichkeit Josenhans' bleibende Spuren in seinen Zöglingen hinterlassen. (1) Einige hat er sogar in ihren Träumen verfolgt. (2) Selbst heute reden die Mitarbeiter der Basler Mission noch in einem gewissen ehrfürchtigen Ton von ihm, wohl froh, nicht unter ihm gelebt zu haben.

Auf Josenhans folgte O. Schotts (1879-1884) sanftes Regiment, welches von den Bewohnern des Missionshauses als wohltuend empfunden wurde, "wie ein milder Abend nach Gewitterstunden". (3) Schott konnte aber bei der Kürze seines Inspektorats keinen selbständigen Beitrag zur Entwicklung der Anstalt leisten. (4)

Aehnlich wurde das Inspektorat Th. Oehlers (1884-1915) empfunden. Ein zweiter Josenhans war nicht mehr nötig, "die neue Zeit hätte einen solchen nicht ertragen". (5) Mit Oehler kehrte ins Missionshaus eine "ruhige, klare, ausharrende, geduldige Sachlichkeit" (6), sowie eine würdige, ehrende Behandlung der Brüder ein. Aber die dominierende Stellung des Inspektors blieb ungebrochen. "Wer mit Oehler und unter ihm arbeitete, stand unter dem Eindruck der mächtigen Autorität, die ihm sein Amt und seine Persönlichkeit gab. Bei aller Bescheidenheit blieb er immer wieder der oberste Leiter." (7)

Alle vorgenannten Inspektoren waren württembergische Theologen, ein Personenkreis der von der Abstammung und dem pietistischen Hintergrund her mit der Mehrzahl der Zöglinge, von der Bildung und der sozialen Stellung her, mit den Mitgliedern des Komitees Gemeinsamkeiten aufwies. (8) Aufgrund dieser Zwischenstellung sowie ihrer dominierenden Charaktere kam den Inspektoren eine Schlüsselfunktion zu, denn sie waren prägend für den Geist ganzer Generationen von Zöglingen (9), zumal sie auf diese genügend lange einwirken konnten. (In den ersten hundert Jahren des Bestehens der Basler Mission haben die Inspektoren nur viermal gewechselt.)

---

1 Hesse, a. a. O., führt im Abschnitt "Der Hausvater und Erzieher" zahlreiche Beispiele an.
2 Vgl. J. Hesse, a. a. O., S. 218f.
3 Schlatter I, a. a. O., S. 316.
4 Vgl. L. Mühlhäuser, a. a. O., S. 396.
5 Schlatter I, a. a. O., S. 318.
6 Ebenda
7 F. Würz, Missionsdirektor D. Theodor Oehler. In: Evangelisches Missions-Magazin, Neue Folge, 59. Jahrgang, 1915, S. 326.
8 Vgl. hierzu auch C. Vogelsanger, Pietismus und afrikanische Kultur an der Goldküste. Die Einstellung der Basler Mission zur Haussklaverei. Diss. Zürich 1976, S. 53.
9 Vgl. hierzu die folgende Bemerkung eines Basler Missionars: "Nicht Häuser, Bänke, Lehrsäle, Betkämmerlein, bilden das Band, das uns Basler verbindet, sondern die Missionsgeist ist es, wie er gerade

Die permanente Prägekraft der Inspektoren sowie das von ihnen entscheidend bestimmte Milieu im Missionshaus, lassen somit die Basler Mission als eine mächtige "Sozialisationsagentur" (1) erscheinen.

Dementsprechend sah sich der Basler Missionar, seinem pietistisch-alttestamentlichen Weltbild, seiner Ausbildung und den von ihm erlebten Leitungsstrukturen entsprechend, unter den "Heiden" am ehesten als Vatergestalt im Sinne eines Basler Inspektors und weniger als Bruder der Eingeborenen. (2)

2.1.6 Verbleib der Absolventen

Durch eine minutiös geführte Statistik ist es möglich, für den Zeitraum 1816-1940 genaue Aussagen über den Verbleib der Absolventen zu machen. Der output an Missionspersonal in über 130 Jahren war beträchtlich. (Vgl. Tabelle 4.)

Tabelle 4   Verteilung der diversen Mitarbeiterkategorien im Basler Dienst und in fremden Diensten 1816-1940

Mitarbeiterkategorie	absolut		relativ	
Basler Mission	2373		79,5%	
- Brüder		1288		43,2%
- Ehefrauen		865		29,9%
- Schwestern		220		7,4%
in fremden Diensten (nur Männer)	611		20,5%	
SUMME	2984		100%	

Quelle: Basler Mission, Statistiken 1816-1940, Beilage VI C.

---

    in Basel sich besonders ausgeprägt hat. Ich erkenne rückwärts noch Zöglinge von Blumhardt, von Hoffmann, von Josenhans und vorwärts von Schott und Oehler." Zitiert nach J. Hesse, a. a. O. , S. 202.

1   Th. Hanf, Funktion der Bildung zwischen Sozialisation und Allokation. In: Sozialer Wandel, hrg. von Th. Hanf u. a. , Frankfurt 1975, S. 101.
2   Vgl. hierzu auch C. Vogelsanger, a. a. O. , S. 70.

Insgesamt waren fast 3000 Mitarbeiter in Uebersee tätig. Hiervon waren etwa 2/3 Missionsbrüder; 1/3 entfiel auf deren Ehefrauen bzw. auf Missionsschwestern. Von den 1899 Brüdern waren 1288 (67,8%) für die Basler Mission tätig, 611 (32,2%) standen in fremden Diensten.

Von den in fremden Diensten stehenden Missionsbrüdern waren 388 (63,5%) in deutschen Auslandsgemeinden in Uebersee und 178 (29,1%) im Dienst anderer Missionsgesellschaften tätig. 45 Missionare (7,4%) arbeiteten teils in fremden Missionsdiensten, teils in europäischen Auslandsgemeinden. (Vgl. Tabelle 5.)

Tabelle 5   Missionsbrüder in fremden Diensten 1816-1940

Art	absolut	relativ
I. Pastoren in deutschsprechenden Auslandsgemeinden	388	63,5%
- Nordamerika	282	
- Südamerika	57	
- Australien	44	
II. Im Dienst anderer Missionsgesellschaften	178	29,1%
- Church Missionary Society, England	109	
- Holländische Mission	20	
- div. Missionen	49	
III. Teils fremder Missionsdienst, teils kirchliche Arbeit in Auslandsgemeinden (Südosteuropa)	45	7,4%
SUMME I - III	611	100%

Quelle: Basler Mission, Statistiken 1816-1940, Beilage VI b

Ueber die regionale Verteilung der ausgesandten Missionare orientiert die Tabelle 6.

Es zeigt sich, dass die Missionare je zur Hälfte nach Afrika und Asien ausgesandt wurden. Jeweils ein Drittel wurde an der Goldküste und in

Tabelle 6   Verteilung aller ausgesandten Brüder im Basler Dienst nach Missionsfeldern 1816-1940

LAND	absolut	relativ
Goldküste	427	33,2%
Indien	414	32,1%
Kamerun	203	15,8%
China	157	12,2%
Borneo	40	3,1%
Süd-Russland	36	2,8%
Liberia	8	0,6%
Togo	3	0,2%
SUMME	1288	100%

Quelle: Basler Mission, Statistiken 1816-1940, Beilage IV c

Indien tätig, ein weiteres knappes Drittel ging nach Kamerun und China. Der Rest verteilte sich auf Süd-Russland, Liberia und Togo.

Entsprechend dem Zweck der Missionsanstalt waren fast zwei Drittel der in Uebersee tätigen Brüder Missionare, knapp 30% Kaufleute, und Industrie- und Oekonomiemissionare. (Vgl. Tabelle 7.) In dieser Relation schlägt sich die Bedeutung der Industrie- und Handelstätigkeit der Basler Mission nieder. Nur 4% der Brüder waren als Aerzte und Lehrer tätig.

Tabelle 7   Aufteilung aller ausgesandten Missions-Brüder im Basler-Dienst nach Berufen, 1816-1940

BERUFSART	absolut	relativ
Missionare	833	64,7%
Kaufleute	259	20,1%
Industrie u. Oekonomie-missionare	96	7,5%
Aerzte	35	2,7%
Lehrer	17	1,3%
Diverse	48	3,7%
SUMME	1288	100%

Quelle: Basler Mission, Statistik 1816-1940, Beilage IV a

Die obigen Zahlenangaben beziehen sich auf den Verbleib der ausgesandten Brüder. Interessant ist es aber auch, einen Blick auf den Verbleibt der aufgenommenen Brüder zu werfen. Die hierzu aufgefundenen Zahlen beziehen sich auf die Zeit von 1816 bis 1882 und umfassen 1112 Brüder. (Vgl. Tabelle 8.)

Tabelle 8   Verbleib bzw. Tätigkeit der aufgenommenen Brüder, Stand: 1. Januar 1882

VERBLEIB/TAETIGKEIT	absolut		relativ	
im Dienst der Basler Mission	378	} 533	34,0	} 48,%
im Dienst anderer Missionsgesellschaften	155		14,0	
im ausländischen Kirchendienst	178	} 190	16,0	} 17,0%
im Heimatdienst	12		1,0	
als unbegabt, untüchtig oder kränklich entlassen	244		21,9	
freiwillig ausgetreten	50	} 318	4,5	} 28,6%
Tod während des Aufenthalts im Missionshaus	24		2,2	
Zöglinge im Missionshaus	71			6,4%
SUMME	1112			100,0%

Quelle: Archiv der Basler Mission, Akte "Geschichtliches, Organisation, diverse Missionsfragen", Informationsblatt: Die Evangelische Missionsgesellschaft in Basel, o.J., wahrscheinlich um 1882.

Interessant ist, dass immerhin 22% der aufgenommenen Brüder das Missionshaus wegen ungenügender Leistung, Begabung oder Krankheit vorzeitig und unfreiwillig verlassen mussten. Knapp 5% verliessen das Missionshaus freiwillig. Ueberdurchschnittlich hoch lag die Ausfallquote bei den schweizerischen Zöglingen. Zwischen 1816-1931 wurden 333 Schweizer ins Missionshaus aufgenommen. Davon mussten 107 (32,1%) während ihrer Ausbildungszeit wegen ungenügender gesundheitlicher, geistiger oder geistlicher Qualifikation oder wegen mangelnder Anpassung entlassen werden. (1)

---

1   Archiv der Basler Mission, Akte "Seminar BM Schülerstatistiken 1815-1955", Aktennotiz des Heimatinspektorats an das Komitee über den Mangel an Schweizer Petenten für unser Missionsseminar vom 26. Januar 1931, S. 1.

Diese Zahlen zeigen, dass die Erwartungen der Basler Mission und der Zöglinge in zahlreichen Fällen offenbar nicht übereinstimmten oder anders ausgedrückt: Wer den Ansprüchen nicht genügte, oder wer sich dem Geist des Hauses nicht unterwerfen wollte, wurde eliminiert oder trat aus.

Diese relativ hohen Ausfallquoten sollen aber nicht darüber hinwegtäuschen, dass die Basler Mission insgesamt in ihren Ausbildungsbemühungen recht erfolgreich war. Von den 2538 (1) Brüdern, welche im Zeitraum 1816-1940 aufgenommen wurden, traten 1899 (74,8%) in die Dienste der Basler Mission oder in fremde Dienste.

Ueber die Arbeitsperioden und Dienstjahre der Missionare liegen nur spärliche Angaben vor. Es wird aber berichtet, dass die Arbeitsperioden sehr lang waren. Ein Missionar z. B. war von September 1840 bis zu seinem Tod im Dezember 1863 ohne Heimaturlaub in Indien tätig. Ein anderer hatte in 31 Dienstjahren nur einen eineinhalbjährigen Heimaturlaub. (2)

Eine Darstellung über den Verbleib der Missionare wäre unvollständig ohne einige Hinweise auf den hohen Blutzoll, den die Missionare der Frühzeit, insbesondere in West-Afrika, dem "Grab des weissen Mannes", bezahlt haben.

Nachdem die Missionare mit dem traditionellen Kampflied "Zieh't fröhlich hinaus zum heiligen Krieg" in Basel verabschiedet worden waren (3), trafen sie auf ungenügende Wohnverhältnisse, unreines Wasser und zahlreiche Krankheiten, wie Malaria, Gallenfieber, Schwarzwasserfieber und Gelbfieber. Die ersten drei Missionare in Afrika erlagen 1828 während weniger Monate dem Fieber und als 1840 die Tätigkeit der Mission in West-Afrika abgebrochen werden musste, hatte der einzig übriggebliebene Missionar "bei seiner Heimkehr nach Europa, die Grabhügel von acht Brüdern zurückzulassen". (4)

Auch etwa 50 Handelsbrüder fielen bis 1910 Tropenkrankheiten zum Opfer. Deren Krankheits- und Todesgeschichten (5) erinnern daran, "wieviel Schweiss und Blut der Pioniere der Aufbau des Unternehmens kostete und wie schwere menschliche Tragik damit verbunden war". (6)

---

1 Archiv der Basler Mission, Akte "Statistiken über Aussendungen und Gebietsaufenthalte", einige statistische Angaben aus der 125jährigen Arbeit der Basler Mission, S. 3.
2 Ebenda S. 4, vgl. auch R. Fischer, a.a.O., S. 292.
3 Archiv der Basler Mission, Akte "Basler Mission, Geschichtliches, Organisation, diverse Missionsfragen 1860-1973", Bericht über die Verabschiedung von vier Missionaren vom 30.9.1926.
4 G. A. Wanner, a.a.O., S. 492.
5 Vgl. ebenda, Anhang II, in Memoriam. Die im Ueberseedienst oder während des Heimaturlaubs verstorbenen Mitarbeiter, S. 516-530.
6 Ebenda S. 492.

2.1.7 Exkurs: Die Basler Mission und ihre Verbindung zu Industrie und Handel

Eine Eigentümlichkeit der Basler Mission bestand in der Beteiligung von Handel und Industrie am Missionswerk. Dementsprechend wurde eine Industriekommission (1852) und eine Handlungskommission, die Geschäftsführung der "Missions-Handelsgesellschaft" (1859) geschaffen.

Wie kam es zu einer solchen Entwicklung? Verschiedene Gründe lassen sich hierfür anführen:

1. Für die indischen Bekehrten, die mit dem Heidentum ihre Kaste und mit der Kaste ihre äusseren Existenzmittel aufgaben, musste eine akzeptable Alternative gefunden werden. Folgende Fragen drängten sich auf: "Wie soll man sich solcher Elenden annehmen? Was soll man ihnen bieten? Almosen oder Arbeit? So kam es zur Industrie in Indien, und erst an diese schloss sich der Handel an." (1)

Anders lagen die Verhältnisse in Afrika. "Das erste Bedürfnis in Afrika war, Neger heranzuziehen, damit sie den Europäern die nötigsten und für sie oft tötlichen Arbeiten abnehmen konnten." (2)

2. Durch praktische Mission sollte ein Vorbild christlichen Fleisses, christlicher Redlichkeit und Solidität geschaffen werden. (3)

3. Stärkung der Missionskasse. (4)

4. Versorgung der Missionare mit europäischen Bedarfsgütern. (5)

5. Belieferung der industriellen Betriebe mit den für ihre Produktion erforderlichen europäischen Rohwaren sowie später auch der Verkauf der Fertigfabrikate. (6)

6. Erschliessung neuer Absatzmärkte für die schweizerische Industrie. (7)

7. Sicherung eines umfassenden und tiefgehenden Einflusses auf das Volksleben der Heidenländer. (8)

---

1 C. J. Riggenbach, Vertrauliche Mitteilungen über Handel und Industrie in der Basler Mission. Basel 1884, S. 1.
2 Ebenda S. 7.
3 Jahresbericht der Industrie-Commission der Evangelischen Missionsgesellschaft in Basel. Basel 1853, S. 3f.
4 Ebenda
5 C. J. Riggenbach, a. a. O., S. 2.
6 Vgl. G. A. Wanner, a. a. O., S. 55.
7 Vgl. ebenda S. 47.
8 Vgl. Statut für die Industrie-Commission der Evangelischen Missionsgesellschaft zu Basel (ca. 1852), zitiert nach R. Fischer, a. a. O., S. 438.

1882 wurden die bisher selbständig operierenden Zweige von Handel und Industrie in der o. g. Missions-Handlungsgesellschaft vereinigt. (1) Bis 1887 stellte der Missionsinspektor die personelle Verbindung zur Industrie- bzw. Handlungs-Kommission her, da er ex officio beiden Gremien angehörte. Andererseits hatten die Mitglieder der Industrie-Kommission und der Handlungskommission in der Regel zugleich Einsitz im Missionskomitee. Da die Mitglieder der beiden Kommissionen hauptsächlich den Kreisen Basler Bankiers, Kaufleute und Fabrikanten entstammten, war die Verbindung zwischen Kommerz und Christentum perfekt.

Nach den Satzungsänderungen von 1887 konnte die Mission formal nur noch geringen Einfluss nehmen. Die ideelle und persönliche Kontinuität in der Leitung der Missions-Handelsgesellschaft und deren Beziehungen zur Mission blieb jedoch dadurch gewährleistet, dass sich die Aktionäre der Missions-Handelsgesellschaft aus eben jenen vorerwähnten missionsfreundlichen Kreisen rekrutierten, welche schon immer die Geschäftspolitik von Missions-Industrie und -Handlung durch ihre Vertretung in den entscheidenden Gremien bestimmend beeinflusst hatten. (2)

Welche Eigenschaften mussten die Industrie- und Handelsbrüder besitzen und wie wurden sie auf ihre Aufgaben vorbereitet?

Das Anforderungsprofil beinhaltete neben einer entschieden christlichen Gesinnung auch die folgenden "mehr äusseren christlichen Eigenschaften" (3):
- Ordnung
- Fleiss
- Berufliche Tüchtigkeit
- Haushälterischer Umgang mit Zeit und Geld
- Pünktlichkeit
- Ehrlichkeit in Wort und Tat
- Treue in der Pflichterfüllung
- Zukunftsbezogenes zweckrationales Handeln ("Umsicht und Vorwärtsblicken")
- Bereitschaft und Fähigkeit, sich auf rasch verändernde Situationen einzustellen und sich in ihnen zurecht zu finden ("Erfassen und Begreifen von Neuem, von Wechselndem")

In einer "Stellenbeschreibung" hiess es z. B. : (4)

---

1 Vgl. G. A. Wanner, a. a. O. , S. 55.
2 Vgl. R. Fischer, Die Basler Missionsindustrie in Indien 1815-1913. Zürich 1978, S. 15.
3 Archiv der Basler Mission, Jahresbericht der Industrie-Commission der Evangelischen Missionsgesellschaft in Basel, 1856, S. 4f.
4 Inserat in "Der Evangelische Heidenbote", herausgegeben im Auftrag des Komitees der Evangelischen Missionsgesellschaft zu Basel, 1864, S. 64.

"Für die Missionsweberei in Mangalur wird ein Weber gesucht, der unter
des bisherigen Meisters Anleitung in nicht zu ferner Zeit die Leitung des
Geschäfts übernehmen könnte. Es muss ein unverheirateter, gesunder,
entschieden christlicher Mann sein, der nicht nur die Baumwollweberei
vollkommen ... versteht, ..., sondern auch imstande ist, die Korrespondenz und Buchführung eines kleinen Fabrikgeschäfts zu führen. Junge Männer, welche dazu Beruf in sich fühlen, den Christen aus den Heiden als
Webermeister sich nützlich zu machen um des Herrn willen, wollen sich an
den Unterzeichneten wenden. Freunde, denen ein tüchtiger Mann für die
bezeichnete Stelle bekannt ist, werden freundlichst und dringend gebeten,
seinen Namen zu nennen.
Josenhans, Inspektor."

Durch entsprechende Informationen versuchte man, ungeeignete Bewerber
im voraus fernzuhalten. "Die Faktoreien können ihre Aufgaben nur erfüllen
in der Hand solcher Männer, die sich daheim bewährt haben und ihre Pflicht
mit christlichem Ernst zu erfassen suchen. Wer irgendwie in der Heimat
Schiffbruch gelitten, der glaube nicht, dass er sich nun am besten in die
neuen Verhältnisse nach Afrika hinübersetzte. Das wäre eine Illusion; denn
wie das Tropenklima Krankheitsanlagen, an die man zu Hause kaum denkt,
zum Ausbruch zu bringen pflegt, so auch moralische Defekte ... ." (1)

War der Kandidat endlich akzeptiert, so wurde er 3-12 Monate zur Probe
ins Missionshaus aufgenommen. (2) Diese Probezeit hatte den Zweck,
"seine Fähigkeiten und Gesinnung näher kennenzulernen, während ihm
selbst Gelegenheit geboten wird, mit der Mission und der draussen seiner
wartenden Arbeit näher bekannt zu werden." (3)

Die Kaufleute waren den ordinierten Missionaren in finanzieller Beziehung
gleichgestellt, d. h. abgesehen von der Bezahlung der Reise erhielten sie
neben freier Wohnung eine jährliche "Verwilligung". Es wurden keine
Saläre festgelegt. "Jeder erhält alljährlich soviel zugeteilt, als er bedarf",
so umschrieb Josenhans das Verwilligungssystem. (4)

Mit den ausziehenden "Handlungsbrüdern" wurde kein Vertrag abgeschlossen, denn das gegenseitige Verhältnis sollte "ein freies, auf Glauben und

---

1 Zitiert nach G. A. Wanner, a. a. O., S. 489.
2 Viele Kaufleute haben allerdings das Missionshaus auch in dieser eingeschränkten Form nicht durchlaufen. So wurden nach Schlatter bis
 1882 123 Kaufleute ausgesandt, von denen die meisten das Missionshaus
 nicht besucht hatten. Vgl. Schlatter I, a. a. O., S. 260.
3 Basler Mission, Archivakte, Missions-Handlungs-Gesellschaft, Basel,
 Mitteilungen an junge Kaufleute, die in ihrem Beruf dem Herren in der
 Mission dienen wollen, S. 1.
4 Zitiert nach G. A. Wanner, a. a. O., S. 486.

Vertrauen gegründetes" (1) bleiben. Wenn mit der Aussendung eines Handlungsbruders noch nicht gesagt war, dass dieser sich auf Lebenszeit binden müsse, so war doch die Regel, "dass derjenige, der sich vom Herren in die Mission geführt weiss, diesem Beruf treu bleibt." (2)

Das Verwilligungssystem und die Forderung des Dienstes auf Lebenszeit hielt viele Kaufleute davon ab, sich der Missions-Handlungs-Gesellschaft zur Verfügung zu stellen. Diese "Leutenot" (3) brachte die Geschäfte wiederholt in schwere Bedrängnis. Schliesslich musste auch der Leiter des Missionswerkes zugeben: "Die Handlung ist in einer Sackgasse, aus der herauszukommen ohne grosse Opfer unmöglich sein wird, in der zu bleiben aber vielleicht schwere Krisen zur Folge haben wird." (4) Erst im Jahre 1909 kam es zu einem Systemwechsel. Der auszusendende Kaufmann schloss einen befristeten Vertrag mit der Missions-Handlungs-Gesellschaft und das Verwilligungssystem wurde durch die Zahlung eines ordentlichen Gehaltes ersetzt. Allerdings hiess es in dem Vertrag, dass nur entschieden christlich gesinnte junge Kaufleute und Techniker angestellt werden, "welche nicht nur um des Gehalts und der Bereicherung ihres Wissens willen die Anstellung in einer Kolonie suchen, sondern durch persönliche Hingabe an der christlich sittlichen Hebung der eingeborenen Bevölkerung mitarbeiten ... ." (5)

Die Beziehungen zwischen der Basler Mission und der Missions-Handelsgesellschaft bzw. ihren Vorläufern zeigen, wie eng Christentum und Kommerz verwoben waren.

Die offiziellen Bindungen zwischen beiden Institutionen wurden im Laufe der Zeit immer lockerer. (6) Aber erst 1928 erfolgte die vollständige Loslösung der Handelsgesellschaft von der Mission. (7) Ab 1928 wurde der Name "Missions-Handlungs-Gesellschaft" nicht mehr gebraucht und durch die Bezeichnung "Basler Handels-Gesellschaft AG" ersetzt. (8) Die neuen Statuten formulierten den Zweck der Gesellschaft als "Betrieb von kommerziellen und industriellen Unternehmungen im In- und Ausland und jede andere damit in Verbindung stehende wirtschaftliche Tätigkeit", wobei "im

---

1 Basler Mission, Archivakte, Missions-Handlungs-Gesellschaft Basel, Mitteilungen an junge Kaufleute, die ihren Beruf dem Herren in der Mission dienen wollen, o. J., S. 2.
2 Ebenda
3 G. A. Wanner, a. a. O., S. 490.
4 In einem Brief von Direktor D. Theodor Oehler an Martin Binhammer, von diesem zitiert in seinem Schreiben an Wilhelm Preiswerk-Imhoff vom 6. Juli 1907, zitiert nach G. A. Wanner, a. a. O., S. 490.
5 Basler Mission, Archivakte, Mustervertrag, S. 1.
6 Dies führte zu starken Spannungen zwischen den Brüdern und der Missionsleitung. Vgl. Archiv der Basler Handels-Gesellschaft, Bestand D 80 a / 01, Briefe von M. Binhammer an die Missions Handels-Gesellschaft vom 25. 1. 1906 und von J. Götz an das Komitee der Evangelischen Missionsgesellschaft vom 14. 3. 1908.
7 Vgl. G. A. Wanner, a. a. O., S. 69.
8 Vgl. ebenda S. 70

Umfang der von der Gesellschaft jeweils bewilligten Mittel die Bestrebungen evangelischer Reichsgottes-Werke gefördert werden." (1)

Insgesamt wurde die Basler Mission, abgesehen von den auf ihren Aktienbesitz entfallenden Zinsen und Dividenden, von seiten der Handels-Gesellschaft in den ersten 54 Jahren ihres Bestehens durch unmittelbare Zuwendungen mit knapp Fr. 10'000'000. - unterstützt. (2) Bis 1949 wurden weitere Fr. 5'200'000. - für verschiedene christliche Werke, u. a. auch für die Basler Mission, zur Verfügung gestellt. (3)

In den letzten Jahren erhielt die Basler Mission von der Basler Handels-Gesellschaft jährliche Zuweisungen zwischen Fr. 10'000. - und Fr. 50'000. -, die in den Alters- und Hinterbliebenenfond flossen. (4)

Die Basler Handels-Gesellschaft AG als "Superholding" bildet heute die Spitze eines Konzerns von etwa 25 mehrheitlich beherrschten in- und ausländischen Holding- und Betriebsgesellschaften. (5) In ihrem Besitz befindet sich z. B. die UTC International AG in Basel, die 1977 von der Schweizerischen Kreditanstalt deren 50%-Anteil am Jelmoli-Konzern für ca. 300 Mio. Franken übernommen hatte. (6) Allein das konsolidierte Verkaufsvolumen der UTC lag 1977 bei 1,5 Mia. Franken. Die Zahl der Beschäftigten betrug 6'312. (7)

So hat sich aus bescheidensten, von Missions- und Geschäftssinn inspirierten Anfängen an der Goldküste und in Indien, ein selbständig operierender Konzern entwickelt, der sich hauptsächlich im Handel engagiert, aber auch in Entwicklungsländern in der Landwirtschaft und im Hotelgewerbe tätig ist und sich dort auch als Ingenieur- und Generalunternehmung profiliert hat. (8)

---

1 Paragraph 1 der Statuten vom 4. Dezember 1928, zitiert nach G. A. Wanner, a. a. O. , S. 70.
2 Ebenda S. 79.
3 Ebenda
4 Laut Auskunft von Präsident Rossel anlässlich eines Gespräches in Basel am 8. 4. 1979.
5 Vgl. NZZ vom 24. 5. 1978.
6 Vgl. NZZ vom 2. 12. 1977.
7 Vgl. NZZ vom 24. 5. 1978.
8 Vgl. NZZ vom 4. 8. 1977.

2.1.8 Beurteilungen und Zusammenfassung

Trotz der Materialfülle im Archiv der Basler Mission finden sich keine direkten Aeusserungen von Zöglingen zum Bereich der Ausbildung. (1) Der repressive Geist im Missionshaus könnte hierfür hauptsächlich verantwortlich sein.

Um so zahlreicher sind die kritischen Zeugnisse von Insidern, denen daher besonderes Gewicht zukommt. Von Inspektor Hoffmann liegen widersprüchliche Meinungen vor:

"Es ist nicht zu verkennen, dieses Seminarleben mit seiner gebundenen Erziehung und Bevormundung, ist nicht so recht günstig der Ausbildung p r a k t i s c h e r Persönlichkeiten, die dann auf einmal aus der von allen Seiten umgrenzten und beaufsichtigten Stellung hinaustreten sollen in das ungebundenste Leben einer Thätigkeit, die so unendlich viel Willkürliches hat, wie die Missionsarbeit." (2)

Nur wenige Zeilen später behauptet er das Gegenteil: "Die Einrichtung war und ist so frei, dass die Individualität durch dieselbe nicht verkrümmt und verkümmert werden kann", aber so fährt er einschränkend fort, "wenn nur nicht die straffe Persönlichkeit des Vorstehers oder der Lehrer wieder zum eigenen Gesetz macht, was nur als bewegliche Schranke und Einfassung gegeben ist". (3)

Mit der Zusammensetzung des Kreises der Zöglinge war er offenbar zufrieden: "Im Ganzen musste ich mir sagen, ist doch diese Mischung von jungen Männern aus dem Bauern- und Handwerksstand mit jungen Kaufleuten, Schullehrern, ehemaligen Gymnasiasten und akademischen Studierenden so übel nicht." (4)

Hoffmann empfand die geistige Anspannung, die dem nur an Handarbeit gewöhnten Zögling zugemutet wurde, als "zu stark und anhaltend, als dass sie nicht seine Gesundheit untergraben, sein Nervenleben überreizen und erschlaffen musste". (5)

---

1 Schlatter I, a.a.O., S. 66, zitiert nur ein Beispiel aus dem Jahre 1819. "Die Brüder beschweren sich darüber, dass sie mit Lektionen überladen seien." Aufgrund dieser Beschwerde beim Inspektor wurde ihnen mehr Zeit für Privatstudien zugestanden.
L. Mühlhäuser, a.a.O., S. 394 berichtet, dass sich die jugendliche Selbstgewissheit der Zöglinge in einzelnen Fällen zu apodiktischen Urteilen über Hausordnung und Unterricht verstieg und dass die Zöglinge versuchten Aenderungen zu erzwingen.
2 W. Hoffmann, Elf Jahre in der Mission, a.a.O., S. 78.
3 Ebenda S. 79.
4 Ebenda S. 78.
5 Ebenda S. 87.

Auch von der Presse wurde die Basler Mission kritisiert. So wurde ihr in der "Leipziger Illustrierte Zeitung" 1856 frommer Dilletantismus vorgeworfen. (1)

Von seiten einer der Abnahmeorganisationen der Absolventen in den ersten Jahren, der Church Missionary Society (CMS), liegt folgende kritische Bemerkung vor:

"Die braven Männer, die nach Afrika gesandt worden sind, haben sich in bezug auf Menschen und Dinge so unkundig, in der englischen Sprache so ungelehrig, im allgemeinen so wenig ihrer Aufgabe gewachsen gezeigt, dass das Seminar solche Leute nicht ferner aussenden darf. Es fehlt ihnen an gesundem Menschenverstand und an Weltkenntnis." (2)

Dieses Urteil stammt aus dem Jahre 1824. 1842 war es nicht weniger kritisch. Der Sekretär der CMS erklärte, dass solche mittelmässigen Leute von beschränkten Kenntnissen und Fähigkeiten, wie sie in den letzten Jahren aus dem Missionsseminar nach England gekommen seien, gar nicht zu gebrauchen seien. (3) Es gab aber auch Gegenstimmen. So lobte T. Beck, Professor der Theologie und Lehrer am Missionsseminar von 1836-1839, den Ernst, die Denkanstrengung, den Wahrheitseifer und das klare Verständnis der Zöglinge. (4)

So sehr Beck die Zöglinge lobte, so massiv attackierte er allerdings das Komitee und den Geist des Missionshauses:

"Mit dem System des Komitees und seinen Produkten kann ich nimmer harmonieren. Die christliche Freiheit namentlich, die mir ein Ganzes und bei dem Einzelnen eine heilige Ordnung Gottes ist, finde ich durchaus nicht als solche mit der ihr gebührenden, zarten und besonnenen Sorgfalt behandelt, dagegen aus Dingen ein geistliches Joch gemacht, welche das Evangelium keineswegs als solches will aufgelegt haben; oder was nur die Bedeutung einer feinen, äusserlichen Ordnung anzusprechen hat und in diesen Grenzen sich halten soll, ist zu einem Gewissensbann ausgeartet. Was der weise und eifrige Herr frei lässt, im einzelnen mit geistlich pädagogischer Einwirkung nur allmählich und stille von innen herausbildet und auch da sorgfältig vor Veräusserlichung bewahrt, wie Busse, Beten, Liebe, Demut – dass wird zu einem rumorenden Satzungswesen gemacht, wie eine Treibhauspflanze bearbeitet, aus dem inneren Heiligtum herausgetrieben in öffentliche Sündenbekenntnisse, Betkammer-Besuche, ungesunde Liebes- und Demutsgebärden, – solche äusserliche Virtuosität wird zum

---

1 Aus einem "Reisebrief aus Basel", erschienen 1856 in der "Leipziger Illustrierte Zeitung", zitiert nach der Spezialbeilage "Basilea" von Coop Basel ACV, 13. Jg., 9/1974.
2 Zitiert nach Schlatter I, a. a. O., S. 72.
3 Vgl. Schlatter I, a. a. O., S. 154.
5 Vgl. Ebenda S. 122.

Massstab des innern Charakters gemacht. In der Art, wie im Hause die freiere christliche Richtung, statt pflichtmässige Anerkennung und Unterstützung zu ihrer gesunden Entwicklung zu finden, beargwöhnt und unterdrückt, die eigentümliche Gabe und Art Weniger dem Gepräge des grössern Haufens geopfert wird, wie die Schlagwörter: Liebe und Demut, losgerissen aus ihrer evangelischen Verbindung mit Wahrheit und Recht, zu Helfershelfern gemacht werden, wie ohrenbeichtartig auf den inneren Herzenszustand unermüdet inquiriert wird, die heiligsten Namen und Formeln zu Inquisitions- und Einschüchterungsmitteln und dergleichen gebraucht, Splittersachen zu Balken gemacht werden, ausförscheln, wortpressendes Deuteln, allerlei Umwege und Diffikultäten machen, Parteiurteile an die Stelle von natürlicher Einfachheit, offener geordneter und ruhiger Untersuchung und unparteiischer Gerechtigkeit treten – in solchen Zügen kann ich nur grosse pädagogische Missgriffe, christliche Scharten und hierarchischen Gewissenszwang erkennen; und ebenso, namentlich auch noch dem echten christlichen Brudergeist und dem heiligen Rechtsgeist schnurstracks entgegenlaufend, muss ich es ansehn, wenn statt dass jedem Zögling die Selbstbesserung vor allem eingeschärft und das Belauern und Richten des anderen untersagt würde, Eingriffe vollends in die fremde Selbständigkeit und Freiheit und Versuche, andere nach sich zu modeln, ernst und energisch zurückgewiesen würden, wenn statt dessen die in engherzigen Satzungen und selbstgewählter Geistlichkeit befangenen Zöglinge mit splitterrichterlichem Hochmut, bevormundender Eigenmächtigkeit, verdammungssüchtiger Härte und einem kindischen Klatschgeist den anderen können auf dem Nacken liegen, wenn ferner dem Mückenseigen gar noch Verhör und Gebetsstunden gewidmet werden und der Geist des Richtens bis ins Fanatische gesteigert wird; wenn das Nichts-sich-sagen-lassen selbst unter solchen Verhältnissen zum Hauptvorwurf und einem Charakter-Makel gemacht wird und diejenigen, die nicht willenlos dem einmal herrschenden Geist sich fügen und seine Farbe tragen, abgesehen von ihrem übrigen Wesen, als widerspenstige Köpfe, ungebrochene Herzen, unwiedergeborene Menschen und dergleichen bezeichnet werden." (1)

Wandte sich Beck primär gegen den Geist im Missionshaus, so kritisierte ein anderer Lehrer mehr den materiellen Gehalt der Ausbildung. Es handelt sich hier um ein Zeugnis von J. Hesse aus dem Jahre 1885. Hesses Aussage ist besonders interessant und gewichtig, da er selbst das Missionshaus von 1865-1869 als Zögling durchlaufen hatte, im letzten Jahr als Privatsekretär von Inspektor Josenhans. Von 1869-1873 war er als Missionar in Indien tätig, und von 1881-1885 wirkte er als Lehrer am Seminar. (2)

---

1 Zitiert nach Schlatter I, a. a. O., S. 127f.
2 Nähere Angaben zum Leben von J. Hesse, dem Vater von Hermann Hesse, finden sich im Beitrag von L. J. Frohnmeyer, Missionar Johannes Hesse. In: Der Evangelische Heidenbote, Nr. 5, Mai 1916, S. 75ff.

Hesse (1) beklagt, dass bei den meisten Zöglingen nicht das bescheidenste Mass an allgemeiner Bildung vorhanden sei, und dass es nur die wenigsten zu einem wirklichen Verständnis der Theologie brächten. Es werde nur ein Minimum an Bildung und Kenntnissen erreicht, welches in keinem Verhältnis zur aufgewandten Zeit und Mühe stehe. Es werde nur eine Halbbildung vermittelt. Ja, er spricht sogar von verbildeten und eingebildeten Menschen, die das Missionshaus verliessen.

Die Ursachen für diese Entwicklung sieht er in folgenden Faktoren:
- Die Zulassungspraxis gäbe auch gering- oder mittelmässig begabten Bewerbern eine Chance.
- Die Vorbildung der meisten Bewerber sei unzureichend.
- Die Lehrziele seien zu hoch und für den Durchschnitt der Zöglinge nicht erreichbar.
- Zu viele Dinge würden auswendig gelernt.
- Der Lektionsstoff werde massenhaft diktiert.

Um diese Uebelstände abzustellen, empfiehlt er, höhere Anforderungen bei der Aufnahme zu stellen, den Lehrplan zu vereinfachen und Schüler von einzelnen Veranstaltungen zu dispensieren.

Diese Beispiele mögen genügen. Wie an anderer Stelle gezeigt wird (2), gelang es erst in den 50er und 60er-Jahren dieses Jahrhunderts, das Ausbildungskonzept und den "Geist" entscheidend zu ändern.

Eine Beurteilung der Basler Mission wäre unvollständig, wenn nicht wenigstens einige Hinweise auf wissenschaftliche Beiträge und progressive, z.T. noch heute gültige Analysen von seiten der Missionare gegeben würden.

Erinnert sei hier an die zahlreichen Beiträge zur Religions- und Völkerkunde, die sich in den von Josenhans eingeführten Quartalsberichten der Missionare finden, sowie in zahlreichen Artikeln im "Evangelisches Missions-Magazin" und in "Der Heidenbote". (3)

---

1 Vgl. zum folgenden Schreiben von J. Hesse an den Inspektor der Basler Mission vom 16.2.1885, Archiv der Basler Mission, Akte "Seminar BM Studienpläne, Reformvorschläge 1838-1954". Da Hesses Brief einer der ersten "Evaluationsversuche" darstellen dürfte, werden die wichtigsten Passagen in Anlage III wiedergegeben.
2 Siehe S. 205ff.
3 Vgl. Schlatter I, S. 231 und 356. Diese Materialien sowie zahlreiche Briefe befinden sich im Archiv der Basler Mission und sind bisher nur in bescheidensten Ansätzen ausgewertet worden.

Vogelsanger (1) bescheinigte allerdings in ihrer Untersuchung den meisten Missionaren eine von Unkenntnis der afrikanischen Kultur und von Ethnozentrismus geprägte, weltfremde und starre Haltung, die dazu führte, dass die Missionare unfähig wären, die afrikanischen Realitäten unvoreingenommen wahrzunehmen.

Ein weiteres Charakteristikum der Tätigkeit der Basler Missionare war die Pflege der Eingeborenensprachen. In diesem Anliegen wurden die Brüder von der Missionsleitung stark unterstützt. So scheute sich Direktor Oehler nicht, sich mit dieser Frage mit dem deutschen Reichskolonialamt anzulegen und massiv für den Vorzug der einheimischen gegenüber der deutschen Sprache wenigstens in den ersten vier Schulklassen zu plädieren. (2)

Da die Basler Mission frühzeitig den Wert der Schule als Missionsmittel erkannte, kam es zu einem starken Ausbau des Schulwesens. Vor Ausbruch des ersten Weltkrieges, nach knapp 100 Jahren des Bestehens, unterhielt die Basler Mission 865 Schulen (211 in Indien, 112 in China, 157 an der Goldküste, 384 in Kamerun, 1 in Togo), die von 56'872 Schülerinnen (8759) und Schülern (48113) besucht wurden. Die Wichtigkeit der Schularbeit in missionarischer Hinsicht wird auch dadurch unterstrichen, dass unter der Schülerschaft nur 12'354 Christen waren, während 44'518 einer nichtchristlichen Religion angehörten. (3)

Neben diesen mehr quantitativen Aspekten erscheinen auch einige analytische Gedanken der Missionare der Ueberlieferung wert, da sie auch heute noch einen starken aktuellen Bezug aufweisen.

So vermerkt das Komiteeprotokoll vom 10. April 1861:

"Br. Joh. Zimmermann in s. m. Jahresbericht über die Krobo-Mission äussert sich dahin, der gefährlichste Feind der Christianisierung des Landes sei die von aussen eindringende, namentlich von der Küste herkommende entchristlichte Civilisation. Dieser Feind komme sogar _mit_ der Mission und _durch_ dieselbe. Die Mission sollte volksthümlich sein, einfache und edle afrikanische Volkssitten sollten mehr _geschont_ , ja bewahrt werden." (4)

---

1 C. Vogelsanger, a. a. O., S. 76f und 84.
2 Archiv der Basler Handels-Gesellschaft, Bestand D 80/04 Schreiben vom 23.4.1923 von Th. Oehler an das Reichs-Kolonialamt zu Handen Sr. Excellenz Herrn Staatssekretär Dr. Solf, Berlin. Weitere Hinweise zu Konflikten zwischen der deutschen Kolonialpolitik und der Basler Mission siehe Schlatter I, a. a. O., S. 353ff. Vgl. hierzu auch K. Hammer, Weltmission und Kolonialismus. Sendungsideen des 19. Jahrhunderts im Konflikt. München 1978. Hier finden sich zahlreiche Hinweise auf die Schweiz und die Basler Mission.
3 Vgl. C. Mirbt, a. a. O., S. 532.
4 Zitiert nach C. Vogelsanger, a. a. O., S. 77.

Das Komitee stimmte mit dieser Meinung nicht überein und so verwundert es nicht, wenn im Protokoll entsprechend reagiert wurde: "Da diese Behauptung jedenfalls einseitig und übertrieben ist, ... so ist Br. Zimmermann eine passende Zurechtweisung zu geben." (1)

Im Bericht eines Handlungsbruders aus dem Jahre 1914 findet sich folgender Passus:

"Wir haben den Leuten vollkommen geholfen und nicht nur soweit, dass sie sich selber helfen konnten. Wer sich aber nicht selber helfen kann, wenn ihm die Hand geboten wird, aus dem wird in der Regel nichts in der Welt. ... Wir _müssen_ das Sorgen und Dasein ihnen mehr überlassen als bisher, wenn die Leute selbständig werden und auf eigenen Füssen stehen sollen. ... Wir müssen ferner aus den Resultaten der bisherigen Praxis lernen, dass es so nicht weitergehen darf, sondern dass wir alles tun müssen, um unsere Gemeinden auf eine bessere oekonomische Lage zu bringen. Der einzige Weg hierzu ist Hilfe zur Selbsthilfe und nichts mehr." (2)

Hesse (3) schliesslich liefert in einem brillanten Soziogramm des Reintegranten aus dem Jahre 1884 einen Beitrag zur "Soziologie des Experten". Er beschreibt u. a. die Frustrationen beim Abschied und der Heimkehr, die speziellen Probleme der Ehefrau, gibt Tips für die Berichterstattung sowie für die Vermeidung schablonenartiger Oeffentlichkeitsarbeit, vergisst aber auch nicht, an die entstandenen fachlichen Lücken zu erinnern. (4)

Die in den letzten drei Beispielen dargestellten Faktoren:
- die Gefahr der kulturellen Ueberfremdung durch die christliche Zivilisation,
- die Empfehlung der Respektierung der einheimischen Sitten,
- die Strategie der Hilfe zur Selbsthilfe sowie
- das Problem der Reintegration

wurden erst in der ersten und zweiten Entwicklungsdekade "entdeckt".

Abschliessend soll noch ein Blick auf die in Basel praktizierte "Missionspädagogik" und ihre Folgen geworfen werden, ohne den die Beurteilung der Basler Mission unvollständig wäre.

Die "Missionspädagogik", die durch starke Reglementierung und Disziplinierung, durch Dominanz der Inspektoren gekennzeichnet war, und die den Zöglingen niemals einen bestimmenden Einfluss auf den Gang der Dinge

---

1 Ebenda.
2 Archiv der Basler Handels-Gesellschaft, Akte D 78/01, Auszug aus dem Bericht des Generalkassiers von Malabar D.O.V. Br. H. Kühner in Tellicherry vom 11.4.1914.
3 Vgl. S. 86 unten.
4 Auszüge aus dem Beitrag von Hesse finden sich in Anlage IV.

einräumte (1), führte zu einem Geist der Unterwürfigkeit (2), zur Unterordnung und Abhängigkeit.

Diese Faktoren führten zur Unfähigkeit vieler Missionare, anderen Bewegungsfreiheit zu gewähren (3); "in der Erziehung der Einzelnen und der Gemeinden zur Selbständigkeit sind andere Missionen der Basler Mission oft vorausgeeilt". (4)

Und auch 1970 stellt der offizielle Chronist der Basler Mission fest: "Die Erziehung zur Unterordnung und Abhängigkeit war keine geeignete Vorbildung, um später auf dem Missionsfeld andere Menschen zur Unabhängigkeit zu führen." (5)

Eine Beurteilung der Basler Mission ist noch aus einer anderen Perspektive, aus der der Absolventen, möglich.

Im April 1979 führte der Autor eine Umfrage unter den 32 pensionierten Mitarbeitern der Basler Mission durch, an der sich 18 (56%) Ehemalige beteiligten.

---

1 Vgl. L. Mühlhäusser, a. a. O., S. 393.
2 Es finden sich jedoch nur spärliche Belege, die darauf hinweisen, dass im Missionshaus ein Untertanengeist herrschte. Am 18. Juni 1901 schrieb eine Klasse einen Brief an das Komitee, in dem es u. a. hiess: "Unterzeichnete erlauben sich ganz ergebenst, die Bitte an das verehrliche Komitee zu richten, ob es nicht möglich wäre, den bestimmten Brüdern eine bescheidene Summe zur Beschaffung von Büchern zu verwilligen. Was uns den Mut gibt, unser Anliegen vorzubringen ist u. a. der gegenwärtige Stand der Finanzen in Ihrer Mission. ... Da der Besitz einer Anzahl Bücher zum weiteren Studium als dringendes Bedürfnis erscheint und es für einen ausziehenden Bruder ohnehin manche unvorhergesehenen Ausgaben gibt, so wagen wir es, diese Bitte vorzutragen und würden es mit dankbarer Freude begrüssen, wenn das verehrliche Komitee darauf eingehen könnte." Archiv der Basler Mission, Akte "Seminar BM Verschiedenes?"
In einer Eingabe vom 15.10.1899 baten die Brüder das Komitee, den zu den Mahlzeiten üblichen Wein durch Milch zu ersetzen. Das Komitee gab diesem Begehren nach. In einer von 36 Zöglingen unterschriebenen Notiz vom 25.10.1899 erklärten sich die Zöglinge gegenüber dem Komitee bereit, auf den bisher zum Mittagessen und an Arbeitstagen auch zum Vesper und Nachtessen vom Missionshaus verabreichten Wein zu verzichten, falls ihnen der in der betreffenden Eingabe genannte Ersatz dafür (bestehend aus etwas Milch oder einer Beigabe zum Brot um 18.00 Uhr) bewilligt wird. Vgl. Archiv der Basler Mission, Akte "Seminar BM, Verschiedenes?"
3 L. Mühlhäusser, a. a. O., S. 401.
4 Ebenda
5 H. Witschi, Geschichte der Basler Mission 1920-1940, Basel 1970, S. 21.

Von den 18 ehemaligen Zöglingen waren 2 vor dem 1. Weltkrieg und 16 nach dem 1. Weltkrieg in das Seminar eingetreten.

Ein Blick auf die Berufe der Zöglinge und deren Väter bestätigt den kleinbürgerlichen Hintergrund der Adressaten. (Vgl. Tabelle 9 und 10.)

Tabelle 9 Berufe der Zöglinge vor Eintritt in die Mission

Beruf	Nennungen
Kaufmann	4
Gärtner	2
Wagner	2
Landwirt	1
Arzt	1
Werkzeugdreher	1
Werkzeugmacher	1
Mechaniker	1
Autoschlosser	1
Gymnasiast	1
Metallschleifer	1
ohne Beruf	2
SUMME	18

Tabelle 10 Berufe der Väter der Zöglinge

Beruf	Nennungen
Landwirt	6
Gärtner	1
Musikant	1
Eisenbahnbeamter	1
Handwerksmeister	1
Milchhändler	1
Buchhändler	1
Briefträger	1
Klaviermacher	1
Pfarrer	1
Typograph	1
Lehrer	1
Kaufmann	1
SUMME	18

Die regionale Herkunft der Adressaten bestätigt die Dominanz der Württemberger. Nur 5 Zöglinge stammten aus der Schweiz, 8 kamen aus Württemberg und 5 aus sonstigen Ländern.

Auf die Frage: Wie beurteilen Sie das Lehrprogramm der Missionsschule? ergaben sich gemäss Tabelle 11 nachfolgende Antworten:

Tabelle 11   Beurteilungen des Lehrprogramms

BEURTEILUNGEN DES LEHRPROGRAMMS	Nennungen
- praktisch, umfassend, recht gut	7
- sehr gut, ausgewogen	5
- den Erfordernissen der Arbeit angepasst	1
- gute Lebenshilfe	1
- etwas veraltet	1
- keine Antwort	3

Bei der Beantwortung der Frage: Was ist Ihnen aus Ihrer Ausbildungszeit noch besonders positiv in Erinnerung? ergaben sich entsprechend Tabelle 12 folgende Antworten: (1)

Tabelle 12   Positive Urteile über die Ausbildungszeit

POSITIVE URTEILE UEBER DIE AUSBILDUNGSZEIT	Nennungen
- gute Gemeinschaft	8
- klare, positive Einstellung zur Bibel	3
- gründliche Ausbildung	3
- Selbstdisziplin und Einsatz der Lehrer	3
- praktische Ausrichtung	3
- auch Schwerfällige wurden mitgenommen	1

Die Frage: Was ist Ihnen aus Ihrer Ausbildungszeit kritisch in Erinnerung? erbrachte gemäss Tabelle 13 folgende Antworten:

---

1   Mehrfachnennungen waren möglich.

Tabelle 13   Kritische Urteile über die Ausbildungszeit

KRITISCHE URTEILE UEBER DIE AUSBILDUNGSZEIT	Nennungen
- der patriarchalische Hausgeist, die strenge Ueberwachung zu wenig Freiheit (1)	7
- gewisse Enge, die das Internatsleben mit sich brachte	2
- persönliche Kontakte zu den Lehrern zu knapp	1
- Auflehnungsgeist einiger Zöglinge	1
- Zerfall der guten Hausgemeinschaft	1
- grosse Stoffülle	1
- Verbindungen mit dem anderen Geschlecht waren untersagt	1

Von den 18 Ehemaligen waren 10 als Missionare, 5 als Missionare und Lehrer und je einer als Arzt, Lehrer und Kaufmann in Uebersee tätig. Die meisten von ihnen waren zusätzlich in der einen oder anderen Form in der medizinischen Betreuung von Kranken beschäftigt.

Die Aufenthaltsdauer der befragten Basler Missionsarbeiter lag zwischen 3 und 40 Jahren und betrug durchschnittlich 18 Jahre.

Durch diese Umfrageergebnisse werden die früheren Feststellungen bezüglich der Adressatenmerkmale, der Ausbildung in Basel, der Tätigkeitsgebiete und der Einsatzdauer in Uebersee zumindest durch die noch lebenden Pensionierten bestätigt.

Zusammenfassend ergibt sich entsprechend dem vorgegebenen Bezugsrahmen (2) für die Basler Mission nachfolgendes Profil:

---

1   Zusatzbemerkung eines Ehemaligen: "Etwas mehr Freiheit im Internat wäre gut gewesen. Auch wurde man zu oft von einzelnen fast wie 'Schulbuben' behandelt! Dabei waren die meisten von uns schon im Leben gestanden und hatten Verantwortung getragen."
2   Vgl. die Ausführungen auf S. 8f.

ABB. 2: AUSBILDUNGSPROFIL DER BASLER MISSION (zwischen 1816 und 1910)

KRITERIEN	BEWERTUNG	+ 2	+ 1	- 1	- 2	BEWERTUNG
ZIELFORMULIERUNG	klar			○		verschwommen
ERZIEHUNGSSTIL	sozial-integrativ				○	autokratisch
VERMITTELTES EXPERTENBILD	partnerschaftlich				○	patriarchalisch
UNTERRICHTSFORM	gruppenorientiert				○	lehrerzentriert
PRAXISORIENTIERUNG	stark			○		schwach
MITGESTALTUNG DURCH ADRESSATEN	ausgeprägt				○	nicht vorhanden
PSYCHOL. PROBLEME D. ZUSAMMENARBEIT	mitberücksichtigt				○	unberücksichtigt
WIRKUNG ALS SOZIALISATIONSINSTANZ	gering				○	hoch
% DER IN UEBERSEE TAETIGEN ABSOLV.	100 %	○				0 %

2.2 Die Ausbildung von Pflanzern und Siedlern – Das Beispiel der Deutschen Kolonialschule in Witzenhausen

2.2.1 Die Gründung unter Fabarius

Die Deutsche Kolonialschule (DKS) in Witzenhausen verdankt ihre Entstehung und Entwicklung einer privaten Initiative. Der Geschäftsführer des "Rheinischen Verbandes des evangelischen Afrika-Vereins", Divisionspfarrer Fabarius, erkannte bereits in den 90er-Jahren des vorigen Jahrhunderts die Notwendigkeit einer gründlichen schulischen Vorbildung derjenigen, die in die deutschen Kolonien ausreisen wollten.

Wenn im folgenden auf Leben und schriftliches Werk von Fabarius eingegangen wird, so geschieht das aus zwei Gründen:
1. Die Rolle von Fabarius als Kolonialpolitiker ist bisher unbekannt geblieben.
2. In seinem Leben und der schriftlichen Hinterlassenschaft finden sich Erklärungen für die spezielle Art der von ihm initiierten Witzenhäuser Kolonialpädagogik. (1)

Ernst Albert Fabarius wurde als Sohn eines Pfarrers am 15. September 1859 in Saarlouis geboren. Er studierte Theologie, Nationalökonomie, Staatswissenschaft und Geschichte. Zu seinen Lehrern gehören Adolf Wagner und Heinrich von Treitschke, denen er später eine Denkschrift (2) widmete. 1886/87 wirkte er als Hilfsprediger seines Vaters in Reideburg bei Halle/Saale und anschliessend bis 1891 als Kadettenpfarrer und wissenschaftlicher Lehrer am Kadettenhaus Uranienstein bei Dietz an der Lahn. Ab März 1888 war er als Divisionspfarrer in Koblenz tätig.

Ueber die Persönlichkeit von Fabarius gab seine Tochter in einem Gespräch u.a. folgende Auskünfte (3):

---

1 Der Ausdruck "Kolonialpädagogik" wurde von Fabarius geprägt. Vgl. M. Schanz, Die Deutsche Kolonialschule in Witzenhausen. In: Beihefte zum Tropenpflanzer, Band XI, Nr. 6, September 1910, S. 422 sowie S. 110ff dieser Studie.
2 E. A. Fabarius, Deutsche Friedenshoffnungen oder was fordern wir von unseren Feinden? Eine politisch-, wirtschaftlich-, militär-geographische Studie. Dem Andenken von Heinrich von Treitschke, dem Dank an Adolf Wagner, meinen hochverehrten Lehrern gewidmet! Vertrauliche Handschrift, Nachdruck verboten! Witzenhausen, den 22. März 1915, maschinengeschriebenes Manuskript. Im folgenden zitiert als Denkschrift Fabarius 1915. Eine Kopie dieser Denkschrift wurde mir freundlicherweise von Herrn E. Fabarius, einem Neffen des Schulgründers, zur Verfügung gestellt.
3 Interview des Verfassers mit Frau Winter am 22. Juli 1977 in Witzenhausen.

"Mein Vater hatte etwas Patriarchalisches und Autoritäres. Aber trotzdem hatte er wieder eine gewisse Toleranz. ... Er legte sehr viel Wert auf ein geregeltes Familienleben. ... Mein Vater konnte furchtbar blöken. Wenn er grob wurde, dann brüllte er, dass man es bis zum Marktplatz hörte. ... Er war Alldeutscher (1) und politisch stark engagiert. Er war z. B. kein Verehrer von Wilhelm II. Er war streng preussisch. Dann war er kein Freund von Bethmann Hollweg. Den nannte er nur "Bethmann-Holzweg". Die Nationalliberalen nannte er nur die Nationalmiserablen. ... Der Vater war der gesellschaftliche Mittelpunkt in der Stadt und der angesehenste Mann nach dem Bürgermeister. Er war äusserlich keine imponierende Erscheinung, er war klein. Er war Stadtverordneter hier in Witzenhausen. Und er legte sich gerne mit einigen Leuten der Stadt an. ... Politisch war mein Vater konservativ, ein Deutsch-Nationaler. ... Mein Vater sagte: Ein Deutscher schreibt Deutsch. Und wir durften auch keine Fremdworte gebrauchen. ..."

Weitaus interessantere Rückschlüsse dürften die von ihm verfassten Publikationen ermöglichen, von denen die erste, nämlich "Deportation von Verbrechern nach den deutschen Kolonien", leider nicht mehr auffindbar ist. (2)

In einem Buch über die weibliche Dienstpflicht (3) schlägt er die Einrichtung von Anstalten vor, die für geistige Zucht und Charakterbildung sorgen. "Denn daran gerade fehlt es heutzutage so sehr. Der Geist der Ordnung, Regelmässigkeit und gesunde Natürlichkeit, der Geist der Pflicht, Unterordnung und Selbstbeherrschung, der Geist der Aufopferung, Treue und dienende Liebe – was würde da in der entscheidensten Zeit in sonderlicher Wirksamkeit der deutschen weiblichen Jugend nahegebracht." (4)

An anderer Stelle empfiehlt er, dass man Junggesellen, sobald sie das Durchschnittsalter der männlichen Verheiratung von etwa 35 Jahren über-

---

1 Der Alldeutsche Verband hat erheblich zur Verbreitung kolonialer Gedanken beigetragen. Vgl. U. v. Hassel, Brauchen wir eine Kolonialreform? Kolonialpolitische Betrachtungen. Zeitfragen des christlichen Volkslebens, Bd. XXXI, Heft 4, Stuttgart 1906, S. 25.
2 Diese Schrift, erschienen in Essen 1896, wird nur in einem Schreiben von von Bornhaupt, dem Generalsekretär der Deutschen Kolonialgesellschaft, vom 20. Oktober 1896 an Fabarius erwähnt. Archivschrank der Bibliothek des Deutschen Instituts für tropische und subtropische Landwirtschaft in Witzenhausen. Dieser Archivschrank ist z. Z. ungeordnet. Es finden sich dort Aktenordner mit und ohne Aufschrift, lose Blätter und Fotoalben. Bestände hieraus werden im folgenden zitiert: Archiv Witzenhausen.
3 E. A. Fabarius, Die allgemeine weibliche Dienstpflicht. Ein Vorschlag und Beitrag zur Lösung der Frauenfrage. Essen 1895.
4 Ebenda, S. 22.

schritten haben, zu wichtigen öffentlichen Aemtern nicht zulassen sollte.
"Denn wo sie entscheidenden Einfluss auf weitere Volkskreise, auf Staatsverwaltung, Rechtsprechung, Gesetzgebung und Erziehung ausüben, fehlt ihnen dazu als Unverheirateten in der Regel ein Hauptstück des nötigen Verständnisses, das Verständnis der Grundlage des Volkslebens, der Familie!" (1)

Weitere kennzeichnente Gedanken legte er in einer Denkschrift von 1915 nieder. Er führte u. a. aus:
"Deutschland muss sich daran gewöhnen, in seinen Beziehungen zu den anderen Völkern sich nur von dem Standpunkt des Eigeninteresses leiten zu lassen, rein sachlich, ohne Stimmungs- und Gefühlspolitik, nur zu fragen: 'Was dient unserem Reich, unserem Volk, unserer Wirtschaft, unserer Kultur?'" (2)

Er zitiert einen japanischen Offizier, der Harakiri an sich übte und sterbend seinen deutschen Freunden den Rat gab: "Ihr Deutschen müsst viel rücksichtsloser werden, ihr müsst fest werden wie Eisen!" (3)
Weiter heisst es:
"Nun aber, wo diese Staaten (gemeint sind England und Frankreich. Anmerkung des Verfassers) frevelnd die furchtbare Brandfackel des Weltkrieges uns ins heimische Haus geworfen und fast die ganze Welt wider uns entflammt haben gerade in der Absicht, unseren Aufstieg zur Weltmacht zu verhindern, uns als Grossstaat zu zertrümmern, da gerade ist die Stunde der Abrechnung gekommen, um für diese Weltaufgabe uns freie Bahn zu schaffen. (4)

---

1 Ebenda S. 42.
2 Denkschrift Fabarius 1915, a. a. O., S. 4. Diese Denkschrift dürfte wegen ihres vertraulichen Charakters nur einem beschränkten, wenn auch einflussreichen Interessentenkreis zugesandt worden sein. Die Vermutung liegt nahe, dass Fabarius sie auch Herzog Johann Albrecht zu Mecklenburg (Schutzherr der Deutschen Kolonialschule, vgl. M. Schanz, a. a. O., S. 427) zugänglich gemacht hat. In einem vom Herzog verfassten Memorandum an den Kolonialstaatssekretär Solf vom 18. September 1915 (vgl. H. Stoecker (Hrg.), Drang nach Afrika. Die koloniale Expansionspolitik und Herrschaft des deutschen Imperialismus in Afrika von den Anfängen bis zum Ende des zweiten Weltkrieges, Berlin 1977, S. 230ff) finden sich zum Teil dieselben Forderungen wie sie Fabarius erhebt.
3 Ebenda S. 5.
4 Ebenda S. 22.

Er stellt Forderungen auf, die ihn als Kolonialimperialisten in Reinkultur entlarven, der aber auch Forderungen an die europäischen Nachbarn erhebt.
Er fordert z. B. ein Reichsglacis im Westen, das entlang der Linie Belfort, Epinal, Verdun, Kambray, Arras, Calais verläuft. Die dort lebende französische Bevölkerung, die ihre Staatsangehörigkeit beibehalten will, soll verpflichtet werden, ihr Besitztum zu verkaufen und auszuwandern. (1)

"Deutschland aber, der Eroberer, hat auch nur Vorteil von dieser Verpflanzung der fremdländischen Staatsangehörigen, — er wird eine missmutige, innerlich und gar zu leicht auch äusserlich widerspenstige, zu Quertreiberei und Verrat geneigte Bevölkerung los und gewinnt – was wir so nötig haben Raum, Arbeitsgelegenheit, Wohnstätte für die eigenen Volksgenossen." (2)

Ueber Belgien finden sich folgende Bemerkungen:
"Der Gedanke weichmütiger Politiker, die sich dabei den Anschein von Realpolitikern geben, Belgien in irgendeiner Form als selbständigen Staat zu belassen, – mit oder ohne den Verräter – König Albert, (Verrat aus Dummheit oder Gehässigkeit?) und sei's auch nur ein zu einem Herzogtum Brabant verkleinertes Belgien mit Klein-Paris-Brüssel, – ein goldglänzender, aber französisch wurmstichiger Apfel in silberner Schale! – der Gedanke ist aus Gründen der Reichssicherheit unbedingt abzuweisen." (3)

Er setzt sich auch für eine Grenzmark im Osten ein.
"Gelingt es als Frucht des schweren Kampfes solche Grenzsicherung und Grenzerweiterung in West und Ost zu erreichen, dann ist damit dem deutschen Volk ein stattliches Haus gebaut, in dem es nach Menschengedenken als Reichsgebiet und nationale Volksheimat dauernd Raum genug und sicheren Wohnplatz hat." (4)

Endlich kommt er zu dem Schluss: "Eine Vermehrung unseres Kolonialbesitzes muss zumindesten der Siegespreis des Weltkrieges sein!" (5) Dabei beschränkte er sich nicht nur auf tropische Kolonialgebiete. "Subtropische Länder, ..., hat unsere Volkswirtschaft und unsere nationale Ausdehnungskraft so nötig wie das tägliche Brot." (6)

Seine territorialen Forderungen sehen wie folgt aus:
- "Am Ausgang des Roten Meeres, zum Uebergang nach dem Indischen Ozean und auf dem Wege nach Ostafrika müssen wir dann die Hand auf Dschibuti legen." (7)

---

1 Denkschrift Fabarius 1915, a. a. O. , S. 27.
2 Ebenda, S. 29.
3 Ebenda, S. 39.
4 Ebenda, S. 47.
5 Ebenda, S. 58.
6 Ebenda, S. 58.
7 Ebenda, S. 56.

- Beherrschung Marokkos in Form eines Schutzgebietes. (1)
- "Als weitere Gebiete unter den Wendekreisen kommt für uns nur noch Betschuanaland in Betracht, ..." (2)
- "Frankreich aber hat alle seine afrikanischen Kolonien mit Ausnahme von dem Hauptstück Algiers und dem im Süden daran angrenzenden Sahara-Gebiet, etwa bis zum 18 o N. Br. an Deutschland abzutreten." (3)
- "Belgisch-Kongo, ..., hat kein anderes Los verdient, als nunmehr dem Deutschen Reich in den Schoss zu fallen und diesem so ein grosses mittelafrikanisches Kolonialreich zu beschaffen. Dann, im Anschluss an den Kongostaat ist Portugiesisch-Angola jetzt endlich, entsprechend früherer, allerdings zweideutiger Abmachung mit England, von uns so oder so, zu erwerben." (4)
- "Ob und inwieweit wir Madagaskar erstreben sollen, ist mir zweifelhaft, ... Hingegen dürfen wir nicht versäumen, Anspruch auf Teile von Französisch-Indochina zu erheben, um dies bei Vereinbarungen mit Japan und Siam zu verwerten, ..." (5)

Immerhin lässt er einige Länder ungeschoren - vorerst jedenfalls. "Wir können weder danach trachten, Kap- und Burenland zu erwerben, noch Indien, noch Aegypten; und selbst Australien dürfte doch für den deutschen Magen auf absehbare Zeit ein gar zu unverdaulicher Brocken sein." (6)

Schliesslich weist er noch auf Siam hin. "Seit Jahrzehnten wird dieser einzig noch selbständige Staat Südasiens von Frankreich und England zerknabbert. Seine kulturelle Zuneigung gehört aber Deutschland, das Land ist darum seit langem auch ein reiches Betätigungsfeld für deutsche Arbeits- und Einrichtungskraft. Deutschland stelle Siam hinfort unter seinen Schutz, ..." (7)
Nachdem Fabarius die Welt neu aufgeteilt hat, bemerkt er selbstgefällig: "Ein gewaltiges mächtiges Weltbild hat sich so vor unseren Augen neu aufgetan." (8)

Fabarius war sich natürlich darüber im klaren, dass die Erfüllung seiner Vorstellungen nur möglich war, wenn Deutschland als Sieger aus dem Krieg hervorging. In dieser Beziehung war er sich aber nicht ganz sicher. Am Schluss seiner Denkschrift führte er aus:
"Und bringt der jetzige Kampf keine entscheidende Lösung, nun dann muss das deutsche Volk um seinen Platz an der Sonne noch weiterkämpfen, bis

---

1 Vgl. Ebenda, S. 61.
2 Ebenda, S. 62.
3 Ebenda, S. 63.
4 Ebenda, S. 63.
5 Ebenda, S. 64.
6 Ebenda, S. 67.
7 Ebenda, S. 82.
8 Ebenda, S. 82.

der breitspurige John Bull deutlich hört auf Zuruf: 'Geh mir aus der Sonne, dränge mich nicht in den Schatten!', und käme es darob auch zu einem zweiten, dritten 'punischen' Kriege!" (1)

Dieses Dokument ist in einer schwülstigen, hetzerischen, andere Völker verächtlich machenden Sprache geschrieben, die an Hitlers "Mein Kampf" erinnert. (2)

Diese Hinweise auf die schriftliche Hinterlassenschaft von Fabarius, insbesondere auf die Denkschrift von 1915, sollten deutlich machen, wes Geistes Kind der Gründer der deutschen Kolonialschule war.

Die Vermutung, dass von dieser Geisteshaltung wenigstens gewisse Wirkungen auf die Deutsche Kolonialschule ausgingen, erscheint naheliegend. Sie wird gestützt, wie später zu zeigen sein wird, von der Witzenhäuser "Kolonialpädagogik", die ihren sichtbaren Ausdruck im Leitspruch der Schule fand: "Mit Gott, für Deutschlands Ehr, Daheim und über'm Meer." (3)

Nach diesen Einblicken in die Persönlichkeit von Fabarius wird im folgenden auf die Gründungsgeschichte der Deutschen Kolonialschule eingegangen. Die Idee der Gründung einer Kolonialschule wurde von Fabarius erstmals im Sommer 1895 gegenüber Max Busse (4) erwähnt. (5)
Das erste schriftliche Dokument, in dem die Notwendigkeit einer Kolonialschule begründet wird, stammt aus dem Jahre 1896. In einem Brief schreibt Fabarius u. a. :
"Je mehr unsere deutsche Kolonialarbeit in ruhige, gesicherte Bahn einläuft, um so nötiger wird die Aussendung von gut vorgebildeten in Kenntnis

---

1 Ebenda, S. 85.
2 So spricht er "von dem stillen Ernst selbstverständlichen Opferwillens" des deutschen Volkes (S. 5), vom deutschen Volk, das "mit wunderbarer Grösse an Begeisterung und Hingebung mit furchtbaren Opfern an Gut und Blut den Kampf und Streit selbst ausficht" (S. 8). Den Franzosen bescheinigt er "wahnwitzige Gehässigkeit" (S. 16). Er spricht von "Horden russischer Mordbrenner, Bluthunden und Frauenschändern" (S. 44). Japan bezeichnet er als nervösen Zappelphilipp (S. 52). Die Russen sind für ihn "ganz brauchbare, wenn auch nicht gerade Kultur-, aber doch Halbkulturpioniere!" (S. 77) Und von England spricht er als dem rücksichtslosen Albion und der Britenbrut (S. 81).
3 M. Schanz, a. a. O. , S. 450.
4 Busse war Begründer und Geschäftsführer des zur kulturellen Eroberung und Erschliessung Afrikas gebildeten "Antisklaverei-Komitees". Ihm gelang es auch, den Fürsten Wilhelm zu Wied, Präsident des Antisklaverei-Komitees, für die Schule zu interessieren. Vgl. M. Schanz, Die Deutsche Kolonialschule zu Witzenhausen. In: Beihefte zum Tropenpflanzer, September 1910, Nr. 6, S. 399.
5 M. Schanz, a. a. O. , S. 398f.

und Uebung wohl vorbereiteten Männern, welche in friedlicher Kulturarbeit die zivilisatorische und wirtschaftliche Erschliessung unserer Kolonien durchführen. Leider aber fehlt es bei allen hierauf gerichteten Unternehmungen noch gar zu sehr an solchen Männern. Allein die Missionen haben in geordneter, systematischer Weise sich ihre Sendboten herangebildet und demgemäss auch gediegene erfolgreiche Arbeit getan. Namentlich auch edele christliche Grundsätze in Behandlung der Eingeborenen nicht nur in Reden sondern auch in Taten ausgeführt. Zumal die wirtschaftlichen Unternehmungen entbehren noch gänzlich der Möglichkeit, sich in Deutschland selbst die mit den nötigen Vorkenntnissen ausgestatteten Leiter und Mitarbeiter für die Arbeit drüben auszubilden. Dieser Mangel an geeigneten zuverlässigen Personen lässt nun aber einerseits kein rechtes Vertrauen zu unserer wirtschaftlichen Arbeit bei denen aufkommen, die mit ihrem Kapital vornehmlich sich daran zu beteiligen berufen wären, während er andererseits eine möglichst zweckentsprechende und rasche Ausnutzung der von weitsichtigen Geschäftsmännern oder edel gesinnten Patrioten begonnenen oder geplanten Unternehmungen behindert. Damit hängt ein anderer noch bedenklicherer Mangel der deutschen Kolonialarbeit zusammen, dass nämlich in ihr häufig notgedrungen Leute Anstellung finden, die sich ihrer hohen sittlichen, nationalen und kulturellen Aufgaben als Vertreter und Vorarbeiter deutsch-christlicher Kultur nicht entfernt bewusst sind. Sowohl unsere nationale Ehre wie die christliche Mission, namentlich die Evangelische, hat von dem mangelhaften Verhalten und den oberflächlichen Leuten schon erheblichen Schaden vielfach erlebt. Somit hängt von der Personenfrage die ganze Zukunft unserer Kolonialarbeit ab. ... Vor allem unsere europäische Berufsteilung und übliche mehr oder minder einseitige Fachausbildung ist in Afrika ganz und gar nicht am Platze." (1)

Er beruft sich in diesem Brief ausdrücklich auf Livingstone, den er als grossen Afrikakenner und edlen Menschenfreund bezeichnet, und der von seinen Mitjüngern gefordert habe, dass sie in allen Sätteln gerecht sein müssten.

Neben Busse und dem Fürsten Wilhelm zu Wied gelang es Fabarius, noch weitere Bundesgenossen für sein Unternehmen zu gewinnen. Erinnert sei hier nur an den Herzog Johann Albrecht zu Mecklenburg, der gleichzeitig Präsident der Deutschen Kolonialgesellschaft war. (2)

In einer am 8. April 1896 abgehaltenen Besprechung des "Rheinischen Verbandes des Evangelischen Afrika-Vereins" wurde beschlossen, aus "den Kreisen des 'Rheinischen Verbandes des Evangelischen Afrika-Vereins'

---

1 Auszüge aus einem Brief von E. Fabarius an Seine Königliche Hoheit Prinz Albrecht von Preussen vom 18. Januar 1896, Archiv Witzenhausen, Akte Nr. 18 A: Kolonialschule, Verhandlungen über Gründung und Entwicklung von 1899-1900. Ein Antwortbrief auf dieses Schreiben ist im Archiv nicht auffindbar.
2 Vgl. M. Schanz, a. a. O., S. 399.

heraus die Gründung einer Anstalt zu betreiben, welche sowohl den deutschen Kulturaufgaben, wie den Interessen der evangelischen Mission in unseren Kolonien förderlich und dienstbar wäre." (1)
Die weitere Behandlung und Ausgestaltung dieser Idee wurde einem vorbereitenden Ausschuss übertragen, dessen Schriftführer Fabarius wurde.

Bereits im April 1897 lag eine von Fabarius verfasste Denkschrift (2) vor, die auf einer bereits im Sommer 1896 verfassten handschriftlichen Fassung beruhte. (3) In der Einleitung zu dieser Denkschrift führte er u. a. aus:
"Was uns ... vornehmlich not tuth, das sind Männer der praktischen Arbeit, tüchtige, zuverlässige Wirtschaftsbeamte, Plantagengärtner, vielseitig ausgebildete Handwerker, Werkmeister und Verwalter, Jacks of all trades, wie sie Livingstone für Afrika fordert. Solche Männer aber können nicht unserem täglichen Leben in Deutschland ohne Weiteres entnommen werden, sondern sie bedürfen, wenn sie ihren Beruf erfüllen sollen, einer gründlichen Vorbildung für denselben nach allen Richtungen. Das aber ist nur möglich in einer für diese besonderen Zwecke zu errichtenden Anstalt, in einer deutschen evangelischen Kolonialschule, da keine unserer bestehenden deutschen Unterrichtsanstalten darauf eingerichtet ist, für diesen Beruf vorzubereiten und diesem Zweck zu dienen." (4)

Fabarius beruft sich ausdrücklich auf Vorbilder aus England und Holland, nämlich auf das "Colonial College and Training Farms, Ltd." bei Harwich und die Holländische Reichsackerbau-Schule in Wageningen: "Hierzu also würde die geplante Deutsche Kolonialschule ein Seitenstück bilden." (5)
Er beruft sich aber auch auf die Industrie-Mission der Baseler an der englischen Goldküste in Christiansborg sowie Niederlassungen der Barmer, Berliner und Bremer Missionen. (6)

Innerhalb der Denkschrift nimmt ein Gutachten von Wohltmann, Professor an der Landwirtschaftlichen Akademie zu Poppelsdorf, einen besonderen Platz ein. Er äussert sich folgendermassen:
"... Wir bedürfen dort (gemeint sind die Kolonien) jetzt vor Allem tüchtige Arbeitskräfte, welche als Werkmeister, Gärtner, Verwalter, Strassenbauer, Feldmesser, Planzeichner, Maschinenmeister, Handwerker, Aufseher, Lehrmeister der Schwarzen und dergleichen zu wirken verstehen und welche eigens für diesen Beruf in den Kolonien vorgebildet sind. ...

---

1 Zitiert nach M. Schanz, a. a. O., S. 399.
2 E. A. Fabarius, Eine deutsche Kolonialschule. Denkschrift zur Förderung deutsch-nationaler Kultur-Aufgaben und zur Wahrung deutschprotestantischer Interessen in den überseeischen Gebieten. Coblenz 1897, im folgenden zitiert als Denkschrift Fabarius von 1897, Archiv Witzenhausen.
3 Vgl. M. Schanz, a. a. O., S. 400.
4 Denkschrift Fabarius von 1897, S. 10.
5 Ebenda S. 15.
6 Ebenda S. 20.

Wir haben für den gedachten Zweck Anstalten nötig, wie die Engländer und Amerikaner sie bereits besitzen, in denen neben dem theoretischen Unterricht vor Allem die praktische Unterweisung in den Handwerken, in der Landwirtschaft und dem Gartenbau vorgesehen ist, und die dementsprechend mit landwirtschaftlichem und gärtnerischem Betriebe sowie mit Werkstätten ausgerüstet sind. ..." (1)

Wohltmann empfahl, ein Gut von 50-75 ha zu erwerben, "auf welchem die Anstalt als Internat eingerichtet wird und die Besucher derselben derart gehalten werden, dass sie theoretischen Unterricht, Ausbildung in Sprachen geniessen und daneben praktisch unterwiesen werden in Landwirtschaft, Gärtnerei, tropische Agrikultur, Molkerei, den Haupthandwerken, Maschinenführung, Feldmessen, Wegebau, Buchführung, Handelsusance etc., in tropischer Gesundheitspflege, Arzneikunde, Moral und christlicher Gesittung." (2)

Am Schluss des Gutachtens bemerkt er, dass eine Kolonialschule in hohem Grade Sicherheit dafür bieten würde, "dass nur gesetzte, moralisch erprobte, technisch vorbereitete und in die tropischen Verhältnisse bereits eingeführte junge Leute in den Dienst unserer kolonialen Kulturarbeit treten." (3)

Bereits einen Monat nach Versand der Denkschrift wurde am 3. Mai 1897 in Köln die "Vereinigung zur Errichtung einer deutschen, evangelischen Kolonialschule" gegründet. (4) Dieser Vereinigung stand ein geschäftsführender Ausschuss vor, der sich aus 15 folgenden Vertretern zusammensetzte:
Prof. Dr. Wohltmann, Bonn
Rechtsanwalt Dr. Wesenfeld, Barmen
J. Thormählen und
C. W. F. Jantzen, in Firma Jantzen und Thormählen, Hamburg
Kommerzienrat T. Schöller, Düren
Kaufmann G. Schlechtendahl, Barmen
Fabrikbesitzer E. A. Scheidt, Kettwig
Rechtsanwalt Dr. J. Scharlach, Hamburg
Divisionsarzt Dr. Redeker, Koblenz
Plantagenbesitzer K. Terrot, Wiesbaden und Lindi
Superintendent Müller, Düren
Direktor der Rheinischen Handels-Plantagengesellschaft Dr. Hindorf, Köln
Fabrikbesitzer F. Heckmann, Duisburg
Divisionspfarrer Fabarius, Koblenz
Oberbergrat Dr. Busse, Koblenz (5)

---

1 Zitiert nach Denkschrift Fabarius von 1897, S. 22f.
2 Ebenda S. 23f.
3 Ebenda S. 29.
4 Vgl. M. Schanz, a. a. O., S. 401.
5 Ebenda S. 403f.

In diesem Ausschuss waren somit fast paritätisch Vertreter der Handelsfirmen, der Industrie, der Plantagenbesitzer, der Kirche und der Beamtenschaft vertreten, die alle ein einigendes Band, wenn auch aus unterschiedlichen Motiven, verband.

Dieser Ausschuss erliess mehrere Zeichnungseinladungen zur Errichtung einer "Deutschen Kolonialschule für Landwirtschaft, Handel und Gewerbe".(1)

Eine dieser Zeichnungseinladungen (2) enthielt eine, wenn auch einfache Hochrechnung des Arbeitskräftebedarfs in den deutschen Kolonien: "Schon jetzt sind auf den Plantagen der deutschen Kolonien ca. 70 Beamte tätig. Diese Zahl wird bei der Ausdehnung des Plantagenbaus in unseren Kolonien bald auf das Doppelte gestiegen sein, etwa in spätestens 5 Jahren. Dazu haben die Missionen, die Faktoreien, die Regierungsanstalten usw. auch je länger je mehr viele Kräfte als "Laienbrüder", Verwalter von Stationen etc. nötig, so dass hierfür auch noch mindestens 50 Stellen in unseren sämtlichen Kolonien mit der Zeit in Betracht kommen. Man kann daher rechnen, dass in 5-7 Jahren wenigstens 200 Stellen mit ausgebildeten jungen Leuten zu besetzen sind. Das macht, wenn alljährlich 20 junge Leute von der Kolonialschule geliefert werden, den zehnten Theil und diese Zahl ist nicht zu hoch gerechnet, wenn man bedenkt, dass die Anstalt überdies solchen jungen Männern dienen soll, die als deutsche Kulturpioniere auch ausserhalb unserer Kolonien, z. B. in Südbrasilien und im überseeischen Handel ihr Fortkommen suchen. Hieraus ergibt sich, dass die Anstalt Vollarbeit erhalten wird, um der Nachfrage auch nur theilweise zu genügen. ..."

Die Zeichnungseinladung stiess auf reges Interesse des Grossbürgertums (Fabrikbesitzer, Rittergutsbesitzer, Kaufleute und Plantagenbesitzer) und des Hochadels. Auch der deutsche Kaiser spendete Mk. 5000.-. (3)

Am 23. Mai 1898 erfolgte unter dem Protektorat und Vorsitz des Fürsten Wilhelm zu Wied in Neuwied die Gründung der "Deutschen Kolonialschule" in der Rechtsform einer GmbH mit einem Gesellschaftskapital von Mk. 116'000.- und Schenkungen in Höhe von Mk. 19'000.-. (4)

Am 27. Juni 1898 wurde Fabarius vom Aufsichtsrat der "Deutschen Kolonialschule" ersucht, die Oberleitung der Kolonialschule zu übernehmen. Fabarius nahm an und gab seine Laufbahn als Divisionspfarrer auf.

---

1 Ebenda S. 402.
2 Zeichnungserklärung vom 7. September 1897, Köln. Archiv Witzenhausen, Akte "Schriftwechsel vor der Gründung".
3 Vgl. M. Schanz, a. a. O., S. 403.
4 Ebenda S. 407.

Nach zahlreichen Um- und Neubauten wurde die Deutsche Kolonialschule am 29. Mai 1899 eingeweiht. (1)

Für die zügige Schulgründung lassen sich verschiedene Gründe anführen:
- Fabarius war geradezu besessen von der Idee einer deutschen Kolonialschule. (2) Hiervon liess er sich durch nichts abbringen. Schanz bezeichnete ihn als "die Seele der ganzen Propaganda". (3)
- Fabarius unterhielt exzellente Kontakte zu den an Kolonialfragen interessierten Grosskaufleuten, Industriellen und Funktionären der deutschen Kolonialbewegung. Diese Kreise sahen klar, dass eine verbesserte personelle Vorbereitung zu besseren wirtschaftlichen Ergebnissen führen konnte. Die negativen Erfahrungen mit ungeeignetem Personal waren offenbar geworden.
- Die Gründungsmitglieder der Deutschen Kolonialschule und die ihnen nahestehenden Kreise waren potentielle Nutzniesser der Schule bzw. Abnehmer der Absolventen.
- Nicht zuletzt trug die genaue Erkundung ausländischer Vorbilder, insbesondere in England und Holland, dazu bei, ohne grosse Zeitverluste ein eigenes Ausbildungskonzept zu finden.

2. 2. 2 Adressatenmerkmale

Nach Schanz sollten die Schüler "in erster Linie aus den gebildeten und führenden Schichten unseres Volkes herangezogen und ausgewählt werden, ..." (4) An anderer Stelle umschreibt Schanz die Schüler als "auserlesene Söhne aus den tüchtigsten Kreisen unseres Volkes, in Sonderheit von Landwirten, Beamten, Pfarrern, Aerzten, Lehrern, Kaufleuten und Offizieren, ..." (5)

---

1 Vgl. ebenda S. 407.
2 Auf Fabarius geht auch die Gründung der "Kolonial-Frauenschule" in Witzenhausen zurück. "Es sollte sich bei der neuen Schule in erster Linie um die kolonialwirtschaftliche Ausbildung solcher deutscher Mädchen und Frauen handeln, welche als Bräute von Farmern, Stützen der Hausfrauen, sowie als Wirtschaftsschwestern des Deutschen Frauenvereins für Krankenpflege in die Kolonien gehen wollen." o. V. Die Kolonial-Frauenschule. In: Der deutsche Kulturpionier, 14. Jg., 1914, Nr. 1/2, S. 55. Hier findet sich auch ein Ueberblick über die Geschichte dieser Schule.
3 M. Schanz, a. a. O., S. 400. Auch die Tochter von Fabarius, Frau Winter, bestätigte in einem Interview mit dem Verfasser am 22. Juli 1977, dass ihr Vater mit unheimlicher Energie die Schulgründung betrieben habe. Er sei der Motor gewesen.
4 M. Schanz, a. a. O., S. 424.
5 Ebenda S. 422.

Das Ziel, Söhne aus gebildeten und führenden Schichten heranzuziehen, hat die Deutsche Kolonialschule erreicht, wie eine stichprobenhafte Auszählung der Berufe der Väter der Schülerjahrgänge 1900, 1907/8, 1914 und 1923 zeigt (vgl. Tabelle 14). Nur 2% der Schüler entstammten nicht dem Grossbürgertum bzw. dem mittleren Bürgertum. Der elitäre Anspruch bezüglich der Zusammensetzung der Schüler konnte voll realisiert werden.

Die Schüler waren überwiegend evangelischen Glaubens und deutsche Staatsbürger bzw. Auslandsdeutsche. So waren von den 222 Schülern der Jahrgänge 1900, 1907/8 und 1914 nur 10 Schüler nicht-evangelischen Glaubens (9 Katholiken, 1 Jude). (1) Im Jahrgang 1923 fanden sich unter den 84 Schülern bereits 23 nicht-evangelischen Glaubens (14 Katholiken, 4 Mohamedaner, 4 gregorianische Christen, 1 Hindu). (2)

Tabelle 14   Verteilung der Schüler der DKS nach Berufen der Väter

BERUF DES VATERS	1900	1907/8	1914	1923	Total	(in %)
Kaufmann/Selbständig- erwerbend	3	23	34	29	89	(28)
Leitende und mittlere Verwaltungsangestellte	13	26	11	6	56	(18)
Landwirt, Gutsbesitzer	3	5	9	13	30	(10)
Pfarrer, Geistlicher	6	5	11	3	25	(8)
Arzt, Apotheker	3	5	8	4	20	(7)
Leitender Angestellter	2	2	2	14	20	(6)
Professor, Lehrer	3	5	7	4	19	(6)
Militär	2	5	5	4	16	(5)
Privatier	1	4	4	2	11	(4)
Ingenieur	1	2	4	1	8	(3)
Handwerker, Gewerbetreibender (nicht selbständig)	2	2	1	-	5	(2)
Sonstige (Diplomat, Naturwissenschafter)	1	2	-	4	7	(2)
SUMME	40	86	96	84	306	(100)

Quelle: Schülerverzeichnisse, abgedruckt in:
Der deutsche Kulturpionier,   1. Jg., 1900,   Nr. 1,   S. 6-8
                               8. Jg., 1907/8, Nr. 1,   S. 19-23
                              14. Jg., 1914,   Nr. 1/2, S. 36-39
                              23. Jg., 1923,   Nr. 1,   S. 23-26

---

1 Vgl. Quellenangabe zu Tabelle 14.
2 Ebenda

Eine ähnliche Entwicklung zeigt sich bezüglich des Ausländeranteils unter den Schülern. In den Jahrgängen 1900, 1907/8 und 1914 gab es nur 4 Ausländer (3 Schweizer, 1 Niederländer). Innerhalb des Jahrgangs 1923 mit 86 Schülern finden sich bereits 28 Ausländer (hauptsächlich aus der Türkei, Oesterreich, Schweiz, Mexiko, Schweden, Russland und Indien). (1)

2.2.3 Zulassungsbedingungen (2)

In die Schule wurden junge Männer im Alter von 17-26 Jahren aufgenommen. Es sollten nur "frische, wackere und wirklich kolonialfreundliche Leute" eintreten. (3)

Als Mindestmass der schulischen Vorbildung galt in der Regel der Besitz des Einjährigen-Zeugnisses. Ferner mussten die Bewerber eine praktische Lehre durchgemacht haben, d.h. mindestens 2 Jahre praktische Arbeit in der Landwirtschaft, in einer Gärtnerei oder in einem kaufmännischen Beruf.

Bewerber, die unmittelbar von der Schule kamen und über keine praktische Lehrzeit verfügten, konnten ein Jahr an der Schule als sogenannte "Praktikanten" verbringen, und diverse Tätigkeiten in der Landwirtschaft, Gärtnerei, in den Handwerken usw. ausüben.

Jeder Schüler hatte eine Probezeit durchzumachen, "um dadurch namentlich unsolide, wenig eifrige, verwöhnte, sowie körperlich zu wenig leistungsfähige und daher für die Kolonialwirtschaft ungeeignete Elemente möglichst rechtzeitig ausscheiden zu können". (4)

Diese Zulassungsbedingungen haben sich in den nachfolgenden Jahren nur in unwesentlichen Details verändert. (5)

---

1 Ebenda
2 Vgl. M. Schanz, a.a.O., S. 424ff.
3 Ebenda S. 424.
4 Ebenda S. 425.
5 Vgl. Deutsche Kolonialschule, Hochschule für In- und Auslandssiedlung-Lehrbetrieb, Witzenhausen 1920, S. 8.

2.2.4 Ausbildungsziele

Schon in der Denkschrift von 1897 wird von Fabarius "auf einen sehr wesentlichen Punkt hingewiesen, der neben der technischen Anleitung, der körperlichen und der humanen, sittlichen und religiösen Beeinflussung noch besonders ins Gewicht fällt, das ist die Uebung und Gewöhnung in Enthaltsamkeit und Spirituosen. ... Nur unter dem sittlich-religiösen Einfluss eines geordneten Anstalts-Lebens mit einer unablässigen Bewahrung vor Gelegenheit zum Trunk und täglichen, mehr oder minder freiwilligen Uebung in Alkohol-Enthaltsamkeit kann jungen Leuten die Entbehrlichkeit dieses Genusses dargethan werden, so dass es ihnen dann drüben leichter wird, das Opfer im Dienste ihrer hohen Aufgabe überzeugt und aus freien Stücken zu bringen". (1)

Bereits in dieser Schrift wird der starke Hang von Fabarius zur Disziplinierung und moralischen Zucht der Schüler deutlich.

In Annoncen aus dem Jahre 1908 wurden die Ziele der Deutschen Kolonialschule wie folgt beschrieben:
"Die Deutsche Kolonialschule bereitet praktische Wirtschafts- und Plantagenbeamte, Pflanzer, Landwirte, Viehzüchter sowie Wein- und Obstbauer für die deutschen Kolonien und überseeischen Ansiedlungsgebiete tüchtig und vielseitig vor, damit sie möglichst in allen Sätteln gerecht werden. Durch diese praktische und theoretische, körperliche und geistige, sittliche und nationale Schulung soll ihnen der Uebertritt und Weg zur Kolonialarbeit gebahnt und erleichtert sowie ein Teil der überseeischen Lehrzeit erspart werden." (2)

Ein Jahr später erfuhr dieser Werbetext eine leichte Aenderung, da sich die Deutsche Kolonialschule den Zusatztitel "Wirtschaftliche Hochschule für die Kolonien" zugelegt hatte. So hiess es:
"Die Deutsche Kolonialschule bereitet, gestützt auf einen vielseitig wirtschaftlichen und wissenschaftlichen Lehrbetrieb, praktische Wirtschafts- und Plantagenbeamte, Pflanzer, Landwirte, Viehzüchter sowie Wein- und Obstbauer für die deutschen Kolonien und überseeischen Ansiedlungsgebiete, tüchtig vor." (3)

Nach Schanz lag der Zweck der Schule darin, die Schüler
"möglichst vielseitig praktisch und theoretisch auf ihren zukünftigen überseeischen Beruf vorzubereiten und sie dabei in ihrem sittlichen und nationalen Charakter, in treuer Pflichterfüllung und ernster Lebensauffassung

---

1 Denkschrift Fabarius von 1897, S. 21f.
2 Annonce in "Jahrbuch über die deutschen Kolonien", 1908, 1. Jahrgang.
3 Annonce in "Jahrbuch für die deutschen Kolonien", 1909, 2. Jahrgang.

zu stärken. ... Das Ziel der Schule ist, die jungen Leute weniger auf die in Deutschland heute so übermässig beliebten sogenannten 'sicheren Lebensstellungen' mit festem Grundgehalt und Pension, schönem Titel und amtlich abgestempelter gesellschaftlicher Stellung hinzulenken, als ihre frische Jugendlust anzuspornen zu Tatendrang, Eigentüchtigkeit und Selbständigkeit, die auch nicht zurückschreckt vor harter Entbehrung und mühselig kümmerlichem Anfang draussen mit elendem Lager, magerer Kost und unsanftem Verkehr." (1)

Die Kolonialschule in Witzenhausen war also gekennzeichnet durch die Verbindung theoretischer und praktischer Ausbildung, wobei besonderer Wert auf Charakterschulung gelegt wurde.

2.2.5 Lehrplan

Bereits 1897 (2) war in den Plänen neben dem theoretischen Unterricht praktische Unterweisungen in den Handwerken, in Landwirtschaft und im Gartenbau vorgesehen. Diese Vorstellungen wurden voll in die Tat umgesetzt.

Der Lehrplan umfasste folgende Fächer (3):
1. Allgemeinbildende Fächer (Kolonialpolitik, Kulturgeographie, Völkerkunde, Volks- und Kolonialwirtschaft der deutschen Kolonien, Kolonialrecht, Religionsgeschichte, Kolonialgeschichte, Naturwissenschaften, Tropengesundheitslehre sowie Unterricht in fremden Sprachen)
2. Wirtschaftliche Fächer (tropische Landwirtschaft, überseeische Viehwirtschaft und Tierpflege, Forstwirtschaft, kaufmännische Fächer sowie praktische Uebung in Landwirtschaft, Gärtnerei, Forstwesen, Obst-, Wein- und Tabakbau, in Hühnerzucht, Seidenzucht, Bienenzucht und Fischerei)
3. Technische Fächer (Feldmessen, Kulturtechnik, Bau- und Maschinenkunde sowie praktische Uebungen in Handwerken: Schmiede, Tischlerei, Sattlerei, Stellmacherei, Maurerei, Zimmerei, Schuhmacherei und Bootsbau)
4. Leibesübungen (Turnen, Reiten, Rudern, Schwimmen, Fechten, Schiessen, Kegeln, Tennis, Wandern, Radfahren).

Das ganze Programm spielte sich in einem voll geplanten Tagesablauf ab, welcher im Sommer um 5.00 Uhr und im Winter um 6.00 Uhr morgens begann.

---

1 M. Schanz, a.a.O., S. 422.
2 Vgl. Denkschrift Fabarius von 1897, S. 22ff.
3 Vgl. zum folgenden M. Schanz, a.a.O., S. 428f sowie die Anlage VII

Der Unterricht wurde von 12 hauptamtlichen Lehrkräften, 7 auswärtigen Dozenten und Lehrern mit Lehrauftrag sowie 13 Lehrmeistern erteilt (1), von denen allerdings nur ein Teil über praktische Erfahrungen in Uebersee verfügte. (2) Während der praktischen Arbeit, die zeitweise ganze Tage, in der Regel aber die Nachmittage beanspruchte, wurden u. a. folgende Tätigkeiten durchgeführt: Feldbestellung, Düngerstreu, Heumachen, Getreideernten, Rübenhacken, Beschneiden und Pflege der Obstbäume, Weinbergsarbeit, Butter- und Käsebereitung, Melken, Stallreinigung. (3)

An dem o. g. Lehrplan, insbesondere dessen praktischer Ausrichtung, hat sich während des Bestehens der Schule nichts Wesentliches geändert. (4)

2.2.6 Die Witzenhäuser "Kolonialpädagogik"

Der Direktor der Schule verpflichtete jeden Neueintretenden durch Handschlag auf die diversen Ordnungen und Bestimmungen des Lehr- und Anstaltsplans. (5) Jede Tätigkeit wurde mit minuziöser Gründlichkeit erfasst und geregelt.
Gemäss der Hausordnung erwarte man von den Kolonialschülern, "dass sie in ihrem ganzen Verhalten, in Zucht und Wandel, durch Eifer und Treue es an den Tag legen, wie sie sich allzeit ihres zukünftigen Berufes, Vorkämpfer echter deutscher Tüchtigkeit und Kulturarbeit und Träger edler christlicher Gesittung zu sein, voll bewusst sind". (6)

Die Hausordnung sah aber auch vor, dass die Pflege von Zimmerpflanzen und Blumen an den Fenstern nur nach Vereinbarung mit dem Direktor erlaubt war (7), und dass Lichtverbrauch nach 23 Uhr nach vorheriger Abmachung mit der Verwaltung besonders zu bezahlen war. (8)

---

1 Vgl. M. Schanz, a. a. O., S. 433f. Im Jahre 1920 gab es 14 hauptamtliche Lehrkräfte, 6 auswärtige Dozenten und Lehrer mit Lehrauftrag sowie 14 Lehrmeister. Vgl. Deutsche Kolonialschule - Hochschule für In- und Auslandssiedlung, Lehrbetrieb 1920, S. 5f.
2 Vgl. M. Schanz, a. a. O., S. 429.
3 Vgl. M. Schanz, a. a. O., S. 430.
4 Vgl. R. Köster, Die Deutsche Kolonialschule, GmbH, Witzenhausen. Rückblick und Ausblick. Januar 1946, Ms., S. 8, Archiv Witzenhausen.
5 Vgl. Deutsche Kolonialschule - Kolonialhochschule, Lehr- und Anstaltsplan vom Juli 1929, S. 8.
6 Deutsche Kolonialschule Wilhelmshof, Hausordnung vom 19. Februar 1900, S. 1.
7 Ebenda S. 4.
8 Deutsche Kolonialschule - Kolonialhochschule, Lehr- und Anstaltsplan vom Juli 1929, S. 31.

In der Hausordnung von 1900 wurde auch vorausgesetzt, dass die Kolonialschüler einen regelmässigen Verkehr in Wirtshäusern vermeiden und geselligen Vereinen nicht beitreten.

Neben einer Prüfungsordnung und einer Büchereiordnung gab es noch eine Stubenordnung, eine Tischordnung, eine Disziplinarordnung und eine Ehrenordnung mit einer Ehrenzuchtkammer. (1) Der Besitz eines Fahrrades wurde als zweckdienlich erachtet, der eines Motorrades war dagegen unerwünscht. (2) In Feldflaschen durften nur alkoholfreie Getränke mitgeführt werden. Offiziell empfohlen wurde die Mitnahme von Tee oder Kaffee. (3)

Diese Regelungen wurden als notwendig erachtet, um ein möglichst störungsfreies Internatsleben zu ermöglichen. Schanz (4) vertritt die Meinung, dass ohne das Internatsleben der sehr umfangreiche Lehrplan und die Vielseitigkeit des ganzen Betriebes überhaupt nicht durchführbar seien.
"Ist das Internat also schon aus dienstlichen Gründen nötig, so treten dazu auch noch pädagogische und gesellige Gründe und die durch das Internat erleichterte Förderung der Charakterbildung durch einen gewissen, heilsamen Zwang.
Das gemeinsame Zusammenleben bietet den jungen Kameraden eine äusserst mannigfache Gelegenheit, der täglichen und stündlichen Anregung untereinander; die Gemeinsamkeit körperlicher und geistiger Arbeit, der täglichen Eindrücke und Interessen, der Bestrebungen, Zukunftspläne, Hoffnungen und Lebensideale zeigt als erstrebte Frucht ein festes Band edler Kameradschaft, dass die Glieder von Wilhelmshof umschlingt." (5)

Diese überaus starke Reglementierung und Disziplinierung fand naturgemäss nicht immer die Zustimmung der Kolonialschüler. Schanz berichtet hierüber:
"Leider wurzelt die Stärke der heutigen Jugend ja nicht gerade in ernster Lebensauffassung, und so gab es schon bald nach der Schuleröffnung, seit dem Jahre 1901, innerhalb der Schülerzahl zeitweise Gegenströmungen gegen den inneren guten Geist, wie gegen die äussere Ordnung, die ein schmerzliches, aber notwendiges Ausscheiden einiger Elemente notwendig machten. ... Besonders im Jahre 1909 hatten sich in tonangebenden Kreisen der Kolonialschüler ein unerfreulicher Drang nach grösserer studentischer Freiheit und Bestrebungen gegen die ursprünglichen Grundsätze und Ziele der Kolonialschule bemerkbar gemacht." (6)

---

1 Vgl. ebenda S. 33f.
2 Vgl. ebenda S. 11.
3 Deutsche Kolonialschule - Hochschule für In- und Auslandssiedlung, Lehrbetrieb, Witzenhausen 1920, S. 18.
4 M. Schanz, a.a.O., S. 446.
5 Ebenda
6 M. Schanz, a.a.O., S. 454.

Die Vorfälle des Jahres 1909 hatten ein Nachspiel im Reichstag. (1) Der Abgeordnete Scheidemann berichtete von Pressenachrichten, die besagten, dass an der Kolonialschule in Witzenhausen ein Schülerstreik ausgebrochen sei. Er berichtete auch, dass gegen die Kolonialschule der Vorwurf erhoben würde, die Art und Weise, wie dort gelehrt werde, sei wenig erfreulich. Es wäre keineswegs zu erwarten, dass die Schüler, die aus dieser Anstalt hervorgehen, später als Beamte in unseren Kolonien uns wesentliche Dienste leisten können.

Scheidemann berichtet auch über ein ausserordentlich drastisches Beispiel der Witzenhäuser "Kolonialpädagogik":
"Bezüglich der vielgerühmten Charakterbildung in Witzenhausen können wir eine Begebenheit nicht verschweigen, die uns unglaublich erscheinen würde, wenn sie uns nicht von verschiedenen Seiten bestätigt worden wäre. Als seinerzeit der Kaiser in einem Hofzuge durch Witzenhausen fuhr – wohlgemerkt, ohne anzuhalten – mussten sich sämtliche Schüler der Kolonialschule an den Bahndamm stellen und beim Vorbeibrausen des Zuges ein lautes 'Hurra' rufen.
Wir wissen nicht, ob der Zweck der Uebung erfüllt wurde, und der Kaiser dieses vielstimmige Hurra gehört hat. Ein solches Gebaren verdirbt sicher den Charakter der jungen Leute oder erzieht sie zum Byzantismus (sic!), der nicht genug bekämpft werden kann, weil er die schlimmsten Früchte bei uns zu zeitigen beginnt." (2)

In einem Brief an Dr. Arning vom 10. März 1909 nahm Fabarius zum Angriff von Scheidemann u. a. wie folgt Stellung:
"... In jedem Semester habe ich bei einem kleinen Teil, den ich schon seit Jahren wiederkehrend als die 'Vergnügungsklique' bezeichnen muss, die sich dann meist gleichzeitig durch Mangel an praktischer Arbeitsfreudigkeit und in theoretisch-wissenschaftlichem Streben kennzeichnen, zu kämpfen. Gerade auch bei dem sogenannten Schülerstreik lag im letzten Grunde diese Frage vor, denn schon seit dem Dezember, namentlich aber seit den Weihnachtsferien sah ich mich immer erneut genötigt, den Leuten hier mit ernsten Vorhaltungen, freundlichen Bitten, dringenden Mahnungen und schliesslich Drohungen klarzumachen, dass sie zum Vergnügen und zum oberflächlichen Zeitvertreiben nicht hier wären. ... Ich stehe auf dem Standpunkt, dass Schüler, und seien sie auch schon im studierenden Alter, zumal wenn sie in die schwierigen kolonialen Verhältnisse übergehen wollen, in erster Linie erst einmal arbeiten und sich fügen lernen müssen, dann erst, wenn sie das können, sind sie späterhin imstande, draussen etwas zu leisten und selbst als Herrenmenschen aufzutreten." (3)

---

1 Vgl. zum folgenden Protokoll der 218. Sitzung des Deutschen Reichstages am Mittwoch, den 3. März 1909, S. 7304f.
2 Ebenda
3 Brief von Fabarius an Dr. Arning vom 10. September 1909, Archiv Witzenhausen, Akte "Angriffe Scheidemann gegen die DKS 1909".

Die vielzitierte Charakterbildung zeigte nicht immer die erwarteten Resultate. In einer Aktennotiz teilt Fabarius folgendes mit:
"Mit wachsender Sorge beobachte ich und entnehme es den immer zahlreichen bei mir einlaufenden Klagen, dass sämtliche Jungen unseres Hofes stark in Gefahr sind, zu verwahrlosen und zu verrohen. Einer scheint durch den anderen dabei angesteckt zu werden. Statt in fröhlicher Jugendlust zu spielen oder sich doch nützlich zu betätigen in häuslichen und Schulpflichten, haben sie allerlei Raupen im Kopf; namentlich aber führen sie unglaublich rohe, gemeine Redensarten und hässliche Schimpfereien im Munde, schreiben niedrige, unzüchtige Dinge an Türen und Wände usw., und beweisen damit, wie mit üblen Gedanken ihre kindliche Gesinnung bereits vergiftet ist. Dazu lieben es die älteren unter ihnen, wie wiederholt durch Erwachsene beobachtet und festgestellt werden konnte, - die Jüngeren heimtückisch und feige zu Untaten und Schimpfereien zu veranlassen, selber aber die Miene des Unschuldigen zu wahren, und hinterher sich ins Fäustchen zu lachen." (1)

Winter (2) berichtet, dass im Jahre 1920 die Studierenden die Reform des Lehrbetriebes selbst in die Hand nahmen. "Sie stellten sich mit diesem eigenmächtigen Vorgehen in Widerspruch zu dem Direktor, Prof. Fabarius, der die Verhältnisse besser übersah, den aber schon die Eigenmächtigkeit, 'Ueberheblichkeit', das Ausbrechen der jungen Leute aus dem altbewährten Rahmen davon abhielt, das Vorgehen der Studentenschaft mit dem Gewicht seiner Persönlichkeit zu unterstützen." (3)

Auch mit seinen Angestellten hatte Fabarius Schwierigkeiten. In einer Aktennotiz, die er von seinen Angestellten unterschreiben liess, hielt er u. a. folgendes fest:
"Wir mussten in den letzten Jahren wiederholt die Beobachtung machen, dass verschiedene Angestellte während des Dienstes übermässig Alkohol genossen bzw. in einem Zustand in ihren Dienst kamen, der übermässigen Alkoholgenuss in der Freizeit vermuten liess. Um diesem Uebelstand entschieden entgegenzutreten, wird hiermit der Genuss von Alkohol in jeglicher Form während des ganzen Arbeitstages, auch während der Arbeitspausen, bei sofortiger Entlassung verboten." (4)

Trotz der geschilderten Probleme hinterliess die Witzenhäuser "Kolonialpädagogik" prägende Eindrücke auf Seiten der Absolventen. (5)

---

1 Aktennotiz von Fabarius vom 23. November 1917, Archiv Witzenhausen, Akte "Rundschreiben".
2 C. Winter, Aus meinem Leben. In: Der deutsche Tropenlandwirt, 64. Jg., 1963, S. 103.
3 Ebenda
4 Aktennotiz von Fabarius vom 13.1.1913. Archiv Witzenhausen, Akte ohne Aufschrift.
5 Vgl. die Ausführungen auf S. 120ff. sowie Anlage VIII.

2.2.7 Verbleib der Absolventen

Ziel der Deutschen Kolonialschule war es, interessierte Personen für eine Tätigkeit sowohl in den deutschen Kolonien als auch in anderen überseeischen Gebieten vorzubereiten. Ein Blick auf die Tabelle 15 zeigt, dass dieses Ziel weitgehend erreicht worden ist.

Tabelle 15   Verbleib der Absolventen der DKS

Zeitraum / Kontinent	Ausreiseziele ehemaliger Studierender			Ehemalige der DKS im Ausland (soweit erfasst)
	1899 - 1914		1919 - 1938	1954
Afrika	267		258	103
Amerika	141		222	113
- Nordamerika		48	35	21
- Mittelamerika		16	75	20
- Südamerika		77	112	72
Asien	19		106	7
Australien und Südsee	38		6	4
Europa	14		66	18
SUMME	479		658	245

Quelle: Deutsche Kolonialschule Witzenhausen (Hrg.), Festschrift zum 40jährigen Bestehen der Deutschen Kolonialschule Witzenhausen, 1898-1938, Witzenhausen 1938, S. 111f.
Brief Dr. Fischer vom 25. Nov. 1954 an den Herrn Bundesminister des Innern, Bonn/Rhein, Anlage 2: Ueberblick über die Verteilung der Absolventen der Anstalt über die Welt 1939 und 1954, Archiv Witzenhausen.

Obwohl die Schule keine Verpflichtung für die Beschaffung von Stellungen übernahm, liess sie doch ihre Beziehungen nach Uebersee zugunsten der Absolventen spielen. Auch der "Verband alter Herren der Deutschen Kolonialschule" war bei der Stellenvermittlung behilflich. (1)

---

1   Vgl. M. Schanz, a.a.O., S. 456. Deutsche Kolonialschule - Kolonialhochschule, Lehr- und Anstaltsplan, Juli 1929, S. 12f.

Viele Absolventen haben ihren Weg nach Uebersee aber auch ohne diese Hilfestellung gefunden.

Von den 475 (1) mit Zeugnis entlassenen Studierenden des Zeitraums 1899-1914 haben 465 (2) (98%) eine Tätigkeit in Uebersee aufgenommen. Eine ähnliche Entwicklung ergab sich für die Zeit 1919-1938. In diesem Zeitraum sind von 723 ehemaligen Studierenden (3) 592 (4) (82%) in Uebersee tätig geworden.

Im Jahre 1954 finden sich immer noch 227 Ehemalige in Uebersee. (5)

2.2.8 Beurteilungen und Zusammenfassung

Trotz wohlwollenden Entgegenkommens wichtiger Kreise standen zumindest einige Personen der Kolonialschule von Anfang an skeptisch gegenüber. Fabarius zitiert Wörmann, einen der bekanntesten Reeder, der den Gründungsplan mit den Worten verwarf: "Wir Ueberseer haben die Erfahrung gemacht, dass mindestens 50% der Hinausgesandten unbrauchbar sind, und daran werden Sie mit Ihrem Kolonialcollege auch nichts ändern!" (6)

Fabarius hielt dem entgegen, dass nach seinen Erfahrungen "dieser Hundertsatz sich auf kaum mehr als 10% herabsetzen liess bei den von uns ausgebildeten und auf ihre Eignung für den Beruf geprüften Ausgesandten". (7)

Fesca kommt zu folgender Gesamtbeurteilung der Schule:
"Man darf wohl behaupten, dass sich die Ausbildung, welche die angehenden kolonialen Landwirte auf der deutschen Kolonialschule erhalten,

---

1 Diese Zahl wurde geschätzt. Laut Schülerverzeichnis gab es bis Ende 1913 713 Schüler. Gemäss Schanz, a.a.O., S. 460, wurden durchschnittlich 2/3 der Schüler mit Zeugnis entlassen.
2 Vgl. Tabelle 15.
3 Vgl. Verzeichnis der mit dem Diplom der DKS abgegangenen Studierenden von Ostern 1920 bis Herbst 1938, Einzelblatt, Archiv Witzenhausen.
4 Vgl. Tabelle 15.
5 Diese relativ geringe Zahl erklärt sich aus zahlreichen Todesfällen, nicht zuletzt durch den 2. Weltkrieg sowie aus den Schwierigkeiten der statistischen Erfassung der Ehemaligen.
6 E.A. Fabarius, Aufgabe und Arbeit der Deutschen Kolonialschule nach dem "Vertrag" von Versailles. In: Koloniale Rundschau, Jg. 1925, Heft 1, S. 12.
7 Ebenda

bewährt hat; während ihres fast 10jährigen Bestehens kann die Schule mit Stolz auf eine nicht unbeträchtliche Zahl Pflanzer und Farmer in verschiedenen Kolonien blicken, die ihre Tüchtigkeit zweifellos erwiesen haben. Auch liefern die weiter gepflegten persönlichen Beziehungen den Beweis, dass wenigstens eine grosse Anzahl der aus Witzenhausen hervorgegangenen kolonialen Landwirte auch im späteren Leben anerkennt, dass die hier genossene Ausbildung eine nicht unzweckmässige war." (1)

Auch die Deutsche Exportrevue (2) charakterisiert die Kolonialschule Witzenhausen als eine Anstalt in der eine tüchtige allgemeine koloniale Ausbildung erworben werden kann.

Von französischer Seite kam folgende Beurteilung: "L'institut coloniale le plus complet!" und "L'école coloniale de Witzenhausen, excellent type d'école professionelle coloniale!" (3)

Aber in diversen Zeitungen und Zeitschriften finden sich auch kritische Stimmen. In der Debatte des Deutschen Reichstages vom 3. März 1908 zitiert der Abgeordnete Scheidemann kritische Stellungnahmen aus der "Norddeutschen Allgemeinen Zeitung", der "Südwestafrikanischen Zeitung" und der Zeitschrift "Die deutschen Kolonien". Er fasst diese Kritik wie folgt zusammen:

"...Es scheint mir sehr bedenklich, die Schüler in der Weise zu erziehen, wie ich das hier aufgrund der Darstellung kolonialfreundlicher Blätter vorgetragen habe: Zum Byzantinismus, zur Kriecherei nach oben, zum Terrorismus nach unten (4) - mindestens durch böse Beispiele. Meines

---

1 N. Fesca, Ueber die Ausbildung des kolonialen Landwirtes. In: Landwirtschaftliche Jahrbücher (Sonderdruck), Zeitschrift für wissenschaftliche Landwirtschaft und Archiv des Königlich Preussischen Landes - Oekonomie-Kollegiums, XXXVIII. Band 1909, Ergänzungsband V, S. 37.
2 Deutsche Export-Revue, 1908/9, Nr. 17, S. 5.
3 Zitiert nach E. A. Fabarius, Ausbildung für den Kolonialdienst. In: Jahrbuch über die deutschen Kolonien, II. Jg., 1909, S. 147.
4 Als Beispiel dafür, dass die Schüler zu einem gewissen Terrorismus gegenüber wirtschaftlich schwachen Leuten erzogen werden, nennt Scheidemann folgendes Beispiel: "Es wird nämlich der Kolonialschule der Vorwurf gemacht, dass sie bestrebt sei, den Handel mit bestimmten landwirtschaftlichen Produkten zu monopolisieren, kleine selbständige Existenzen in Witzenhausen zu vernichten, Existenzen, die auf den Milchhandel begründet sind. ... Sie hat es auch verstanden, alle in Betracht kommenden Leute, die imstande waren, Milch liefern zu können, unter einen gewissen Druck zu bringen, der sie veranlasste, nur oder vorzugsweise an die Kolonialschule zu liefern. ... Ich möchte nur darauf aufmerksam machen, dass die Verwaltung der Kolonialschule soweit gegangen ist, Geschäftsleuten in Witzenhausen erklären zu lassen,

Erachtens bedarf die Pädagogik an der Kolonialschule einer gründlichen Reparatur. ..." (1)

Waren gegenüber der praktizierten Kolonialpädagogik immerhin kritische Stimmen feststellbar, so galt dies bezüglich der Lehrinhalte nicht - wenigstens unter dem Direktorat von Fabarius (1899-1927). In einer Denkschrift weist Fabarius aber immerhin darauf hin, dass die Kolonialschule aus Sicht der Kritiker eine zu lange Ausbildungszeit erfordere und dass sie in ihrem Lehrplan eine Fülle von Unterrichtsgegenständen habe, die man sich schenken könne. (2)

Vehemente Kritik setzte unmittelbar nach seinem Tode im November 1927 ein. Bereits im Dezember bat der neue Direktor, Dr. Arning, die Lehrerschaft um Vorschläge zur Entwicklung der Kolonialschule, um eine Studienreform durchführen zu können.
Folgende Vorschläge gingen ein:
- Stärkere Betonung der praktischen Ausbildung (3)
- Verstärkte Orientierung der Vorlesungen und Uebungen an der Praxis. (4)
- Keine Vermehrung des Vorlesungsstoffes. Weglassen des Nebensächlichen. (5)
- Straffere Handhabung des Dienstbetriebes. (6)
- Weiterbildungsmöglichkeiten für die Lehrerschaft. (7)
- Bessere Werbung. (8)
- Einführung in die Literaturbenutzung. (9)

---

die Kolonialschule wird bei Euch Weihnachtseinkäufs usw. machen unter der Bedingung, dass Ihr Eure Milch nur noch von der Kolonialschule bezieht. "
Protokolle des Deutschen Reichstags, 218. Sitzung, Mittwoch, den 3. März 1909, S. 7305.
1 Ebenda
2 E. A. Fabarius, Denkschrift über den Charakter der Deutschen Kolonialschule. Witzenhausen 1908, Ms., S. X, zukünftig zitiert als Denkschrift Fabarius von 1908.
3 Vgl. Stellungnahme Schumacher, ohne Datum, Archiv Witzenhausen sowie die Stellungnahme von Schäle vom 2. Januar 1927, Archiv Witzenhausen. Hieran heisst es u. a. : "Ich habe es selbst in den Prüfungen zu oft beobachtet, dass manchmal nicht einmal die aller einfachsten Handhabungen z. B. in der Baumschule, Gärtnerei, auch Ackerwirtschaft fertiggebracht wurden. "
4 Ebenda
5 Vgl. die Stellungnahmen von Eppler vom 2. Januar 1928 und von Dr. Winter vom Dezember 1927, Archiv Witzenhausen.
6 Vgl. Stellungnahme von Schumacher, a. a. O.
7 Vgl. die Stellungnahmen von Schumacher und Schäle, a. a. O.
8 Vgl. die Stellungnahme von Schäle, a. a. O.
9 Vgl. die Stellungnahme Dr. Winter, a. a. O., in der er u. a. bemerkt, dass die grössere Zahl der Studierenden in der Benutzung der Literatur völlig hilflos sei.

Offenbar wurden die genannten Vorschläge in den folgenden Jahren nicht in die Tat umgesetzt, denn der neue Direktor Koch führte im Jahre 1934 u. a. folgendes aus:
"Ziel und Grundsätze unserer Arbeit haben heute noch dieselbe Bedeutung und Berechtigung wie bei der Gründung der Deutschen Kolonialschule. Fehler liegen aber vor in der Art und Weise der Ausbildung selbst. Die Ausbildung ist zu theoretisch und zu wissenschaftlich geworden; Lehrplan und Vorlesungen weisen ein Uebermass an Stoff auf. Ergebnis ist im allgemeinen viel Wissen ohne entsprechendes Verständnis und unbedingte Beherrschung des Stoffes.
Der Gesichtspunkt, dass Auswahl des Stoffes und Methode sich an dem Ziel der Ausbildung, der Ausbildung für einen wirtschaftlichen, nicht wissenschaftlichen Beruf, orientieren müsse, muss zur Geltung gebracht werden." (1)

Für Koch ergaben sich daraus u. a. folgende Grundsätze (2):
"- Die eigentlichen Vorlesungen müssen zurücktreten.
- Die Hauptarbeit ist den Seminaren und Uebungen zuzuweisen. Nur auf diese Weise kann das Ziel: Verständnis und Beherrschung des Stoffes erreicht werden. ... (Nur mit Hilfe dieser Seminararbeit kann der jetzt bestehende Zustand beseitigt werden, nämlich dass sich während des grössten Teils des Semesters die Arbeit der Studierenden in dem mehr oder weniger regelmässigen Absitzen der Vorlesungen erschöpft und nur die letzten Wochen vor den Prüfungen angestrengt der Arbeit, nämlich der Einprägung des Vorlesungsstoffes - dienen.) ...
- Es muss darauf gehalten werden, dass es sich bei den praktischen Uebungen nicht um Demonstrationen oder Beschäftigung handelt, sondern dass auch Arbeitsleistungen herauskommen, so dass die Studierenden gewöhnt werden, wirklich zu arbeiten und Blick für Arbeitsmass und Arbeitsleistung erhalten. ...
- Erziehung zu unbedingter Disziplin und der Selbstbeherrschung."

Ein kritischer Punkt war die Qualität der Lehrer. Da Fabarius dieses Problem selbst in einem Brief anspricht, dürfte seinem Urteil besonderes Gewicht beizumessen sein. In einem vertraulichen Brief an ein Mitglied des Kuratoriums der Schule schreibt er u. a.:

"Unser Lehrkörper leidet ja ohnehin an dem Mangel, dass er kein 'Körper' ist, kein einheitlich geschlossenes Ganzes, weil viel zu sehr ein 'Konglomerat heterogener Elemente', um diesen wunderlichen Ausspruch eines Lehrers zu gebrauchen. Infolge dessen liegt die ganze pädagogische und namentlich die innerliche Seite der hiesigen Pädagogik fast einseitig auf mir. Das hat ja seine Vorzüge, namentlich so lange wir noch ein werdendes

---

1 E. Koch, Grundsätzliches über den Lehrbetrieb der Deutschen Kolonialschule, Witzenhausen 1934, Ms., Archiv Witzenhausen, S. 1.
2 Ebenda S. 1f.

Werk sind, aber doch auch sehr seine Nachteile sowohl im Hinblick auf meine eigene Schwachheit und unvollkommenen Beanlagung als auch auf die verschiedenen Naturen und Bedürfnisse im Schülerkreis." (1)

Einzelne Lehrer versieht er mit Prädikaten wie "hat aber auch nicht Begabung und Bildung für speziell pädagogische Aufgaben", "fehlt doch die entsprechende äussere und innere Bildung", "... ist zu zurückhaltend, befangen, geht zu wenig aus sich heraus, als dass er trotz nötigem Urteils und Fähigkeit zu pädagogischem Einfluss, sich als führende und leitende Kraft unter den Schülern bemerkbar machen könnte, ..." (2)

Oft diskutiert wurde der Charakter der Deutschen Kolonialschule. (3) Bereits bei der Gründung der Kolonialschule bestand die Absicht, ihr die Form einer Hochschule zu geben.

Bei der Namensgebung wurde daher ernstlich erörtert, ob man das Unternehmen nicht als "Kolonialhochschule" bezeichnen solle. (4) "Lediglich der Gesichtspunkt, dass man für ein so völlig neues Unternehmen, das mit den grössten Anfangsschwierigkeiten und namentlich allseitigem Misstrauen und geringstem Wohlwollen zu kämpfen hatte, zunächst als unzweckmässig erachtete, einen allzu anspruchsvollen Anschein zu erwecken, liess uns auf diese Absicht Verzicht leisten. So blieb es bei dem nach langen Suchen zuerst festgestellten Namen 'Deutsche Kolonialschule'." (5)
Trotzdem blieb der geheime Wunsch nach einer "Hochschule" bestehen, der insbesondere dann wieder zum Vorschein kam, wenn die Schule als "bessere Handwerkerschule" oder "koloniale Ackerbauschule" bezeichnet wurde. (6) Fabarius litt darunter, dass die praktische Ausrichtung der Schule als Beweis dafür angesehen wurde, "dass man es bei der Kolonialschule eben mit einer minderen Bildungsanstalt für Farmer und einfache Leute" zu tun hatte. (7)

Aus diesem Minderwertigkeitskomplex heraus, hielt es Fabarius der Erwägung wert, "ob man nicht zur Wahrung der Stellung der Deutschen Kolonialschule in ihren eigenartigen Aufgaben ihr den schon früher erwogenen Namen 'Kolonial-Hochschule' geben solle." (8)
Nachdem sich Fabarius über das Für und Wider einer solchen Namensänderung ausgelassen hatte, empfahl er am Ende der Denkschrift, der Kolonial-

---

1 Brief von Fabarius an den Generalsuperintendent Umbeck, vom 7. November 1904, Archiv Witzenhausen.
2 Ebenda
3 Vgl. zum folgenden E. A. Fabarius, Denkschrift von 1908.
4 Ebenda S. II.
5 Ebenda
6 Ebenda S. VI.
7 Ebenda S. VII.
8 Ebenda S. XI.

schule folgenden Zunamen zu geben: "Wirtschaftliche Hochschule für die Kolonien". (1)
Dieser Vorschlag von Fabarius wurde verwirklicht. (2)

Eine Beurteilung der Deutschen Kolonialschule ist aber noch aus einer anderen Perspektive, der der Absolventen, möglich. Noch heute leben ca. 200 Absolventen der Kolonialschule, von denen der grösste Teil im "Verband der Tropenlandwirte aus Witzenhausen e. V." organisiert ist. Mit Hilfe des Verbandes konnte im November 1978 eine Umfrage unter den Absolventen der Jahre 1900-1940 durchgeführt werden. 200 Fragebogen wurden versandt, 89 verwertbare Fragebogen kamen zurück.

Die Absolventen verteilen sich auf die folgenden Abgangsjahrgänge:

1900-1914	2
1915-1927	18
1928-1940	69
	89

20 Absolventen haben den Schulgründer Fabarius noch gekannt.

Der Kontakt zwischen Schülern und Lehrern wurde von 80 Absolventen als sehr gut bis gut beurteilt. Hiervon schlossen 3 den von den Nationalsozialisten protegierten Direktor Koch und 2 die älteren Lehrer aus. 7 Absolventen beurteilten den Kontakt mit Prädikaten wie distanziert, respektvoll, kontaktarm und genügend bis mangelhaft. Ein Absolvent konnte sich nicht erinnern, ein Absolvent gab keine Antwort.

Auf die Frage: An welche Einzelheiten können Sie sich noch bezüglich der Person des Direktors der Deutschen Kolonialschule, Herrn Prof. Fabarius, erinnern? gingen folgende Antworten ein, die zeigen, dass die Witzenhäuser "Kolonialpädagogik" deutliche Spuren hinterlassen hat.(3) Sie liefern auch ergänzende Hinweise zur Persönlichkeit von Fabarius.
- Da Prof. Fabarius früher einmal "Kadettenpfarrer" war, hatte er ein ganz besonders gutes Verhältnis zur ihm anvertrauten Jugend, und war dabei sehr national bzw. patriotische ausgerichtet. "Streng, aber gerecht" war seine Devise, analog dem ehemaligen preussischen Kadettencorps.
- War Mittelpunkt der DKS, von allen anerkannt, sorgte vor allem für Zucht und Ordnung.
- Ein wahrer Vater der Studierenden.
- Er trat vor allem sehr für Zucht und Ordnung ein.

---

1 Ebenda S. XIII.
2 Vgl. z.B. die Annonce in "Jahrbuch über die deutschen Kolonien", II. Jg. (1909).
3 Siehe hierzu auch Anlage VIII.

- Herr Prof. Fabarius war ein strenger, gerechter Lehrer der Anstalt. Die Charaktereigenschaften seiner einzelnen Schüler kannte er genau. Beim Abgangszeugnis wurde darauf hingewiesen.
- Hinter seiner manchmal etwas militärisch wirkenden Strenge verbarg sich ein goldenes Herz. Jeder seiner Studenten war ihm an's Herz gewachsen.
- Strikt, gerecht, verstand auch Spass, zu religiös; sehr arbeitsam.
- Energische Persönlichkeit.
- Sein korrektes Verhalten, die Beurteilung des Charakters der Schüler.
- Guter Dozent und guter Erzieher.
- Hervorragender Pädagoge, wirkte als Vorbild zur Charakterbildung, klares Verständnis für gute Vorbildung und Ausbildung der Studierenden in kolonialer Landwirtschaft, in Handwerken, besass Einführungsvermögen in die Welt der kolonialen Völker.
- Dafür würde der Platz nicht ausreichen.
- Ich habe Prof. Fabarius in guter Erinnerung. Er war der Vater der DKS und ein guter Lehrer in Völkerkunde.
- Auf der Rückreise vom Deutschen Studententag in Innsbruck 1924 wollte ich mir die DKS ansehen und traf dort als ersten Prof. Fabarius, ohne zu wissen, wen ich vor mir hatte. Er hat mich mit seinen Ansichten über Sinn und Aufgabe der DKS so beeindruckt, dass ich meine Eltern um die Ausbildung dort und meinen Beruf als Tropenwirt bat. Sie waren damit einverstanden.
- Einer seiner markanten Aussprüche war: "Meine Herren, verkaffern und verbauern Sie nicht."
- Im Nachhinein würde ich Fabarius als einen Lehrer beurteilen, der starkes psychologisches Geschick im Umgang mit seinen Schülern besass; dieses war gepaart mit einem starken Durchsetzungsvermögen. Seine einstigen Schüler sprechen auch nach 50 Jahren voller Hochachtung von "meinem Lehrer".
- Fabarius suchte uns das Rückgrat zu steifen in religiöser und moralischer Hinsicht, was besonders für eine Bewährung im heissen Klima, auf sich alleingestellt, von besonderer Bedeutung war. Das hat sich in der Praxis immer wieder erwiesen: Menschen, die innerlich nicht gefestigt waren, gingen vor die Hunde. Es hat da klägliche Beispiele gegeben. Manche ergaben sich dem Suff und endeten mit dem Tropenkoller. Prof. Fabarius war eine liebenswerte Persönlichkeit, wenn auch etwas autokratisch. Jedenfalls verdanken wir ihm viel und haben ihn in dankbarer Erinnerung.

Interessanterweise finden sich aber auch drei eher negative Feststellungen:
- Ein strenger, ehrsamer Mann, nicht sehr beliebt.
- Autokrat, deutschnational!, orthodoxer Pfarrer. Landwirt war er leider nicht.
- Cholerisch, zu selbstbewusst, ohne Kontakt zu den Studierenden. (1)

---

1 Dieser Absolvent teilte in einem längeren Brief zum Fragebogen noch folgendes ergänzend mit: "Nur sehr wenige erreichten aufgrund des hie-

Zwei Absolventen haben zwar Fabarius persönlich nicht mehr gekannt, berichten aber, dass sie an seinem Grab Totenwache gehalten haben.
Drei weitere Absolventen, die Fabarius ebenfalls nicht mehr gekannt hatten, teilten folgendes mit:
- Die von ihm vorgegebenen Grundsätze: Leistung, Fairness und Verständnis für — vor allem — die Völker Afrikas sowie Weltoffenheit bestimmten noch zu meiner Zeit den Geist der DKS.
- Im Hof stand seine Büste und in ihr haben wir ihn still verehrt.
- Zu meiner Zeit war er schon verstorben; es wurde aber viel von ihm gesprochen. Er galt als starke und eigenwillige Persönlichkeit. Ich glaube, wir würden heute sagen: Vaterfigur. Es gab auch einen Fabariustag mit Kranzniederlegungen.

Die Antworten auf die Frage "Wie beurteilen Sie das Lehrprogramm der DKS?" vermittelt die Tabelle 16.

Interessant ist, dass das Lehrprogramm von immerhin 25 (28%) Absolventen recht kritisch beurteilt wird, wobei sich der grösste Teil der Kritiker (88%) aus den 22 Absolventen mit Uebersee-Erfahrung zusammensetzt. Daraus wird ersichtlich, dass das Lehrprogramm in bezug auf die berufliche Praxis in den Tropen und Subtropen manche Wünsche offenliess.

Von den 89 befragten Absolventen waren 68 (ca. 76%) in Uebersee tätig. Die Dauer der Auslandstätigkeit dieser 68 Absolventen verteilte sich wie folgt:

1 - 5 Jahre	21 (31%)
6 - 10 Jahre	12 (18%)
11 - 20 Jahre	11 (16%)
mehr als 20 Jahre	24 (35%)
	68 (100%)

Für die meisten der befragten Absolventen war die Ueberseetätigkeit nicht ein kurzes Zwischenspiel, sondern eine Aufgabe, die lange Perioden ihres Lebens bzw. ihr ganzes Leben beanspruchte.

---

sigen Diploms Anstellungen im tropischen und subtropischen Ausland, die einigermassen den Zielsetzungen und den Kosten des hiesigen Studiums entsprachen. ... Prof. Fabarius, der einmal eine Studienreise nach Südwest gemacht hatte, verkündete z. B. u. a. den hehren Spruch Südwest betreffend: 'Der Vater arbeitet sich tot, der Sohn leidet Not und der Enkel hat das Brot'. Da er ehemals Divisionspfarrer gewesen war, natürlich mit dem nötigen vaterländischen Timbre ... Nun, das sind keine Maximen, mit denen man einen vernünftigen Menschen in den Sand locken konnte. Trotzdem gingen viele nach dort und anderen ehemaligen deutschen Kolonien: Schlecht, schlechter und am schlechtesten bezahlt!"

Tabelle 16 Beurteilung des Lehrprogramms der DKS durch die Absolventen

Beurteilung	Absolventen ohne Ueberseepraxis (1)		Absolventen mit Ueberseepraxis (2)		Summe 1+2	
	abs.	in %	abs.	in %	abs.	in %
sehr gut, gut (ohne Kommentar)	5	24	12	18	17	19
für damalige Verhältnisse gut	2	9.5	8	12	10	11
vielseitig und praxisbezogen	10	47.5	19	28	29	32
zu vielseitig, zu theoretisch, zu kurz	3	14	14	20	17	19
fachliche Mängel	-	-	8	12	8	9
andere Beurteilungen	1	5	4	6	5	6
Summe der Antworten	21	100	65	96	86	97
keine Antwort	-	-	3	4	3	3
Summe ausgewerteter Fragebogen	21	100	68	100	89	100

Abschliessend kann die Deutsche Kolonialschule wie folgt charakterisiert werden:
Der Unterricht verwirklichte eine zur damaligen Zeit neue Kombination von theoretischer und praktischer Unterweisung. Das Lehrprogramm blieb zu Lebzeiten von Fabarius nahezu konstant. Erst nach 1927 setzten von seiten der Lehrerschaft Bemühungen zu einer Studienreform ein.
Die Schule erreichte, wie von Anfang an vorgesehen, die auserlesenen Söhne aus den tüchtigsten Kreisen des deutschen Volkes. (1)
Fabarius gelang es durch starke Disziplinierung der Schüler sowie deren handfeste Mitarbeit, so etwas wie eine Witzenhäuser "Kolonialpädagogik" zu entwickeln, die aber sowohl in der Oeffentlichkeit als auch in der Schülerschaft nicht unwidersprochen blieb. Wohl nicht zu Unrecht vergleicht Schanz (2) die Kolonialschule mit einer Kriegsschule. Diese Ausbildungsideologie hatte zur Folge, dass keine unbrauchbaren und überstudierten "Kulturpioniere in Lackstiefeln" (3) herangebildet wurden, sondern praktische Berufsleute. Sie erlaubte es nicht, "dass die Schüler als eine Art

---

1 M. Schanz, a. a. O., S. 422.
2 Ebenda S. 445.
3 Ebenda S. 430.

'Salonvolontäre' neben der praktischen Arbeit herlaufen und vom Standpunkt des Herrenmenschen auf die dienenden Arbeiter herabsehen mit einer für die Kolonien gar nicht passenden 'Patentheit'." (1)
Der grösste Teil der Absolventen ging nach Uebersee, entweder um für eine deutsche oder ausländische Plantagengesellschaft als Gehilfe, Assistent oder Leiter zu arbeiten, oder um sich als Pflanzer selbständig zu machen.

Wenn man die vorgenannten Fakten zur Kenntnis nimmt und ferner berücksichtigt, dass das Unternehmen Witzenhausen im wesentlichen nur von einer Person, der des Direktors Fabarius, geprägt wurde, der weder Landwirt noch Pädagoge war und über keine nennenswerten praktischen Erfahrungen in den Kolonien verfügte (2) und wenn man weiter die permanenten finanziellen Probleme miteinbezieht (3), so wird man der Deutschen Kolonialschule eine gewisse Anerkennung nicht versagen können, zumal sie auch aus neuerer historischer Sicht eine positive Beurteilung erfährt. Spidle fasst seine Meinung wie folgt zusammen:
"In many respects it was the most successful of all the institutions involved in the communication of colonial knowledge in Germany. (4)... the Deutsche Kolonialschule reflected the consiousness felt about the inadequacy of the personnel sent out to the colonies and the determination to improve their quality and general competence by scientific preparation." (5)

Zusammenfassend ergibt sich entsprechend den eingangs vorgegebenen Kriterien (6) für die Deutsche Kolonialschule folgendes Profil:

---

1 Ebenda
2 Eine Reise nach Südwest-Afrika im Frühjahr 1910 musste Fabarius aus gesundheitlichen Gründen vorzeitig abbrechen. Interview des Verfassers mit Frau Winter am 22. Juli 1978 in Witzenhausen.
3 Vgl. M. Schanz, a. a. O., S. 462f. Ferner C. Winter, Aus meinem Leben. In: Der deutsche Tropenlandwirt, 64. Jg., 1963, S. 103. "Ueber die wirtschaftlichen Verhältnisse, wie ich sie vorfand, habe ich wirklich den Kopf geschüttelt - man wirtschaftete mit Gottvertrauen wo das Geld fehlte."
4 W. Spidle, a. a. O., S. 329.
5 Ebenda S. 336.
6 Vgl. die Ausführungen auf S. 8f.

ABB. 3: AUSBILDUNGSPROFIL DER DEUTSCHEN KOLONIALSCHULE IN WITZENHAUSEN
(zwischen 1900 und 1910)

KRITERIEN	BEWERTUNG	+ 2	+ 1	- 1	- 2	BEWERTUNG
ZIELFORMULIERUNG	klar			○		verschwommen
ERZIEHUNGSSTIL	sozial-integrativ				○	autokratisch
VERMITTELTES EXPERTENBILD	partnerschaftlich				○	patriarchalisch
UNTERRICHTSFORM	gruppenorientiert				○	lehrerzentriert
PRAXISORIENTIERUNG	stark	○				schwach
MITGESTALTUNG DURCH ADRESSATEN	ausgeprägt				○	nicht vorhanden
PSYCHOL. PROBLEME D. ZUSAMMENARBEIT	mitberücksichtigt				○	unberücksichtigt
WIRKUNG ALS SOZIALISATIONSINSTANZ	gering				○	hoch
% DER IN UEBERSEE TAETIGEN ABSOLV.	100 %	○				0 %

2.3 Die Ausbildung von Kolonialbeamten, Kaufleuten usw. – Das Beispiel des Hamburgischen Kolonialinstituts

2.3.1 Die Entstehungsgeschichte

Die Entstehung des Kolonialinstituts wird besser verstehbar, wenn kurz auf einige spezielle Gegebenheiten des hamburgischen Bildungswesens hingewiesen wird.

Hamburg besass seit der zweiten Hälfte des 18. Jahrhunderts ein sogenanntes "allgemeines Vorlesungswesen". (1) Professor Büsch hielt zuerst 1764 öffentliche Vorträge über "das Gemeinnützige aus der Mathematik". Kollegen folgten seinem Beispiel, und durch ein Gesetz vom 21. Juni 1837 wurde ausdrücklich die Abhaltung öffentlicher Vorträge angeordnet. Ein weiteres Gesetz von 1883 sah vor, dass die Direktoren der wissenschaftlichen Anstalten öffentliche und nicht-öffentliche Vorträge halten sollten. Gleichzeitig wurde die Oberschulbehörde ermächtigt, auch noch andere öffentliche und nicht-öffentliche Vorlesungen auf dem Gebiet der Geschichte, der Philosophie, der Literatur, der Sprachwissenschaft, der Kunstgeschichte, der Nationaloekonomie und anderer Wissenschaften zu organisieren. Auf dieser gesetzlichen Grundlage wurde das fast alle Wissensgebiete umfassende Vorlesungswesen allmählich entwickelt und immer weiter ausgestaltet. So konnte von diesem Vorlesungswesen in einem Bericht gesagt werden, es sei eine den lokalen Bedürfnissen Hamburgs angepasste höhere Bildungsstätte für Erwachsene, die mehr und mehr einen Hauptfaktor im geistigen Leben der Stadt bilde und wohl eine Hochschule im weiteren, allgemeineren Sinne genannt werden dürfe. (2)
Die zunehmende Zahl der Veranstaltungen führte ab 1906 zur Schaffung von ständigen Professuren, die mit der Errichtung von Seminarien verbunden waren.

Eine fundierte geistige Grundlage für die Gründung eines Kolonialinstituts war somit gegeben. Doch ausschlaggebend für seine Errichtung blieben politische Entscheidungen, die im folgenden kurz nachgezeichnet werden sollen.

---

1 Vgl. zum folgenden Drucksache für die Senatssitzung No. 420, verteilt am 30. Dezember 1911, streng geheim, Mitteilung des Senats an die Bürgerschaft, Antrag betreffend Ausbau des Kolonialinstituts und des allgemeinen Vorlesungswesens zu einer Universität. Im folgenden zitiert als streng geheime Drucksache für die Senatssitzung Nr. 420, 1911.
2 Verhandlungen zwischen Senat und Bürgerschaft, 1899, S. 437, zitiert in: Streng geheime Drucksache für die Senatssitzung No. 420, 1911, S. 39.

Die Mängel der Kolonialverwaltung wie Bürokratismus, Assessorismus und Ausschreitungen gegen Eingeborene (1) traten seit langem zutage und waren auch Dernburg, Staatssekretär des Reichskolonialamtes von 1906-1910, sofort bewusst. Für ihn waren diese Mängel eine Folge der ungenügenden Ausbildung der Kolonialbeamten. So verwundert es nicht, dass er die Schaffung eines Kolonialinstituts erwog. (2) Diese Erwägungen wurden umgehend konkretisiert, legte doch einer seiner Mitarbeiter, von Halle, eine Denkschrift unter dem Titel: "Vorläufiger Plan für die Errichtung eines Kolonialinstituts zu Berlin" vor. (3) Auf Seiten der Reichsverwaltung gab es also eine klare Vorstellung hinsichtlich eines Kolonialinstituts. Aber es war die Stadt Hamburg, die den entscheidenden Anstoss zur Verwirklichung dieser Idee gab. Senator von Melle, Chef der Oberschulbehörde, verfolgte schon seit Jahren den Plan der Gründung einer Universität. (4) Die Grundlagen hierfür waren durch den Ausbau des allgemeinen Vorlesungswesens und die Gründung der wissenschaftlichen Stiftung im Frühjahr 1907 gelegt worden.

In eben dieser Zeit (16.4.1907) beriet der Haushaltsausschuss des Reichstages den Kolonialetat. In dieser Debatte wurde auch der Vorschlag eingebracht, einen Lehrstuhl für koloniale Fragen zu errichten. Der hannoveraner Abgeordnete J. Semmler, gebürtiger Hamburger und Schwiegersohn des Hamburger Bürgermeisters Mönckeberg, empfahl dagegen die Errichtung eines Kolonialinstituts. Er schlug Hamburg als Standort vor, da sich dort das vom Reich unterstützte Institut für Schiffs- und Tropenkrankheiten befände und zum anderen dort auch genügend finanzielle Mittel dafür bereitlägen. (5)

In Hamburg reagierte man schnell. Professor Thilenius, Direktor des Museums für Völkerkunde, schrieb in einem Brief vom 23.4.1907 an Senator von Melle, dass die im Reichstag gegebene Anregung eine Befolgung verdiene. Weiter heisst es:

"Es handelt wesentlich darum, rasch einen Anfang zu machen, damit das Projekt uns in Hamburg nicht entgeht. ... Einstweilen scheint es uns möglich, ohne Kosten und lediglich durch organisatorische Schritte, welche mit einer Namengebung verbunden werden müssten, praktisch alles zu leisten, was gewünscht werden kann. Wichtig für die Lebensfähigkeit des angeregten 'Instituts' würden jedoch unter allen Umständen die Berechtigungsfrage sein. Der späteren Universität würde es nicht hinderlich sein

---

1 Siehe S. 25ff.
2 Vgl. B. Dernburg, Koloniale Lehrjahre, Stuttgart 1906, S. 16.
3 Vgl. S. 30f.
4 Vgl. J. Bolland, Gründung der Hamburgischen Universität. In: Universität Hamburg, 1919-1969, Hamburg 1969, S. 17-105.
5 Vgl. Tägliche Rundschau, 17.4.1907, S. 3. Siehe auch W. von Melle, 30 Jahre Hamburger Wissenschaft 1891-1921. Hamburg 1923/24.

können, da dann lediglich doppelte Lehraufträge zu erteilen wären, wie dies jetzt bereits für Universitäten und Technische Hochschulen geschieht. Umgekehrt kann das 'Institut' als Keim der Universität hingestellt werden, je nachdem es die Fragen der Opportunität fordern und verwehren." (1)

In einem weiteren Brief an von Melle vom 24.4.1907 (2) schlug Thilenius einen Besuch Dernburgs in Hamburg vor, der am besten der Handelskammer zugewiesen würde. Er müsse jedoch so bald als möglich erfolgen. Auf eine gute Verbindung zur Presse wird in diesem Brief ebenfalls hingewiesen:
"Die spezifisch hamburgischen Beziehungen des 'Instituts' bringt ein morgen oder übermorgen im Korrespondenten erscheinender Artikel zum Ausdruck: Ehrenpflicht gegenüber Deutschland, Spezialausbildung hamburgischer Kaufleute, Berücksichtigung aller europäischen Kolonien und nicht nur der deutschen."

Am Schluss dieses Briefes wird nochmals auf die Vehikelfunktion des Kolonialinstituts in Bezug auf das langerwünschte Fernziel Universität hingewiesen:
"Was endlich die Universität betrifft, so ist das 'Institut' durchaus ein erheblicher Fortschritt nach dieser Richtung hin. Wie in Berlin das Orientalische Seminar an die Universität angegliedert werden konnte, so wird in Hamburg umgekehrt das 'Institut' den Kern bilden müssen, an welchem weitere Gebiete angeschlossen werden. Es kann sogar ein ganz erwünschtes Zwischenstadium bilden bis die Kontroverse Universität Handelshochschule weiter geklärt oder endgültig erledigt ist. Während zunächst das 'Institut' als Nebenkörper des Vorlesungswesens angesehen werden kann, wird die spätere Entwicklung es für eine Weile in den Vordergrund schieben bis es zuletzt wieder zum Nebenkörper der Universität wird."

Auf Seiten des Reiches verlief die Entwicklung folgendermassen: In der Reichstagsdebatte vom 4. Mai 1907 (3) setzte sich Dernburg für die Errichtung eines Kolonialinstituts ein. Er berichtete, dass er bereits in Kontakt mit hamburgischen Stellen sei, die Interesse an einer Zusammenarbeit gezeigt hätten; er gedenke diese Kontakte fortzusetzen. Am Vortag, den 3. Mai 1907, hatte Dernburg einen Brief an Senator von Melle geschrieben, in dem es u.a. hiess:
"Schon seit längerer Zeit habe ich mich mit dem Gedanken der Schaffung einer Kolonial-Akademie getragen. Als ich dies in der Budgetkommission des Reichstags erklärte, hat der Abgeordnete Dr. Semmler erwähnt, dass Hamburg bereits über erhebliche Mittel verfüge, deren Zweckbestimmung in einer ähnlichen Richtung liege. Ich würde ihnen deshalb dankbar sein, wenn sie mir gütigst Gelegenheit zu einer Besprechung der Frage geben

---

1 Staatsarchiv Hamburg, Akte Kolonialinstitut A I 1.
2 Ebenda
3 Vgl. zum folgenden: Stenografische Berichte des Deutschen Reichstags, Band 228, 4. Mai 1907, S. 1394-1407.

wollten. Auf vorherige Ankündigung ihres Besuches stehe ich ihnen jederzeit zur Verfügung, bin aber auch ebensogerne bereit, nach Schluss der Etatsberatung zu ihnen nach Hamburg zu kommen." (1)

Die erwünschte Besprechung fand am 10.5.1907 in Berlin statt. Von seiten Hamburgs nahm Professor Thilenius teil. In seinem Bericht führte er u. a. folgendes aus:
"Exzellenz Dernburg leitete die Konferenz mit dem Hinweis darauf ein, dass er schon längst zwei Wünsche habe: I. die Zusammenfassung der durch ganz Deutschland zersplitterten kolonialen Erfahrung, II. die Schaffung einer Zentralstelle für alle in die Kolonien hinausgehenden oder mit den Kolonien arbeitenden Gelehrten, Kaufleute, Forschungsreisenden usw. Diesen Zwecken sollte eine Kolonial-Akademie oder, wie es wohl besser genannt wird, ein 'Kolonial-Institut' dienen. ... Die Konferenz hatte ein durchaus positives Ergebnis, insofern die Bereitwilligkeit Hamburgs, das 'Kolonialinstitut' aufzunehmen festgestellt, die Wünsche des Kolonial-Amtes klargelegt und der Besuch des Kolonialsekretärs in Hamburg zwecks Besichtigung der vorhandenen Institute erreicht wurde." (2)

Der in Aussicht genommene Besuch Dernburgs fand am 6. und 7. Juni 1907 statt. Anlässlich eines ihm zu Ehren gegebenen Essens hob Dernburg hervor, dass ihn das im Laufe des Tages Gesehene und Gehörte in seinem Wunsch, das Kolonialinstitut in Hamburg erstehen zu lassen, noch erheblich bestärkt habe. (3)

Mögliche vorhandene Zweifel beseitigte ein Schreiben Dernburgs an den Hamburger Senat vom 12.10.1907, in welchem er seine verschiedenen mündlichen Aeusserungen zusammenfasste:

"Hamburg erscheint als Grosshafen und Haupthandelsplatz, in welchem ein grosser Teil des deutschen überseeischen Handels und Verkehrs sich konzentrieren, ganz besonders berufen die Stätte für ein koloniales Zentralinstitut zu bilden. Die Besichtigung der dortigen Institute bei meiner Anwesenheit in Hamburg hat den Eindruck in mir bestärkt, dass Hamburg insbesondere der geeignete Platz für die Vorbildung von Privatpersonen wie Beamten für eine Tätigkeit in den Kolonien ist. ...
Bei der Einrichtung eines Kolonialinstituts würde es sich nach meiner Auffassung hauptsächlich um zweierlei handeln müssen:
1. Die Ausbildung von Kaufleuten, Pflanzern, Beamten und sonstigen Personen, welche in die deutschen Schutzgebiete zu gehen beabsichtigen;

---

1 Staatsarchiv Hamburg, Hamburgisches Kolonialinstitut, Akte Cl. VII Lit. He Nr. 1 Vol. 63 Fasc. 2.
2 Staatsarchiv Hamburg, Hamburgisches Kolonialinstitut, Akte Cl. VII Lit. He Nr. 1 Vol. 63 Fasc. 9.
3 Vgl. von Melle, a. a. O., S. 464.

2. Die Schaffung einer Zentralstelle, in welcher sich alle wissenschaftlichen und wirtschaftlichen kolonialen Bestrebungen konzentrieren."(1)

Die entscheidende Besprechung zwischen von Melle und Dernburg, der gerade aus Ostafrika zurückgekehrt war, fand am 21. Januar 1908 in Berlin statt. Am gleichen Tag wurde von beiden eine Vereinbarung unterschrieben, in der die im vorzitierten Brief erwähnten Punkte 1. und 2. enthalten waren. (2)

Damit war das Kolonialinstitut entsprechend einem Schreiben von Prof. Thilenius vom 23. 4. 1907 beschlossen – "ohne wesentliche Kosten und lediglich durch organisatorische Schritte". (3)
Die Errichtung des Hamburgischen Kolonialinstituts erfolgte aufgrund eines Beschlusses des Hamburger Senats und der Bürgerschaft vom 25. März/ 1. April 1908. Der überaus zügige Gründungsprozess lässt sich damit erklären, dass die Interessen sowohl des Reiches als auch Hamburgs voll zum tragen kamen.

Das Reichskolonialamt erhielt die erwünschte, quantitativ und qualitativ gut ausgestattete Ausbildungsstätte für seine Beamten ohne grosse Kosten. Hamburg erhielt ein Institut, welches Theorie und Praxis verband, auf die Bedürfnisse der Kaufmannschaft ausgerichtet war, und welches nicht zuletzt einen Meilenstein auf dem Weg zu einer eigenen Universität bildete.

Letztlich waren somit die kolonialpolitischen Vorstellungen und Interessen des Reiches und die hochschulpolitischen Ambitionen Hamburgs die Triebfeder für die schnelle Realisierung der Idee eines Kolonialinstitutes.

Das Hamburgische Kolonialinstitut wurde am 20. Oktober 1908 eröffnet.

Anlässlich der Eröffnungsfeier führte der Staatssekretär des Reichskolonialamts Dernburg (4) u. a. folgendes aus:
"Es ist ganz unmöglich, dass ein Beamter, ein Kaufmann, ein Pflanzer, nach einer ostafrikanischen oder polynesischen Kolonie geht, um dort alsbald seine Tätigkeit aufzunehmen. Wir haben gefunden, dass es immer einer sehr erheblichen Zeit bedarf, ehe sich der Neuling angewöhnt hat, und dass er in der Zwischenzeit unsicher und in manchen Fällen enttäuscht

---

1 Staatsarchiv Hamburg, Professorenrat des Kolonialinstituts Akte A I 1a f.　　　　　Vertraulicher Bericht über das Kolonialinstitut für die Zeit von April 1907 bis April 1909 vom 26. Mai 1909, erstattet von Professor Thilenius, S. 7ff. Zukünftig zitiert als "Vertraulicher Bericht Thilenius 1909".
2 Vertraulicher Bericht Thilenius, S. 16.
3 Siehe Anmerkung 1 auf S. 128.
4 Zitiert nach K. Rathgen, Beamtentum und Kolonialunterricht, S. 15ff.

seine Geschäfte treibt und dass das, was er leistet, unter Umständen ausserordentlich minderwertig ist. Dem abzuhelfen beabsichtigt das Institut, den Deutschen in den Kolonien das nötige Rüstzeug mitzugeben, ihnen den Eintritt in die neue Welt zu erleichtern und die Lehrzeit abzukürzen. ... Es macht die Beamten schneller brauchbar und tüchtig, erspart dem Reiche Auslagen, verlängert die Dauer der wirklich nützlichen Tätigkeit des Beamten und schafft damit eine kontinuierliche Verwaltung.
... Was sie hier lernen können, macht sie noch nicht zu einem tüchtigen Verwaltungsbeamten, zu einem tüchtigen Pflanzer oder Kaufmann. Dazu gehört Begabung und Erfahrung, Erfahrung, die sie trotz ihrer Tätigkeit am Institut zu sammeln haben werden. Aber das Wichtigste ist, dass die Vorbereitung, die sie hier bekommen, sie in die Lage setzen wird, die richtigen Fragen zu stellen. Wer richtig zu fragen weiss, hat schon die halbe Antwort."

Dernburg wies aber auch auf die Mängel der bestehenden Hochschule, insbesondere in Bezug auf die Trennung der Fakultäten hin:
"Alle unsere Hochschulen und eingeteilten Fakultäten, wo der Jurist mit dem Juristen, der Theologe mit dem Theologen, der Landwirt mit dem Landwirt usw. zusammenarbeitet, aber wo keinerlei Gelegenheit ist, durch eigenes Mitarbeiten einen Ueberblick zu bekommen über die Anforderungen, die an die anderen Berufsstände gestellt werden, über Art und Geist, in der sie ihre Aufgabe zu lösen haben. Hier aber ist die Gelegenheit, wo sich alle Berufsstände, die in den Kolonien zu arbeiten haben, geistig und persönlich nähertreten ... . (1)

Insbesondere wies er darauf hin (2), dass es für den Beamten wichtig sei, in einer Seestadt wie Hamburg mit ihrem Handelsverkehr vielleicht zum erstenmal die Bedeutung und den Nutzen des Handels zu erkennen.

Des weiteren führte Dernburg aus, dass für ihn alle in den Kolonien tätigen Berufsstände in gleicher Weise nützlich seien und in nahezu gleicher Weise ernsthafter, anstrengender und wissenschaftlicher Vorbereitung bedürften.

Er sah auch sehr deutlich die möglichen negativen Auswirkungen einer längeren Tätigkeit in den Kolonien. In Bezug auf die berufliche und soziale Reintegration führte er folgendes aus:
"So habe ich manchen deutschen Landsmann gesehen, der vom besten Willen beseelt, in Deutschland wieder zu leben zurückgekehrt ist, der den sozialen Anschluss nicht mehr gefunden hat, sich in eine Klasse dirigiert sah, an die er nicht mehr gewöhnt war, und eine Wertung erfuhr, die ihm seiner Ansicht nach unrecht tat." (3)

---

1 Ebenda S. 20.
2 Vgl. zum folgenden ebenda S. 21f.
3 Ebenda S. 24f.

Am Schluss seiner Ausführungen gab er dem Kolonialinstitut folgenden Leitsatz mit:
"Der Erfolg einer Kolonisationsarbeit hängt nicht nur von der äusseren Macht und Stellung ab, die sie der kolonisierenden Nation verleiht, auch nicht von dem Masse der Wohlhabenheit und der Bereicherung, das der Einzelne in dieser Arbeit erzielt, sondern ebensoviel, wenn nicht mehr, von dem Geist, in dem alle Arbeit an diese Aufgaben, an die Lösung der ethischen und kulturellen Aufgaben, die in der Schicksalsgemeinschaft grosser Länder und Völkerschätze gegeben sind, herantritt. Nur die Nation, die diese Fragen mit Geschick und Erfolg angreifen und ihrer Lösung entgegenführen, wird mit Ehren vor Mit- und Nachwelt kolonisieren." (1)

Professor K. Rathgen, der Vorsitzende des Professorenrates, gab in seiner Festrede einen Ueberblick über die koloniale Ausbildung in England, Frankreich und Holland, skizzierte aber auch einige wichtige Leitlinien für die Ausrichtung des Kolonialinstituts:
"Wir wollen nicht einfach Kolonialtechniker ausbilden. Wir brauchen Männer mit festen Ueberzeugungen, Männer, die das Ehrgefühl der Zugehörigkeit zu einem festen und ehrenwerten Stande haben, den sie sauber erhalten wollen, Männer mit fester Staatsgesinnung, welche die dauernden Interessen verteidigen gegen die Interessenten. In Kolonien, wo der Beamte allein steht, wo die Privatinteressen sich überall in besonders rücksichtslosen Formen zur Geltung zu bringen suchen, ist das noch schwieriger als daheim." (2)

Er wies auch auf den vermeintlichen Gegensatz von wissenschaftlichem und praktischem Unterricht hin. Seiner Meinung nach handle es sich um keinen echten Gegensatz, "denn der wahrhaft praktische ist immer nur der, welcher auf dem Boden voller Beherrschung der Wissenschaft steht. Und deshalb darf unser Institut nicht einfach ein Seminar für die Dressur auf ein paar nützliche Kenntnisse sein". (3)

2.3.2 Adressatenstruktur

Die Studenten des Kolonialinstituts wurden in Hörer und Hospitanten unterteilt.

Den Stamm der Hörer bildeten die vom Reichskolonialamt entsandten Beamten (4), deren Zahl pro Semester zwischen 19 und 28 schwankte, durchschnittlich aber bei 22 Hörern lag.

---

1 Ebenda S. 25f.
2 Ebenda S. 84.
3 Ebenda S. 85
4 Neben den Beamten des Reichskolonialamtes, nahmen folgende Beamte teil: Beamte des Reichspostamtes, Konsulatsbeamte des Auswärtigen Amtes, Militärbeamte und Offiziere für die Kolonien, Beamte der Zoll- und Steuerverwaltung, Beamte und Offiziere des Reichsmarineamtes und Aerzte des Reichskolonialamtes. Vgl. Vertraulicher Bericht Thilenius, S. 50f.

Dieser Hörerstamm wurde durch Kaufleute, Juristen, Landwirte, Ingenieure, Lehrer usw. ergänzt. Ein Bild über die Aufgliederung der Hörer und Hospitanten nach Berufen vermittelt Tabelle 17.

Tabelle 17   Aufteilung der Hörer und Hospitanten nach Berufen

Berufsgruppe	Hörer	Hospitanten
Kaufleute	25%	40%
Juristen	22%	3%
Mittlere Beamte	20%	16%
Lehrer	8%	20%
Landwirte	8%	2%
Missionare	0%	3%
Ingenieure	1%	1%
Sonstige	15%	15%

Quelle: Die Angaben geben den durchschnittlichen Anteil der Berufe während der Studienjahre 1908-1914 wieder. Sie wurden aus den absoluten Zahlenangaben des Berichts über das sechste Studienjahr, Hamburg 1914, S. 43 errechnet.

Die Hörer des Reichskolonialamtes (Juristen und mittlere Beamte) stellten durchschnittlich 25% der Hörer.

Der überdurchschnittliche Anteil der Kaufleute an den Hospitanten dürfte sich daraus erklären, dass deren Beruf eine Vollzeit-Teilnahme am Unterricht nicht zuliess.

Die Altersaufteilung (1) der Hörer und Hospitanten ergibt folgendes Bild:

---

1   Die nachfolgenden Prozente wurden für den Zeitraum Wintersemester 1911/12 bis Sommersemester 1914 nach einer Tabelle mit absoluten Zahlen errechnet.
   Vgl. Hamburgisches Kolonialinstitut, Bericht über das sechste Studienjahr, Hamburg 1914, S. 44.

Tabelle 17a Aufteilung der Hörer und Hospitanten nach Altersgruppen

Altersgruppe	Hörer	Hospitanten
20-30 Jahre	73%	56%
30-40 Jahre	15%	30%

Die restlichen Anteile verteilen sich auf die Altersgruppen unter 20 und über 40 Jahre.

Frauen stellten innerhalb der "Hörer" eine "quantité negligable" dar. Ihr Anteil betrug maximal 2% (Wintersemester 1911/12), oft aber waren sie überhaupt nicht vertreten (Wintersemester 1913/14, Sommersemester 1914). (1)

Bildet man eine Rangfolge der regionalen Herkunft der Hörer und Hospitanten, so ergibt sich folgendes   (vgl. Tabelle 18):

Tabelle 18 Regionale Herkunft der Hörer und Hospitanten

Herkunftsland	Hörer	Hospitanten
Hamburg	27%	50%
Preussen	47%	39%
Bayern	4%	2%
Sachsen	3%	2%
Württemberg	3%	1%
Baden	3%	1%
restliche Staaten	10%	5%

Quelle: Hamburgisches Kolonialinstitut, Bericht über das sechste Schuljahr, Hamburg 1914, S. 45.

Der hohe Anteil Hamburgs dürfte zum einen aus der Lage des Instituts zu erklären sein, zum anderen aus dem hohen Interesse der Kaufleute an einem Teilbesuch. Der ebenfalls hohe Anteil Preussens erklärt sich aus

---

1 Ebenda

der relativ gleichbleibenden hohen Zahl von Beamten, die vom Reichskolonialamt in Berlin an das Institut delegiert wurden.

Der durchschnittliche Anteil der Ausländer an der gesamten Hörerschaft lag bei 2%, erreichte aber auch 7% (Wintersemester 1912/13).

Der Ausländeranteil an den Hospitanten lag bei durchschnittlich 4%, stieg aber auch einmal auf 9% im Wintersemester 1909/10. (1)

Abschliessend soll nochmals auf die unterscheidung zwischen Hörer und Hospitanten eingegangen werden. Zwischen beiden Kategorien bestand nicht nur bezüglich der Zulassungsvoraussetzung ein Unterschied.

Aus Sicht des für das Kolonialinstitut zuständigen Senators von Melle waren die Hospitanten eher eine Belastung und bedeutungslos. In einer Besprechung äusserte sich von Melle, dass die Hospitanten zwar in grosser Zahl an den Vorlesungen teilnähmen, doch seien sie für das Kolonialinstitut als solches ohne Bedeutung. Vielmehr hätte wohl die weitaus grösste Zahl von ihnen den Wunsch, billigen fremdsprachlichen Unterricht zu erhalten oder vereinzelt auch Vorlesungen zu hören, für die sie Interesse hätten oder die für ihren Beruf erwünscht seien. (2) Diese Behauptung kann durch die Besuchsfrequenzen der einzelnen Fachgebiete belegt werden.

Von den von den Hospitanten belegten Stunden entfielen im Sommersemester 1910 54% auf die Vorlesung angewandte Botanik und 22% auf Sprachen. Im Wintersemester 1911/12 entfielen 44% der von den Hospitanten belegten Stunden auf Sprachen, 18% auf Kolonialpolitik, Geographie und Geologie und angewandte Botanik. Im Wintersemester 1913/14 wurden 60% Sprachen belegt, 22% entfielen auf die Wissenschaftsgebiete Kolonialpolitik, Tropenhygiene, Geographie und Geologie und angewandte Botanik. (3)

Eine Uebersicht über die Entwicklung der Besucherzahlen vermittelt die Tabelle 19. Ihr ist zu entnehmen, dass sich die Hörerzahl in den ersten drei Jahren des Bestehens des Hamburgischen Kolonialinstituts knapp verdoppelten und sich bis im Jahre 1914 auf diesem Niveau stabilisierten.

---

1 Hamburgisches Kolonialinstitut, Bericht über das sechste Studienjahr, Hamburg 1914, S. 45.
2 Staatsarchiv Hamburg, Akte Universität, CL VIII Lit He Nr. 1 Vol. 63 Fasc. 23b Inv. 1. Besprechung des Senatskommissars für das Hamburgische Kolonialinstitut mit dem Kaufmännischen Beirat und Vertretern des Professorenrates am Donnerstag, den 14. Dezember 1911.
3 Diese Angaben wurden aus der Tabelle auf Seite 38 des Berichts über das sechste Studienjahr, a. a. O., S. 38 errechnet.

Tabelle 19   Uebersicht über die Entwicklung der Besucherzahlen 1908-1914

Semester	Hörer (I)	Hospitanten (II)	Summe I+II
WS 1908/09	56	46	102
SS 1909	66	91	157
WS 1909/10	56	147	203
SS 1910	55	136	191
WS 1910/11	81	273	354
SS 1911	97	135	232
WS 1911/12	100	291	391
SS 1912	103	139	242
WS 1912/13	98	226	324
SS 1913	84	182	266
WS 1913/14	109	254	363
SS 1914	99	174	273
SUMME	1004	2094	4102
davon 245 vom Reichskolonialamt			

Quelle: Hamburgisches Kolonialinstitut, Bericht über das sechste Studienjahr, Hamburg 1914, S. 47.

Dagegen steigerte sich die Zahl der Hospitanten, wenn auch unregelmässig und mit Rückschlägen, auf das sechsfache. (Diese Angaben beziehen sich auf das Wintersemester. Im Sommersemester ging die Zahl der Hörer zum Teil erheblich zurück.)

2.3.3 Zulassungsbedingungen

Im Gegensatz zu Universitäten, Technischen Hochschulen und Handelshochschulen, die ihren Studenten eine berufliche Grundausbildung für eine Tätigkeit im eigenen Land vermittelten, hatte das Hamburgische Kolonialinstitut die Aufgabe, Angehörigen verschiedenster Berufe eine ergänzende Ausbildung zu vermitteln, die für eine erfolgreiche Tätigkeit in den Kolonien nützlich erschien. (1)

---

1 Vgl. Hamburgisches Kolonialinstitut, Bericht über das erste Studienjahr, Hamburg 1909, S. 20.

Die Vorlesungen und Uebungen am Kolonialinstitut waren nicht vorbehaltlos zugänglich, sondern wie an jeder anderen Hochschule wurde eine bestimmte Vorbildung verlangt.
Als ausreichend wurde die Vorbildung angesehen, die den Zutritt zu anderen Hochschulen gewährt (Abitur). Dem Abitur gleichgestellt war eine abgeschlossene Berufsausbildung mit mehrjähriger Berufspraxis.
Der Unterricht war auch solchen Personen zugänglich, die nicht den Wunsch nach einer abgeschlossenen Ausbildung für eine Tätigkeit in den Kolonien, sondern nach Vervollständigung ihres Wissens in einzelnen Fächern hatten.
Man dachte hier insbesondere an die Hamburger Kaufmannschaft, die in vielfältigen Beziehungen zu den Kolonien und zu anderen überseeischen Gebieten stand.
Diese Vorstellungen fanden ihren Niederschlag in den Zulassungsbedingungen.

Als Hörer wurden zugelassen (1):
1. Abiturienten deutscher höherer Lehranstalten mit neunjähriger Schulzeit,
2. Lehrer, die die zweite Prüfung des Lehrerseminars bestanden hatten,
3. Kaufleute, Landwirte, Industrielle u. a. Personen, die die Berechtigung zum einjährig-freiwilligen Dienst besassen oder als Selektaner von hamburgischen Volksschulen abgegangen waren oder auswärtige gleichwertige Schulen absolviert hatten, sofern sie eine mindestens dreijährige geregelte Berufstätigkeit hinter sich, jedenfalls aber die Lehrzeit in ihrem Beruf beendet hatten,
4. Ausländer auf Beschluss des Professorenrates, wenn sie eine gleichwertige Vorbildung nachwiesen.

Als Hospitanten zu einzelnen Vorlesungen und Uebungen wurden auf Beschluss des Professorenrates Personen zugelassen, die über 18 Jahre alt und nicht mehr Schüler einer Lehranstalt waren, sofern sie eine genügende Vorbildung besassen. Wie die Tabelle 19a zeigt, haben sich die Zulassungsbedingungen auch in der Praxis bewährt.

Als wichtiges Ergebnis bleibt festzuhalten, dass die Hörer des Kolonialinstituts fast ausnahmslos ihre Berufsausbildung beendet hatten und z. T. bereits über mehrjährige Berufspraxis verfügten.

---

1 Ebenda S. 58f.

Tabelle 19a   Vorbildung der Hörer

HOERERKATEGORIEN	SS 1913	WS 1913/14	SS 1914
A) Hörer, die die Reifeprüfung an einer neunstufigen höheren Lehranstalt abgelegt haben:			
1. Mit akademischer Vorbildung	15	25	23
2. Mit kaufmännischer Vorbildung	20	29	22
3. Mit landwirtschaftl. Vorbildung	2	2	3
4. Mittlere Beamte	2	2	5
5. Mit anderer Vorbildung	1	2	-
6. Ohne Berufsausbildung	-	-	-
	40	60	56
B) Hörer mit einer anderen höheren Schulbildung:			
1. Offiziere	2	2	-
C) Hörer, die das Zeugnis über die wissenschaftliche Befähigung für den einjährig-freiwilligen Militärdienst erworben haben:			
1. Mit kaufmännischer Vorbildung	8	8	9
2. Mit landwirtschaftl. Vorbildung	9	7	7
3. Mittlere Beamte	12	15	14
4. Mit anderer Vorbildung	-	3	3
5. Ohne Berufsbildung	-	1	1
	29	34	34
D) Hörer, die das Lehrerseminar besucht hatten	8	7	4
E) Hörer, die die Selekta einer Volksschule oder eine gleichartige Schule besucht haben:			
1. Mit kaufmännischer Vorbildung	3	5	4
2. Mittlere Beamte	1	1	1
3. Handwerker	1	-	-
4. Mit anderer Vorbildung	-	-	-
	5	6	5
SUMME	84	109	99

Quelle: Hamburgisches Kolonialinstitut, Bericht über das sechste Schuljahr, Hamburg 1914, S. 40f.

2.3.4 Lehrkörper

Bereits zur Zeit der Gründung des Hamburgischen Kolonialinstituts waren acht Fachgebiete, nämlich
- Astronomie
- Botanik
- Geologie
- Tropenhygiene
- Völkerkunde und
- Zoologie

durch die Direktoren der wissenschaftlichen Anstalten in Hamburg vertreten. Das Fach Geschichte wurde durch zwei Professoren repräsentiert, für Nationaloekonomie stand eine Professur zur Verfügung.

Aus Anlass der Institutsgründung wurden drei neue Professuren für folgende Gebiete geschaffen:
- öffentliches Recht
- Geographie
- Geschichte und Kultur des Orients. (1)

Mit der starken Ausdrehnung des Lehrangebots (2) ging eine entsprechende Erhöhung der Zahl der Dozenten einher.

Betrug die Gesamtzahl der Dozenten im Wintersemester 1908/9 19, so stieg sie im Sommersemester 1913 auf 67, um im Sommersemester 1914 mit 62 Dozenten leicht abzusinken.

Von den 19 Dozenten im Wintersemester 1908/9 waren
9 hamburgische Professoren im Hauptamt
4 Assistenten und Hilfsarbeiter der wissenschaftlichen Anstalten und Seminare
4 sonstige hamburgische Dozenten
2 auswärtige Dozenten.

Im Sommersemester 1914 ergab sich folgendes Bild:
Von 62 Dozenten waren
13 hamburgische Professoren im Hauptamt
27 Assistenten und Hilfsarbeiter der wissenschaftlichen Anstalten und Seminare
15 sonstige hamburgische Dozenten
7 auswärtige Dozenten. (3)

---

1 Hamburgisches Kolonialinstitut, Bericht über das erste Studienjahr, Hamburg 1909, S. 11.
2 Vgl. die Ausführungen auf S. 143.
3 Hamburgisches Kolonialinstitut, Bericht über das sechste Studienjahr, Hamburg 1914, S. 16.

Die Gesamtzahl der Dozenten hat sich zwischen den beiden vorgenannten Zeiträumen mehr als verdreifacht, wobei die Zunahme bei den Professoren im Hauptamt mit 44% relativ gering war. Dagegen erfuhr die Zahl der Assistenten und Hilfsarbeiter eine siebenfache Zunahme, die der sonstigen hamburgischen und auswärtigen Dozenten hatte sich jeweils mehr als verdreifacht.

Der Grossteil der Professoren gehörte zu den renommierten Vertretern des jeweiligen Faches. (1) Hier seien nur Rathgen (Nationalökonomie), Passarge (Geographie), Thilenius (Ethnologie), Perels (Kolonialrecht), Marcks (Geschichte), Meinhof (afrikanische Sprachen) und Nocht (Tropenmedizin) erwähnt.

Die Anforderungen an die Dozenten waren hoch. Zum einen mussten sie sich auf eine fachlich heterogene Hörerschaft aus Beamten, Kaufleuten und Landwirten, Offizieren usw. einstellen, zum anderen musste der Stoff in zwei Semestern bewältigt werden. (2)

Einem grossen Teil der Dozenten waren die Kolonien aus eigener Erfahrung bekannt. (3)

Eine zusätzliche praxisorientierte Betonung erhielt der Unterricht durch den Beizug von Gastreferrenten. Hierbei handelte es sich vorzugsweise um Beamte des Kolonialamts, welche sich auf Urlaub in der Heimat befanden. (4)
Es wurde Wert darauf gelegt, dass die Dozenten durch Studien und Forschungsreisen laufend mit den Kolonien in Kontakt blieben. Die Notwendigkeit solcher Reisen wurde wie folgt begründet:

"Die praktischen Ziele des Unterrichts können nicht auf allen Gebieten ausreichend verfolgt werden, wenn die Dozenten auf die Literatur und die Ergebnisse der schriftlichen Anfragen in den Kolonien und anderen überseeischen Ländern beschränkt bleiben. Zumal auf dem Gebiet der Kolonialwirtschaft ist die persönliche Anschauung für den Dozenten unentbehrlich, der der raschen Entwicklung folgen will. Auf der andern Seite führt gerade der Unterricht zu Fragen, die an Ort und Stelle beantwortet werden müssen,

---

1 Vgl. L. Hamilton, Colonial Education in Germany (with a Plea for a British Colonial University). In: United Empire, Vol. II, January 1911, No. 1, S. 37.
2 Vgl. Hamburgisches Kolonialinstitut, Bericht über das erste Schuljahr, Hamburg 1909, S. 21.
3 Ebenda
4 Vgl. den entsprechenden Schriftverkehr zwischen dem Reichskolonialamt und dem Professorenrat des Kolonialinstituts vom 25. Januar 1909 und 3. Februar 1909.
Staatsarchiv Hamburg, Professorenrat des Kolonialinstituts, Heft 1 zur Akte E II 9.

und Anregungen zu eigenen Untersuchungen, die in der Heimat nicht vollständig durchgeführt werden können." (1)

1911 wurden z. B. folgende Reisen unternommen:
- Studium der Lebensbedingungen des auf den kanarischen Inseln heimischen Drachenbaumes und der Frage, ob seine Einführung in Deutsch-Südwestafrika möglich sei.
- Studium der botanischen Verhältnisse in Westafrika sowie der Pflanzungen und ihren Produktionsbedingungen in Kamerun
- Zoologisch-biologische Sammelreise in Deutsch-Südwestafrika
- Geographische Studien in Ostafrika

Nicht zuletzt aus diesen Reisen ergaben sich zahlreiche Studien, die ab Oktober 1910 in den "Abhandlungen des Kolonialinstituts" publiziert wurden. Die Mitglieder des Lehrkörpers hielten aber auch ausserhalb des Kolonialinstituts zahlreiche Vorträge kolonialen Inhalts; das Kolonialinstitut war durch sie auch regelmässig bei den Sitzungen des Kolonialwirtschaftlichen Komitees, der Deutschen Kolonialgesellschaft und der Kolonialabteilung der Deutschen Landwirtschaft-Gesellschaft vertreten. (2)

2.3.5 Lehrpläne

Erste Leitlinien bezüglich der Lehrpläne waren vom Reichskolonialamt vorgegeben worden. Nach seinem Besuch in Hamburg unterbreitete Dernburg in einem Schreiben an den Senat der Stadt Hamburg vom 12.7.1907 folgende Anregungen:
"Die Vorlesungen würden sich vorzugsweise auf die wirtschaftlichen Verhältnisse der deutschen und fremden Kolonien, insbesondere die Handelsbeziehungen derselben, auf tropische Landwirtschaft, auf Landeskunde und Ethnographie der deutschen Schutzgebiete, auf Tropenhygiene, auf die Verfassung, Verwaltung und Rechtspflege unserer, eventuell auch fremder Kolonien zu erstrecken haben." (3)

Entsprechend dem Zweck des Institutes stand die Ausbildung von Beamten und Privatpersonen für die vielseitige Tätigkeit in den Kolonien im Vordergrund. Der Unterricht sollte daher vorwiegend praktisch sein, keine abschliessende Fachausbildung anstreben, sondern sich an den Bedürfnissen der kolonialen Praxis orientieren und jeweils aus den einzelnen Gebieten nur die Teilgebiete behandeln, welche von Bedeutung waren. Die Grenzen

---

1 Bericht über das dritte Studienjahr, Hamburg 1911, S. 6f.
2 Ebenda S. 10.
3 Schreiben des Staatssekretärs des Reichskolonialamtes an den Senat der Freien und Hansestadt Hamburg vom 12.7.1907, zitiert nach Vertraulicher Bericht Thilenius 1909, S. 9.

des Unterrichts sollten sich demnach aus den kolonialen Bedürfnissen ergeben. (1)
Selbstverständlich gab es auch von seiten des zukünftigen Lehrkörpers des Kolonialinstituts eine Reihe von Anregungen. Hier soll nur auf die Denkschrift von Prof. Fülleborn eingegangen werden, der besonders die Vielseitigkeit einer kolonialen Ausbildung betonte. Darin führte er u. a. aus, dass der Neuankömmling in den Kolonien den Befehl bekäme, "morgen eine Nebenstation anzulegen oder einen Weg zu bauen und hat keine Ahnung, wie er das anfangen soll. Nun, es muss gemacht werden und wird auch gemacht, so gut oder schlecht es eben gehen wird. Der echte 'Afrikaner' freut sich auch dieser seiner vielseitigen Aufgaben und das Bewusstsein, sich frei betätigen zu dürfen, ohne wie zu Hause alle Augenblicke auf papierne Schranken zu stossen, ist das Geheimnis, warum es ihn immer wieder in die afrikanische Wildnis zieht; aber Lehrgeld, das schliesslich zu Lasten des Gouvernements fällt, muss anfangs genug bezahlt werden, und **darum kann die praktische Vorbildung nicht vielseitig genug sein**". (2)
Ferner betonte er, dass kurze praktische Unterweisungen über Gartenbau, Brunnenanlagen, Wegebau, Löt-Technik etc. für die Kolonialbeamten von grossem Nutzen seien, selbst wenn insgesamt nur wenige Stunden darauf verwandt würden. Eine kurze Belehrung über die für die Gesundheit so wichtige Zubereitung der Speisen und die rationellste Verwendung der zur Verfügung stehenden Landesprodukte wäre am besten mit der Tropenhygiene zu verbinden; auch würde es sich empfehlen, einen wenige Stunden betragenden Kochkursus anzuschliessen. (3)
Diese Anregungen wurden weitgehend in den Lehrplan integriert.

Im ersten Semester, dem Wintersemester 1908/9 gab es drei Vorlesungstypen:
- koloniale Fachvorlesungen
- Ergänzungsvorlesungen
- ergänzende Einzelvorträge

Die grosse Zahl von Lehrveranstaltungen, die für das Sommersemester 1909 angekündigt wurden, gestattete eine Unterteilung der kolonialen Fachvorlesungen in:
1. allgemeine Kolonialvorlesungen, die von allen Hörern zu belegen waren und als obligatorisch galten,
2. spezielle koloniale Vorlesungen, die auf Berufe und Kolonien Rücksicht nahmen und je nach dem als obligatorisch oder fakultativ behandelt wurden.

---

1 Vgl. Vertraulicher Bericht Thilenius 1909, S. 13.
2 Denkschrift von Prof. Fülleborn vom 26. März 1908, S. 2, Staatsarchiv Hamburg, Professorenrat des Kolonialinstituts, Akte E I A Heft 2.
3 Ebenda S. 5.

3. technische Hilfsfächer,
4. Fertigkeiten. (1)

Im vorhergehenden Wintersemester 1908/9 wurde auch eine Vorlesung über Tropenhygiene gehalten sowie ein Samariterkurs und ein Kochkurs (Verwendung und Zubereitung der Nahrungsmittel in den Tropen einschliesslich Fleischbeschau) durchgeführt.

Das Lehrangebot des Kolonialinstituts erfuhr im Laufe seines Bestehens eine enorme Ausweitung. Wurden im Wintersemester 1908/9 27 Vorlesungen und Uebungen angeboten, so stieg deren Zahl im Sommersemester 1914 auf 109. (2) Diese gewaltige Steigerung ging hauptsächlich auf die Ausweitung des Sprachangebots zurück. Im Wintersemester 1908/9 wurden 4 Sprachvorlesungen abgehalten, im Wintersemester 1913/14 dagegen 51, eine Steigerung um mehr als das zwölffache. Dagegen fand in den Fachbereichen "Geschichte, Rechts- und Staatswissenschaft" und "Kolonialwirtschaft und Naturwissenschaft" "nur" eine Verdoppelung statt.

Am Ende jeden Studienjahres mussten die Dozenten schriftlich über ihre Lehrveranstaltungen berichten. Diese Berichte vermitteln einen guten Eindruck in die Lehrinhalte und die Unterrichtsmethodik. (3)

2.3.6 Organisation, Berichts- und Prüfungswesen (4)

Die Organisation und Verwaltung des Hamburgischen Kolonialinstituts war ein getreues Spiegelbild der vielen Interessenten. Institutionen des Reiches, der Hamburger Senat, die Hamburgische Kaufmannschaft und die Dozenten suchten ihren Einfluss zu sichern.

Im einzelnen ergab sich folgendes Bild:
Das Kolonialinstitut unterstand unmittelbar dem Hamburger Senat, der einen Senatskommissar für die Leitung des Instituts bestimmte. Der Senatkommissar war gleichzeitig Präses der Oberschulbehörde, deren erster Sektion die Wissenschaftlichen Anstalten und das allgemeine Vorlesungswesen zugehörten. Er war ebenfalls Vorsitzender des Kuratoriums der Hamburgischen Wissenschaftlichen Stiftung.

---

1 Vertraulicher Bericht Thilenius 1909, S. 37. Details des Lehrplans siehe Anlage V.
2 Vgl. Hamburgisches Kolonialinstitut, Bericht über das sechste Studienjahr, Hamburg 1914, S. 23.
3 Vgl. einige Dozentenberichte aus dem dritten Schuljahr, Anlage VI.
4 Vgl. zum folgenden: Hamburgisches Kolonialinstitut, Bericht über das erste Studienjahr. Hamburg 1909, S. 8f. sowie Vertraulicher Bericht Thilenius 1909, S. 20ff.

Die Interessen des Reichskolonialamtes und des Reichsmarineamtes wurden durch Kommissare wahrgenommen, die gegenüber dem Senatskommissar beratende Funktionen hatten.

Auch die Hamburgische Kaufmannschaft konnte sich ihren Einfluss sichern, nachdem sich die Handelskammer verschiedentlich über Umgehung und Nichtberücksichtigung beklagt hatte. Die Vertreter der Handelskammer regten einen Passus an, der in einen Antrag des Senats an die Bürgerschaft aufgenommen wurde. Dieses Satz lautete: "Um dem Kolonialinstitut die wünschenswerte ständige Fühlung mit der Kaufmannschaft zu sichern, wird ein Kaufmännischer Beirat für das Kolonialinstitut, bestehend aus drei von der Handelskammer zu delegierenden Mitgliedern, gebildet, dem der Senatskommissar Gelegenheit geben wird, sich über alle wesentlichen, das Kolonialinstitut betreffenden Fragen zu äussern, und der seinerseits das Institut betreffende Anträge und Wünsche an den Senatskommissar richten kann." (1)

Eine weitergehende Beteiligung der Handelskammer verbot sich durch die Unmöglichkeit, ihr "beamtete Hörer unterzuordnen, wie aus der Notwendigkeit, einer linksstehenden Presse nebst Anhang jeden Vorwand zu nehmen, das Kolonialinstitut als von einer 'kapitalistischen' oder 'Interessen'-Vertretung abhängig darzustellen". (2)

Das Verhältnis zwischen Professorenrat und Kaufmännischem Beirat gestaltete sich relativ kühl; beide machten vom Recht der gegenseitigen Hinzuziehung und Konsultation wenig Gebrauch. Es erfolgte meist nur ein indirekter Kontakt über den Senatskommissar. So wurden z. B. Anträge des Professorenrates an den Senatskommissar von diesem nach Gutdünken an den Kaufmännischen Beirat zur Stellungnahme weitergegeben und umgekehrt. Manchmal gelangten die Aeusserungen des Beirats dann eventuell wieder an den Professorenrat zur Stellungnahme.

Die Verwaltung aller mit der Lehrtätigkeit am Hamburgischen Kolonialinstitut zusammenhängenden Angelegenheiten lag in den Händen des Professorenrates, dem die vom Senatskommissar berufenen dauernden Vertreter der Hauptfächer, sowie der Leiter des Instituts für Schiffs- und Tropenkrankheiten angehörten. Der Professorenrat arbeitete den Lehr- und Stundenplan aus, der vom Senatskommissar genehmigt werden musste. Er trug ferner die Verantwortung für die Durchführung und Vollständigkeit des Unterrichts. Auch konnte er entsprechende Anträge bezüglich der Vermehrung oder Aenderung der Fächer oder Dozenten an den Senatskommissar richten. Im Einvernehmen mit dem Senatskommissar legte der Professoren-

---

1 Vertraulicher Bericht Thilenius 1909, S. 22.
2 Brief an den Kommissar des Reichskolonialamtes, Geheimenrat Schnee vom 18. 3. 1908, zitiert nach Vertraulicher Bericht Thilenius 1909, S. 23.

rat ferner die Bedingungen fest, unter denen die Hörer und Hospitanten an
den Vorlesungen und Uebungen teilnehmen konnten, bestimmte die Form
des Abschlusszeugnisses, sowie Art und Umfang der Prüfungen, denen
sich die Hörer eines vollständigen Kurses zur Erlangung eines Diploms
unterziehen konnten.

Die Zentralstelle (1) des Hamburgischen Kolonialinstituts war dem Senatskommissar gleicherweise unterstellt wie der Professorenrat. Sie wurde
von einem Generalsekretär geleitet, den einige wissenschaftliche Mitarbeiter unterstützten.
An dieser Organisation des Hamburgischen Kolonialinstituts hat sich bis
zu dessen Ende grundsätzlich nichts geändert.

Im Dezember 1910 richtete das Reichskolonialamt an das Hamburgische
Kolonialinstitut ein Schreiben, in welchem die Bitte nach Erstellung von
Qualifikationsberichten ausgesprochen wurde.
Hierin heisst es u. a. :

"Trotz der sorgfältigsten Auswahl der zur Vorbereitung für den Schutz-
gebietsdienst dem dortigen Institut überwiesenen Beamten p. p. wird immer
der Fall eintreten können, dass der eine oder andere Anwärter sich schon
während der Ausbildung als für den Kolonialdienst nicht geeignet erweist.
In solchen Fällen liegt es im Interesse der Verwaltung und auch im Interesse
der betreffenden Anwärter, dass die Ausbildung möglichst frühzeitig abgebrochen und die Ueberweisung an die einheimische Behörde p. p. in die
Wege geleitet wird. Der Kolonialverwaltung ist daher erwünscht, nach
Schluss eines jeden Semesters über Fleiss und Leistungen der das Kolonialinstitut auf Kosten des Reichs-Kolonialamts besuchenden Hörer unterrichtet zu werden. Genügen würde ein kurzer gemeinschaftlicher Qualifikations-
bericht, in welchem für den Kolonialdienst ungeeignete Anwärter besonders
hervorgehoben würden." (2)

Die von den Dozenten erteilten Beurteilungen rangierten von "Besuch,
Fleiss und Leistung sehr gut" bis zu "Besuch sehr unregelmässig, Leistung
mässig".
Die zusammenfassende Beurteilung schloss jeweils mit den Worten:
"Dem Professorenrat ist nichts zur Kenntnis gekommen, wonach Herr ...
für den Kolonialdienst als ungeeignet anzusehen wäre." (3)

---

1 Die Zentralstelle des Kolonialinstituts, eine archivarische und wissenschaftliche Forschungsstätte für die koloniale Wirtschaftspraxis, gilt
 als Vorläufer des Hamburger Welt-Wirtschafts-Archivs (HWWA). Vgl.
 hierzu H. Köhler, Das Hamburgische Welt-Wirtschafts-Archiv.
 Geschichte einer grosswissenschaftlichen Anstalt. Hamburg 1959.
2 Staatsarchiv Hamburg, Professorenrat des Kolonialinstituts Akte G II a
 1 c, Schreiben des Staatssekretärs des Reichskolonialamtes an den Vor-
 sitzenden des Professorenrates des Hamburger Kolonialinstituts vom
 24. Dezember 1910.
3 Staatsarchiv Hamburg, Professorenrat des Kolonialinstituts, Heft 16,
 zur Akte G II a 1 d II 2.

Entsprechend den Vorschriften für die Hörer des Kolonialinstituts konnten sich diese einer Diplomprüfung (1) unterziehen. Die Mehrheit der Hörer allerdings verliess das Institut nur mit einem Abgangszeugnis, in dem die Dauer des Aufenthalts am Kolonialinstitut und die regelmässig besuchten Vorlesungen bestätigt wurden.
An den Diplomprüfungen des Kolonialinstituts beteiligten sich vom Sommersemester 1909 bis zum Sommersemester 1914 insgesamt nur 127 Kandidaten. Davon erhielten 34 das Prädikat "sehr gut", 35 das Prädikat "gut" und 52 das Prädikat "bestanden". 6 Kandidaten bestanden die Diplomprüfung nicht.
Die Berufsgruppen der Referendare, Assessoren und mittleren Beamten – also die Hörer des Reichskolonialamtes – stellten mit knapp 80% den grössten Anteil erfolgreichen Prüflinge. (2)

2.3.8 Das Ende

Mit Beginn des Ersten Weltkrieges erfuhr die Tätigkeit des Kolonialinstituts naturgemäss erhebliche Einschränkungen, da die meisten Hörer und Dozenten zum Militärdienst einberufen wurden.
So wurden im Sommersemester 1915 von 20 Dozenten nur noch 46 Vorlesungen für 45 Hörer gehalten. Im Wintersemester 1915/16 sank die Zahl der Dozenten auf 15, die 34 Vorlesungen für 26 Hörer hielten. (3)
So verwundert es nicht, wenn es in der Niederschrift einer Besprechung zwischen dem Senatskommissar und dem kaufmännischen Beirat des Kolonialinstitutes u. a. heisst, dass die Erfahrungen während der Kriegszeit bewiesen, dass das Kolonialinstitut ohne die vom Reichskolonialamt ent-

---

1 Vereinzelt waren die Aufgaben der schriftlichen Prüfung stark realitätsbezogen, wie folgendes Beispiel zeigt:
In der Nähe des Hauptwohnplatzes eines deutschen Schutzgebietes hat vor längerer Zeit ein Ansiedler mit Erlaubnis des Gouverneurs eine gewerbliche Anlage errichtet und betreibt sie seitdem unter genauer Beobachtung aller polizeilichen Vorschriften. Im Laufe der Jahre hat sich aber der Wohnplatz zu einer Stadt entwickelt, und es wird als schwerer Missstand empfunden, dass die weiträumige gewerbliche Anlage mit ihren unvermeidlichen Geräuschen und Dünsten die Bautätigkeit auf dem einzigen hygienisch einwandfreien Gelände, auf dem sie sich entwickeln könnte, erschwert. Da der Inhaber der gewerblichen Anlage nicht zu bewegen ist, sie zu verlegen, wünscht der Gouverneur zu wissen, ob er gemäss § 51 Gew. O. vorgehen kann, oder ob eine Enteignung nach Massgabe der Kaiserl. V. O. v. 14. II. B. zulässig wäre.
Hamburgisches Kolonialinstitut, Bericht über das erste Studienjahr. Hamburg 1909, S. 56.
2 Vgl. Hamburgisches Kolonialinstitut, Bericht über das sechste Studienjahr. Hamburg 1914, S. 39.
3 Staatsarchiv Hamburg, Professorenrat des Kolonialinstituts, Akte EXX Heft 6.

sandten beamteten Hörer nicht lebensfähig sei. Bedauerlicherweise habe aber auch der Besuch der Kaufleute während des Krieges nachgelassen. Es sei die Frage, ob im Interesse des Besuches des Kolonialinstituts zur Zeit etwas geschehen solle.
In der Besprechung ergab sich die übereinstimmende Ansicht, dass von Massnahmen zur Hebung des Besuches zur Zeit Abstand zu nehmen sei. (1)

In den Berichten der Institute und Professoren für das Wintersemester 1917/18, die nicht mehr veröffentlicht wurden, war zu lesen, dass die Lehrtätigkeit sehr gering war bzw. wegen Hörermangels eingestellt werden musste. (2)
Somit kann festgestellt werden, dass das Kolonialinstitut de facto ab 1917 aufgehört hatte zu bestehen.

Während in Hamburg aufgrund des Krieges die Tätigkeit erlahmte, begann in der Schweiz aus demselben Grund eine, wenn auch nur kurze, Blütezeit deutscher kolonialer Ausbildung. So wurde am 4. November 1917 in Davos die "Lehranstalt für internierte Kolonialdeutsche" mit 84 Teilnehmern eröffnet. (3)
Staatssekretär Solf vom Reichskolonialamt sandte anlässlich der Eröffnung ein Begrüssungstelegramm, in dem es u. a. hiess:
"Es ist mir eine stolze Freude und Genugtuung, dass die **bewährten Pioniere**, die nach dem langen, von den tückischen Feinden ihnen **rechtswidrig auferlegten Leiden** nach der **gastfreien Schweiz** gelangten, mit ungebrochener Zuversicht an das **Wiedererstehen unseres Kolonialreichs** glauben, an dessen hoffnungsvolle, durch den Krieg so jäh unterbrochene Entwicklung sie ihre beste Kraft setzen. Der Friede wird uns **Schutzgebiete in neuer Gestalt** zurückgeben. Das Vaterland rechnet darauf, dass die alten Afrikaner und die Kolonialleute der Südsee, seien sie Kaufleute, Pflanzer, Missionare oder Beamte, sich sogleich wieder für die koloniale Arbeit zur Verfügung stellen." (4)

---

1 Staatsarchiv Hamburg, Professorenrat des Kolonialinstituts, Akte CIb7 L II G 3, Auszug aus einer Niederschrift der Besprechung des Senatskommissars mit dem Kaufmännischen Beirat des Kolonialinstituts am 10. Juli 1915.
2 Staatsarchiv Hamburg, Professorenrat des Kolonialinstituts, Akte NI2X1.
3 Vgl. hierzu ausführlich: W. K. H. Hoffmann, Spätformen kolonialer Ausbildung, Die Lehranstalt für internierte Kolonialdeutsche in Davos. Neue Zürcher Zeitung vom 13./14. August 1977, Nr. 188, S. 55-57.
4 Hamburgisches Fremdenblatt vom 7. November 1917.

In diesem Zusammenhang ist es interessant, dass die führenden Professoren des Hamburgischen Kolonialinstituts in Davos Gastvorlesungen hielten. In der Zeit vom 30. April bis 1. Juni 1917 wurden von ihnen folgende Vortragsreihen durchgeführt, die jeweils etwa 10 Stunden umfassten:

Prof. Keutgen	Probleme der neusten Kolonialgeschichte
Prof. Rathgen	Vergleich der Kolonial-Politik der wichtigsten Völker. Der Einfluss des Krieges auf die Weltwirtschaft
Prof. Thilenius	Allgemeine Völkerkunde mit besonderer Berücksichtigung der afrikanischen Völker
Prof. Voigt	Nutzpflanzen der Weltwirtschaft, ihre Erzeugnisse und Kultur (mit Lichtbildern und Film)
Prof. Tschudi	Allgemeine Islamkunde mit besonderer Berücksichtigung des islamischen Rechts
Prof. Meinhof	Die Erforschung der afrikanischen Sprachen. Afrikanische Religionsformen
Prof. Perels	Koloniale Verfassung und Verwaltung. Kolonialrecht.

Des weiteren fanden Vorträge mit Lichtbildern oder Filmen statt, u. a. mit folgenden Themen:
- Die deutschen Schutzgebiete in der Südsee (Prof. Thilenius)
- Aus dem Plantagenleben in den Tropen (Prof. Voigt)
- Afrikanische Märchen (Prof. Meinhof) (1)

Damit war aber die Tätigkeit von Professoren des Kolonialinstituts in der Schweiz noch nicht abgeschlossen.

Im August 1918 hielten sich immer noch über 9000 internierte Deutsche in der Schweiz auf, unter denen sich zahlreiche Kolonial- und Auslandsdeutsche befanden. Die Kaiserlich-Deutsche Gesandtschaft in Bern beschloss daher, die Davoser Anstalt unter neuer Bezeichnung als "Lehranstalt für Kolonial- und Auslandskunde" nach Brunnen am Vierwaldstättersee zu verlegen.
Die Ziele der Anstalt waren:
"1. Kenntnisse über Kolonien und Ausland, Weltpolitik und Weltwirtschaft zu vertiefen; das Verständnis für Art und Denkungsweise anderer Völker zu fördern;
2. Sonderstudien auf bestimmten Gebieten der Kolonial- und Auslandskunde zu ermöglichen." (2)

---

1 Vgl. Eifler: Geschichte der "Lehranstalt für internierte Kolonialdeutsche", Davos Juli 1918, Fotoalbum mit maschinengeschriebenem Manuskript im Anhang.
2 Eifler, Geschichte der "Lehranstalt für Kolonial- und Auslandskunde", Brunnen 1919, Ms., S. 10.

Das Lehrangebot war in fünf Abteilungen gegliedert:
1. Auslandskunde
2. Kolonialkunde
3. Tropische und Subtropische Landwirtschaft
4. Kolonial- und Auslandshandel
5. Technische Hilfsfächer

Im Rahmen dieses Programmes wirkten zwei Professoren des Hamburgischen Kolonialinstituts durch die Gestaltung folgender Vortragsreihen mit:

Prof. Schädel	Deutsche Kulturarbeit in Latein-Amerika
Prof. Tschudi	Geschichte der Türkei
	Islamkunde
	Islamische Kunst

Die Mitwirkung der Professoren des Hamburgischen Kolonialinstituts am Programm der Lehranstalten Davos und Brunnen war aber nur subsidiär. Der weitaus grösste Teil der Dozenten waren Kolonialdeutsche, die in den deutschen Schutzgebieten als Beamte, Pflanzer, Kaufleute und Missionare gearbeitet hatten.

In Hamburg waren zwischenzeitlich die Bemühungen zur Gründung einer eigenen Universität soweit fortgeschritten, dass 1919 ein Universitätsgesetz verabschiedet werden konnte. Am 10. März 1919 wurde die Universität vom damaligen Bürgermeister von Melle, ihrem lautstärksten und einflussreichsten Vorkämpfer, eröffnet. In seiner Rede führte er u. a. aus: "Dass unsere Universität, die in dem ersten See- und Welthandelsplatz Deutschlands im 20. Jahrhundert errichtet wurde, besondere neuzeitige und eigenartige Züge tragen müsse, darum waren sich ihre Befürworter stets einig. ... Die Beachtung des Auslandes, und insbesondere der überseeischen Gebiete, und die Verfolgung der länder- und völkerverbindenden Gedanken, die in der Hamburger Wissenschaftspflege stets hervorgetreten sind und dann vor 10 Jahren durch die Errichtung unseres Kolonialinstituts besonders stark und eigenartig zur Geltung gelangten, sie sollen in der Hamburgischen Universität fortgeführt und weitergeführt werden." (1)

Das Kolonialinstitut hatte somit seine Vehikelfunktion auf dem Wege zur Gründung einer Hamburger Universität erfüllt. (2)

Innerhalb der Hamburger Universität wurde 1938 das Kolonialinstitut in neuer Form ins Leben gerufen.

---

1 Hamburgische Universität. Reden, gehalten bei der Eröffnungsfeier am 10. März 1919 in der Musikhalle von Bürgermeister Dr. Werner von Melle und Prof. Dr. Karl Rathgen, erstem Rektor der Universität. Hamburg 1919, S. 6.
2 Siehe auch S. 128.

Die Aufgaben dieses Kolonialinstituts waren:
"Die kolonialwissenschaftliche Forschung zu fördern, für den kolonialwissenschaftlichen Unterricht an der Universität und im Rahmen des allgemeinen öffentlichen Vorlesungswesens für alle an der Kolonialarbeit interessierten Kreise der Bevölkerung Sorge zu tragen und für einzelne Berufsgruppen besondere kolonialwissenschaftliche Lehrgänge abzuhalten."
(1)

Die Entwicklung in Hamburg war übrigens kein Einzelfall. Bereits 1935/36 engagierten sich 31 deutsche Universitäten, Hoch- und Fachschulen auf dem Gebiet der kolonialwissenschaftlichen Lehre und Forschung. (2)
Da Deutschland zu dieser Zeit schon lange keine Kolonien mehr besass, lässt sich diese Renaissance nur aus dem nationalsozialistischen Expansionsstreben erklären. (3)

2.3.8 Beurteilungen und Zusammenfassung

Es ist nicht einfach, vom Hamburgischen Kolonialinstitut ein eindeutiges Bild zu zeichnen. Aus der Sicht der Kolonialverwaltung war das Hamburgische Kolonialinstitut jedoch ein eindeutiger Erfolg.
Im August 1909 schrieb Staatssekretär Dernburg an den Hamburger Senat: "Ich möchte nicht unterlassen, meiner lebhaften Genugtuung darüber Ausdruck zu geben, dass der Unterricht am dortigen Kolonialinstitut sich in so erfreulicher, den Bedürfnissen der Kolonialverwaltung entsprechender Weise entwickelt hat. Ich habe aus dem Bericht meines Kommissars, des Geh. Oberregierungsrats Dr. Schnee, der am 26. und 27. v. M. bei den Prüfungen der Hörer des Kolonialinstituts zugegen war, mit Befriedigung

---

1 Kolonialinstitut der Hansischen Universität Hamburg, Personal- und Vorlesungsverzeichnis, III. Trimester 1940, S. 1.
   Heinz Dietrich Ortlieb, heute Direktor des HWWA-Instituts für Wirtschaftsforschung in Hamburg, war zum damaligen Zeitpunkt als Dozent für Kolonialwirtschaft tätig. Vgl. auch die Fussnote 1 auf S. 145.
2 Vgl. H. Kühne, Zur Kolonialpolitik des faschistischen deutschen Imperialismus. In: Zeitschrift für Geschichtswissenschaft, Jg. 1961, Heft 3, S. 532.
3 So hatte die NSDAP bereits 1934 eigens zur Propagierung der Kolonialpolitik aus ihrem Wehrpolitischen Amt ein besonderes Kolonialpolitisches Amt herausgelöst. 1938 lagen Pläne vor, um das Kolonialpolitische Amt des NSDAP in ein Reichskolonialministerium umwandeln zu können. Vgl. hierzu D. Schröder, Hamburger Beiträge zur Erforschung der afrikanischen Rechtsordnung. Sonderdruck aus den Mitteilungen der Geographischen Gesellschaft in Hamburg, Band 56, S. 204.

entnommen, dass der Unterricht trotz des aus verschiedenen Beamtenklassen zusammengesetzten Materials von Hörern gute Erfolg gezeitigt hat, und dass die ganze Art des Unterrichts durchaus geeignet erscheint, die Beamten auf ihre praktische Tätigkeit in den Kolonien in zweckdienlicher Weise vorzubereiten." (1)
Auch unter dem Nachfolger Dernburgs blieb ein positiver Eindruck bestehen. So äusserte sich Staatssekretär Solf in einem an den Senatskommissar für das Kolonialinstitut gerichteten Schreiben vom 25. Januar 1913 wie folgt: "Es war für mich von grösstem Interesse, einen Einblick in die reiche Fülle der Euerer Hochwohlgeboren unterstellten wissenschaftlichen Einrichtungen und Anstalten zu gewinnen; die hervorragende Opferwilligkeit Hamburger Bürger und die zielbewusste Leitung und energische Förderung durch die hamburgischen Behörden haben insbesondere in dem Kolonialinstitut ein Werk geschaffen, das jeden mit Bewunderung erfüllen muss und das der Freien und Hansestadt Hamburg zum grössten Ruhme gereicht. ..." (2)

Hamilton kommt zu dem Schluss: "... it is clear that the Hamburg Colonial Institute is extremely ambitious and almost exhaustive in its work." (3)

Es finden sich aber auch kritische Anmerkungen. So hatte der Gouverneur von Deutsch-Südwest-Afrika keine grosse Meinung von der Ausbildung am Kolonialinstitut. Er meinte, erst wenn der Beamte eine längere Praxis im Schutzgebiet hinter sich habe, werde er mit Vorteil das Institut besuchen können. (4)
Die Kreuz-Zeitung schrieb u. a.: "Das, was Hamburg als Handelshafen lehrreiches für diese Zwecke [für die Ausbildung von Kolonialbeamten] bietet, ist durch einen zweiwöchigen Aufenthalt völlig erschöpft. Die Gründung des Instituts in Hamburg bedeutet eine schwere Schädigung der preussischen Hochschulen. Sie dient nicht einer zweckmässigen Ausbildung und Förderung von Anwärtern für den Kolonial- und Auslandsdienst, gleichgültig ob für den Staats- oder Privatdienst." (5)

---

1 Staatsarchiv Hamburg. Akte Professorenkonvent, Heft 5 zur Akte I III A 2.
2 Ebenda
3 L. Hamilton, Colonial Education in Germany. (With a Plea for British Imperial Colonial University.) In: United Empire, Vol. II, January 1911, Nr. 1, S. 37.
4 Lüderritzer Buchter Zeitung vom 14. 5. 1911. Staatsarchiv Hamburg. Professorenrat des Kolonialinstituts. Akte betreffend ungünstige Aeusserungen im Landesrat von Deutsch-Süd-West-Afrika in Windhuk über die Ausbildung von Kolonialbeamten am Kolonialinstitut. Heft 4 zur Akte ZVb.
5 Zitiert nach: Hamburger Correspondent vom 29. Dezember 1909.

Aus neuerer Sicht (1972) erfährt das Kolonialinstitut durch Spidle eine positive Beurteilung.
"What is certain is that the Kolonialinstitut experiment represented a unique attempt at scientific colonialism absolutely unparalled in the other nations involved in colonialism in Africa and Asia." (1)

Der Lehrplan des Instituts umfasste alle für die Kolonien wichtigen Gebiete, doch kritisiert Hamilton am Programm des Wintersemesters 1910/11, dass es keine Informationen über die Kolonien anderer Länder enthalte. (2)
Im Wintersemester 1912/13 enthielt der Lehrplan zwar die Veranstaltung "Uebersicht über das englische Kolonialreich", aber die Vorlesung kam nicht zustande, "da sie von keinem einzigen Hörer des Kolonialinstituts belegt wurde. Diese zunächst befremdliche Tatsache kann nicht überraschen. Die übliche Dauer des Studiums im Kolonialinstitut ist zu kurz, die Zahl der obligatorischen Studienfächer viel zu gross, um für andere, die nicht als verbindlich erklärt werden können, noch Raum zu lassen." (3)
Nach Abschluss des ersten Kurses wurde auch festgestellt, "dass die körperliche Ausbildung der beamteten Lehrer eine mangelhafte und jedenfalls für die Anforderungen der Kolonien unzureichend ist. ... Insbesondere ist es aufgefallen, wie ungeschickt und wenig gewandt die Mehrzahl der Hörer bei Besichtigungen von Fabriken, Hafenanlagen usw. die ungewohnten Treppen, Gänge usw. benutzte. ... Der Professorenrat ist übereinstimmend der Ansicht, dass grundsätzlich auch die körperliche Ausbildung unserer Hörer systematischer Pflege bedarf. ..." (4)
In späteren Kursen erhielt die körperliche Ausbildung der Hörer mehr Gewicht.

Die Didaktik des Instituts dürfte sich entsprechend den Angaben in den Lehrplänen im damals üblichen Rahmen bewegt haben, doch ist ein gewisser Praxisbezug festzustellen, der durch Uebungen und zahlreiche Betriebsbesichtigungen belegt wird. (5)
Auch nach heutigen Begriffen sehr progressiv erscheinen die Simulationen von Gerichtsverhandlungen in Suaheli und der Beizug von einheimischen "Sprachgehilfen". (6)

---

1 J.W. Spidle, a.a.O., S. 328.
2 Vgl. L. Hamilton, Colonial Education in Germany, S. 37.
3 Hamburger Kolonialinstitut. Bericht über das vierte Schuljahr, Hamburg 1912, S. 79.
4 Staatsarchiv Hamburg, Akte des Professorenrats "Korrespondenz mit Geheimrat Schnee - A II a 2, Brief von Prof. Thilenius an Geheimrat Schnee vom 27. Juli 1909.
5 Als recht ungewöhnlich kann wohl der praktische Kochkurs des Kolonialinstituts bezeichnet werden. In diesem Kurs wurden u.a. Rezepte für Bananen-Pfannkuchen, Curryreis aber auch für Kartoffelsalat und Königsberger Klopse ausprobiert. Auch Hinweise zur Behandlung von Dosenbutter fehlten nicht. Vgl. H. Lotz, Kochrezepte zusammengestellt für den Kochkurs des Hamburgischen Kolonialinstituts. Hamburg 1914.
6 Vgl. Anlage VI, Bericht des Regierungsrats Zache.

Besonders ins Gewicht fallen die kritischen Anmerkungen von Angehörigen des Lehrkörpers. Passarge, der bekannte Geograph, kritisierte bereits im November 1909 insbesondere das "Hörermaterial".
"In Hamburg ... ist das Hörermaterial äusserst gemischt, die Vorbildung ganz ungleichartig und fast stets unzureichend. Nicht wissenschaftliche Vorlesungen, nicht Vertiefung in die Probleme wollen und wünschen die Hörer, sondern sie streben nach Aneignung elementarer und meist recht bescheidener Kenntnisse von <u>Tatsachen</u> über die Kolonien, und dem Reichskolonialamt wie auch den kaufmännischen Kreisen erscheint eine solche Ausbildung durchaus genügend. ... In Hamburg ... lastet ein schwerer Zwang auf den Hörern, indem eine bestimmte Anzahl von Vorlesungen obligatorisch für sie gemacht ist und die Zahl dieser ist so gross, dass sie nicht viel Zeit haben, noch ausserdem Vorlesungen zu belegen, die für sie persönlich von Interesse sind. ... Die Zeit reicht nicht für eine eingehende Behandlung der Themata aus, vielmehr muss man sich mit einem Ueberblick begnügen, der den bescheidenen Ansprüchen der Hörer zur Not genügt." (1)

Nach Meinung Passarges konnte sich das Kolonialinstitut weder bezüglich der Qualität der Studenten noch der Vorlesungen mit den Universitäten messen. Demgemäss hielt er es für ausgeschlossen, dass Studenten nach Hamburg an das Kolonialinstitut kommen werden, zumal ihnen ein in Hamburg verbrachtes Semester nicht angerechnet wurde. Er empfahl dem Kolonialinstitut, sich auf eigene Füsse zu stellen und von der Gunst des Reichskolonialamtes unabhängig zu werden. Die Ausgestaltung des Kolonialinstitutes zu einer Art philosophischer Fakultät, die allerdings ganz speziell koloniale überseeische Interessen ins Auge fassen sollte, hielt er für eine Notwendigkeit, ja eine Lebensfrage. (2)

Diese Ausführungen von Passarge wurden im wesentlichen auch von Meinhoff, dem Linguisten, geteilt. Er machte insbesondere darauf aufmerksam, dass die Kolonialsprachen im Lehrplan einen viel grösseren Umfang einnehmen müssten. "Eine Beschäftigung von wöchentlich 2 Stunden mit einer so entlegenen Sprache, wie es die Kolonialsprachen sind, ist praktisch ziemlich wertlos. ... Ich halte für das allerbescheidenste Mass von Sprachunterricht wöchentlich 4 Stunden Vorlesung und 4-6 Stunden Unterhaltung mit den Eingeborenen." (3)

Er setzte sich ferner für das Fach Völkerpsychologie ein. "Für den Verwaltungsbeamten in unseren Kolonien ist eine Kenntnis der Volksvorstellungen

---

1 Staatsarchiv Hamburg, Professorenrat des Kolonialinstituts, Akte A I a 2, "Gedanken über die Entwicklung des Kolonialinstituts" von Passarge (S. 2), die übrigens, wie er in der Einleitung betont, von seinem Kollegen Nocht, dem bekannten Tropenmediziner, geteilt wurden.
2 Vgl. ebenda S. 3f und S. 7.
3 Ebenda S. 9.

absolut unerlässlich, weil aller gute Wille und alle Menschenfreundlichkeit nicht genügt, um ihn zur Kenntnis des Denkens der Eingeborenen zu verhelfen. Vor allem muss er ihre religiösen und Rechtsvorstellungen kennen, und das ist sehr schwierig, da nur ein Teil dieser Eingeborenen Buchreligionen und geschriebenes Recht haben, die überwiegende Mehrzahl aber von Zaubervorstellungen und der Sippe beherrscht wird." (1)

1913 verliessen der Historiker Marcks und der Spezialist für islamisches Recht Becker das Kolonialinstitut. Becker schrieb in einem Brief an den "Hamburger Correspondent" (2), dass bereits in den ersten Jahren klar wurde, dass die Erwartungen hinsichtlich der Nachfrage nach einer intensiven Kolonialausbildung falsch waren. Er betonte, dass die Kaufleute fast gänzlich, die regulären Studenten anderer Hochschulen vollkommen fehlten. Er bedauerte, dass die brillante Entwicklung des Instituts in bezug auf den Lehrkörper und die Lehrpläne sowie die starke Werbung diese Mängel nicht beseitigen konnte.
Im August 1909 wurde z. B. eine grosse Werbeaktion unter den Hamburger Uebersee-Firmen durchgeführt. (3) Doch ein entsprechendes Rundschreiben ergab ein geradezu klägliches Ergebnis. Drei Firmen beabsichtigten, Angestellte zu entsenden. Zwei Rückäusserungen gaben dem Bedauern Ausdruck, dass die Unterrichtsstunden zu ungünstig liegen. Im übrigen lauteten die zudem wenig zahlreichen Antworten verneinend. In einem Schreiben vom 1.7.1908 an das Kolonialinstitut teilte ein Vertreter des kaufmännischen Beirats mit: "Ich glaube indessen nicht, dass dieses sicherlich unerwartet kümmerliche Ergebnis unsere Veranstaltung als der endgültige Massstab für den Besuch des Instituts durch hamburgische Angehörige des Kaufmannsstandes zu betrachten ist." Trotz weiterer Rundschreiben änderte sich an dieser misslichen Situation nichts. Einem Protokollauszug der Besprechung des Senatskommissars mit dem kaufmännischen Beirat und Vertretern des Professorenrats am 18. Juni 1910 ist zu entnehmen, "dass der Besuch des Kolonialinstituts nach wie vor schwach sei. Es besteht Uebereinstimmung darüber, dass einstweilen nichts zu tun ist." (4)

Auch ausserhalb Hamburgs waren diese Schwierigkeiten bekannt. Bei den Beratungen im Reichstag zum Titel "Vorbereitung von Beamten für den Kolonialverwaltungsdienst" machte ein fortschrittlicher Abgeordneter geltend, dass die Tätigkeit des vortrefflich und reich ausgestatteten Hamburgischen Kolonialinstituts darunter leide, dass die Schülerzahl zu gering sei. (5)

---

1 Ebenda S. 10.
2 Dieser Leserbrief wurde in den "Hamburger Nachrichten" vom 4. August 1913 abgedruckt.
3 Vgl. zum folgenden Staatsarchiv Hamburg, Hamburger Kolonialinstitut, Akte betreffend Heranziehung von Kaufleuten, H Nr. I 5.
4 Ebenda
5 Deutsche Kolonialzeitung, Sonderbeilage zur Nummer 24 vom 6. April 1912.

Das Kolonialinstitut hatte auch verschiedentlich Schwierigkeiten mit den Studenten. So haben sich die beamteten Hörer des Reichskolonialamtes geweigert, ihre Namen in die Kontrolllisten der einzelnen Veranstaltungen einzutragen. Diese Weigerungen führten schliesslich dazu, dass sich das Reichskolonialamt damit einverstanden erklärte, die Kontrolllisten wegfallen zu lassen. (1)

Häufige Klagen ergaben sich auch infolge der Arroganz einzelner Hörer bezüglich der Angestellten des Kolonialinstituts. So wurde z.B. ein Angestellter von einem Regierungsassessor angefahren, als diesem nicht sofort die gewünschte Auskunft erteilt wurde: "Was glauben Sie eigentlich, wen Sie vor sich haben, Sie, junger Mann, ich sollte Sie nur in meinen Händen haben, ich würde schon mit Ihnen herumexerzieren!" (2)

Leider finden sich in den Unterlagen des Hamburgischen Kolonialinstituts im Staatsarchiv Hamburg keine Angaben über den Verbleib der Absolventen. Es darf aber vermutet werden, dass ein Grossteil der beamteten Hörer des Reichskolonialamtes nach Abschluss in den Kolonien tätig wurde. Vereinzelt erreichten das Hamburgische Kolonialinstitut auch Anfragen privater Kolonialgesellschaften, die sich durch sehr harte Arbeitsbedingungen auszeichneten. So enthielt z.B. das Stellenangebot der Deutschen Samoa-Gesellschaft vom 7. Dezember 1910 die Bedingung, dass die Kosten der Ausreise nach Samoa aus eigenen Mitteln zu bestreiten seien. Dem Schreiben ist ferner folgender Passus zu entnehmen: "Als Entgelt für seine Leistungen erhält der Volontär fürs Erste 100 Mark monatlich, freie Wohnung, 1 l Milch täglich und 1/2 Kuli Bedienung. Wie wir hier gleich einschalten wollen, entsprechen diese Bedingungen durchaus den überseeischen Verhältnissen, und kann der junge Mann grösste Solidität vorausgesetzt, durchaus von dem Gehalte existieren. ..." (3)

Abschliessend kann vom Hamburger Kolonialinstitut gesagt werden, dass damit entsprechend einer von Dernburg in Auftrag gegebenen Denkschrift (4) eine Anstalt geschaffen wurde, welche die kolonialen Angelegenheiten von einer höheren Warte aus einheitlich beobachtete, die Ergebnisse der daheim und im Ausland gemachten Erfahrungen ansammelte, durchforschte, zusammenfasste und derartig für die Verwertung zur Verfügung stellte oder aufbereitete, dass sie der Wissenschaft wie der Praxis gleichmässig und unmittelbar zugute kamen.

---

1 Staatsarchiv Hamburg, Professorenrat des Kolonialinstituts, Akte G II a 1 c, Brief von Prof. Nocht an Dr. Förster vom 1. November 1908 sowie Aktennotiz von Prof. Rathgen vom 13. April 1911.
2 Staatsarchiv Hamburg, Professorenrat des Kolonialinstituts, Akte G II a 1 e, Aktennotiz Michaelsen vom 26. April 1911.
3 Staatsarchiv Hamburg, Professorenrat des Kolonialinstituts, Akte T III.
4 Vgl. die Ausführung auf S. 30f.

Die Ausbildung am Hamburgischen Kolonialinstitut kann trotz zahlreicher kritischer Einwände als zweckentsprechend beurteilt werden.
Ferner hat das Kolonialinstitut innerhalb der deutschen Hochschulen Pionierdienste geleistet, da an ihm die ersten Professuren für Sinologie, für afrikanische Sprachen und für Geschichte und Kultur des islamischen Orients geschaffen wurden. (1)
Doch darf das positive Gesamturteil nicht über das Grundübel des Kolonialinstituts hinwegtäuschen, nämlich, dass der hochqualifizierte Lehrkörper "ein Heer von Offizieren ohne Soldaten" (2) war.

Zusammenfassend ergibt sich entsprechend den gewählten Kriterien (3) zur Beurteilung einer Ausbildungsinstitution für das Hamburgische Kolonialinstitut folgendes Profil:

ABB. 4: AUSBILDUNGSPROFIL DES HAMBURGISCHEN KOLONIALINSTITUTS
(zwischen 1907 und 1910)

KRITERIEN	BEWERTUNG	+2	+1	-1	-2	BEWERTUNG
ZIELFORMULIERUNG	klar			O		verschwommen
ERZIEHUNGSSTIL	sozial-integrativ			O		autokratisch
VERMITTELTES EXPERTENBILD	partnerschaftlich			O		patriarchalisch
UNTERRICHTSFORM	gruppenorientiert			O		lehrerzentriert
PRAXISORIENTIERUNG	stark			O		schwach
MITGESTALTUNG DURCH ADRESSATEN	ausgeprägt				O	nicht vorhanden
PSYCHOL. PROBLEME D. ZUSAMMENARBEIT	mitberücksichtigt			O		unberücksichtigt
WIRKUNG ALS SOZIALISATIONSINSTANZ	gering			O		hoch
% DER IN UEBERSEE TAETIGEN ABSOLV.	100 %				O	0 %

---

1 Staatsarchiv Hamburg, Akte Professorenkonvent, Heft 5 zur Akte I III A 2.
2 Der Deutsche Kulturpionier, 21. Jg., 1921, Nr. 1, S. 9.
3 Vgl. die Ausführungen auf S. 8f.

ZWEITER TEIL

DER EXPERTE DER ENTWICKLUNGSZUSAMMENARBEIT

IM KONTEXT SEINER AUSBILDUNG

DER EXPERTE DER ENTWICKLUNGSZUSAMMENARBEIT IM KONTEXT SEINER AUSBILDUNG

1. GRUNDLAGEN

1.1 Zum Begriff des Experten

1.1.1 Vorbemerkung und Abgrenzung

"Die akademischen Experten sagen Dir, was Du brauchst. Sie beanspruchen die Vollmacht, Dir Vorschriften zu machen. Sie propagieren nicht nur was gut ist, sondern sie bestimmen auch, was richtig ist. Das spezifische Kennzeichen des Experten ist weder sein Einkommen, seine lange Ausbildung, seine besondere Aufgabe, noch seine soziale Stellung. Was einzig zählt, ist die Vollmacht des Experten, einen Menschen als Klienten oder Patienten zu definieren, die Bedürfnisse dieses Menschen zu bestimmen und ihm ein Rezept auszuhändigen, das seine neue gesellschaftliche Rolle definiert."
(1)
Dieses Zitat findet sich in Jllichs neuestem Buch "Fortschrittsmythen".
Die Bemerkungen beziehen sich auf die westlichen Industrieländer und deren "Expertenzünfte". Zu diesen Zünften zählt er u.a. Erzieher, Sozialarbeiter, Militärs, Stadtplaner und Richter. (2)
Aber Jllich wirft auch kritische Blicke auf die Experten in internationalen Organisationen, die einen entscheidenden Einfluss insbesondere auch in Entwicklungsländern ausüben: "Internationale Banker 'diagnostizieren' die Krankheiten eines afrikanischen Landes und zwingen es dann, die verschriebene Arznei zu schlucken, mag auch der 'Patient' daran sterben." (3)
Der UNESCO bescheinigt er, dass sie Experten für die Regionalisierung dekredidierter Bedürfnisse ausbilde. (4)

Experten scheinen ein allgegenwärtiges Phänomen zu sein. Zur Lösung zahlreicher Probleme werden ebenso zahlreiche Experten-Kommissionen eingesetzt.

---

1 I. Illich, Fortschrittsmythen. Reinbeck bei Hamburg 1978, S. 39.
2 Vgl. ebenda S. 41.
3 Ebenda S. 41. Illich meint hier wohl die Tätigkeit des Internationalen Währungsfonds.
4 Vgl. ebenda S. 60.

Das besondere am Experten der Entwicklungszusammenarbeit ist, dass er im allgemeinen in einem Land fremder Kultur tätig wird, und nicht zuletzt deshalb kann seine Tätigkeit unter Umständen noch kontraproduktiver ausfallen als in seinem Heimatland. Doch muss diese Kritik sogleich relativiert werden, indem sie auf die Gesamtgruppe der "expatriates" ausgeweitet werden muss. Unter "expatriates" versteht Cohen "voluntary temporary migrants, mostly from affluent countries, who reside abroad for one or several of the following purposes:

1. Business -
   private entrepreneurs, representatives, managers and employees of foreign and multinational firms, foreign employees of local firms, professionals practising abroad.

2. Mission -
   diplomatic and other governmental representatives, foreign aid personnel, representatives of foreign non-profit-making organizations, military stationed abroad, missionaries.

3. Teaching, research and culture -
   academics, scientists (e. g. archeologists, anthropologists, etc.) and artists.

4. Leisure -
   owners of second homes abroad, the wealthy, the retired living abroad and other 'permanent tourists', bohemians and drop-outs." (1)

Experten der Entwicklungszusammenarbeit finden sich nur unter Punkt 2 der Untergruppe "foreign aid personnel" und teilweise in der Gruppe 3. Sie bilden nur einen kleinen Teil der expatriates. Nichtsdestoweniger dürften sie eine besonders einflussreiche Gruppe bilden. (2)
Cohen fasst die wichtigsten Charakteristiken der "expatriates" wie folgt zusammen (3):
"- Expatriates are transients who typically stay in the host country for limited periods of time.
  - Expatriates in the post-colonial world are less and less merely private persons abroad, and are increasingly the representatives of governments, governmental agencies, and other organizations. ...
  - While their privileged position enables them to mould their environment according to their needs and predilections, their representative roles often constrain them to adopt segregated and often exclusive life-styles, and militate against the adoption of local customs and values, even if these were agreeable to them (which they mostly are not).
  - Expatriate communities carve out for themselves - or have carved

---

1 E. Cohen, Expatriate Communities. In: Current Sociology, Vol. 24, Nr. 3, 1977, S. 6.
2 Ebenda S. 5.
3 Ebenda S. 73 und 77f.

out for them – an ecological sub-system of their own which, though it is not necessarily a geographically separate area, still serves to segregate the expatriate community from the host society.
- Expatriate communities develop, or are endowed with, an institutional system of their own which serves to satisfy the greater part of the personal, social and cultural needs of their members. The system is generally exclusive of members of the host society. Expatriate communities, hence, tend to exist in an enclave, or 'environmental bubble' which, though it does not faithfully reproduce 'home' and is in many respects different, exaggerated or distorted, still provides the individual expatriate with sufficient familiarity in the strangeness of the host society to think and act in terms of his 'thinking as usual', thus enhancing his ability to cope with his situation and to perform tasks in an otherwise strange and often threatening environment.
- In comparison with their home societies, expatriate communities are de-differentiated: institutional spheres wich are at home fairly autonomous, such as family and work, work and social relations and work and consumption services, come to be closely interdependent.
- Expatriate communities tend to be socially closed and exclusive. The social relations of the members are largely limited to co-nationals – the community supplies the major frame of reference for the social aspirations of its members.
- Expatriate communities suffer from a high incidence of adjustment problems, despite the protection and cushioning provided by their 'environmental bubbles'. Insufficient social support may be partly responsible for such problems together with a limited propensity to face strangeness and readiness for change; but these traits are themselves, in turn, a consequence of their temporariness and elite self-conceptions.
- Members of national expatriate communities interact across community boundaries primarily with other expatriates and with local elites. Much of their extra-community contacts are official and borne primarily by their highest status members. Informal social interaction with non-elite natives is generally rare.
- The increasing awareness of the role expatriates play in the creation and maintenance of structural dependency relationships between the developing and the major developed countries, and of the consequent propensity of expatriate communities to self-perpetuation, recently generated a growing opposition to expatriates, particularly among the younger, radical, nationalist elites of Third World countries."

Diese Charakteristiken und die damit auch ausgedrückte Kritik an den "expatriates" dürften grosso modo auch für den Experten der Entwicklungszusammenarbeit zutreffen.

1.1.2 Versuch einer Definition

Die Bezeichnung "Experte" (1) ist fragwürdig und umstritten, aber als terminus technicus hat sie sich eingeprägt. Neue Wortschöpfungen wie "Entwicklungsfachkraft" erscheinen als Nachfolgebezeichnungen nicht geeignet. Auch der von Freire verwendete Terminus "Extensionist" (2), als einer Person, die etwas zu jemandem "extendiert" (ausdehnt, weiterreicht), dürfte wegen der negativen Assoziationsfelder (3), die er damit verbindet, keinen erfolgversprechenden Ersatz darstellen. An der Bezeichnung Experte wird daher in dieser Arbeit festgehalten.

Unter Experten sollen qualifizierte und erfahrene Fachkräfte der verschiedensten Berufe verstanden werden, die im Auftrag nationaler oder internationaler Organisationen (z.B. DEH, GTZ, Helvetas, UN-Organisationen wie FAO und UNESCO) zur Förderung der Entwicklungszusammenarbeit in ein Entwicklungsland gesandt werden. Sie werden dort über einen längeren Zeitraum, in der Regel zwischen 2 und 6 Jahren tätig, um ihr Wissen und Können anzuwenden und weiterzugeben.
Mit dieser Definition sind jedoch nur formal-fachliche Kriterien abgedeckt. Die Experten können ihre Aufgaben jedoch nur befriedigend erfüllen, wenn im Persönlichkeitsbereich wenigstens vier grundlegende Qualifikationsmerkmale anzutreffen sind:
1. pädagogisches Geschick,
2. ausgeprägtes Einfühlungsvermögen in andersgeartete Kulturen und strukturell verschiedenes Denken,
3. Bescheidenheit in Bezug auf den eigenen Lebensstil und auf die Ergebnisse der eigenen Tätigkeit,
4. Fähigkeit zur Adaption, noch besser zur Antizipation. (4)

Die o. g. Definition umfasst nicht andere Gruppen von expatriates, wie z.B. Vertreter transnationaler Unternehmen sowie Militärberater, da diese im allgemeinen nicht im Sinne der Entwicklungszusammenarbeit tätig werden.

---

1 Dem Wort Experte liegt das lateinische Verb experiri = versuchen, erproben zugrunde. Hieraus leitete sich im 19. Jahrhundert das französische Wort expert = erfahren, sachverständig ab. Im heutigen Sprachgebrauch hat das Wort Experte oft einen negativen Beiklang, da viele Menschen in Ohnmacht den "Experten" gegenüberstehen.
2 P. Freire, Pädagogik der Solidarität. Für eine Entwicklungshilfe im Dialog. Wuppertal 1974, S. 18.
3 Nach Freire steht der Begriff Extension in seinem Assoziationsfeld in Bedeutungsbeziehung zu Uebergabe, Spende, Messianismus, kulturelle Invasion, Manipulation usw. Vgl. ebenda, S. 20.
4 Beide Begriffe sollen im Sinne des neuesten Berichts des Club of Rome verstanden werden: "Adaption emphasizes adjustment to given changes; anticipation stresses the human capacity to initiate change." J.W. Botkin, W. Elmandjra, M. Malitza, The Human Gap. The Learning Report to The Club of Rome (version as of 15 May 1979), M.s., Cambridge, Mass. 1979, S. 64. (Der Verfasser ist sich allerdings darüber klar, dass die zuletzt genannten Fähigkeiten besonders schwierig festzustellen und zu operationalisieren sind. Sie wurden deshalb auch an das Ende der grundlegenden Merkmale gestellt.)

Diese Definition stellt die Unterscheidung zwischen den Experten und Freiwilligen bzw. Entwicklungshelfern in Frage, jedoch nur bezüglich der Bundesrepublik Deutschland. In der Schweiz hat sich diese Unterscheidung bereits 1974 "als untunlich, d. h. von der Stellung, den Funktionen, den Verantwortungen unserer Mitarbeiter in Entwicklungsländern, aber auch von ihren Fähigkeiten und ihrem Alter her als unbegründet erwiesen". (1) Diese Unterscheidung wurde auch von Betroffenen oft nicht verstanden, zumal bereits seit 1972 die Gehaltsunterschiede zwischen Experten und Entwicklungshelfern, insbesondere ab drittem Einsatzjahr in vielen Fällen so gering waren, dass das Nebeneinander der beiden Personalsysteme noch problematischer geworden war. (2) Da die Unterscheidung keine substantielle Berechtigung mehr hatte, war es nur folgerichtig, dass ein neues Personalstatut in Kraft gesetzt wurde (ab 1. Mai 1977), welches die bisherige Trennung beseitigte. (3)
In der Bundesrepublik Deutschland besteht diese Trennung jedoch weiterhin, obwohl die früher vorhandenen Unterschiede in Bezug auf Alter und Qualifikation fast verschwunden sind. Das durchschnittliche Alter der Entwicklungshelfer liegt heute bei 30 Jahren, und ca. 50% der Entwicklungshelfer des Deutschen Entwicklungsdienstes (DED) sind Fachhochschul- und Hochschulabsolventen.
So hat sich der DED in den letzten Jahren von einem ursprünglich dem amerikanischen Peace Corps nachgebildeten Freiwilligendienst in Richtung auf einen Fachdienst à la GTZ hin entwickelt. In vielen Projekten sind Entwicklungshelfer tätig, deren Aufgaben ebenso gut von Experten übernommen werden könnten. In ihrer neuesten Stellungnahme zur personellen Hilfe in Entwicklungsländern kommt daher auch die Bundesregierung zu dem Ergebnis, dass sich der Unterschied zwischen dem Experten und dem freiwilligen Entwicklungshelfer nivelliert habe. (4) Trotzdem behält sie die Trennung bei:

---

1 Der Delegierte für technische Zusammenarbeit (t. 400, t. 330-RR/so.) Grundlagen und Anregungen für die Ausarbeitung eines einzigen Statuts für das gesamte privatrechtlich angestellte Auslandspersonal des DftZ. Bern, 7. Januar 1974, Ms., S. 1.
2 Ebenda S. 1f.
3 Vgl. Mitteilungen des Delegierten für technische Zusammenarbeit, EPD-"antenne", April 1977, S. 3-10.
4 Vgl. Deutscher Bundestag, 8. Wahlperiode, Drucksache 8/2529, 1.2. 1979 - Antwort der Bundesregierung auf die Kleine Anfrage der Abgeordneten Dr. Köhler (Wolfsburg), Frau Fischer, Höffkes, Dr. Hoffacker, Dr. Hüsch, Josten, Dr. Kunz (Weiden), Petersen, Stommel, Dr. Todenhöfer, Werner und der Fraktion der CDU/CSU-Drucksache 8/2342 - Personelle Hilfe in Entwicklungsländern, S. 6. Im folgenden zitiert als Antwort der Bundesregierung vom 1.2.1979 zur personellen Hilfe in Entwicklungsländern.

"Spezialisierte Kräfte mit langjähriger Berufserfahrung insbesondere im Ausland, arbeiten vorwiegend als Experten (z. B. Regierungsberater in Planungs- und Fachministerien, Bankberater, Hochschullehrer). Wesentliches Merkmal des Entwicklungshelfers bleibt seine Bereitschaft, sich gegen ein relativ bescheidenes Unterhaltsgeld und eine spätere Wiedereingliederungsbeihilfe einige Jahre in den Dienst der Entwicklungszusammenarbeit zu stellen. In der Erschliessung dieses idell motivierten Fachkräftepotentials sieht die Bundesregierung einen unverzichtbaren Beitrag der Entwicklungshelfer-Organisationen für die personelle Zusammenarbeit." (1)

Eine pragmatische Entwicklung wie in der Schweiz scheint in der Bundesrepublik wenigstens zur Zeit undenkbar, würde dies doch bedeuten, dass der Deutsche Entwicklungsdienst Teil der Gesellschaft für technische Zusammenarbeit werden würde!

1.2 Die Anfänge der Entwicklungszusammenarbeit und der Expertentätigkeit

Vorbemerkung

Wenn im folgenden auf die Anfänge der Entwicklungszusammenarbeit und der Expertentätigkeit rückgeblendet wird, so geschieht das, um aufzuzeigen, dass Entwicklungszusammenarbeit und Expertentätigkeit von Anfang an eine Einheit bildeten. Ausserdem sind die Anfänge der Entwicklungszusammenarbeit in der Literatur zu diesem Thema, insbesondere in der Schweiz, nur mit einigen Zeilen erwähnt. Die im folgenden erstmals ausgewerteten Quellen könnten daher von Interesse sein.

1.2.1 Der Beginn in der BRD (1952-1956)

Lange bevor der erste deutsche Experte 1957 von deutscher offizieller Stelle ausgesandt wurde, gab es schon Deutsche, die in den heute sogenannten Entwicklungsländern tätig waren. Erinnert sei hier z. B. an den Geophysiker Wilhelm Filchner (2), der 1939/40 im Auftrag des Maharadschas

---

1 Ebenda S. 6f. Aus dieser Bemerkung könnte man schliessen, dass die Experten eher finanziell und weniger ideell motiviert sind.
2 Vgl. W. Filchner, In der Fieberhölle Nepals. Wiesbaden 1971. Obwohl Filchner frei von offiziellen deutschen Bindungen war, hat er dennoch Deutschlands Wohl im Auge behalten. Im Vorwort zu seinem Buch schreibt er, dass er die Belange seiner Nation so zu vertreten versuchte, dass er am Ende begründete Aussicht hatte, Deutschland einen Anteil an der wirtschaftlichen Erschliessung Nepals zu sichern.

Teile Nepals magnetisch vermessen hatte, und an die Physiotherapeutin Erika Leuchtag (1), die 1949 für den König Tribhuvan in Nepal tätig war. Beide waren in heutiger Terminologie "integrierte Experten". (2) Ihr Gehalt, die Kosten für Unterkunft und Verpflegung sowie die Reisekosten wurden voll von der nepalesischen Regierung übernommen. Einige dieser Experten mit Auslandsverträgen, so z. B. G. Trautmann (3), wurden später GAWI-Experten. (4)

Die offizielle deutsche Entwicklungshilfe begann 1952; den für den Wiederaufbau der Handelsbeziehungen seit 1950 durchgeführten Exportförderungsmassnahmen (5) kann dagegen nur Vorläufercharakter zugesprochen werden.

Nach Dennert (6) hat das Bundesministerium für Wirtschaft das Sachgebiet der Entwicklungshilfe erkannt, die ersten Mittel dafür ausgegeben und auch das erste Entwicklungsprojekt durchgeführt.

---

1 Vgl. E. Leuchtag, With a king in the clouds. London 1958.
2 Vgl. die Ausführungen auf S. 266.
3 Geboren 1896, war er seit 1932 in der Türkei und in Aegypten tätig. Die weiteren Stationen waren:
1937-1939 und 1950-1953, Direktor im Kgl. Afghanischen Kultusministerium, Aufbau und Leitung des Technikums Kabul.
1957-1963 UNESCO-Experte in Kabul
1966-1968 Experte der GAWI, Direktor des Technical Training Institutes Kathmandu.
4 Die GAWI, 1932 unter dem Namen "Garantie-Abwicklungs-Gesellschaft mbH" gegründet, war seit 1957 mit der technischen Abwicklung von Entwicklungshilfemassnahmen beauftragt. 1964 wurde sie in "Deutsche Förderungsgesellschaft für Entwicklungsländer (GAWI) GmbH" umbenannt. Zu ihrem Aufgabenbereich gehörte u. a. die Einstellung und Betreuung von Experten die im Rahmen der technischen Hilfe der BRD in Entwicklungsländer gesandt wurden. Die GAWI wurde 1974 mit der 1969 gegründeten Bundesstelle für Entwicklungshilfe zur privatrechtlich organisierten "Gesellschaft für technische Zusammenarbeit" (GTZ) zusammengeführt. Vgl. F. Betke u. a., Partner, Pläne und Projekte - Die personelle Hilfe der Bundesrepublik Deutschland in Westmalaysia. Bericht über eine empirische Untersuchung in Westmalaysia 1976. Bielefelder Studien zur Entwicklungssoziologie, Band 1, Saarbrücken 1978, S. 35f.
5 Näheres hierzu vgl. K. Bodemer, Die entwicklungspolitische Konzeption der BRD im Spannungsfeld konfligierender Interessen. Entwicklung und Wandel der Motive, Zielvorstellungen und Vergabegrundsätze der bilateralen, öffentlichen Hilfepolitik von den Anfängen bis zum Ende der Ersten Entwicklungsdekade (1956-1970) - Eine empirisch-deskriptive Untersuchung. München 1974, S. 27ff.
6 J. Dennert, Entwicklungshilfe geplant oder verwaltet? Entstehung und Konzeption des Bundesministeriums für wirtschaftliche Zusammenarbeit. Freiburger Studien für Politik und Gesellschaft überseeischer Länder, Band 2, Bielefeld 1968, S. 11.

Bereits 1952 stellte das Wirtschaftsministerium aus Marshallplan-Mitteln DM 500'000. - für das technische Hilfsprogramm der Vereinten Nationen bereit. (1)
1953 stellte dasselbe Ministerium aus Mitteln des europäischen Wiederaufbauprogramms DM 500'000. - als "Zuschuss für die Förderung des Erfahrungsaustausches" zur Verfügung. (2) Diese Mittel durften in der Hauptsache aber nur verwendet werden "zur Uebernahme von Kosten, die im Zusammenhang mit der Tätigkeit von Beratern und Gutachtern im Ausland entstehen. Aus diesen Mitteln können auch die Reisekosten ausländischer Sachverständiger und deren Aufenthaltskosten in der Bundesrepublik sowie die hierbei entstehenden sächlichen Kosten bestritten werden." (3)
1954 wurde im Wirtschaftsministerium ein Entwurf zur Förderung der technischen Hilfeleistung für weniger entwickelte Gebiete vorgelegt. (4) In diesem Entwurf trat klar die aussenwirtschaftliche Vorreiterfunktion deutscher technischer Hilfeleistungen hervor. "Form und Zielrichtung eines solchen deutschen technischen Hilfeleistungs-Programms müssen auf die Interessen sowie die finanziellen und personellen Möglichkeiten der deutschen Wirtschaft abgestimmt werden." (5) Die Entsendung von Experten zur Beratung und zur tätigen Mitarbeit stand im vorgenannten Entwurf an erster Stelle.
1955 tauchte erste Kritik an der unzureichenden Mittelausstattung auf. "Der Stand unserer unmittelbaren Technical Assistance ist durchaus unbefriedigend. Hierfür steht nur ein völlig unzulänglicher Fonds aus dem ERP-Sondervermögen zur Verfügung, der mit grössten Anstrengungen auf ganze 700'000 DM für das laufende Rechnungsjahr gebracht worden ist." (6)
In diesem Brief werden auch erstmals offiziell die konkreten vorgesehenen technischen Hilfeleistungen umschrieben. "Die unmittelbare deutsche Technical Assistance sollte sich erstrecken von der Entsendung von Sachverständigen und Erstattung von Gutachten über die Einladung ausländischer Führungskräfte und Wissenschaftler bishin zu Freistellen für ausländische Studenten und Praktikanten, der Abstellung deutscher Lehrkräfte und der Versorgung ausländischer Ausbildungsstätten mit Lehrmaterial. Letztere Formen bringen zwar erst nach längerer Zeit Gewinn für die deutsche Ausfuhr und eine wirtschaftliche Verflechtung. Dieser Gewinn ist dann aber erfahrungsgemäss umso grösser. ..." (7)

---

1 Vgl. K. Bodemer, a. a. O., S. 29.
2 Vgl. J. Dennert, a. a. O., S. 11.
3 Schreiben des Staatssekretärs Westrick, Bundesministerium für Wirtschaft, an den Herrn Bundesminister der Finanzen vom 14. September 1955, S. 4, im folgenden zitiert als Westrick-Brief 1955.
4 Vgl. J. Dennert, a. a. O., S. 11.
5 Zitiert nach J. Dennert, a. a. O., S. 12.
6 Westrick-Brief 1955, S. 4.
7 Ebenda S. 3f.
   Der Exportförderungscharakter der Entwicklungshilfe kommt nicht nur in solchen Formulierungen, sondern bereits im Betreff des Briefes zum Ausdruck, welcher lautet: Erhöhung der im Haushaltsvoranschlag meines Ministeriums für das Rechnungsjahr 1956 vorgesehenen Exportförderungsmittel.

Nicht zuletzt aufgrund der vorerwähnten Kritik wurde im Haushaltsplan 1956 ein Titel mit der Zweckbestimmung "Hilfestellung für den wirtschaftlichen Aufbau von weniger entwickelten Ländern" eingestellt und mit DM 3,5 Mio. ausgestattet. Diese Mittel standen für den Austausch von Sachverständigen mit dem Ausland, für die Lieferung von Lehrmaterial, für ins Ausland zu entsendende Lehrkräfte und für Stipendien zur Verfügung. (1)
Das erste deutsche Expertenteam wurde vom Wirtschaftsministerium im Februar/März 1955 nach Saudi-Arabien entsandt. Der Bericht der Kommission (2) zeichnet sich durch Bescheidenheit (3) und Bildhaftigkeit (4) aus, gibt aber auch klare Hinweise zu diversen Sektorplanungen. (5)
1956 trat neben dem Wirtschaftsministerium das Auswärtige Amt auf die entwicklungspolitische Bühne. In diesem Jahr standen DM 50 Mio. mit der Zweckbestimmung "Förderung wirtschaftlich unterentwickelter Länder" zur Verfügung. (6) Die Errichtung von Ausbildungsstätten verbunden mit der Entsendung von Experten rangierten unter den Möglichkeiten der Hilfe an vorderster Stelle. (7)

---

1 Vgl. J. Dennert, a.a.O., S. 13.
2 Vgl. zum folgenden Bundesministerium für Wirtschaft, Bericht der deutschen Expertenkommission für Saudisch-Arabien. Düsseldorf, den 10. August 1955.
3 "Wir sind uns bewusst, dass es ein sehr gewagtes Unterfangen ist, nach einem so kurzen Aufenthalt in einem fremden Land mit Ratschlägen und Anregungen an die Regierung heranzutreten. Um ein wirklich begründetes Urteil über die wirtschaftlichen Entwicklungsmöglichkeiten Saudisch-Arabiens abzugeben, wären sicher viel sorgfältigere und umfassendere Einzelstudien notwendig, als sie uns möglich waren." Ebenda, S. 1.
4 "Eine Volkswirtschaft ist wie eine Waage. Auf der einen Waagschale liegt das Geld, das verdient wird, auf der anderen Seite die Güter, die produziert werden. Wenn der Bevölkerung und dem Staat plötzlich sehr viel mehr Geld zum Ausgeben zur Verfügung steht, die Güterproduktion im Lande selbst aber nur langsam steigen kann, so gerät die Waage aus dem Gleichgewicht. Dann steigen die Preise der Güter und Dienstleistungen so lange, bis beide Schalen wieder im Gleichgewicht sind. In der Sprache der Wirtschaftswissenschaft nennt man diesen Vorgang eine Inflation." Ebenda S. 5.
5 In den Anlagen zum Bericht finden sich detaillierte Ausführungen zu den Sektoren Strassenbau, Eisenbahnwesen, Wasserversorgung, Energie (Erdgas) und mineralische Rohstoffe.
6 Vgl. J. Dennert, a.a.O., S. 14.
7 Ebenda S. 17.

Von nun an beherrschten zwei Ministerien mit eigenen, aber konkurrierenden Kompetenzen und ausgestattet mit entsprechenden Finanzmitteln die entwicklungspolitische Szene. (1) In den Konzeptionen beider Häuser war die Entsendung von Experten vorgesehen.

White urteilt über die "tentative beginnings" (2) der deutschen Entwicklungszusammenarbeit:
"Even after 1956, German technical assistance remained uncoordinated and somewhat haphazard. To the Federal Government, the scope seemed severely limited by the lack of German experts with experience of conditions in developing countries. In these countries, Germany had no special interests to protect, as did the colonial powers, and it had no tradition of service overseas."

1.2.2 Der Beginn in der Schweiz (1947-1951)

Bevor auf die ersten Aktivitäten der Schweiz in Entwicklungsländern eingegangen wird, sollen im folgenden die Anfänge der Entwicklungszusammenarbeit in der Schweiz auf Bundesebene dargestellt werden.
Ab 26. Januar 1950 fand im Eidgenössischen Politischen Departement (EPD) in Bern ein erster Meinungsaustausch statt, "bei dem der von der Schweiz anzustrebende Mitwirkung bei der technischen Hilfe für zurückgebliebene Länder diskutiert wurde". (3)
An diesem Meinungsaustausch nahm auch das Präsidium der ETH Zürich teil. Die damals geäusserten Gedanken sowie einige neue Ueberlegungen waren vom Präsidenten des Schweizerischen Schulrates in einem Brief in Form eines Exposés vom 14. Februar 1950 den beiden massgebenden Bundesbehörden übermittelt worden.
In diesem Exposé hiess es u.a., dass eine aktive Beteiligung der Schweiz an der technischen Hilfe für zurückgebliebene Gebiete "auf der von Herrn Bundespräsident M. Petitpierre eingeschlagenen Linie der Beteiligung an

---

1 Ueber die sich daraus ergebenden Konflikte sowie die Gründungsgeschichte des Bundesministeriums für wirtschaftliche Zusammenarbeit siehe ausführlich J. Dennert, a.a.O., S. 26-78.
2 J. White, German Aid. A survey of the sources, policy and structure of German aid. London 1965, S. 20.
3 Archiv des Präsidenten des Schweizerischen Schulrates der Eidgenössischen Technischen Hochschule Zürich, Schreiben des Präsidenten des Schweizerischen Schulrates vom 14. Februar 1950 an Herrn Minister Zutter, Chef der Abteilung für Internationale Organisationen im Eidg. Pol. Dept. und Herrn Direktor Zipfel, Delegierter für Arbeitsbeschaffung, S. 1, zukünftig zitiert als ETH-Exposé 1950.

möglichst allen unpolitischen internationalen Organisationen zu liegen scheint." (1)
Bezüglich des wirtschaftlichen Aspektes wurde auf Prof. Dr. F. T. Wahlen verwiesen, der darauf aufmerksam gemacht habe, dass die Schweiz auch vom Standpunkt der Wahrung ihrer wirtschaftlichen Interessen und im Hinblick auf die Weltgeltung schweizerischer Kultur, Wissenschaft und Wirtschaft verpflichtet sei, für eine aktive Beteiligung einzutreten. Wahlen habe vor allem betont, dass auf weite Sicht gesehen, eine teilweise Verlagerung auch auf wirtschaftlichem Gebiete von den bilateralen auf die multilateralen Beziehungen zu erwarten sei und dass sich daraus für die schweizerische Wirtschaft schwerwiegende Probleme der Aufrechterhaltung ihrer Exporte sowie des nationalen Lebenshaltungsniveaus ergeben könnten. (2)

Hinsichtlich der Experten heisse es im Exposé:
"Wenn auch diese Experten als neutrale Vertreter irgend einer der internationalen Organisationen ihre Aufgaben erfüllen werden, so wird es nicht zu vermeiden sein, dass sie als Bürger eines bestimmten Staates gewollt oder ungewollt für die Exportwirtschaft ihres Heimatlandes günstige Vorbedingungen schaffen werden.
Wenn in einem der technischen Hilfe teilhaftig werdenden, zurückgebliebenem Gebiet die Exportwirtschaft eines bestimmten Staates Fuss fassen könnte, ..., so wird ein späteres Eindringen in solche bestehende oder potentielle Märkte für andere Länder mit grössten Schwierigkeiten verbunden sein. (3) ... Die besondere Gefahr besteht ... darin, dass die schweizerische Exportwirtschaft, wenn sie nicht frühzeitig genug – unter Umständen bereits durch die Stellung der wissenschaftlichen und technischen Equipen für die Landesvermessung z.B. – in der Wirtschaft des betreffenden Landes Fuss fassen kann, später nur noch unter grössten Schwierigkeiten in den neuen Markt einzudringen vermag, um sich einen nennenswerten Anteil an den Importbedürfnissen zu sichern. ... Die Tatsache, dass wir als neutraler Kleinstaat keine machtpolitische Bedrohung darstellen, dass wir aber anderseits in wissenschaftlicher und wirtschaftlicher Beziehung auf einer hohen Stufe der Entwicklung stehen, lässt den Beizug schweizerischer Staatsangehöriger als Experten und Berater und die Anschaffung von schweizerischen Industrieprodukten als besonders wünschenswert erscheinen." (4)

Die Form der Beteiligung der Schweiz betreffend, findet sich folgende Bemerkung:
"Wir werden den uns zukommenden Platz ... und unserer Stimme das gebührende Gewicht nur dann zu sichern vermögen, wenn wir uns nicht von den Ereignissen schieben lassen, sondern durch initiatives Vorgehen und

---

1 ETH-Exposé 1950, S. 2.
2 Vgl. ebenda S. 3.
3 Ebenda S. 2f.
4 Ebenda S. 4.

durch die frühzeitige Bereitstellung konkreter Vorschläge unser <u>aktives</u> Interesse an der Gesamtaktion bekunden." (1)

In dem Exposé wird auch auf die erforderliche enge Zusammenarbeit zwischen Bundesbehörden, der Wissenschaft und der Wirtschaft hingewiesen: "Eine reibungslos und rasch funktionierende Koordinierung ist notwendig, um im Rahmen des Programmes der technischen Hilfe und im bilateralen Verkehr in zunehmender Anzahl benötigten schweizerischer Experten, Spezialisten, Fachleute, Techniker und Wissenschaftler, Lehrkräfte ausfindig machen und vorbereiten zu können." (2)

Es wurde auch die Gründung einer Koordinations-Kommission vorgeschlagen, die u. a. folgende Aufgaben haben sollte:
- "Gewährleistung eines rechtzeitigen Einsatzes von schweiz. Wissenschaftern, Technikern, Wirtschaftern.
- Ermöglichung der Aussendung geeigneter Equipen, die bisher mangels genügender Mittel oft nicht zum Einsatz kamen." (3)

Zur Frage der Experten finden sich folgende Ausführungen:
"Sie sind unter den hervorragenden Vertretern der ... wissenschaftlichen, technischen und wirtschaftlichen Kreise unter Zuzug von Vertretern der Exportwirtschaft der Wirtschafts- und der technischen Fachorganisationen auszuwählen. ... Die verschiedenen Experten würden je nach der zu lösenden Aufgabe von Fall zu Fall zur Mitarbeit aufgefordert." (4)
Die Verfasser des Exposés hielten es auch für ausserordentlich wichtig, "dass die Schweiz ohne Verzug am internationalen Wettlauf für den Ausbau der wirtschaftlich zurückgebliebenen Gebiete mitwirken kann. Es ist keine Zeit mehr zu verlieren". (5) In diesem Zusammenhang wurde insbesondere auf die vehementen Vorstösse der USA hingewiesen, die Fachexperten aus den Bundesämtern delegiere, und die ihren Fachleuten grosszügige Urlaube für deren Tätigkeit im Ausland gewähre.
Die Verfasser befürworteten wärmstens den Plan (6), aus den noch verfügbaren, für Arbeitsbeschaffungszwecke reservierten Bundesmitteln Gelder bereitzustellen, die zur Ausrichtung von Vorschüssen und Ausfallgarantien an schweizerische Fachleute für die Aufnahme von Verhandlungen in wirtschaftlich unterentwickelten Ländern dienen sollten.

---

1 Ebenda S. 4.
2 Ebenda S. 5.
3 Ebenda S. 5.
4 Ebenda S. 8.
5 Ebenda S. 9.
6 Dieser Plan wurde von Direktor Zipfel, dem Delegierten für Arbeitsbeschaffung, ausgearbeitet. Vgl. ebenda S. 10.

Dieses Exposé kann als Schlüsseldokument (1) der schweizerischen Entwicklungszusammenarbeit betrachtet werden, enthält es doch bereits wichtige Komponenten, die sich zum Teil noch in neuesten Konzeptionen finden:
1. Technische Hilfe für zurückgebliebene Gebiete hat eine aussenpolitische, insbesondere aber eine wirtschaftliche Komponente im Sinne der Förderung der schweizerischen Exportwirtschaft. (2)
2. Aktives statt reaktives Handeln der beteiligten Stellen ist nötig, um die vorgenannten Komponenten mit Leben zu erfüllen.
3. Notwendigkeit einer straffen Koordinierung
4. Entsendung von Experten
5. Teilnahme der Schweiz "ohne Verzug am internationalen Wettlauf für den Ausbau der wirtschaftlich zurückgebliebenen Gebiete". (3)

Das ETH-Exposé erhielt besonderes Gewicht dadurch, dass wichtige Passagen wörtlich im ersten Bundesratsbeschluss von 1950 bezüglich der Entwicklungsländer zitiert wurden und dass sich der Bundesrat dem ETH-Exposé "durchaus anschliessen" konnte. (4)

---

1 Allerdings fehlen jegliche Hinweise auf humanitäre oder soziale Aspekte.
2 Von 1950 bis zur Gegenwart reicht hier eine ungebrochene Tradition. Unter Bezug auf das Bundesgesetz über die internationale Entwicklungszusammenarbeit und humanitäre Hilfe vom 19. März 1976 heisst es in der "Botschaft über die Weiterführung der technischen Zusammenarbeit und der Finanzhilfe zu Gunsten von Entwicklungsländern" vom 23. November 1977 (77.084) auf Seite 21: "Ein kontinuierliches Wirtschaftswachstum in der Dritten Welt, das nur in Partnerschaft mit den Industrieländern möglich ist, erscheint nicht nur als eine wichtige Teilvoraussetzung für die 'Verbesserung der Lebensbedingungen' in den Entwicklungsländern (Artikel 5 Abs. 1 des Gesetzes); vielmehr eröffnet es der exportorientierten Schweizer Wirtschaft auch wichtige Wettbewerbsfelder und trägt direkt und indirekt zur Sicherung und zur Kontinuität unserer Versorgung mit Rohstoffen bei. Unter diesem Doppelaspekt konnte die internationale Entwicklungszusammenarbeit ... als Ausdruck der wachsenden gegenseitigen Abhängigkeit aller Staaten betrachtet werden und als Beitrag an eine weltwirtschaftliche Entwicklung gelten, die 'auf der gegenseitigen Achtung der Rechte und Interessen aller Partner beruht' (Art. 2 Abs. 1 des Gesetzes.)"
Vgl. auch die "Botschaft über die Finanzierung von wirtschafts- und handelspolitischen Massnahmen im Rahmen der internationalen Entwicklungszusammenarbeit" vom 9. August 1978 (78.042). In dieser Botschaft wurde ein Rahmenkredit über 200 Mio. Franken beantragt.
Siehe hierzu auch R. Gerster, Entwicklungshilfe. In: Handbuch der Schweizerischen Aussenpolitik (Herausgegeben von A. Riklin u.a.), Bern und Stuttgart 1975, insbesondere S. 634ff.
3 Vgl. ETH-Exposé 1950, S. 9. (Nicht nur an dieser Stelle erinnert die Sprache des Exposés deutlich an die "Platz an der Sonne-Ideologie" der Bismarck-Zeit.
4 Erster Bundesratsbeschluss betreffend die Institutionalisierung der Zusammenarbeit mit Entwicklungsländern vom 31. März 1950. Ausrich-

In diesem ersten Bundesratsbeschluss heisst es u. a. :
"Wenn die Frage der Unterstützung zurückgebliebener Länder für die
Vereinigten Staaten unter politischen und wirtschaftlichen Gesichtspunkten
von ausserordentlicher Bedeutung und Tragweite ist, so tritt für uns der
politische Aspekt selbstverständlich in den Hintergrund. Umso stärker
sind, abgesehen von Ueberlegungen humanitärer Art, die wirtschaftlichen
Motive, die uns veranlassen müssen, nicht beiseite zu stehen, sondern
uns in bestmöglicher Weise in diese grosse internationale Aufgabe einzuschalten. Es ist anzunehmen, dass von den Vereinigten Nationen und den
anderen massgebenden internationalen Instanzen ein Projekt wird ausgearbeitet werden, dem die Schweiz schon aus Gründen der internationalen
Solidarität ihre Mitwirkung nicht wird versagen können. Anderseits dürfen
wir uns von einer solchen Kollektivaktion für unser Land nicht zuviel versprechen. Hier werden die Grossstaaten und vor allem Amerika das Wasser auf ihre Mühlen zu leiten verstehen. Wir werden deshalb alle Anstrengungen machen müssen, um uns auf dem für uns viel günstigeren Wege
bilateraler Verhandlungen mit einzelnen Ländern unsern Anteil an den zu
vergebenden Aufträgen zu sichern." (1)

Auch dem Bundesrat war es ein dringliches Gebot, "dass der Bund schweizerischen Fachleuten die Einleitung der unumgänglichen Unterhandlungen
mit gesuchstellenden Ländern finanziell erleichtert". (2) Er beschloss,
aus den noch verfügbaren, für Arbeitsbeschaffungszwecke reservierten
Mitteln einen Betrag von Fr. 200'000. - abzuweigen, der zur Ausrichtung
von Vorschüssen, Ausfallgarantien und Beiträgen an schweizerische Fachleute für die Aufnahme von Verhandlungen und Untersuchungen in wirtschaftlich zurückgebliebenen Ländern dienen sollte. (3)
Dem Bundesratsbeschluss ist auch zu entnehmen, dass am 8. März 1950
eine neungliedrige Koordinationskommission geschaffen wurde, die unter
dem Vorsitz des Präsidenten des Schweizerischen Schulrates stand, und
"die vor allem die geeigneten Fachleute ausfindig zu machen und diese auf
die Durchführung der ihnen anvertrauten Aufgaben vorzubereiten hat". (4)

In einem "Convenium betreffend die Behandlung von Geschäften im Gebiete
der technischen Unterstützung wirtschaftlich unentwickelter Länder" vom
14. 3. 1950 einigten sich die beteiligten eidgenössischen Stellen (u. a. Abteilung für internationale Organisationen des Politischen Departementes,
Delegierter für Arbeitsbeschaffung, Bundesamt für Industrie, Gewerbe und

---

    tung von Vorschüssen und Beiträgen an schweizerische Fachleute zur
    Aufnahme von Unterhandlungen und Untersuchungen in wirtschaftlich
    zurückgebliebenen Ländern, incl. Bericht und Antrag, Ms., S. 3.
1 Ebenda S. 2.
2 Ebenda S. 5.
3 Vgl. ebenda S. 7.
4 Ebenda S. 5.

Arbeit, Handelsabteilung, Eidgenössische Technische Hochschule) über die
Kompetenzverteilung im bilateralen und multilateralen Bereich.

Zusammenfassend bleibt festzustellen, dass die Schweiz ganz im Gegensatz zur Bundesrepublik Deutschland bereits im Frühjahr 1950 über drei wichtige Instrumente verfügte:
- Ein einfaches, wenn auch einseitig an wirtschaftlichen Interessen orientiertes Grundkonzept, welches von den beteiligten eidgenössischen Institutionen getragen wurde,
- eine schriftliche Uebereinkunft über die Zuständigkeiten der diversen eidgenössischen Stellen sowie eine "Koordinationskommission", ferner
- bescheidene finanzielle Mittel zur Aussendung von Expertenteams.

Diese Grundkonzeption wurde in den folgenden Jahren durch weitere Botschaften und Bundesratsbeschlüsse ausgebaut. (1) Der vorläufige konzeptionelle Endpunkt wurde mit dem "Bundesgesetz über die internationale Entwicklungszusammenarbeit und humanitäre Hilfe" erreicht, welches am 1. Juli 1977 in Kraft gesetzt wurde.

Nicht nur auf eidgenössischer Ebene, sondern auch auf privater Seite lassen sich frühzeitig Aktivitäten feststellen. Bereits im Jahre 1947 finden sich erste Hinweise auf eine zukünftige schweizerische Entwicklungszusammenarbeit. Rodolfo Olgiati, der damalige Generalsekretär der Schweizer Spende (2), wies in einem Artikel darauf hin, dass es an der Zeit sei, die Nachkriegshilfe durch Friedensarbeit zu ersetzen. Er schlug bereits die Entsendung von schweizerischen Experten vor. Hierzu schrieb er u. a.
"Wer im Ausland gewesen ist ... weiss beispielsweise, dass die Schweiz mit ihren unversehrten Institutionen und Kadern noch jahrelang an der Wiedererstarkung der medizinischen, erzieherischen und sozialen Einrichtungen und Kräfte des Auslandes mitwirken muss. Er weiss auch, dass man dies von ihr erwartet. ... Sie [die Schweiz] kann Studienaufenthalte für Ausländer, Aufnahme von Tuberkulosekranken anbieten, sie kann Missionen zur Seuchenbekämpfung, Fachleute zur Schaffung neuer Institutionen ausrüsten und zur Verfügung stellen." (3)

---

1   Vgl. z. B. Message du Conseil fédérale à l'Assemblée fédérale concernant la participation de la Conféderation au programme d'assistance technique des Nations Unies du 14 février 1951, ferner den Bundesratsbeschluss über die bilaterale technische Hilfe der Schweiz an wirtschaftlich ungenügend entwickelte Länder vom 11. November 1952 sowie die Botschaft des Bundesrates an die Bundesversammlung über die technische Hilfe der Schweiz an wirtschaftlich ungenügend entwickelte Länder vom 24. September 1954.
2   Die Schweizer Spende versuchte von 1944-1948 die Not in den vom Krieg verwüsteten Ländern zu mildern. Vgl. R. Kägi-Fuchsmann, Vom Werden der schweizerischen Entwicklungshilfe. In: Schweizerische Zeitschrift für Gemeinnützigkeit, Jan. /Febr. 1966, Heft 1/2, S. 26.
3   Zitiert nach R. Kägi-Fuchsmann, a. a. O. , S. 28f.

Der aktive Beginn der schweizerischen Entwicklungszusammenarbeit mit einem Entwicklungsland lässt sich auf Herbst 1948 datieren. (1) Zu diesem Zeitpunkt besuchte ein gewisser K. U. Advani, ein indischer Geschäftsmann und Vertreter der in Nepal herrschenden Rana-Familie, die Handelsabteilung des Eidgenössischen Volkswirtschaftlichen Departementes (EVD). "Er wünschte im Auftrag der Regierung von Nepal Angebote von schweizer Fachleuten, die dem Lande Nepal bei seiner technischen und wirtschaftlichen Entwicklung von Nutzen sein könnten." (2)
Die Handelsabteilung des EVD setzte sich mit der Eidgenössischen Technischen Hochschule in Zürich sowie mit einer Reihe grösserer Firmen und Einzelpersonen in Verbindung. Zu diesen Einzelpersonen gehörte auch Walter Custer, welcher kurz zuvor aus Indien zurückgekehrt war. Custer schlug aufgrund der nicht sehr klaren Anforderungen der nepalesischen Seite vor, der nepalesischen Regierung ein kombiniertes Team von Fachleuten (3) zur Ausarbeitung und Ingangsetzung eines Entwicklungsplanes anzubieten.
In einem Memorandum vom 12.4.1949 wurde deshalb der Vorschlag gemacht, "dass ein kleines Forward Team für 1-2 Monate nach Nepal vorausgesandt werde, um die Aufgaben zusammen mit der Regierung festzulegen und die Vertragsbedingungen für infrage kommende schweizer Fachleute abzuklären." (4)(5)
Die Teammitglieder waren von Anfang an der Ueberzeugung, dass im Interesse der Sache Vorverhandlungen und Hauptexpertisen möglichst sachlich und neutral, d.h. ohne voreilige Bindungen an einzelne wirtschaftliche Interessentengruppen durchzuführen seien. Sie bemühten sich um eine Patronisierung des Nepal-Unternehmens in technischer und wissenschaftlicher Beziehung durch den Präsidenten des Schweizerischen Schulrates, Prof. Dr. Pallmann. Dieses Patronat wurde mit Schreiben vom 8.8.1949

---

1 Vgl. zum folgenden: Swiss Nepal Forward Team - Oktober bis Dezember 1950, Bericht an die Koordinationskommission für technische Hilfe, verfasst von den Team-Mitgliedern
Walter Custer, Architekt
Dr. Toni Hagen, Geologe
Emil Rauch, Ing. Agr.
Alf de Spindler, Bauingenieur, Zürich August 1951, maschinengeschriebenes Manuskript, S. 1, im folgenden zitiert als Nepal-Bericht 1951.
2 Ebenda
3 Custer hat in einem Gespräch mit dem Verfasser am 19.1.1979 geäussert, dass ihm der Inhalt des Trumanschen Punkt Vier Programm bekannt gewesen sei. Hier hiess es u.a.: "The first method of aiding economic development is a problem in 'know-how' and 'show-how'"
US, Dept. of State, Point Four: A Cooperative Program for Aid in the Development of Economically Underdeveloped Areas, 1950, S. 2, zitiert nach E.B. Mihaly, Foreign Aid and Politics in Nepal. London/New York/Toronto 1965, S. 29.
4 Nepal-Bericht 1951, S. 1.
5 Vgl. zum folgenden ebenda S. 2f.

gewährt. Die formelle Einladung an ein schweizerisches Forward Team wurde durch den Sohn des Maharadschas von Nepal an den schweizerischen Gesandten in New Delhi, Minister Dr. A. Daeniker, überbracht.

Probleme ergaben sich hinsichtlich der Kosten, die auf Fr. 40-50'000.- veranschlagt wurden. Da das Team grössten Wert auf allseitige Unabhängigkeit der Mitglieder legte, wurde eine äusserst grosszügige Offerte der Schweizerischen Stiftung für alpine Forschung ausgeschlagen, da die Annahme mit einschneidenden Bedingungen verbunden gewesen wäre.
In dieser Situation sprang helfend die öffentliche Hand ein. Das Nepal-Team wandte sich an die Koordinationskommission (1), welche in ihrer Sitzung vom 22.7.1955 Fr. 48'000.- bewilligte. (2)

Das Swiss Nepal Forward Team hielt sich vom 29.10.1950 bis 15.12.1950 in Nepal auf.

Wenn im folgenden auf einige besonders interessante Details im Nepal-Bericht 1951 eingegangen wird, so liegt der Grund hierfür darin, dass in diesem historischen Dokument der schweizerischen Entwicklungszusammenarbeit bereits eine Vielzahl von Fragen, Grundsätzen und Problemen der Entwicklungszusammenarbeit und der Expertentätigkeit aufgeworfen werden, die auch heute noch in vieler Beziehung aktuell erscheinen.
So führt Teamleiter Custer zur "Entwicklungsphilosophie" und zu den Ursachen der Unterentwicklung folgendes aus:
"Das Schlagwort 'technische Hilfe an unterentwickelte Länder' ist genau genommen in jeder Beziehung unzutreffend: die sogenannte technische Hilfe umfasst nämlich Gebiete, die weit über den landläufigen Rahmen der Technik hinausgehen; Bildungswesen, Hygiene, allgemeine Administration etc. sind normalerweise in der Praxis inbegriffen. Der Begriff der 'unterentwickelten Länder' ist ebenso unzweckmässig, da es kaum eine einfache Teilung der Welt in entwickelte und unentwickelte Länder gibt. Jedes Land hat entwickeltere und weniger entwickelte Gebiete. ...
Die Diskussion einer technischen Hilfe zur Entwicklung von unterentwickelten Gebieten setzt voraus, dass es in den unterentwickelten Gebieten etwas zu entwickeln gibt, und dass unsere Hilfe dazu überhaupt dienlich ist.
Der Begriff der 'Entwicklung' bedarf einer besonders eingehenden Erörterung. Verhältnismässig einfach, klar und unzweideutig war, was das 19. Jahrhundert unter Entwicklung und Erschliessung ferner Länder verstand: deren Einbeziehung in das von Europa aus dirigierte kolonialimperialistisch-kapitalistische Wirtschaftssystem, wobei selbstverständlich Län-

---

1 Vgl. S. 171 dieser Studie.
2 Mihaly nennt als Grund für das schweizerische Engagement in Nepal die "feelings of affinity based on the topographical similarity between the two nations". Hinzu kam, dass die Schweizer motiviert waren "by a combination of self-interest and humanitarian impulses". E. B. Mihaly, a. a. O., S. 30.

der, deren Erschliessung vom europäischen Standpunkt aus rentabler war, den unrentableren gerne vorgezogen wurden. Erschliessung war in erster Linie Ausbeutung neu entdeckter Bodenschätze und dringend benötigter Rohstoffe unter Inanspruchnahme der einheimischen Bevölkerung. Bevölkerungen und Regierungen der sogenannten unentwickelten Länder sind heute nicht mehr gewillt, diese Art der Erschliessung und Entwicklung über sich ergehen zu lassen, und Europa ist nicht mehr in der Lage, sie dazu zu zwingen." (1)

Ueber die Ursachen der Unterentwicklung sowie über Strategien zu deren Ueberwindung äussert sich Custer wie folgt:
"Das Einkommen ist zu tief im Verhältnis zu den menschlichen Bedürfnissen. Die Produktivität ist gering, wenige natürliche Hilfsquellen vorhanden, oder vorhandene Hilfsquellen nicht ausgenützt, teilweise behindert durch traditionelle Vorurteile und Sitten. Unkenntnis über Verbesserungsmöglichkeiten der eigenen Situation; Fehlen von Ersparnissen, die eingesetzt werden könnten. ...
Wir sehen unausgenützte Reserven und Hilfsquellen in notleidenden Gebieten. Wir wissen, dass andere Gebiete unter ähnlichen Bedingungen ihre Lage verbessern konnten. Wir kennen neuere Methoden, die in der westlichen Welt entwickelt und angewandt wurden, und die es erlaubt haben, die Lebensbedingungen zu ändern und zu verbessern. Wir glauben an die teilweise Uebertragbarkeit dieser Erfahrungen und Kenntnisse." (2)

Zum Bild und Anforderungsprofil des Experten in seinen verschiedensten Ausprägungen liefert der Bericht wertvolle Hinweise. So skizziert Rauch den Berater wie folgt:
"Der ausländische Berater wird frei von politischen Interessen und Bindungen objektiv, aufgrund von ausländischen Erfahrungen, wesentlich zur Organisierung und Durchführung des Entwicklungsprogramms beitragen. Zunächst sollte die nepalesische Regierung technisch und wirtschaftlich beraten werden, damit systematisch und im Interesse des Volkes gearbeitet wird. ... Der Berater hat neben der Planung für die Durchführung der beschlossenen Massnahmen zu sorgen. ...
Der Berater muss durch das Landwirtschafts-Departement, landeskundige Beamte, durch Materialsammlung usw. unterstützt werden." (3)

Interessant erscheint, dass schon 1951 die Ausrichtung der Arbeit auf die Interessen des Volkes betont wird, und dass der Berater als isoliertes Wesen keinen Erfolg haben kann.

---

1 Nepal-Bericht 1951, 3. Abschnitt, Teil I: W. Custer, Heutige Planungstätigkeit in Nepal, Planungsgrundlagen, Planungsprobleme. Massnahmen zur Hebung des Lebensniveaus der Bevölkerung: Schulwesen, Bildung, Hygiene, S. 1f.
2 Ebenda S. 2.
3 Nepal-Bericht 1951, 3. Abschnitt, Teil II: E. Rauch, Die Landwirtschaft Nepals. Unterlagen und Vorschläge zu ihrer Entwicklung, S. 33f.

An anderer Stelle heisst es unter dem Stichwort "Praktiker" (1):
"Neben dem akademischen Stab, der in der Forschung und im Versuchswesen arbeitet, sollten Gewerbelehrer, Käser, Molkereipraktiker u. a. Hilfskräfte nach Nepal entsandt werden. Diese werden vorerst Beispielsbetriebe im Lande entwickeln und die Arbeit in einzelnen vorhandenen Betrieben verbessern, um nachher als Lehrer auf einzelnen Spezialgebieten zu wirken. Sie werden die Herstellung und Benutzung besserer Werkzeuge fördern und das Personal für diese vielseitigen, der Landwirtschaft dienenden Gewerbebetriebe auszubilden haben."

Rauch macht am Ende seines Berichtsteils den Vorschlag für ein Sofort-Programm der technischen Hilfe, das die Entsendung von 12 Experten vorsieht (u. a. Pflanzenbautechniker, Wasserbauingenieure, Wirtschaftsagronomen, Forstexperten, Gewerbelehrer und Obstbauspezialisten). (2) Rauch sah bereits damals die schweizerische Entwicklungszusammenarbeit nicht als eine isolierte Massnahme an, denn er schreibt: "Die Entsendung von Fachkräften, die Lieferung von Hilfsmitteln und die Ausbildung von Nepalesen muss insofern koordiniert werden, als die Vereinigten Staaten Hilfeleistungen aus dem "Punkt Vier"-Programm zugesagt haben. (3)

Im vierten Abschnitt des Nepal-Berichts 1951 werden Vorschläge für den Einsatz schweizerischer Dienst- und Sachleistungen in Nepal gemacht. Das Team hatte auch nicht ausser acht gelassen, Möglichkeiten zu erkunden, die sich schweizerischen Unternehmungen in Nepal bieten. Man war jedoch grundsätzlich der Meinung, "dass eine eigentliche Unternehmertätigkeit erst in einem späteren Zeitpunkt erfolgreich arbeiten kann, wenn sich durch Facharbeit, durch schweizerische Experten auf den verschiedensten Gebieten vermehrte Kontakte mit nepalesischen Kreisen und auch bessere Einsicht in die wirtschaftlichen Verhältnisse Nepals ergeben haben". (4) Man sah also schon damals die Verbindung zwischen Entwicklungszusammenarbeit und privater Unternehmertätigkeit. Der Bericht enthält aber noch zwei weitere interessante Dokumente in der Beilage.

So wird der Vorschlag zur Gründung eines "Swiss Advisory Board for Technical Assistance to Nepal" unterbreitet:
"We propose the establishment, at the request of the Government of Nepal, of a small board of experts selected according to the needs of the country and sent out from Switzerland by a qualified and responsible authority, to settle down for studies, work, teaching and lecturing at Kathmandu." (5)

---

1 Ebenda S. 35.
2 Vgl. Berichtsteil Rauch, a. a. O., S. 37f.
3 Ebenda S. 38.
4 Nepal Bericht 1951, 4. Abschnitt, S. 5.
5 Vgl. zum folgenden Nepal-Bericht 1951, Beilage 8, S. 3ff.

Man dachte an die Entsendung von etwa 12 Experten, deren berufliches Spektrum vom Ingenieur für Seilbahnkonstruktionen bis zum Experten für Wirtschaft und öffentliche Finanzen reichte.
Des weiteren wurden drei Klassen von Experten vorgeschlagen:
- Experts (top class, leading and fully responsible scientists, technicians etc.)
- Collaborators (fully trained men, but not bearing entire responsibility)
- Assistants, students (basic knowledge, but without far reaching practical experience)

Ein weiteres interessantes Dokument findet sich in der Beilage 14 des Nepal-Berichts 1951. Es handelt sich um ein Agreement zwischen dem Secretary of the Development Board und dem Geologen im Swiss Forward-Team. In diesem Agreement wurde ein zweijähriger Arbeitsvertrag vereinbart. Neben einer detaillierten Job description wurden die sonstigen Arbeitsbedingungen festgelegt, die genau dem "neuen" Typ des "integrierten Experten" der Gesellschaft für technische Zusammenarbeit entsprechen. (1) So sollte der Experte dem Director of the Nepal Bureau of Mines unterstellt werden. Die Regierung von Nepal stellte ihm ein monatliches Salär von Rs. 2'000.- sowie die Uebernahme der Flugkosten für die Familie von der Schweiz nach Nepal in Aussicht. Ausserdem sollte ein "suitable home" zur Verfügung gestellt werden.

Zusammenfassend kann der Bericht des Swiss Nepal Forward-Teams als geradezu klassisches Dokument der schweizerischen Entwicklungszusammenarbeit gelten, da er wichtige und zum Teil noch heute gültige Aussagen zu Grundfragen der schweizerischen Entwicklungszusammenarbeit und der Expertenproblematik enthält. Er ist ferner ein Beleg dafür, dass Entwicklungszusammenarbeit und Expertentätigkeit von Anfang an eine untrennbare Einheit bildeten. Im Gegensatz zu manchen heutigen Berichten wurden viele der im Bericht enthaltenen Anregungen in die Tat umgesetzt. So wurde z.B. die Idee eines "Swiss Advisory Board for Technical Assistance to Nepal" mit der Gründung der "Swiss Association for Technical Assistance (SATA)" im Jahre 1956 verwirklicht. (2)

---

1 Vgl. die Ausführungen auf S. 266.
2 Vgl.: Mountain Environment and Development. A Collection of Papers published on the Occasion of the 20th Anniversary of the Swiss Association for Technical Assistance in Nepal, SATA, Kathmandu 1976, S. 5. Informationen über den Fortgang der schweizerischen Entwicklungszusammenarbeit mit Nepal finden sich bei R. Högger, Die Schweiz in Nepal. Erfahrungen und Fragen aus der schweizerischen Entwicklungszusammenarbeit mit Nepal. Schriftenreihe der Schweizerischen Gesellschaft für Aussenpolitik, Band 3, Bern und Stuttgart 1975.

1.3 Wandlungen im Expertenbild und im Vorbereitungskonzept

1.3.1 Rezeption ausgewählter Beiträge aus der Bundesrepublik (1957-1979)

Das Expertenbild in der Oeffentlichkeit war und ist umstritten. Hiervon zeugen zahlreiche Meinungsäusserungen und Artikel in Zeitungen und Zeitschriften, deren Ueberschriften bezeichnenderweise oft in Fragenform gekleidet sind:
"Entwicklungsexperten-Job oder Beruf?" (1)
"Deutsche Experten-Mischung aus Pfadfinder und Oberlehrer?" (2)
"Der Experte - Was ist das?" (3)
"Job ohne Wiederkehr?" (4)
Sind Experten "Sendboten oder Entwicklungshilfe" (5), "Entwicklungssöldner" (6) oder "misfits"? (7)
Ist der Experte ein Mensch, "an dessen Fingern irgendwie aid klebt?" (8)

Neben Artikeln in Zeitungen und Zeitschriften, erschien aber auch eine Fülle von Beiträgen von diversen Fachinstitutionen. Einige der wichtigsten Beiträge und Ereignisse zum Bereich "Experte und Expertenvorbereitung" werden im folgenden in chronologischer Reihenfolge kurz dargestellt.

1957

"The practical difficulties that stem from Germany's lack of traditional relationships with developing countries are nowhere more apparent than in the search for qualified German personnel willing to serve overseas. Having been without colonial possessions for nearly half a century, and having during that period twice lost its overseas assets, Germany has no reservoir of administrators and technical experts with continuous or specialised knowledge of conditions in developing countries." (9)

---

1 E+Z, Entwicklung und Zusammenarbeit, Beiträge zur Entwicklungspolitik, Nr. 8/9/1974, S. 6.
2 Vorwärts, 3.4.1975.
3 E+Z, Nr. 1/76, S. 11.
4 Die Zeit, Nr. 45, 3.11.1978.
5 Auslandskurier, Nr. 11/1977, S. 37.
6 E+Z, Nr. 7/78, S. 18.
7 Dieser Ausdruck wurde von J.B. Sperling, International Centre for Advanced Technical and Vocational Training der ILO in Turin, in einem Gespräch mit dem Verfasser am 27.1.1978 verwendet.
8 Interview mit Herrn Dr. Wald, Zentralstelle für Auslandskunde, Bad Honnef, am 28.9.1978.
9 J. White, German Aid. A survey of the sources, policy and structure of German aid. London 1965, S. 165.

Diese Schwierigkeiten sowie das Fehlen eines klaren entwicklungspolitischen Konzepts führten dazu, dass erst am 14.11.1957 (1) der erste deutsche Experte im Auftrag der GAWI (2) in ein "entwicklungsfähiges" (3) Land gehen konnte. 1957 wurden auch die ersten Vorbereitungskurse für Deutsche, die in Entwicklungsländer gehen wollten, durchgeführt. Es handelte sich um einwöchige Vorbereitungskurse für Indien und die Arabische Welt, die die Evangelische Akademie Arnoldsheim veranstaltete. (4)

1960-1962

Anfang der 60er-Jahre wuchs in der Bundesrepublik das Bewusstsein, dass Experten in Entwicklungsländern vor Situationen gestellt werden, die es notwendig machen, sie auf diese anderen Situationen vorzubereiten. Diese Erkenntnis wurde insbesondere bestärkt durch das Verhalten des deutschen Montage- und Betriebspersonal beim Aufbau des Stahlwerks Rourkkela/ Indien (1957-1962). (5)
Pionierfunktion in Bezug auf die Diskussion der Expertenfrage leistete die Deutsche Stiftung für Entwicklungsländer (DSE). Sie führte im Oktober 1960

---

1 Dieses Datum teilte Ministerialdirektor W. Böll, Bundesministerium für wirtschaftliche Zusammenarbeit in einem Brief an den Verfasser vom 15.1.1979 mit.
2 Vgl. Anmerkung 4, S. 164.
3 Vgl. E. Schneider, Deutschland und der Aufbau der entwicklungsfähigen Länder. In: Offene Welt, Nr. 49, Mai/Juni 1957, S. 293.
4 Deutsche Stiftung für Entwicklungsländer, Inhalt und Methodik kurzfristiger Vorbereitungskurse für Fachkräfte, die in Entwicklungsländer gehen, Protokoll eines Expertengesprächs am 24./25. Mai 1961, DOK 35/61, E 6/61, Anhang, S. 4ff.
5 Vgl. hierzu J.B. Sperling, Die Rourkela-Deutschen, Stuttgart 1965. (Der Titel der englischen Uebersetzung ist aussagekräftiger: The Human Dimension of Technical Assistance. The German Experience at Rourkela, India. Ithaka and London 1969.) Nach Sperling, dem Leiter des German-Social Centre in Rourkela von 1958-1962, haben sich eine Reihe von Eigenschaften der Rourkela-Deutschen auf ihre Arbeit und auf ihre Anpassung an die Umwelt oft ungünstig ausgewirkt. Er nennt folgende Eigenschaften: Organisationstalent, Ordnungssinn, Schulmeisterei, Unduldsamkeit, mangelnde Toleranz und Grobheit. Sperling kritisiert insbesondere die mangelnden englischen Sprachkenntnisse sowie die Tatsache, dass die meisten Rourkela-Deutschen unvorbereitet ausreisten. Er setzt sich massiv für die Vorbereitung von Fachkräften ein, die von den Entsendestellen aufs sorgfältigste durchdacht und vorgeplant werden sollte. Dieses Buch erregte in Deutschland ähnliche Aufmerksamkeit wie "The Ugly American" im englischsprachigen Raum. Vgl. G. Pflaumer, Die Krise der personellen Entwicklungshilfe. in: aus politik und zeitgeschichte, beilage zur wochenzeitung das parlament, B 18/76, 1. Mai 1976, S. 30.

zwei Tagungen zum Thema "Auswahl und Vorbereitung von deutschen Fachkräften für die Tätigkeit in Entwicklungsländern" durch. (1)
Eine der Empfehlungen lautete, "bei allen Gelegenheiten bezüglich der Auswahl und Vorbereitung von Fach- und Führungskräften dafür einzutreten, dass neben dem Fachwissen, der Gesundheit und den Sprachkenntnissen den allgemeinen menschlichen Eigenschaften der Bewerber in jedem Einzelfalle erhöhte Beachtung gewidmet wird. Vor allem aber kommt den wesentlichen Eigenschaften wie Anpassungsfähigkeit, Durchstehvermögen und Geduld, Bereitschaft zum Hinansetzen des eigenen Geltungsbedürfnisses besondere Bedeutung zu. Gute pädagogische Fähigkeiten müssen ausserdem von jedem gefordert werden, dem Ausbildungsaufgaben in einem Entwicklungsland übertragen werden". (2)

Im Bericht der DSE werden auch drei Voraussetzungen genannt, die für eine erfolgreiche Tätigkeit im Sinne der Entwicklungshilfe unerlässlich seien:
"1. Orientierung über die wesentlichen Lebensbereiche, Zusammenhänge und Problemstellungen der Bundesrepublik, um sie im Ausland repräsentieren zu können.
2. Allgemeine Vorstellungen von dem geschichtlich-kulturellen Hintergrund des betreffenden Entwicklungslandes wie auch von seiner politischen, wirtschaftlichen, sozialen und religiösen Gegenwartssituation.
3. Kenntnis und Verständnis der ganz anders gearteten Sitten und Gebräuche, um sich als Deutscher taktvoll und geschickt anzupassen und auf die Mentalität des Gastlandes einstellen zu können.
Es sind die vielen Kleinigkeiten des Alltags, die häufig über Erfolg oder Misserfolg eines Auslandsauftrages entscheiden; technische Perfektion, finanzielle Bereitschaft und berufliche Tüchtigkeit allein reichen nicht aus." (3)

Im Protokoll eines von der DSE 1961 veranstalteten Expertengesprächs über Inhalt und Methodik kurzfristiger Vorbereitungskurse für Experten, findet sich folgende Bemerkung in der Einführung:
"Inhalt und Methodik der Vorbereitung von deutschen Fachkräften für eine Tätigkeit in Entwicklungsländern sind abgesehen von technischen, organisatorischen und finanziellen Fragen das A und O des Erfolges bei wirkungsvoller Arbeit in Uebersee." (4)

---

1 Vgl. Deutsche Stiftung für Entwicklungsländer, Auswahl und Vorbereitung von deutschen Fachkräften für die Tätigkeit in Entwicklungsländern. Empfehlungen der Teilnehmer aus zwei Arbeitstagungen im Oktober 1960. Berlin-Tegel, Februar 1961.
2 Ebenda S. 3f.
3 Ebenda, Anlage 3, S. 1.
4 Deutsche Stiftung für Entwicklungsländer, Inhalt und Methodik kurzfristiger Vorbereitungskurse für Fachkräfte, die in Entwicklungsländer gehen. Protokoll eines Expertengesprächs am 24./25. Mai 1961, DOK 35/61, E 6/61, S. 1.

Anlässlich dieses Expertengesprächs lieferte Professor E. Boesch einige
interessante Beiträge zur Persönlichkeit und zur Vorbereitung des Experten. Er begann mit einer Negativ-Definition. Prinzipiell sei der sture
Mensch, der Prinzipienfanatiker, der Pedant und der trockene Spezialist
nicht brauchbar. Der sozial kontaktarme Eigenbrötler gehöre ebenso wenig
in Entwicklungsländer wie der doktrinäre Parteigänger. Der fernwehige
Romantiker sei für die Arbeit in Entwicklungsländer kaum besser geeignet
als der egozentrische, selbstbezogene Erfolgsmensch. (1)
Die positiven Persönlichkeitsaspekte des Experten umschreibt er wie folgt:
"Wer auch hier schon gut mit Menschen verschiedener Berufe und sozialer
Schichten umgehen kann, wer mehr persönliche Freunde als Klub- und
Parteifreunde hat, wer warmherzigen Humor hat und auch über sich selbst
zu lachen versteht, wer vor anderen Gesinnungen und Lebensweisen Achtung hat, wer 'fröhlich sein kann mit dem Fröhlichen und traurig mit den
Traurigen', den darf man wohl mit gutem Gewissen in Entwicklungsländer
schicken. ... Nur mit echtem sozialem Interesse, mit Einfühlungsgabe
und warmen Humor wird er, trotz aller Vorbereitungen, seine Aufgabe
lösen können. ... Die europäische Form des Humors, die Witze, den Sar-
kasmus und die Ironie, lässt man allerdings besser zu Hause - der Humor,
der hier gemeint ist, ist die Bereitschaft, Unvorhergesehenes lächelnd
aufzunehmen und Spannungen spielerisch zu lösen." (2)

Boesch betont, dass der Experte insbesondere über soziale Probleme vor-
bereitend unterrichtet werden sollte. Er denkt hier insbesondere an die
Soziologie des Europäers im Entwicklungsland.
Der Europäer in einem Entwicklungsland befinde sich in einer Ausnahme-
situation. Er sei privilegiert, aber auch benachteiligt: durch höheres Einkommen, durch soziale Privilegien, aber auch durch rassische, sprachliche und kulturelle Isolierung. Diese Sonderposition sei nicht ungefährlich.
Die meisten Experten bewegten sich im Entwicklungsland in einer im Vergleich zu ihrer heimatlichen Einstufung erhöhten sozialen Stellung. Das
sei oft unvermeidbar, weil der Europäer vielerorts den Lebensstil des Einheimischen nicht ohne Schwierigkeiten und Gefahren teilen könne. Unvermeidlich und oft unmerklich werde er dadurch in die Rolle des reichen
"Entwicklungshilfeprofitierers" gegenüber den armen Hilfebedürftigen
gedrängt. Er empiehlt den Experten die finanziellen und sozialen Privilegien mässig zu geniessen.
Boesch geht auch auf die soziale Isolierung der Experten ein. Ihre sprachlichen Kontaktmöglichkeiten beschränkten sich auf eine sehr kleine, besonders gebildete Elite. Kulturelle Formen seien ihnen oft undurchsichtig und
wenn sie in Regierungen und einer europäisierten Elite auf freundliches
Entgegenkommen träfen, so stossen sie anderenorts auf Misstrauen und
Ablehnung, zuweilen auch auf zudringliche Neugierde. Diese Isolation
führe dazu, dass die Weissen in einem Entwicklungsland sich oft sozial eng
zusammenschlössen und einen besonderen Lebensstil entwickelten. Für

---

1 Vgl. ebenda S. 10.
2 Ebenda S. 11.

viele gehöre dieser Lebensstil schon zum Alltag des Entwicklungslandes, und mancher Neuankömmling betrachte seinen Tropen-Smoking als einen wesentlichen Ausrüstungsgegenstand. Wenige seien sich klar darüber, wie viel Zeit und Energie dieser Lebensstil verlange und wie sehr er in kollektive Vorurteile verstricke. Kein Experte werde sich den Gruppen anderer Europäer verschliessen können. Er solle sich indessen schon zu Anfang der Gefahren dieser "Sonderkultur einer privilegierten Enklave" bewusst sein und versuchen, ihr den gebührenden eingeengten Platz zuzuweisen. (1)

Boesch weist auch auf die besondere Situation der Ehefrau hin. Sie sei das Opfer einer beruflich interessanten Aufgabe ihres Mannes. Für sie vermag nicht der Beruf eine glückliche Brücke zur anderen Kultur zu bilden. Boesch warnt insbesondere vor der Neigung zu unberechtigten Gefühlen des Ueberlegenseins. Als Experte und sozial Bevorzugter glaube man oft, eine überlegene Kultur oder Technik, zuweilen auch eine überlegene Religion oder gar Persönlichkeit sein eigen zu nennen. Diese Einstellungen würden zwar rational meist verneint, seien indessen sehr häufig und oft auch sehr zäh. Auch einsichtigste und erfahrene Leute zeigten sie, und zuweilen würden sie im Laufe der Jahre eher stärker als schwächer, natürlich in jedem Fall begründet durch entsprechende "Erfahrungen". Nicht selten könne dem Einzelnen die Weisheit einer fremden Kultur erst dann aufgehen, wenn er bereit sei, diejenigen seiner eigenen in Frage zu stellen. Bescheidenheit, Staunen, Fragen und Nachdenkenkönnen seien sehr notwendige Dinge für einen Experten. (2)
Interessant ist, dass in dem Expertengespräch bezüglich der Methodik von Vorbereitungskursen Wert auf grösstmögliche Aktivierung zur Selbständigkeit gelegt wurde, denn nur so würden Lust und Mut zur Weiterarbeit geweckt und gestärkt, wirksam auf Verhaltensweisen und Haltung eingewirkt, Fertigkeiten erworben und eingeübt, sowie die Teambildung und Teamarbeit miterlebt und gefördert. (3)

Billerbeck (4) weist 1961 darauf hin, dass die Entsendung von Experten zwar notwendig sei, aber auch eine Reihe von Problemen mit sich bringe. Er warnt davor, das Heil der Entwicklungshilfe in der Entsendung von Experten zu sehen. Die bisherigen Erfahrungen deuteten vielmehr darauf hin, dass der Grundsatz "so wenig Experten wie möglich" bei allen Massnahmen der technischen Hilfe mehr als bisher berücksichtigt werden müsste. (5)

1962 werden erstmals vom Bundesministerium für wirtschaftliche Zusammenarbeit wichtige Akzente zur Ausbildung und Vorbereitung der Experten

---

1 Ebenda S. 14.
2 Vgl. ebenda S. 13ff.
3 Ebenda S. 19f.
4 Vgl. K. Billerbeck, Reform der Entwicklungshilfe auf der Basis der bisherigen Erfahrungen, Hamburg 1961, S. 60f.
5 Ebenda S. 61.

gesetzt. Grundsätzlich wird betont, dass Experten auf ihrer Aufgaben vorbereitet werden müssten und dass sich die Vorbereitung und Ausbildung in einen fachlichen, sprachlichen, völker- und länderkundlichen sowie pädagogischen Teil gliedern sollte. Besonderes Gewicht wird auch der fachlichen und entwicklungspolitischen Weiterbildung während des Einsatzes beigemessen. (1)

Bundesminister Scheel nahm anlässlich der Beantwortung einer Grossen Anfrage der SPD-Fraktion am 16.11.1962 auch zur Frage der Expertenausbildung Stellung. Scheel wies u. a. darauf hin, dass durch gut vorbereitete, qualifizierte Fachkräfte das Selbsthilfepotential der Partnerländer gefördert, aber auch eine sparsame und wirksame Verwendung der begrenzten Mittel gesichert werde. Jede Tätigkeit in Entwicklungsländern erfordere neben der selbstverständlichen Fachausbildung zusätzliche berufliche, pädagogische, sprachliche, länder- und kulturkundliche und sogar entwicklungsmethodische Kenntnisse und Fertigkeiten. Bei der Vorbereitung deutscher Fachkräfte seien auch zusätzliche zeitgeschichtliche und staatsbürgerliche Informationen zu vermitteln. All dies mache ein System genau angepasster, den persönlichen Entscheidungen genügend Raum gewährender Ausbildungsgänge und -einrichtungen notwendig. (2)
Die anlässlich der Tagungen der DSE vermittelten Anregungen, sowie verschiedene Anstösse von Bundesminister Scheel führten schliesslich dazu, dass 1965 das Deutsche Institut für Entwicklungspolitik (3) und 1967 die "Zentralstelle für Auslandskunde" gegründet wurden.

1971

Zu Beginn der Zweiten Entwicklungsdekade wurde vom Bundesministerium für wirtschaftliche Zusammenarbeit (BMZ) eine Analyse der Schwächen und Fehlleistungen der Ersten Dekade erstellt. Auf der Grundlage dieser Analyse erarbeitete das BMZ zwei richtungsweisende Grundsatzpapiere:
- Die entwicklungspolitische Konzeption der Bundesrepublik Deutschland für die Zweite Entwicklungsdekade (4) sowie ein

---

1 Vgl. Bundesminister für wirtschaftliche Zusammenarbeit, Sozial-, Ausbildungs-, und Bildungsprogramm für die Entwicklungsländer, Bad Godesberg, am 15. Juni 1962, S. 24f.
2 Bundesverwaltungsamt - Amt für Auswanderung. Rundschreiben Nr. 463/ 1962 vom 20. Dezember 1962-275-05-3768/2 Allgemeines; hier: Entwicklungshilfe, hier: soziale Sicherheit und Ausbildung der in der Entwicklungshilfe Tätigen, S. 3.
3 Vgl. die Ausführungen auf S. 225ff.
4 BMZ (Hrsg.), Die Entwicklungspolitische Konzeption der Bundesrepublik Deutschland und die internationale Strategie für die Zweite Entwicklungsdekade. Bonn 1971, im folgenden zitiert als Grundsatzprogramm 1971.

- Konzept für die Auswahl und Vorbereitung der von der Bundesrepublik
  Deutschland entsandten Fachkräfte (Elshorst-Papier) (1)

Im Grundsatzprogramm von 1971 wird unter der Ueberschrift "Personelle
Hilfe - Deutsche Experten in Entwicklungsländern" u. a. folgendes niedergelegt:
"Die Bundesregierung legt auf gründliche Vorbereitung und Fortbildung von
Fachkräften verstärkten Wert. Die Aus- und Fortbildungsprogramme sollten nicht nur fachliches und entwicklungspolitisches Wissen vermitteln,
sondern auch die Fähigkeit zur Anpassung an andere Kulturen wecken. ...
Die Bundesregierung strebt an, die Zahl der in den Entwicklungsländern
tätigen Deutschen Entwicklungshilfeexperten zu erhöhen." (2)
Man dachte an eine Verdoppelung des Experteneinsatzes auf ca. 3000 Mann-Jahre in der zweiten Hälfte der Dekade.

Das von Elshorst 1971 erstellte Konzept für die Auswahl und Vorbereitung
der Experten ist auch heute noch in seinen Grundzügen gültig. Es soll daher
etwas ausführlicher dargestellt werden.

Elshorst (3) beginnt mit einer Analyse der Fehlentwicklungen der Technischen Hilfe in der ersten Dekade, in der westliche Denkmodelle, wie
Demokratie, Kapitalismus, Wachstumsfetischismus, individuelles Erfolgsstreben, unkritisch auf die andersartigen Verhältnisse der Entwicklungsländer übertragen wurden. Sodann analysiert er die sozialpsychologischen
Gründe für das Fehlverhalten der Experten und der Counterparts.
Daran anschliessend skizziert er die Konzeption der Technischen Hilfe in
der zweiten Entwicklungsdekade, die dadurch gekennzeichnet ist, dass
soziale Ziele (Beschäftigung, Akzentuierung der Hilfe für Unterprivilegierte)
einbezogen und problemadäquate Lösungen in partnerschaftlicher Zusammenarbeit mit den Entwicklungsländern unter Aktivierung lokaler Ressourcen
erarbeitet werden. Daraus folgt, dass die deutschen Experten in steigendem
Masse in einheimische Strukturen eingegliedert und einheimischen Fachkräften unter- oder nebengeordnet werden.
Elshorst beschreibt sodann den funktionsorientierten Experten der zweiten
Entwicklungsdekade, der beruflich so qualifiziert und erfahren sein sollte,
dass er sowohl über das Spektrum konventioneller Lösungsmöglichkeiten
für ein Problem verfüge als auch souverän genug sei, zur Erarbeitung
situationsgerechter Lösungsmöglichkeiten beizutragen. Diese Bedingung
disqualifiziere den Schmalspurfachmann, für den gerade in der beängstigenden neuen Umwelt die eingefahrenen Regeln zum Dogma würden, an dem
er sich festklammere.

---

1 BMZ III A 1-T 4022-53/71, Konzept für die Auswahl und Vorbereitung
  der von der Bundesrepublik Deutschland entsandten Fachkräfte (Elshorst-Papier). Bonn 30.9.1971, im folgenden zitiert als Elshorst-Papier.
2 Grundsatzprogramm 1971, S. 23.
3 Vgl. zum folgenden Elshorst-Papier S. 2-12.

Von der beruflichen Qualifikation nicht zu trennen sei die Fähigkeit, sie weiterzugeben. Der Experte dürfe nicht durch Schwierigkeiten mit der Fremdsprache behindert werden. Er müsse pädagogisch ausreichend qualifiziert sein, um unter schwierigen psychologischen und sozialen Bedingungen organisatorisch-technische Kenntnisse weiterzugeben und sie in einem gegenseitigen Lernprozess zusammen mit seinen Counterparts weiterzuentwickeln. (1)
Ferner fordert Elshorst vom Experten die Fähigkeit zur interkulturellen Zusammenarbeit, zur Zusammenarbeit im Team und zur entwicklungspolitischen Selbstkritik.
Dieser funktionsorientierten Beschreibung des Idealtyps des Experten entsprechen seine operationalen Zielvorgaben für die Vorbereitung. (2)

1. Zu den praxisbezogenen Kenntnissen gehören folgende Elemente der Vorbereitung:
   - Die fachliche Zusatzausbildung, soweit noch erforderlich
   - aufgabenrechte Kenntnisse in der Fremdsprache
   - die zur Vermittlung des technischen und organisatorischen know-how notwendigen pädagogischen Kenntnisse
   - praktische Orientierungshilfen wie Länderkunde, Tropenhygiene, Pannenkurs.
2. Die Fähigkeit zur interkulturellen Zusammenarbeit soll durch verschiedene Massnahmen in der Vorbereitung verbessert werden. Elshorst nennt hier u. a. die Vermittlung von Kenntnissen über die historischen und gegenwärtigen polit-ökonomischen Bedingungen der wirtschaftlichen Unterentwicklung inklusive der gängigen Auffassung dazu in den Entwicklungsländern.
3. Da die Zusammenarbeit im Team mit deutschen Kollegen und Counterparts während der Vorbereitung kaum zufriedenstellend stimuliert werden kann, empfiehlt Elshorst Arbeit in Gruppen, da hierdurch einige Gruppenphänomene verdeutlicht werden, wie zum Beispiel die Analyse von Entscheidungsprozessen und Konflikten in der Gruppe.
4. Dem Experten muss die entwicklungspolitische Evaluierung und die Initiative zur Revision seiner Tätigkeit zugestanden und zugemutet werden. Die Vorbereitung muss daher die Auseinandersetzung mit entwicklungspolitischen Erfahrungen, Motivationen, Zielsetzungen und Strategien ermöglichen, sowie zur selbständigen Evaluierung der eigenen entwicklungspolitischen Tätigkeit anleiten.

Da die Vorbereitung der deutschen Experten überwiegend in der Zentralstelle für Auslandskunde in Bad Honnef erfolgte und auch heute noch erfolgt, lag die schwierige Aufgabe der Umsetzung dieser anspruchsvollen Konzeption des funktionalen Experten bei den Mitarbeitern dieser Vorbereitungsstätte. Diese Umsetzung scheint ihnen weitgehend gelungen. (3)

---

1 Elshorst-Papier, S. 6f.
2 Vgl. zum folgenden ebenda S. 11f.
3 Vgl. die ausführliche Darstellung der Zentralstelle für Auslandskunde auf S. 217ff.

1973-1976

Dieser Zeitabschnitt kann als Phase der Expertenkritik bezeichnet werden, da in diesen Jahren diverse Artikel erschienen, die z. T. kontroverse Diskussionen auslösten. Erinnert sei hier nur an die Beiträge von Dolph (1) und Wald. (2)
Kritik wurde nicht nur über die Zeitungen, sondern auch über andere Medien geäussert. (3) Die betroffenen Experten und die Counterparts meldeten sich ebenfalls zu Wort. (4)
Die Kritikphase eskalierte z. B. in Titeln wie "Kritik zur Kritik am Experten" (5) und "Die Kritik der Kritik der Kritik am Experten...". (6) Den sachlichen Abschluss dieser Phase bildete der Beitrag von Pflaumer über die Krise der personellen Entwicklungshilfe. (7)
Auf eine Darstellung dieser Beiträge kann hier verzichtet werden, da deren Rezeption bereits ausführlich an anderer Stelle vorgenommen wurde. (8)

---

1. W. Dolph, Die ungeliebten Experten. In: Die Zeit vom 15. 6. 1973; ders., Entwicklungshilfe: Ersatzbefriedigung für die Reichen. In: Die Zeit vom 17. 5. 1974; ders., Von teuren Geschenken zu nützlicherer Entwicklungshilfe. Gedanken zur Reform der personellen Entwicklungshilfe. In: E+Z 6/74.
2. H. J. Wald, Der hässliche Entwicklungsexperte. In: Die Zeit vom 9. 8. 1974; ders., Kritik an Experten ernst nehmen. In: Der Auslandskurier, Nr. 3/15. Jg., Herbst 1974, S. 30.
3. Vgl. Manuskript der Sendung des Westdeutschen Rundfunks am 12. 12. 1976, 21. 07-22. 07 Uhr, II. Programm: Sie verdienen soviel wie ein Minister. Deutsche Experten in der Dritten Welt sowie G. Maletzke, Helfer, Fachmann, Freund und Feind, 6-teiliges Radio-Kolleg im Deutschlandfunk, Dez. 1976, Ms.
4. Vgl. F. Kuba, Wo die Auslandsmitarbeiter der Schuh drückt - Umfrage: Störfaktoren bei der Projektarbeit im Ausland. In: E+Z 12/73, S. 5. N. Roongrojdee, Erfahrungen einer Thai in der Zusammenarbeit mit deutschen Experten. In: E+Z 6/75, S. 12f.
5. Vgl. epi, Nr. 11, November 1974, S. 10.
6. Vgl. W. S. Freund, Glosse: Die Kritik der Kritik der Kritik am Experten.... In: Die Dritte Welt, Nr. 1/75, S. 3ff.
7. Vgl. G. Pflaumer, a. a. O., S. 30-46.
8. Vgl. F. Betke u. a., Partner, Pläne, Projekte - Die personelle Hilfe der Bundesrepublik Deutschland in West-Malaysia, Bielefelder Studien zur Entwicklungssoziologie, Band 1, Saarbrücken 1978, S. 47-60.

1979

In ihrer Antwort vom 2.1.1979 nahm die Bundesregierung auf eine Kleine Anfrage der CDU/CSU-Fraktion zur personellen Hilfe in Entwicklungsländern wie folgt Stellung:
"Die Bundesregierung misst der personellen Zusammenarbeit mit den Entwicklungsländern hervorragende Bedeutung zu. Sie ist sich bewusst, dass die menschliche Leistung der bestimmende Faktor für den wirtschaftlichen und sozialen Entwicklungsprozess ist. ... Nach dem Grundsatz des geringstmöglichen Eingriffs müssen bei den einzelnen entwicklungspolitischen Massnahmen vorrangig die eigenen Personalressourcen des jeweiligen Entwicklungslandes berücksichtigt werden. ... Deutsche Fachkräfte, ..., sollen erst dann eingesetzt werden, wenn einheimisches Fachpersonal noch nicht ausreichend vorhanden oder mobilisierbar ist." (1)

Zusammenfassend kann festgehalten werden, dass erste ausführliche Beiträge zum Bild des Experten und dessen Vorbereitung bereits zu Beginn der 60er-Jahre vorlagen. "Reife" Konzepte wurden aber erst ab 1971 entwickelt.
Abschliessend soll noch ein Blick auf die zahlenmässige Entwicklung der Experten geworfen werden. Allerdings wurden hierbei nur die GAWI bzw. GTZ als die grössten Entsendeorganisationen berücksichtigt.

Wie die Tabelle 20 zeigt, bestand bis 1970 eine steigende Tendenz. Dann kehrte sich der Trend bis 1976 um. Dieser Rückgang war darauf zurückzuführen, dass sich die Zahl der Gutachter- und Kurzzeitexperteneinsätze erhöhte und in steigendem Umfang auf Consulting-Personal zurückgegriffen wurde, zwei Faktoren die sich nicht in der Personalstatistik niederschlagen. (2) Seit 1977 ist wieder eine leicht steigende Tendenz festzustellen, aber der zahlenmässige Höchststand war um 1970 erreicht.

---

1 Antwort der Bundesregierung zur personellen Hilfe in Entwicklungsländern vom 1.2.1979, S. 1f.
Vgl. hierzu auch BMZ (Hrsg.), Grundsätze für Technische Hilfe, Punkt 11: Einsatz von Fachkräften. In: Entwicklungspolitik (Hrsg. BMZ), Materialien Nr. 42, Januar 1974, S. 47f.
2 Vgl. Antwort der Bundesregierung vom 1.2.1979 zur personellen Hilfe in Entwicklungsländern, a.a.O., S. 3.

Tabelle 20 Uebersicht über die von der GAWI bzw. der GTZ entsandten Experten 1960-1978

Jahr	Zahl der Experten
1960	c. 120 (1)
1963	500 (2)
1964	539 (3)
1969	c. 1400 (4)
1970	- (5)
1971	1353
1972	-
1973	-
1974	1348
1975	1253
1976	1024
1977	1107
1978	1196

Quellen:
1 Vgl. E+Z, 3/1970, S. 13.
2 Vgl. Der Präsident des Bundesrechnungshofes, Uebersicht über Organisation und Personal auf dem Gebiet der Entwicklungshilfe im Bereich der Bundesministerien, nachgeordneter Behörden und ausserhalb der Bundesverwaltung, Frankfurt, Dezember 1963, Anlage 2, S. 3.
3 Vgl. J. White, German Aid, a. a. O., S. 170.
4 Vgl. E+Z, 3/1970, S. 13.
5 Zu den Angaben 1970-1978 vgl. Antwort der Bundesregierung vom 1. 2. 1979 auf die Kleine Anfrage der CDU/CSU-Fraktion zur personellen Hilfe, a. a. O., S. 2. Die GTZ war offensichtlich nicht in der Lage, der Bundesregierung die gewünschten Zahlen für 1970, 1972 und 1973 zu liefern.

1.3.2 Rezeption ausgewählter Beiträge aus der Schweiz (1951-1978)

Auch in der Schweiz war und ist der Experte nicht unumstritten. Ist er ein "Superman" (1) oder ein "Superstar"? (2) Sind die Experten gar "les véritables héros du developpement" (3) oder sind sie eine neue Art von Bot-

---

1 Vgl. Vers un développement solidaire, Bulletin d'information romand de l'association pour la déclaration de Berne, No. 34, Décembre 1977, S. 11.
2 Ebenda
3 Vgl. G. Rist, Ch. Lalive d'Epinay, Regards blancs sur visage noirs. Genève 1978, S. 102.

schaftern des Abendlandes? (1) Oder sind Experten gar Leute, "die sich
für einige Jahre in einem Entwicklungsland verschachern wollen?" (2)

Im folgenden sollen einige wichtige Beiträge zum Experten und dessen Vorbereitung in chronologischer Reihenfolge kurz dargestellt werden.

1951

Der früheste Beleg für ein Anforderungsprofil eines Experten findet sich
im Bericht des Swiss Nepal Forward Teams. Rauch äussert sich zum
Experten wie folgt:
"Es scheint, dass die Auffassung über das technische Können und die physischen und geistigen Eigenschaften des ..., zu entsendenden Fachmannes
in verschiedenen Kreisen bei uns stark auseinandergehen. Eine Ansicht
geht dahin, dass der vom fremden Land angeforderte 'Experte' auch ein
Experte in unserem schweizerischen Sinne sein müsse, d. h. ein Fachmann,
der seit Jahren, wenn nicht Jahrzehnten sehr intensiv in einem engen
begrenzten Fachgebiet tätig gewesen ist und deshalb über grosse und sehr
wertvolle Erfahrungen auf diesem Gebiete verfüge. Auch massgebende
Behörden von wenig entwickelten Ländern sind meistens der gleichen Ansicht, allerdings in dem Sinne, dass sie von diesen 'Experten' grosse Kenntnisse im ganzen betreffenden Fachgebiet, über Ingenieurwesen, Elektrotechnik und Maschinenbau erwarten, und nicht richtig verstehen, dass solche
Spezialkenntnisse selten in mehr als einem eng begrenzten Teilgebiet möglich sind. In Ländern, die schon eine gewisse Entwicklungsstufe erreicht
haben, werden sicher verschiedene technische Probleme nur mit Hilfe
dieser sehr wertvollen Fachleute gelöst werden können. In Ländern aber,
wie Iran, Afghanistan, vorwiegend auch Indien und besonders Nepal würde
die Delegierung eines solchen Experten in den meisten Fällen kaum zum
Erfolg führen. Die Erfahrungen in diesen Ländern haben gezeigt, dass dort
die besten Erfolge von solchen Fachleuten erzielt wurden, die wohl über
eine gute fachliche Ausbildung und Erfahrung verfügten, aber vor allem,
Menschen von grosser physischer und geistiger Ausdauer, die sehr energisch sind und eine starke intuitive Begabung besitzen. Da auch oft und viel
improvisiert werden muss, ist es in den meisten Fällen wichtiger, generell

---

1 Vgl. ebenda, S. 108: "On ne peut manquer de tirer un parallèle entre
   la ferveur missionnaire du XVIIIe siècle, lors de la période dite du
   'Réveil', où la communauté chrétienne 'déléguait' certains de ses membres pour évangéliser les terres lointaines, et la ferveur 'développementaliste' de la seconde moitié du XXe siècle où l'Occident envoie
   dans le Tiers Monde cette nouvelle forme d'ambassadeurs que sont les
   coopérants."
2 R. Preiswerk, Die Ausbildung bilateraler Experten. In: Experten-Bulletin, Nr. 6, Sept. 1967, S. 12.

über die Möglichkeiten in verschiedenen Fachgebieten Bescheid zu wissen, als in einem Gebiet zu stark spezialisiert zu sein. ...
Ihre wesentliche Aufgabe wird in der Hauptsache darin bestehen, aus einfachen, vorhandenen Elementen, mit ungelernten Leuten, unter erschwerten physischen Lebensbedingungen, oft improvisierend, etwas wertvolles zu schaffen.
Nicht selten haben hochqualifizierte Experten, die unserer hochentwickelten Technik grosse Dienste geleistet haben, in solchen Posten versagt, weil sie reiches Wissen und Können nicht verwerten konnten und in ihrem Alter sich nicht mehr an diese verschiedenen Lebensbedingungen und Anforderungen anpassen konnten.
Andererseits wurden auch in Nepal Fachleute angetroffen, die ein reiches Fachwissen aufweisen und sehr gut wissen, was für Aufgaben in ihrem Land der Lösung warten. Durch ihre ganze Erziehung, durch Tradition und gesellschaftliche Gebundenheit und Abhängigkeit, ist es ihnen aber nicht möglich, die richtige Durchführung dieser Aufgaben bei den höchsten Behörden zu fordern und die Mittel von diesen zum vorgesehenen Zweck zu erhalten. Hier nun wartet eine der Hauptaufgaben den nach Nepal zu entsendenden Fachmann. Dieser muss es verstehen, gestützt auf klarer fachlicher Begründung, von den Behörden die absolut nötigen, materiellen Mittel und behördliche Unterstützung zur Durchführung der vorliegenden Aufgabe zu erlangen. Zeigt er sich fest und bestimmt, so wird er sehr bald die volle Unterstützung der nepalesischen Kollegen erhalten und von diesen als Gegenleistung sehr viele wertvolle Winke und Hinweise für eine praktische Durchführung der Aufgabe mit lokalen Hilfsmitteln erhalten. Auf diese Weise kann sich die Zusammenarbeit zwischen schweizer 'Experten' und nepalesischem Fachmann sehr fruchtbar gestalten." (1)

Dieses von Rauch skizzierte – auch heute noch interessante – Expertenbild ist gekennzeichnet von einem hohen Einfühlungsvermögen in die nepalesischen Verhältnisse, welche sich auch an anderen Stellen zeigt. (2)

---

1   Nepal-Bericht 1951, Berichtsteil Rauch, Punkt C a) Anforderungen an den für Nepal nützlichen Fachmann aus der Schweiz, S. 1f.
2   So kritisiert er nicht das ihm fremde Verwaltungssystem Nepals, sondern versucht herauszuschälen, warum die bestehenden Behörden so wenig positive Arbeit leisten konnten. "So lange der einzelne Angestellte, sei er nun gewöhnlicher Strassenarbeiter oder leitender Beamter, seine Stellung als repräsentativen Posten in seiner Sippe im Staatsorganismus betrachtet, wird eine wirkliche technische Leistung kaum möglich sein. Es ist, mit diesem Massstab gemessen, sogar erstaunlich, wieviel trotz allem schon, und zwar in selbständiger Arbeit gebaut worden ist, ... Berichtsteil Rauch, a. a. O., S. 29.
    Ueber religionsgebundene Höflichkeitsformen schreibt er folgendes: "Der althergebrachte, gute Ton will es, dass kein Mensch dem anderen und noch viel weniger seinem Vorgesetzten widerspricht oder auch nur etwas sagt, was in jenem irgendwie andere, als angenehme Gedanken erwecken kann, auch auf die Gefahr hin, dass Unwahres oder mindestens

1959

T. Hagen (1), der heute schon geradezu "klassische" schweizerische Experte der Entwicklungszusammenarbeit, der zwischen 1950 und 1958 in Nepal in 1860 Tagen über 14'000 km zurücklegte und dabei 950 Höhenkilometer überwand, betont in einem Bericht an die Vereinten Nationen die Rolle des Menschen im Entwicklungsprozess:
"It is always the human being who is behind the modern technique. The best plans, the best advice, the most modern engineering and equipment, will not work, unless there is a man with the human spirit behind it. On the other hand, the right human spirit can achieve quite a lot even when modern machinery is not available." (2)
Er weist aber auch auf die durch die Experten ausgelösten Demonstrationseffekte hin und kritisiert auch die Unzulänglichkeiten des Experten:
"There is a great danger in under-developed countries accepting or copying plans from abroad. Foreign ideas are brought in by fellowships of nationals and by foreign experts." (3) ... It must be pointed out here that the Government and its officers, who received fellowships cannot be blamed, but rather the foreign experts, who were not able to become familiar enough with the local conditions, potentialities and needs, or did not have sufficient imagination." (4)

1961/62

Zu Beginn der 60er-Jahre ergab sich bezüglich der Expertenvorbereitung folgende Ausgangslage (5):

> Wertloses gesagt wird. Kein Untergebener wird somit, ungefragt seinem Vorgesetzten Vorschläge unterbreiten und, wenn gefragt, nach Möglichkeit, nur die Ansicht seines Vorgesetzten unterstützen und bekräftigen, auch wenn er in Wirklichkeit nicht einig ist. Solange also keine fachlich, sachlichen Diskussionen zwischen den jüngeren, aber technisch ausgebildeten Beamten und deren massgebenden, aber oft fachlich wenig verständigen Vorgesetzten in Gang kommen kann, werden auch die notwendigen technischen Aufgaben kaum in Angriff genommen werden können. Hier erwartet die zuzuziehenden europäischen Fachleute eine ihrer Hauptaufgaben." Ebenda.

1 Vgl. zum folgenden United Nations, Observations on Certain Aspects of Economic and Social Development Problems in Nepal. Prepared for the Government of Nepal by Toni Hagen. New York, 10 July 1959.
2 Ebenda S. 77.
3 Ebenda
4 Ebenda S. 78.
5 Die nachfolgenden Hinweise verdanke ich einem Gespräch mit Roy Preiswerk, Direktor des Institut universitaire d'études du développement in Genf am 25.4.1979.

Die Experten reisten mit minimalen Informationen aus und hatten kaum eine Ahnung von der Geschichte, den sozio-kulturellen Strukturen und den Wertvorstellungen ihrer Gastländer. Stattdessen wurden sie aufgepumpt mit Enthusiasmus. In der ersten Hälfte der 60er-Jahre kam dann die Enttäuschung. Eine stattliche Anzahl von Experten hatte versagt, weil man ihnen das Falsche gesagt hatte. Es waren nicht nur menschliche Tragödien für die Experten, es war auch eine Tragödie für die Partner in den Entwicklungsländern, die das erdulden mussten.
Die vorzeitige Rückkehr hatte auch finanzielle Auswirkungen.
Vor diesem Hintergrund wuchs Anfang der 60er-Jahre das Bewusstsein der Notwendigkeit einer Expertenvorbereitung.

H. Gutersohn, Professor an der Eidgenössischen Technischen Hochschule Zürich und Präsident der Schweizerischen Koordinationskommission für technische Zusammenarbeit, setzte sich in einem Beitrag der Zeitschrift "mondo" dafür ein, Fachleute vor der Aufnahme einer Expertentätigkeit zu kurzen Einführungskursen zusammenzurufen, "in welchen ihnen einige spezielle Kenntnisse über die Verhältnisse in ihrem künftigen Arbeitsgebiet vermittelt werden." (1)
Auch für Kägi-Fuchsmann war es notwendig, dass Experten, die in einem Entwicklungsland eingesetzt werden, auf ihre Tätigkeit seriös und umfassend vorbereitet werden. (2) Die kleine Zahl der zum gleichen Zeitpunkt ausreisenden Experten, die Verschiedenheit der Einsatzländer und der zu lösenden Aufgaben mache aber eine gemeinsame fachliche und allgemeine Vorbereitung unmöglich. Sie berichtet, dass das "Schweizerische Hilfswerk für aussereuropäische Gebiete" (SHAG) in den letzten Jahren diesen Mangel dadurch behoben habe, dass die ausreisenden Experten ungefähr 4 Wochen im Sekretariat des Hilfswerks mitarbeiteten, das von ihnen benötigte Material selber besorgten, die Akten über ihr Arbeitsgebiet sorgfältig studierten, mit möglichst viel Menschen, die in ihrem zukünftigen Arbeitsgebiet tätig waren, Kontakt aufnahmen und sich mit einschlägiger Literatur versahen.
Diese Phase der nur individuellen Vorbereitung ging erst im Herbst 1962 zu Ende. Vom 3. bis 8. September 1962 wurde der erste Expertenkurs mit 20 Teilnehmern, davon 14 SHAG-Mitarbeiter im Institut für Soziologie und sozio-ökonomische Entwicklungsfragen in Bern unter der Leitung von Prof. R.F. Behrendt durchgeführt.
Dieser Kurs behandelte 3 Hauptthemen:
- Einführung in die typischen Probleme der Entwicklungsländer;
- Westliche Hilfe und Probleme der Zusammenarbeit mit Einheimischen;
- die praktische Arbeit in Entwicklungsländern. (3)

---

1 H. Gutersohn, Betrachtungen zur schweizerischen Entwicklungshilfe. In: mondo, 1.Jg., Dezember 1961, Nr. 3, S. 1.
2 Vgl. R. Kägi-Fuchsmann, Erfolgreicher Kurs für Experten. In: mondo, 2.Jg., Oktober 1962, Nr. 5, S. 13.
3 Ebenda

Dieses Seminar wurde 1963 in erweiterter und abgeänderter Form wiederholt. (1)

W. Bosshard, langjähriger Experte in Afrika und heute Direktor der Eidgenössischen Anstalt für das forstliche Versuchswesen in Birmensdorf, stellt 1962 fest, dass das in einem Entwicklungsland unter erschwerten Arbeitsbedingungen und aus dem Stegreif sowie mit bescheidenen Mitteln Geschaffene den Charakter der Pionierleistung erhalte. Im Entwicklungsland sei der Improvisator nicht ein Pfuscher, sondern ein Könner. Habe er zudem die Eigenschaft, auf lobende Anerkennung verzichten und im Gegenteil hartes, oft ungerechtes Urteil grossmütig einstecken zu können, dann erfülle er schon ganz wesentliche Voraussetzungen für eine fruchtbare Arbeit in einem Entwicklungsland. (2) Pioniergeist und ein gewisses kulturelles Verständnis seien Voraussetzungen, die im Interesse des Entwicklungslandes vom weissen Fachmann zusätzlich zu seinen soliden Fachkenntnissen mitgebracht werden müssen. (3)

1965

Im Januar 1965 fand ein dritter Expertenkurs auf dem Herzberg bei Aarau statt. (4) Er dauerte fünf Tage und wurde von 15 zukünftigen, teils bereits erfahrenen Experten besucht.
Das Programm erstreckte sich auf Sachgebiete, die unabhängig vom Einsatzort und Auftrag der Experten waren. Die insgesamt 38 Arbeitsstunden verteilten sich auf folgende Gebiete:

Entwicklungshilfe	10 Stunden
Expertenwesen und bisherige Erfahrungen	9 "
Ursachen und Merkmale der Unterentwicklung	7 "
Landwirtschaftliche Probleme	5 "
Genossenschaftswesen	3 "
Kenntnis der Schweiz und Bibliographie	2 "
Eröffnung und Schluss	2 "

Im Juni 1965 organisierte der Delegierte für technische Zusammenarbeit einen weiteren 9-tägigen Vorbereitungskurs, dessen Programm auf Grund der gemachten Erfahrungen ergänzt wurde. Zusätzlich wurden tropenhygienische Instruktionen und spezielle Ratschläge für die Frauen der Experten einbezogen.

---

1 Vgl. W. Renschler, Die Konzeption der technischen Zusammenarbeit zwischen der Schweiz und den Entwicklungsländern, Zürich 1966, S. 204.
2 W. Bosshard, Einordnung westlicher Fachleute in den Arbeitsprozess eines Entwicklungslandes. In: mondo, 2. Jg., Dezember 1962, Nr. 6, S. 2.
3 Ebenda S. 3.
4 Vgl. zum folgenden W. Renschler, a. a. O., S. 204f.

1966

Kägi-Fuchsmann kennzeichnet den Experten wie folgt (1):
"Der Experte mit oder ohne akademischem Titel ist ein qualifizierter Fachmann, ist auch Lehrer, vor allem aber Mitmensch. Darum sollte er womöglich von Anfang an die Sprache des Landes einigermassen kennen, seine Sitten und Gebräuche, sein Religion. Es muss genügend Geduld und Verständnis haben, um das andersartige Denken und Reagieren zu verstehen.
... Er muss auch den Mut haben, wo es möglich und tunlich ist, das einfache Leben des Einheimischen zu teilen. Er muss auch bereit sein, sich der ausserberuflichen Nöte des Eingeborenen anzunehmen.
Das setzt voraus, dass er sich vor seiner Ausreise auf die neue Welt, die er antreffen wird, vorbereitet: Er soll ein Gesamtbild des Landes, in das er versetzt wird, erarbeiten, von seinen klimatischen und topographischen Verhältnissen, von den Menschen und ihrer Lebensart, von seiner jeweiligen politischen Lage informiert sein.
Die sehr vielseitigen Anforderungen, die an einen Experten oder Entwicklungshelfer gestellt werden müssen, bedingen eine gewissenschafte Auslese. Eine Vorbereitung auf die Aufgabe ist unerlässlich."

1966 erschien das Buch von Walter Renschler über die Konzeption der technischen Zusammenarbeit zwischen der Schweiz und den Entwicklungsländern. (2) Der Expertenfrage widmet er ein ganzes Kapitel. (3) Besonders ausführlich geht er auf Auswahl und Vorbereitung der Experten ein.

1967

Einige interessante Anstösse vermitteln Wilhelm, Preiswerk und Burri. Wilhelm beschreibt das Anforderungsprofil des Experten u. a. wie folgt:
"Für die Entwicklungshilfe werde nicht paternalistische 'Sahibs' oder Kraftnaturen gebraucht, die den armen Unterentwickelten ihre gloriosen Ideen aufoktroyieren, sondern jene andere Art der 'hidden persuaders', die persönliche Integrität, Takt und Einfühlungsvermögen, Flexibilität und Phantasie, Intelligenz, Führungsbegabung, psychologische Stabilität und Geduld, Durchsetzungsvermögen und Initiative miteinander verbinden. Dazu kommt noch Teamfähigkeit, die immer wichtiger wird." (4)

---

1 R. Kägi-Fuchsmann, Vom Werden der schweizerischen Entwicklungshilfe, S. 19.
2 W. Renschler, a. a. O.
3 Die Ueberschrift dieses Kapitels lautet: Expertenmissionen als Form der bilateralen technischen Entwicklungshilfe (S. 171-214).
4 R. Wilhelm, Editorial. Experten-Bulletin des Delegierten für technische Zusammenarbeit, Nr. 6, September 1967, S. 2.

Des weiteren führt er aus, dass die Chancen des Gelingens durch eine richtige Vorbereitung und eine Vermittlung gewisser Kenntnisse und Techniken erheblich vergrössert würden. (1)

Preiswerk (2) weist auf die meist unerwarteten Schwierigkeiten hin, die jegliche Tätigkeit in einem Entwicklungsland für den Experten bringt:
"Vor ihrer Abreise gefallen sich manche Experten in der Rolle von kleinen Herrgöttchen, deren umfassende Kenntnisse unweigerlich die einstimmige Begeisterung von Regierung und Bevölkerung im Entwicklungsland hervorrufen müssen. An Ort und Stelle angelangt, stellt man mit leisem Bedauern fest, dass am Flugplatz keine Fanfare zum Empfang bereit steht. Die versprochene Unterkunft ist nicht bezugsbereit. Die einheimischen Partner zeigen ihre Empfindlichkeit gegenüber Almosen, technologischer Ueberlegenheit und Zwang. ...
Diese und viele andere Schwierigkeiten der Entwicklungstätigkeit können auf einen gemeinsamen Nenner gebracht werden: Leute, die sich für einige Jahre in einem Entwicklungsland verschachern wollen, haben meist eine stark idealistisch-motivierte Einstellung zu ihrer Tätigkeit. Nun gibt es aber bekanntlich zwei Typen von Idealisten: solche, die sich über die wirklichen Gegebenheiten im Klaren sind, aber eine Neuordnung befürworten, und solche, die auf Illusionen Luftschlösser bauen. Die letztere Sorte ist für die Entwicklungshilfe gefährlich. Das Ziel eines Expertenkurses muss es sein, Illusionen erbarmungslos auszurotten, ohne jedoch den so bitter notwendigen Enthusiasmus zu zerstören."
Für Preiswerk stellt die Expertenausbildung eine unbedingte Notwendigkeit dar. Trotzdem werde auf diesem Gebiet bis jetzt recht wenig unternommen. Die Expertenausbildung stelle einen stark unterentwickelten Aspekt der schweizerischen Entwicklungshilfe dar.

Burri (3) gibt folgenden Rat:
"Für richtige Pionierprojekte geht es einfach nicht ohne ein gewisses, an die Geschichte unserer Landsknechte bester Prägung erinnerndes und ab und zu über das Ziel hinausschiessendes Draufgängertum unserer Mitarbeiter. Was sie eben noch lernen müssen, ist das, wovon praktisch in der Medizin wie im Leben im allgemeinen der Erfolg abhängt und das leidenschaftliche Naturen so mühsam lernen, nämlich, richtig dosieren."

---

1 Ebenda
2 R. Preiswerk, Die Ausbildung bilateraler Experten. In: Experten-Bulletin, Nr. 6, September 1967, S. 11f.
3 K. Burri, Gedanken von Teamleitern. In: Experten-Bulletin, Nr. 6, September 1967, S. 20.

1969

Eine überarbeitete Konzeption der technischen Zusammenarbeit des Bundes wurde 1969 vom DfTZ vorgelegt. (1) Gemäss dieser Konzeption stellt der Einsatz von Personal eines der wichtigsten Gegenstände der technischen Zusammenarbeit dar. (2) Als Experten werden sämtliche Mitarbeiter im Projekteinsatz unabhängig vom Ausbildungsniveau und fachlicher Spezialisierung bezeichnet. Die Freiwilligen fallen nicht in diese Kategorie. Bezüglich der Anforderungen finden sich folgende Bemerkungen:
"Der Betreffende muss nicht nur über die nötigen Fachkenntnisse verfügen, er muss geistig beweglich sein, sich mit einem gewissen Idealismus seiner Mission annehmen und bereit sein, andauernd Mühsal und Risiken auf sich zu nehmen. Ferner muss er die nötigen Kenntnisse über das Entwicklungsland haben und über das in der Entwicklungsarbeit nötige menschliche Verständnis verfügen. Pioniereigenschaften sind wichtig, aber noch wichtiger ist die Fähigkeit zur Zusammenarbeit. Der Experte hat der Bevölkerung des Entwicklungslandes mit Takt zu begegnen und durch sein Vorbild deren Achtung zu erwerben. Er hat die Sitten des Landes zu achten und einen Lebensstandard zu halten, der sich von dem der umgebenden Bevölkerung nicht übermässig abhebt." (3)
Die Ausbildung des Projektpersonals vor und während des Einsatzes wird als sehr wichtig erachtet. Die beruflichen Kenntnisse seien im Hinblick auf die andersartigen Verhältnisse im Entwicklungsland zu ergänzen, die sprachlichen Kenntnisse seien zu erweitern. Ausserdem solle das Projektpersonal mit den allgemeinen Verhältnissen im Einsatzland vertraut gemacht werden. Es solle ferner Problematik, Methoden und Technik der Entwicklungshilfe kennen und einen Ueberblick darüber haben, was an Entwicklungsarbeit im Einsatzgebiet getan werde. Zu dieser allgemeinen Vorbereitung komme dann die spezielle Vorbereitung für das Projekt.
Die beste Art der Vorbereitung seien Ausbildungskurse, und zwar sowohl von kürzerer als auch von längerer Dauer. Da nicht alle Experten an Kursen teilnehmen könnten und auch nicht alles Wünschbare in den Kursen behandelt werden könne, seien auch andere Ausbildungsmöglichkeiten auszuschöpfen, wie Verteilung von Literatur, Expertenberichten, Bereitstellung von Sprachlehrmitteln, Kontakte mit früheren Experten, mit internationalen Organisationen und mit wissenschaftlichen Institutionen in der Schweiz und im Ausland. (4)

---

1 Dienst für technische Zusammenarbeit, Grundsätze der technischen Zusammenarbeit des Bundes mit den Entwicklungsländern. Bern, April 1969, Ms., 44 Seiten.
2 Ebenda S. 21.
3 Ebenda S. 22.
4 Ebenda S. 23f.

1974

In einer kritischen Analyse zum Expertenstatus äussert sich der Dienst für technische Zusammenarbeit (1):
Der Expertenstatus habe einen "Geburtsfehler". International und in der Schweiz gehe man bei der Gestaltung des Expertenstatus im Grunde davon aus, dass ein Bürger eines Industrielandes, der etwas bereits wisse und könne - und es besser wisse und könne als die Einheimischen im Einsatzland - ausreise, um als Ueberlegener die Einheimischen zu belehren. Er sei also ein - jedenfalls im Vergleich zu den Einheimischen - hochqualifizierter Spezialist, eben ein Experte, und dafür sei er zu bezahlen. Der zweite Ausgangspunkt, der in der schweizerischen Praxis eine grössere Rolle spiele als der erste, besage, dass der Experte unter besonders schwierigen Umständen zu arbeiten und zu leben habe, und dass sein Leben mit besonderen privaten finanziellen Belastungen verbunden sei.
Der Experte müsse über seine beruflichen Kenntnisse hinaus fähig sein, nicht nur zu lehren, sondern auch zu lernen. Er müsse zum Eingehen auf den in ganz anderen Verhältnissen lebenden Partner, zur Zusammenarbeit mit ihm auf gleicher Ebene und zu seiner Anerkennung als Massgebender fähig sein. Er müsse also im Grunde nicht der Ueberlegene sein, sondern der einen Dienst Leistende. In diese ganz neue Situation müsse er sich einleben, menschlich und beruflich. Er müsse zu Beginn seines Einsatzes einen Beruf - denjenigen des Entwicklungsarbeiters - neu erlernen. Er sei zunächst kein Experte. Werde dies bei seiner Entlöhnung berücksichtigt, führe dies nicht zu einem hohen, sondern zu einem bescheidenen Salär.
Es werde nicht bestritten, dass der Experte oft, aber nicht immer unter besonders schwierig erscheinenden Umständen zu arbeiten und zu leben habe. Doch ihn dafür besonders zu entschädigen, bedeute, dass man schweizerische Verhältnisse als überall massgebend nähme und damit dem Mitarbeiter menschlich erschwere, die Verhältnisse im Einsatzland als gegeben zu akzeptieren. Es bedeute, dass man den Mitarbeiter darin fördere, im Einsatzland mehr als unvermeidlich eine "Insel"-Existenz zu führen.
Schliesslich sei zu beachten, dass die besonderen Schwierigkeiten der Arbeit und des Lebens im Einsatzland ausgewogen würden durch das besondere Interesse und die besondere Befriedigung, die Entwicklungsarbeit biete; ferner auch durch die Befriedigung, der schweizerischen Zivilisation, Geordnetheit und Gleichmässigkeit entronnen zu sein. Damit sei ein Wunsch erfüllt, der in der Regel ein Motiv für den Einsatz in der Entwicklungsarbeit bedeute.
Bestehe das besondere Interesse und die besondere Befriedigung der Entwicklungsarbeit für einen Mitarbeiter nicht mehr, dann sei seine Motivation offenbar erloschen. Er solle dann nicht eine finanzielle Kompensation

---

1 Dienst für technische Zusammenarbeit, Grundlagen und Anregungen für die Ausarbeitung eines einzigen Statuts für das gesamte privatrechtlich angestellte Auslandspersonal des DftZ (t. 400 T. 330-RR/so, Bern 7. Januar 1974, S. 2f.

dafür erhalten, sondern seinen Einsatz in der Entwicklungsarbeit beenden. (1)
Schliesslich sei das Leben im Einsatzland im allgemeinen wohl nicht mit besonderen privaten finanziellen Belastungen verbunden. Eher sei das Gegenteil der Fall. Es gebe eine ganze Reihe von Gründen für die Annahme, dass zahlreiche Experten für ihr tägliches Leben im Einsatzland weniger aufwenden müssten als in der Schweiz. Das dürfe hauptsächlich daher kommen, dass einmal weniger Konsummöglichkeiten bestünden als in der Schweiz, und dass zweitens Berufs- und Privatleben viel weniger stark getrennt seien.
Diese Konzeption wurde insbesondere im Hinblick auf ihre finanziellen Implikationen in die Tat umgesetzt. So erhalten die schweizerischen Experten ein erheblich geringeres Gehalt als z.B. ihre deutschen Kollegen. Dies führt manchmal zu gewissen Spannungen, wenn deutsche und schweizerische Experten im gleichen Projekt, wie z.B. an der Ingenieurfakultät in Dar es Salaam, tätig sind.

1978

Im April 1978 hat das Institut universitaire d'études du développement im Auftrag der Direktion für Entwicklungszusammenarbeit und humanitäre Hilfe (DEH) eine Evaluation der schweizerischen Expertenvorbereitung durchgeführt. (2)

Aufgrund einer Befragung von Vertretern der DEH, von Experten und von Counterparts wurden folgende Eigenschaften eines Experten ermittelt (3):
- Allgemeine Selbständigkeit und Kooperationsbereitschaft
- Durchhaltevermögen und Ausdauer
- Allgemeine psychische und physische Belastbarkeit
- Warten können, wenn es nötig ist, ohne nervös zu werden
- Phantasie und Kreativität im Arbeitsgebiet
- Phantasie und Kreativität bei der Gestaltung des privaten Lebens
- Klugheit und die Fähigkeit Vertrauen entgegenzubringen, ohne sich enttäuschen zu lassen
- Bewusstsein der Realitäten der ersten und der dritten Welt
- Pädagogisch-didaktische Fähigkeiten
- Kontextdenken, Selbstkritik und permanente Autoevaluation
- Beweglichkeit und Fähigkeit sich anderen Massstäben anzupassen, ohne die eigenen zu verlieren
- Diskussionsbereitschaft auch mit unangenehmen Gesprächspartnern
- Konzilianz und Toleranz auch Menschen gegenüber, die man sich nicht selbst ausgewählt hat
- Bereitschaft zu vollem Engagement, ohne die nötige Distanz zu verlieren

---

1 Vgl. ebenda S. 3f.
2 Vgl. zum folgenden Evaluationsbericht 1978.
3 Ebenda S. 22f.

- Unterscheidungsvermögen zwischen wichtigen und unwichtigen Dingen
- Mut zu persönlicher Stellungnahme, ohne voreilig andere zu verurteilen
- Einfühlungsvermögen und Fingerspitzengefühl
- Lernfähigkeit und -bereitschaft
- Distanz zu den eigenen Problemen

Die Verfasser sind sich allerdings darüber im Klaren, dass es sehr schwierig sein dürfte, auch nur einen Menschen zu finden, der all diese Eigenschaften erfüllt. So haben auch die meisten der Befragten nur drei oder vier dieser Eigenschaften genannt.

Der Bericht geht auch ausführlich auf die besonderen Belastungen der Experten im Einsatz ein. Es wird besonders auf folgende Faktoren hingewiesen (1):
- Die Fragwürdigkeit der Aufgabe
- die Ungewissheit des Erfolgs
- das Fehlen von Vertrauenspersonen
- die Isolation
- die Konfliktträchtigkeit.

Aus diesen belastenden Faktoren ergebe sich eine Reihe von negativen Auswirkungen. So bekomme die Sündenbockrolle ein erhebliches Gewicht. Die Kollegen, die Frauen, die Einheimischen, "die in Bern" seien Schuld daran, dass es nicht besser gehe. Es würden aber auch im Bereich des Prestiges, der Konkurrenz, der materiellen Sicherheit oder auch der Resignation Fluchtreaktionen sichtbar und dominant, die unter normalen Bedingungen in diesem Ausmass nicht der Persönlichkeit entsprächen. Den einzelnen Experten mögen diese oder andere Nebenwirkungen mehr oder weniger belasten; er habe schliesslich seine Motive, sich für einen solchen Einsatz zu melden. Er habe jederzeit die Möglichkeit, zurückzukehren, und ausserdem sei der Einsatz zeitlich beschränkt. Für das Projekt aber und im Hinblick auf dessen Ziel, hätten diese Reaktionen verheerende Auswirkungen.

Unbestritten sei nach Uebereinstimmung aller Befragten die Tatsache, dass die Qualität des Experten - der richtige Mann am richtigen Platz - von ausschlaggebender Bedeutung für den langfristigen Erfolg eines Projekts sei. Diese nötige Qualität sei bisher offenbar nicht erreicht worden, denn nur ein kleiner Prozentsatz der Experten werde den Anforderungen optimal gerecht. (2)
Unbestritten ist die Notwendigkeit einer Ausbildung:
"Le besoin d'une formation qui dépasse les problèmes particuliers des pays et projets d'affectation est ressenti depuis fort longtemps dans tous les

---

1 Vgl. ebenda S. 30ff.
2 Die Verfasser schätzen, dass nur zwischen 10 und 30% der Experten die optimalen Bedingungen praktisch erfüllen. Vgl. ebenda S. 35.

organismes, privés ou publics, nationaux ou internationaux, dont la tâche est de coopérer avec les pays en voie de développement." (1)

Zusammenfassend kann festgehalten werden, dass in der Schweiz bereits 1951 erste Anforderungsprofile vorlagen, die bis zur Gegenwart nur geringe grundsätzliche Veränderungen erfuhren. Die Notwendigkeit einer Vorbereitung bzw. Ausbildung der Experten wurde früh erkannt, doch wurde der erste Expertenkurs erst im Jahre 1962 durchgeführt. (2)

Abschliessend soll noch ein Blick auf die zahlenmässige Entwicklung der Experten geworfen werden.
1965 gab es etwa 215 Experten (65 bilaterale Bundesexperten, 150 Experten privater Hilfswerke und anderer privater Organisationen). (3)
1967 war die Zahl der Experten (202) nur unwesentlich niedriger. 82 bilaterale Bundesexperten standen etwa 120 Experten privater Organisationen gegenüber. (4)
Die Tabelle 21 zeigt, wie sich die Zahl der Experten zwischen 1970 und 1977 entwickelt hat. Sie ist mit durchschnittlich 400 relativ konstant geblieben.
Die beträchtliche Steigerung um über 27% von 1976 auf 1977 erklärt sich daraus, dass Experten, die bisher als freiwillige Entwicklungshelfer tätig waren, mittlerweile als Vollexperten vom Bund angestellt wurden. (5)

---

1 Evaluationsbericht 1978, S. 37.
2 Vgl. auch die Ausführungen auf S. 192.
3 Vgl. W. Renschler, a. a. O., S. 173f.
4 Vgl. Dienst für technische Zusammenarbeit, t. 143. 3. -1-WM/GM
　Besoin en information pour volontaires et expertes de la coopération technique, Berne, le 7 juin 1967.
5 Informationen über Entwicklungspolitik, vom Delegierten des Bundesrates für technische Zusammenarbeit, Eidg. Pol. Departement, und von der Handelsabteilung des Eid. Volkswirtschaftsdepartements gemeinsam herausgegebenes Bulletin, Presserohstoff, Ausschuss für Entwicklungshilfe (DAC) der OECD: Jahresexamen der Hilfe 1977, Memorandum der Schweiz, S. 16.

Tabelle 21 Schweizerische Auslandsexperten 1970-1977

KATEGORIE	1970	1971	1972	1973	1974	1975	1976	1977
I. Vom Bund angestellte Experten:								
Lehrer	10	34	25	28	26	43	44	55
Berater	84	48	28	50	28	22	22	23
Operationelles Personal	109	133	163	136	125	144	154	203
Zwischensumme	203	215	216	214	179	209	220	281
II. Von schweizerischen Institutionen angestellte Experten (mit finanzieller Beteiligung des Bundes)	189	216	203	204	220	156	191	223
SUMME I + II	392	431	419	418	399	365	411	504

Quellen:
1 Département Politique Fédéral. Délégué à la Coopération Technique. Statistiques de l'effort suisse d'aide en faveur des pays en développement. 1972. t. 280 Tableau 4.1.
2 Ders., 1975, t. 280 Tableau 4.1.
3 Département Politique Fédéral. Direction de la Coopération au développement et de l'aide humanitaire. Statistique de l'effort suisse d'aide en faveur des pays en développement. 1977. t. 280. Tableau 4.1.

2. POSTKOLONIALE AUSBILDUNGSINSTITUTIONEN

2.1 Nachfolgeinstitutionen kolonialer Ausbildungsstätten

2.1.1 Die Deutsche Kolonialschule auf dem Weg in die Gesamthochschule Kassel

Die Deutsche Kolonialschule wurde nach dem Ersten Weltkrieg und dem Verlust der deutschen Kolonien bis 1942 weitergeführt, ohne dass wesentliche Aenderungen im Lehrplan vorgenommen wurden. (1) Allerdings kam es nach dem Ableben von Fabarius (1927) verstärkt zu Zerwürfnissen zwischen Studenten und der Schulleitung, insbesondere in der Zeit des Nationalsozialismus unter dem Direktorat von Koch (1934-1939). (2) Während des Krieges diente die Schule als Lazarett. Nach dem Zusammenbruch schien das Schicksal der Deutschen Kolonialschule besiegelt zu sein. Aber bereits im Januar 1946 wurden vom damaligen Direktor Köster erste Versuche unternommen, die Deutsche Kolonialschule wieder zu beleben. Hoffnungsvoll schrieb er u. a.:
"Bei der zu erwartenden vollständigen Neuordnung der Beziehungen der Völker untereinander und der damit verbundenen Neugestaltung der Weltwirtschaft wird man nach Abklingen der augenblicklichen Psychose die organisatorischen und wirtschaftlichen Fähigkeiten des aufbauwilligen deutschen Menschen mit seinem Fleiss, seiner Ordnungsliebe und fachlichen Tüchtigkeit in den noch wenig erschlossenen weiten Gebieten Afrikas, Südamerikas, Australiens usw. nicht entbehren können." (3)
Er schlug eine Wiedereröffnung der Schule unter dem Namen "Deutsche Kolonialschule Witzenhausen, Höhere Landbauschule für Heimat und Uebersee" vor. (4)

In der Folgezeit entfalteten die Absolventen der Kolonialschule, die z. T. in einflussreiche Positionen gelangt waren, eine rege Lobbytätigkeit, die schliesslich dazu führte, dass sich ein Vertreter der Schule 1954 mit einem Schreiben an den Bundesminister des Inneren wandte. (5) In der diesem Schreiben beigefügten Denkschrift hiess es u. a., dass die Kolonialschule auch in Zukunft eine Fachschule sein werde, in der die Söhne auslandsdeutscher Familien sich die Ausbildung für die Arbeit in Uebersee holen.

---

1 R. Köster, Die Deutsche Kolonialschule GmbH, Witzenhausen. Rückblick und Ausblick. Januar 1946. Ms., S. 8, Archiv Witzenhausen.
2 Ebenda
3 Ebenda S. 14.
4 Ebenda S. 15.
5 Brief von Dr. Fischer an den Herrn Bundesminister des Inneren vom 25. November 1954, Akte Nachkriegsentwicklung, Archiv Witzenhausen.

Und mit den Auslandsdeutschen werde wieder der junge Ausländer kommen, insbesondere der Süd- und Mittelamerikaner, Türke, Iraner und Afrikaner. (1)
Man schlug allerdings vor, den Namen der Schule zu ändern, da man der Tatsache Rechnung tragen müsse, dass das koloniale Zeitalter endgültig vorüber sei. Es wurde die Bezeichnung "Deutsches Institut für tropische und subtropische Landwirtschaft" vorgeschlagen. (2)
Dieser Denkschrift waren 18 Auszüge von Schreiben und Telegrammen ehemaliger Schüler der Deutschen Kolonialschule beigefügt, die sich massiv für eine Wiedereröffnung der Schule einsetzten. (3) Aber bis zur Eröffnung der Nachfolgeinstitution vergingen noch 3 Jahre.
Die frühere deutsche Kolonialschule wurde 1957 als "Deutsches Institut für tropische und subtropische Landwirtschaft in Witzenhausen" wiedereröffnet. Als höhere landwirtschaftliche Fachschule hatte sie die Aufgabe, "den Hörern, die für den Beruf des Landwirts der Tropen und Subtropen erforderlichen Kenntnisse zu vermitteln und sie für die besondere Verantwortung, in die sie im Ausland gestellt sein werden, zu erziehen. ..." (4)
Der Lehrgang umfasst zwei Unterrichtshalbjahre mit insgesamt 40 Unterrichtswochen.
Ab Ende 1957 führte die Schule die Bezeichnung: "Lehranstalt für tropische und subtropische Landwirtschaft Witzenhausen". (5)
Die Lehranstalt wurde 1966 vom Land Hessen und der Bundesrepublik übernommen und führte ab Juli 1966 den Namen "Deutsche Ingenieurschule für Tropenlandwirtschaft". Diese nun sechssemestrige Ingenieurschule ging 1971 in den Fachbereich "Internationale Agrarwirtschaft" der Gesamthochschule Kassel über.

Von besonderer Bedeutung war auch das 1963 gegründete "Beraterseminar für ländliche Entwicklungshilfe", welches die Aufgabe hatte, "deutsche landwirtschaftliche Kräfte auf eine Tätigkeit im Rahmen der deutschen Entwicklungshilfemassnahmen vorzubereiten". (6)

---

1 Vgl. S. 3 der Denkschrift.
2 Ebenda S. 4.
3 Das Netzwerk der "Old Boys" rühmt auch Schmaltz: "Besondere Aktivitäten in dem Bemühen um die Wiedereröffnung der Witzenhäuser Ausbildungsstätte entfalteten die in aller Welt verstreuten früheren Absolventen. Ohne deren starken persönlichen Einsatz wäre ein Weiterbestehen dieser Ausbildungsstätte kaum möglich gewesen. O. Schmaltz, 75 Jahre Ausbildungsstätte für internationale Agrarwirtschaft in Witzenhausen. In: Der Tropenlandwirt, 74. Jg., April 1973, S. 7.
4 Vgl. Staatsanzeiger für das Land Hessen, 1956, Nr. 43, 27. Oktober 1956, S. 1112.
5 Vgl. Staatsanzeiger für das Land Hessen, Nr. 47, vom 23. November 1957, S. 1185.
6 F.H. Riebel, Spezifische Berufsvorbereitung für Erwachsene - Konzept und Gestalt der Ausbildung von Entwicklungshilfe-Experten, in: Erwachsenenbildung. Grundlagen und Modelle (herausgegeben von E. Prokop und

Das Beraterseminar wurde 1972 in die Abteilung Kontaktstudienzentrum integriert. Dieses Kontaktstudienzentrum führte z. B. folgende Bildungsmassnahmen durch:
- Hochschuldidaktik für Agrarwissenschaftler aus Entwicklungsländern (seit 1973). Diese sechsmonatigen Kurse werden im Auftrag des "Deutschen Instituts für tropische und subtropische Landwirtschaft" (1) in Witzenhausen durchgeführt und sind Bestandteil des von der Bundesregierung geförderten Reintegrationsprogramms. Seit 1978 wurde auf die Beschränkung der Kurse auf Agrarwissenschaftler verzichtet.
- Programme für Landfunk-Journalisten aus Entwicklungsländern in Zusammenarbeit mit der Carl Duisberg-Gesellschaft, Köln.

Betrachtet man die Absolventenzahlen der Witzenhäuser Bildungsstätten, so ergibt sich folgendes Bild:
- Deutsche Kolonialschule (1899-1942)
  - In diesem Zeitraum wurden 2308 Schüler aufgenommen (2), von denen über 1200 mit Zeugnis entlassen wurden. (3) Bis 1939 reisten über 1000 Absolventen in überseeische Länder aus, um dort eine berufliche Tätigkeit aufzunehmen. (4)
- Lehranstalt für tropische und subtropische Landwirtschaft / Deutsche Ingenieurschule für Tropenlandwirtschaft / Organisationseinheit "Internationale Agrarwirtschaft" der Gesamthochschule Kassel (5) (1957-1978)
  - In diesem Zeitraum gab es 640 Absolventen, von denen ca. 20% Ausländer - vorwiegend aus Entwicklungsländern - waren. (6)

1972 waren von den 650 Agrarexperten, die im Auftrag der Bundes-

---

G. M. Rückriem), Beltz Monographien/Pädagogik, 1969, S. 265. Ders., Das Seminar für ländliche Entwicklungshilfe in Witzenhausen. In: Zeitschrift für ausländische Landwirtschaft, 5. Jg., 1966, Heft 3, S. 254-260.
1 Vgl. Gesamthochschule Kassel/Organisationseinheit Internationale Agrarwirtschaft Witzenhausen, Tätigkeitsbericht 1975/76, S. 10.
2 Verzeichnis der Studierenden der Deutschen Kolonialschule in Witzenhausen vom 1.5.1899 - Sommer 1978. Dieses Verzeichnis liegt in der Bibliothek des Deutschen Instituts für tropische und subtropische Landwirtschaft GmbH Witzenhausen, auf.
3 Vgl. die Angaben auf S. 115.
4 Vgl. die Angaben auf S. 115 sowie W. Herbst, Ueber die Entwicklung der Kolonialschule Witzenhausen. In: Das Werra-Land, 27. Jg., Dezember 1975, Heft 4, S. 52.
5 Noch im Jahre 1976 beruft sich die Gesamthochschule Kassel, Organisationseinheit Internationale Agrarwirtschaft Witzenhausen auf die 1899 gegründete Deutsche Kolonialschule, ohne allerdings deren Namen zu nennen. Es heisst nur, dass zu diesem Zeitpunkt die erste tropenlandwirtschaftliche Ausbildungsstätte Deutschlands entstand, die bis zum Jahre 1966 arbeitete. Vgl. Gesamthochschule Kassel, Organisationseinheit Internationale Agrarwirtschaft Witzenhausen, Tätigkeitsbericht 1975/76, S. 2.
6 Vgl. Verzeichnis der Studierenden vom 1.5.1899 bis Sommer 1978. Bibliothek des Deutschen Instituts für tropische und subtropische Landwirtschaft in Witzenhausen.

republik in der Agrarhilfe tätig waren, etwa 100 Absolventen der Witzenhäuser Bildungsstätten. (1)
- Beraterseminar für ländliche Entwicklungshilfe / Kontaktstudienzentrum (1963-1978)
- In der Zeit von 1963-1975 wurden 2170 Teilnehmer verzeichnet. (83 Lehrgänge mit 1067 Teilnehmern, 49 Kurzseminare mit 1030 Teilnehmern, 73 Einzelberatungen). (2)

Insgesamt haben also in 80 Jahren über 5000 Personen in den verschiedensten Formen eine der Bildungsstätten in Witzenhausen besucht.

Zusammenfassend kann festgestellt werden, dass sich Witzenhausen von einer hauptsächlich für Deutsche gedachten schulischen Einrichtung der Tropenlandwirtschaft zu einer Bildungsinstitution gewandelt hat, die sich zwar weiterhin dieser Aufgabe widmet, daneben aber auch die Ausbildung von ausländischen Studenten sowie die Vorbereitung von Deutschen und Ausländern für einen beruflichen Einsatz in der Dritten Welt übernommen hat. Die Bezeichnung "Witzenhausen als Zentrum der internationalen Zusammenarbeit" (3) erscheint daher gerechtfertigt.

2.1.2 Basler Mission

Bevor auf die heute gültige Ausbildungskonzeption der Basler Mission eingegangen wird, soll ein Rückblick die Vielfalt der seit 1951 eingeschlagenen Ausbildungswege und der damit verbundenen Probleme aufzeigen.

Auf einer ausserordentlichen Versammlung der Heimatgemeinde-Vertretung (4) im November 1951 wurde der für den weiteren Bestand der Basler Mission wichtigste Entscheid gefällt, nämlich das Missions-Seminar aufzuheben und in Zukunft für die Ausbildung der Missionare den akademischen Weg zu beschreiten. (5)
Geplant war, für ordinierte Missionare das normale Theologiestudium an den Universitäten mit einer ergänzenden Ausbildung im Missionshaus zu verlangen. Die Werbung für theologisch gebildete Kräfte sollte sich auf Gymnasiasten, Theologiestudenten und jüngere Pfarrer konzentrieren.

---

1 Vgl. T. Tröscher, Witzenhausen als Zentrum internationaler Zusammenarbeit. In: Der Tropenlandwirt, 73. Jg., Oktober 1972, S. 113.
2 Vgl. Gesamthochschule Kassel, Organisationseinheit internationale Agrarwirtschaft Witzenhausen, Tätigkeitsbericht 1975/76, S. 13.
3 So der Titel eines Vortrags von Staatsminister a.D., Dr. T. Tröscher, abgedruckt in: Der Tropenlandwirt, 73. Jg., Oktober 1972, S. 109ff.
4 Die Heimatgemeinde-Vertretung ist die Legislative der Basler Mission.
5 Vgl. 137. Jahresbericht der Basler Mission auf 1. Juli 1952, S. 2.

Daneben sollte die bisherige Rekrutierungsbasis für das Seminar aber nicht einfach preisgegeben werden, sondern die Mission erklärte sich bereit, jungen Leuten mit abgeschlossener Berufsbildung zu helfen, durch ein privates Maturitätsinstitut die Universitätsreife zu erlangen, um sie dann als Missions-Theologiestudenten durch das Studium zu führen. (1) Bis 1959 meldeten sich nur 6 Theologiestudenten, von denen 3 aufgenommen wurden. Von 6 aufgenommenen jungen Pfarrern zogen zwei ihre Meldung nachträglich wieder zurück. (2)
Neben neun theologisch ausgebildeten Missionaren wurden seit 1952 aber auch zahlreiche Nichttheologen als Missionare aufgenommen, deren berufliche Herkunft die folgende war:
13 Aerzte und Aerztinnen
16 Lehrer und Lehrerinnen
32 Krankenschwestern oder Laborantinnen
10 Bewerber aus anderen Berufen (z. B. Kassierer, Verwalter, Baumeister, Landwirte)

Von den insgesamt 80 Personen, die in den Jahren 1952-1959 aufgenommen wurden, waren nur 11% Theologen. An dieser Relation wird die Verlagerung der Missionsarbeit auf spezielle Aufgaben besonders deutlich. Der evangelistische Dienst und die Gemeindearbeit, die die seminaristisch ausgebildeten Missionare in früheren Jahrzehnten zu besorgen hatten, wurde immer mehr von den Pfarrern der einheimischen Schwesterkirchen übernommen.
Der Versuch, Kandidaten auf dem Weg über die Eidgenössische Matur zum theologischen Missionsdienst zu führen, scheiterte. (3) Die folgenden Jahre bis 1956 waren gekennzeichnet durch die Suche nach einer neuen Ausbildungskonzeption. 1957 fand von Ende April bis Ende Juni der erste Kurs für neuausreisende Missionare statt. 9 Teilnehmer, Theologen und Nichttheologen, wurden teils gemeinsam, teils in gesonderten Veranstaltungen "mit den verschiedenen Problemen der Mission in Geschichte und Gegenwart, in der Heimat und auf den Feldern durch Fachleute bekanntgemacht." (4)

Solche Kurse für Erstausreisende wurden bis 1963 durchgeführt. Das Angebot dieser Kurse umfasste u. a. folgende Veranstaltungen: Einführung in

---

1 Vgl. W. Neidhart, Bericht über Ausbildungs- und Nachwuchsprobleme seit der Aufhebung des Missions-Seminars. Basel, 29. Juni 1959, hektographiertes Manuskript, S. 1.
2 Vgl. ebenda, S. 3.
3 Von 1952-1959 wurden 16 Kandidaten aufgenommen, von denen 4 die Maturität bestanden. Einer von ihnen gab sein Ziel, in den Missionsdienst zu treten, auf. Von den restlichen 12 hatten 7 aus eigener Initiative ihr Verhältnis mit der Basler Mission gelöst. Vgl. ebenda S. 2.
4 143. Jahresbericht der Basler Mission, 1957/1958, S. 3.

die Bibel, Probleme des Missionars, Islamkunde, Stationsbuchhaltung, Kommunismus, Religionsethnologie, Automechanik und visual aids. (1)

Ab Winter 1963 wurden die Kurse für Erstausreisende auf 8-9 Monate ausgeweitet. (2) In diesen Kursen kam es auch zu ersten Schwierigkeiten, die insbesondere auf dem Gegensatz zwischen Theologen und Nichttheologen beruhten. Die Theologen hatten einen freieren Stundenplan und mussten auch nicht an den Gottesdiensten teilnehmen. Auch die Kursleitung übte an ihnen Kritik: "Im übrigen gehört es wohl zur Ungezogenheit der Theologen, dass sie auf die nach einer Diskussion ihnen zugestellten Leitsätze nicht reagieren und im übrigen ohne auch nur ein Wort des Abschieds zu sagen, sang- und klanglos einfach zu verduften pflegen. Die Kinderstube fehlt bei vielen unserer Verbi Divini Ministri. (3)

Auch im liturgischen und Gebetsleben gab es offenbar Schwierigkeiten. "Es ist ein sehr gefährlicher, luftiger Grat, der hier zu beschreiten ist. Auf der einen Seite gähnt der Abgrund der religiösen Unverbindlichkeit und Passivität auf, in den man hinunterstürzen könnte (man bleibt von den Andachten fern! und lässt alles nur passiv an sich herankommen!), auf der anderen Seite sehen wir den Abgrund der frommen Clique (ein paar Extrafromme schliessen sich zu einem besonderen Klub der Beter zusammen, bei dem die anderen, weniger religiös Veranlagten – als ob es darum ginge! – einfach nicht mitmachen können). Ich weiss nicht, ob es uns gelungen ist, im verflossenen Kurs diese beiden Abgründe zu vermeiden. ..." (4)

Auch von den Teilnehmern wurde der Kurs kritisiert. Ueber einen solchen Kritikversuch urteilte der Kursleiter wie folgt: "In manchem hat er offene Türen eingerannt. Im anderen liess er der vereinseitigenden Kraft der Jugend freien Lauf. ... Opponieren muss man dem guten Jungen allerdings mit seiner Meinung, die ihm natürlich viele abnehmen werden, dass es in einem Missionskurs 'am allerwenigsten um Theologie' zu gehen habe. Das ist natürlich ein Unsinn, der nicht besser wird, wenn auch gescheite Leute ihn weiter propagieren." (5) Der patriarchalische Ton des Kursleiters ist hier unüberhörbar.

Zwischen der Kursleitung und den zukünftigen Missionaren gab es ferner Auseinandersetzungen über die Ziele des Kurses. Manchem Kursteilnehmer erschien er mehr eine Schnellbleiche für einen halben Pfarrer. (6)

---

1 Vgl. Basler Mission, Akte Präsident Rossell, I, Ausbildung, Kurse, Ordination, Einsegnung, 1. August 1959 - 31. Juli 1964 (zukünftig zitiert als Rossell-Akte I), Programm des Erstausreisendenkurses 1963 vom 16. April - 22 Juni.
2 Basler Mission, Akte Rossell I, W. Bieder, Missionskurs 1964/65, Bericht für das Komitee vom 1. Juli 1965, S. 1.
3 Ebenda S. 4.
4 Ebenda S. 6.
5 Ebenda S. 7.
6 Basler Mission, Akte Präsident Rossell, Kurse und Ausbildung II, 1. August 1964-31. Dezember 1967 (zukünftig zitiert als Rossell-Akte II), Gespräch mit dem Missionskurs über das Memorandum, ohne Datum, ohne Verfasser, S. 1.

Ab 1966/67 wurde der Missionskurs auf 6 Monate verkürzt, doch wurden die Schwierigkeiten hierdurch nicht geringer. In einem Bericht heisst es: "Leider war ... die ganze Kurszeit von einem Geist der Unzufriedenheit und der Rebellion geprägt, wodurch nicht nur der Unterricht, sondern auch das Gemeinschaftsleben sehr beeinträchtigt wurden. ... Verschiedene Kursteilnehmer betrachteten sich als 'Entwicklungshelfer' und lehnten die missionarische Zielsetzung der Basler Mission innerlich ab. ... Die Kursteilnehmer konnten die innere Zerrissenheit in ihrer Gemeinschaft bis zum Schluss nicht überwinden. Verhängnisvoll ausgewirkt hat sich, dass die unzufriedenen, kritikfreudigen Leute zugleich die Wortführer des Kurses waren und mit einem Air der Ueberlegenheit so sehr den Ton angaben, dass viele aus Furcht vor dem Spott ihre andersartige Auffassung nicht äussern wollten." (1)
Des weiteren wurde kritisiert, dass das undifferenzierte Unterrichtsprogramm nicht auf die Wünsche und Bedürfnisse der einzelnen Kursteilnehmer eingehe, und dass man die zukünftigen Missionare als Schüler behandele. Auch gegen das obligatorische Vorsingen wurde ständig rebelliert. (2)

Auf Seiten der Teilnehmer des Missionskurses 1968 sprach man von einer Vertrauenskrise. "Unseres Erachtens resultiert diese Krise vorwiegend aus einer mehr hierarchisch geprägten, statt aus einer erwünschten partnerschaftlichen Haltung der Referentenkonferenz gegenüber dem Kurs." (3)

Die Kursteilnehmer protestierten aber auch gegen die als zu umfangreich empfundenen 35 Wochenstunden. Nach Einspruch der Kursteilnehmer wurde die Stundenzahl auf 32 Wochenstunden reduziert. (4) Der Stoffplan für den Missionskurs 1968 sah eine Reduzierung auf 28 Wochenstunden vor. (5)
Im folgenden Missionskurs 1969 verteilten sich 17 Fächer immerhin noch auf 26 Wochenstunden.

Die Defizite des Kurses traten im Sommer 1970 klar zutage:
- Starker "Schulcharakter"; der zu vermittelnde Stoff wurde von den Lehrern bei den Kursteilnehmern "deponiert" und weniger gemeinsam erarbeitet.
- Zu umfangreiches Fächer- und Stundenangebot, das die Kursteilnehmer überforderte und zu wenig Zeit für persönliches Studium liess.

---

1 Basler Mission, Akte Rossell III, H. Röthlisberger, Missionskurs 1968, 28.8.1968, maschinengeschriebenes Manuskript, S. 1.
2 Ebenda S. 1f.
3 Basler Mission, Akte Präsident Rossell III, Kurse, Ausbildung vom 1. Januar 1968 (zukünftig zitiert als Akte Rossell III), Aktennotiz des Missionskurses vom 30.5.1968 an die Referentenkonferenz, S. 1.
4 Basler Mission, Akte Rossell III, Stoffplan mit Erläuterungen für den Missionskurs 1968 von H. Röthlisberger, Basel, 25.8.1967, S. 4.
5 Ebenda S. 1.

- Spannungen zwischen Kursleitung und Kursteilnehmern.
- Keine klaren Kursziele.

Mit einer Neukonzeption der Kurse ab 1970 wurde versucht, die Defizite durch entsprechende Massnahmen schrittweise abzubauen.
Das Programm für den Missionskurs 1970 zeigte bereits erste tiefgreifende Veränderungen. (1)
Der Kurs wurde in drei Abschnitte eingeteilt:

- Einführung (10 Tage)
  Die Kursteilnehmer sollten nicht wie bisher am ersten Tag mit einer gewaltigen Stoffmenge überhäuft werden, sondern sollten sich in Ruhe mit der neuen Umgebung (Hausbesichtigung und Ausflüge) vertraut machen und erste organisatorische Arbeiten erledigen. Die verbleibende Zeit verteilte sich auf eine gruppenpsychologische Einführung (sensitivity training) sowie tropenhygienische Veranstaltungen.

- Praktischer Kurs (11 Tage)
  Dieser Kursabschnitt diente der praktischen Ausbildung wie Fotografieren, Arbeit mit dem Tonband, Landrover-Kenntnis, Fahren, Pannendienst, Erste Hilfe und Einführung in die Bibelarbeit.

- Studienteil (7 Wochen)
  Der Studienteil hatte folgende Ziele:
  - Arbeit am Alten und Neuen Testament
  - Einführung in die Probleme der zukünftigen Arbeitsgebiete und der Entwicklungsländer
  - Persönliches, auf ein bestimmtes Ziel ausgerichtetes Studium
  Der Unterricht umfasste 20 Wochenstunden, die jeweils am Vormittag abgehalten wurden. Die Nachmittage standen für persönliche Studien zur Verfügung. Das Lehrangebot umfasste statt der früheren 17 Fächer (Missionskurs 1969) nur noch die 9 folgenden:
  - Arbeit am Neuen Testament
  - Arbeit am Alten Testament
  - Gebietskunde
  - Entwicklungssoziologie
  - Ethnographie
  - Faktor Mensch
  - Moderne geistige Strömungen
  - Seelsorge
  - Geschichte der Basler Mission

---

1 Basler Mission, Akte Präsident Rossell III, Aktennotiz des Präsidenten der Basler Mission an das Komitee der Basler Mission und an die Kandidaten und -Ausbildungskommission (KAK) vom 12. August 1970.

An diesem Grundkonzept wurden in den folgenden Jahren noch gewisse Verfeinerungen vorgenommen. So wurde der Gruppendynamik mehr Platz (1 Woche) eingeräumt und das Ziel einer solchen Veranstaltung klar umrissen: "Unter Mitwirkung eines Psychologen wollen wir lernen, das Verhalten des Einzelnen und Gruppenprozesse zu verstehen. Erfahrungen in Teamarbeit, Konfliktlösungen, Entscheidungen treffen, Beratungen etc. werden vermittelt." (1)

Aber auch die Kursziele werden erstmalig klar definiert:
- "Einführung in die Probleme der Menschen, Sitten, Länder, Religionen etc. Asiens und Afrikas.
- Einübung in die Teamarbeit. Selbsterfahrung in der Gruppe.
- Auseinandersetzung mit biblischen Texten." (2)

Neu ins Programm wurde eine 11-tägige Dorfanalyse aufgenommen. Hier versuchte die Gruppe, mit der Bevölkerung eines Dorfes in Kontakt zu kommen, um sich vor allem mit deren Entwicklungs- und Zukunftsproblemen zu befassen. (3) Bis 1977 erfuhr das Programm keine wesentlichen Aenderungen. Allerdings wurden die Ziele erweitert (4) und die Arbeitsweise im Programm angekündigt. (5)

Die 12 zur Verfügung stehenden Wochen wurden im Vorbereitungskurs 1979 mit folgenden Inhalten (pro Woche) ausgefüllt:

---

1 Basler Mission, Akte Präsident Rossell III, Programm für den Missionskurs I, 1972 vom 16.2.1972.
2 Basler Mission, Akte Präsident Rossell III, Programm für den Vorbereitungskurs II vom 16. August 1972.
3 Ebenda
4 1977 kamen die folgenden beiden Ziele neu hinzu:
  - Besinnung über die Grundlagen der Mission und der Entwicklungszusammenarbeit
  - Ueberprüfung der eigenen Motivation für den Einsatz
  Vgl. Basler Mission, Programm für den Vorbereitungskurs vom 12. April - 30. Juni 1977, S. 1.
5 "Verschiedene Methoden der Gruppenarbeit kommen zur Anwendung. Das Gruppengespräch, in welchem jeder Teilnehmer sich mit seinen Erfahrungen, Fähigkeiten und Gefühlen einbezieht, hat den Vorrang. Wichtige Informationen werden durch sachkundige Referenten vermittelt - z. T. Gäste aus den Entwicklungsländern ... Der Kurs ist so angelegt, dass jede Woche eine thematische Einheit bildet. Die Unterthemen können von den Teilnehmern ergänzt und die Arbeitsweise mitgestaltet werden." Ebenda.

I. Einführung
II. Planung, Ziele
(z. B. Planung des weiteren Kursverlaufs, Bildung von Interessengruppen)
III. Mission und Entwicklungszusammenarbeit
IV. Ueberentwicklung - Unterentwicklung (z. B. Ursachen, Strategien für die Zukunft)
V. Basisarbeit nach Paulo Freire
VI. Zwischenmenschliche Beziehungen und Verhaltensweisen in Gruppen (z. B. Kommunikation, Konfliktbewältigung, Umgang mit Vorurteilen, Entscheidungsfindung, Vertiefung der Selbsterkenntnis)
VII. Praktischer Einsatz in einem Bergdorf
VIII. Fotografieren und Berichterstattung
IX. Christ sein heute
X. Gesundheit (Erste Hilfe, Ernährung, Tropenhygiene u. a.)
XI. Christentum und andere Religionen (z. B. Stammesreligionen, Islam, Hinduismus, Buddhismus)
XII. Auswertung des Kurses und Abschied

Versucht man einen Vergleich mit anderen Ausbildungsinstitutionen, so fällt sofort die starke Parallelität zum Moghegno-Kurs auf. (1) In beiden Vorbereitungsstätten sind neben Informationsvermittlung und -erarbeitung Gruppenprozesse von Bedeutung. In beiden Institutionen orientiert man sich hinsichtlich der Gruppenprozesse an R. Cohns Methode der themenzentrierten Interaktion. (2) Die im Moghegno-Kurs aufgegebene Tradition des Dorfpraktikums wird in Basel weitergeführt.
Aber es gibt auch wichtige Unterschiede:
- Alle Teilnehmer haben einen christlichen Hintergrund. Hierdurch werden die Einstellungen und Verhaltensweisen während der Vorbereitung und des Einsatzes positiv beeinflusst.
- Für die Kursteilnehmer in Basel hat im Gegensatz zu den Teilnehmern in anderen Vorbereitungsstätten der Weg ins Projekt noch nicht unwiderruflich begonnen. Während des Kurses kann die eigene Motivation für den Einsatz überprüft werden. (3) Das führt dazu, dass in fast jedem Kurs 1-2 Anwärter zurücktreten.
- Die Dauer des Kurses in Basel ist im Vergleich zum Moghegno-Kurs (1 Monat) erheblich länger (3 Monate). Aus dieser längeren Dauer, so kann vermutet werden, resultiert wahrscheinlich eine noch höhere Quote

---

1 Siehe die Ausführungen unter 2.2.3.
2 Siehe S. 244.
3 Vgl. die Kursziele auf S. 210, Anmerkung 4.
Auch im Moghegno-Kurs soll zukünftig die Selbstselektion der Teilnehmer verstärkt werden. Tritt ein Teilnehmer zurück, so kann er mit finanzieller Unterstützung der Direktion für Entwicklungszusammenarbeit und humanitäre Hilfe (DEH) rechnen. Telefonische Auskunft von P. Kalt, Personelle Sektion der DEH, am 23.2.1979.

derjenigen Absolventen, denen weitergehende Anstösse vermittelt werden konnten. (1) Diese Vermutung wird durch Aeusserungen des Kursleiters (2) sowie durch das Feed-back auf den sogenannten Rückkehrer- und Urlauberkursen bestätigt. Dieser Kurstyp (3) stellt eine sinnvolle Reaktion auf die meist ungelösten bzw. nicht aufgearbeiteten Probleme des Rückkehrers da.

Ein solches Konzept lässt sich am ehesten in einer privaten Organisation wie der Basler Mission entwickeln und durchsetzen, die unbelastet ist von traditionellen methodischen und didaktischen Zöpfen der Hochschule und die finanziell unabhängig ist von staatlichen Bürokratien und deren Eingriffsmöglichkeiten. Um diese sich anbietenden Freiräume auch zu nutzen, bedarf es allerdings auch einer Leitung, die Innovationsansätze im eigenen Hause ausgreift, fördert und gegen Widerstände abschirmt.
Des weiteren bedarf es eines Kursleiters, der das Konzept mit der "richtigen" Einstellung in die Praxis umsetzt. Was unter "richtiger" Einstellung verstanden werden kann, umschreibt der Leiter der Vorbereitungskurse wie folgt:
"Ich habe mir als Kursleiter im vergangenen Jahr öfters Gedanken über Lehren und Lernen gemacht. Dabei ist mir immer klarer geworden, wie wichtig für mich das Lernen und wie fragwürdig das Lehren ist. Für mich sind die Kurse so spannend und erlebnisreich, weil ich nicht weiss, wie sie ausgehen werden. Das Programm ist jeweils weitgehend offen und erhält seine Gestalt erst durch die Mitwirkung der Teilnehmer. Ich mache Schritte in unbekanntes Land und vertraue, dass sich ein gemeinsamer Weg finden lässt. Ich gebe die Sicherheit des Lehrenden auf und versuche Lernender zu sein. Lernen heisst für mich Entdecken. Ich habe die Erfahrung gemacht, dass nur solches Lernen das Verhalten wesentlich beeinflusst. Die meisten Kursteilnehmer erwarten bewusst oder unbewusst einen Kursleiter, der – nach erlebtem Muster in der Kindheit – die 'Antwort' weiss. Sie sind enttäusche, 'nur' einen Lernenden vorzufinden, der sich mit ihnen auf die Entdeckungsreise begibt. Solche Enttäuschungen sind aber hilfreich, ja notwendig, um eigene signifikante Erfahrungen zu machen." (4)

---

1 Vgl. die Ausführungen auf S. 245.
2 In einem Gespräch mit dem Verfasser am 13.2.1979 in Basel äusserte sich der Kursleiter Pfarrer A. Fankhauser, dass über 50% der Kursteilnehmer durch den 3-Monatskurs einen Impuls "fürs Leben" erhielten.
3 Im Einladungsschreiben zu den Kursen, die 1979 aus jeweils 3 Wochenenden und einem 14-tägigen Kurs bestehen, heisst es u. a.: "Die Rückkehr bringt viele Umstellungen. Manches ist Euch fremd geworden in der eigenen Heimat und Ihr braucht Zeit, um Euch einzuleben und Euren Platz zu finden. Viele Rückkehrer sagen uns, es sei schwerer, sich hier zurechtzufinden, als in Afrika, Asien oder Lateinamerika. ... Vieles möchte man erzählen, noch einmal überdenken, mit jemandem besprechen und Bedrückendes auch abladen können. Dazu kommen all die Fragen, wie man seinen Weg hier wiederfindet, wie man Wurzeln schlagen kann, Kontakt schafft und seine Erfahrungen einbringt."
4 A. Fankhauser. In: 161. Jahresbericht der Basler Mission 1975/76, S. 43.

Zusammenfassend kann der Vorbereitungskurs der Basler Mission als der weitestgehende Versuch betrachtet werden, so etwas wie einen "mündigen" Experten hervorzubringen.

Nicht nur hinsichtlich des Vorbereitungskonzepts erscheint die Leistung der Basler Mission beachtlich, sondern auch in bezug auf die quantitativen Aspekte.
Von 1960 bis Frühjahr 1979 haben 579 Männer (324) und Frauen (255) der verschiedensten Berufe eine Tätigkeit in Uebersee aufgenommen. (1) Aus der Personalstatistik (siehe Tabelle 22) der Basler Mission wird folgendes ersichtlich:
- Der höchste Mitarbeiterstand wurde Mitte der 60er-Jahre erreicht. 1978 ist die Zahl der Mitarbeiter wieder etwa auf den Stand von 1952 zurückgegangen.
- Die prozentuale Verteilung der diversen Mitarbeitergruppen ergibt folgendes Bild:

Ehefrauen	30%
Missionare und Missionarinnen	23%
Schwestern, Pflegerinnen, Hebammen und Laborantinnen	17%
Lehrer und Lehrerinnen	11%
Aerzte und Aerztinnen	7%
Diverse Berufe	12%
	100%

- Betrachtet man den Anteil des weiblichen Personals, so ergibt sich, dass die Frauen zwischen 50 und 60% des gesamten Personals stellten und somit die Basler Mission eine "Frauen-Mission" geworden ist.

Aus den vorliegenden Statistiken der Basler Mission lassen sich aber auch einige kritische Aspekte ableiten.

Die Fluktuation der Mitarbeiter war beträchtlich. Zwischen 1960 und 1966 traten 272 neue Mitarbeiter (98 Männer, 174 Frauen) ein, 162 Mitarbeiter (63 Männer, 99 Frauen) traten aus. (2) Die 162 (210) (3) ausgeschiedenen Mitarbeiter waren durchschnittlich 10 (7,7) Jahre aktiv in Uebersee tätig. Innerhalb des Streubereichs 1 bis 20 und mehr Jahre ergab sich folgendes Bild:

---

1 Diese Angaben wurden dem Brüder- und Schwesternverzeichnis der Basler Mission entnommen.
2 Basler Mission, Sekretariat, Akte "Statistiken über Aussendung und Gebietsaufenthalte" Statistik über die Mitarbeiter der Basler Mission von 1960 bis Mitte 1966.
3 Die Angaben in ( ) beziehen sich auf den Zeitraum 1960-1970.

Tabelle 22   Statistik des Personals der Basler Mission in Uebersee 1952 bis 1978

	Verkündigung kirchl. Schulung	Lehrer Lehrerinnen	Aerzte Aerztinnen	Schwestern, Pfleg., Hebammen, Labor	verschiedene Berufe	Landwirtschafts-techn. Schulen	Baufachleute	Verwaltungspers.	Ehefrauen	Beurlaubte	Total
1952	55	18	9	23		2	1	5	52		165
1954	61	16	12	27	9				52		177
1956	73	20	11	30	11				62		207
1958	65	23	13	38	18				69		226
1960	62	25	18	45	21				70		241
1962	62	25	18	51	34				81		271
1964	69	36	25	74	48				107		359
1966	69	36	25	74	48				107		359
1968	61	48	23	65	47				108		352
1970	55	41	20	62			25	20	104	10	337
1972	46	30	20	41		23	2	12	92	8	274
1974	33	14	16	24		13	5	9	53	4	171
1976	33	13	15	23		12	5	7	47		157
1978	33	10	12	22		10	4	7	39		137[1]

Quelle: Jahresberichte der Basler Mission 1952-1977/78

1 bis 4 Jahre	36% (44%)
5 bis 20 Jahre	54% (48%)
20 und mehr Jahre	10% (8%)
	100% (100%)

Für die 105 Ausgetretenen (ohne Ehefrauen) im Zeitraum 1960 bis 1966 wurden folgende Austrittsgründe ermittelt (2):

---

1 Von dieser Zahl sind 36 Mitarbeiter dem Evangelischen Missionswerk in Südwestdeutschland zugeordnet.
2 Vgl. Basler Mission, Sekretariat, Akte "Statistik über die Amtsdauer der Mitarbeiter und Mitarbeiterinnen, die zwischen 1960 und 1970 aus der Arbeit ausgeschieden sind."

Persönliche Schwierigkeiten	20
Vertrag abgelaufen	18
Krankheit von Familie	16
Gesundheitliche Gründe	11
Temporärer Einsatz/Diverses	11
Heirat	9
Versagen/Unzufriedenheit	7
Alter	7
Berufung in den Heimatdienst	3
Alte Eltern	3
	105

Diese Statistiken zeigen,
- dass die Zahl der in Uebersee tätigen Mitarbeiter gegenwärtig recht gering ist (1978 101 Mitarbeiter inkl. 39 Ehefrauen),
- dass der klassische Basler Missionar im Verkündigungsdienst durch den Laienmissionar mit praktischer Berufsausbildung verdrängt wurde,
- dass die Mitarbeiter der Nachkriegszeit ihre Tätigkeit in Uebersee nicht mehr als eine Lebensaufgabe, sondern nur noch als einen Abschnitt in ihrem beruflichen und religiösen Lebens betrachteten und
- dass dementsprechend die Personalfluktuation zugenommen hat.

Zusammenfassend kann das Profil der Basler Mission entsprechend den gewählten Kriterien (1) zur Beurteilung von Ausbildungsinstitutionen wie folgt umrissen werden:

---

1 Vgl. die Ausführungen auf S. 8f.

ABB. 5: AUSBILDUNGSPROFIL DER BASLER MISSION (1978)

KRITERIEN	BEWERTUNG	+2	+1	-1	-2	BEWERTUNG
ZIELFORMULIERUNG	klar		O			verschwommen
ERZIEHUNGSSTIL	sozial-integrativ	O				autokratisch
VERMITTELTES EXPERTENBILD	partnerschaftlich	O				patriarchalisch
UNTERRICHTSFORM	gruppenorientiert	O				lehrerzentriert
PRAXISORIENTIERUNG	stark	O				schwach
MITGESTALTUNG DURCH ADRESSATEN	ausgeprägt	O				nicht vorhanden
PSYCHOL. PROBLEME D. ZUSAMMENARBEIT	mitberücksichtigt	O				unberücksichtigt
WIRKUNG ALS SOZIALISATIONSINSTANZ	gering		O			hoch
% DER IN UEBERSEE TAETIGEN ABSOLV.	100 %	O				0 %

2.2 Neugründungen

2.2.1 Zentralstelle für Auslandskunde, Bad Honnef

Die Vorbereitung deutscher Experten auf eine Tätigkeit in Entwicklungsländern war 1961 zersplittert. Verschiedene Institutionen teilten sich in dieser Aufgabe, wie z.B. die Evangelische Akademie Arnoldshain.

Ab 1961 wurde die Deutsche Stiftung für Entwicklungsländer (DSE) mit der auslandskundlichen Vorbereitung der Experten betraut. (1) Diese bestand bis Anfang 1968 vornehmlich aus länderbezogenen Informationskursen von 3- bis 14-tägiger Dauer. (2) In diesen Kursen wurden die Teilnehmer systematisch in die historisch-politischen, kulturellen, soziologischen, wirtschaftlichen und entwicklungspolitischen Gegebenheiten des jeweiligen Landes eingeführt. Aufbauend auf diesen Grundlagenkenntnissen wurden des weiteren folgende Themenkreise behandelt:
- Anpassungsprobleme im Entwicklungsland
- Möglichkeiten der Kooperation an der Arbeitsstelle
- Einweisung in das Projekt
- Fragen des Alltags, der Gesunderhaltung und der Kindererziehung (3)

Diese auslandskundliche Vorbereitung wurde durch eine sprachliche Vorbereitung ergänzt. So konnte im Jahre 1966 erstmalig bei der Deutschen Stiftung ausreisende Experten in einem kombinierten Unterricht von Fernstudium und Kursen mit modernen transportablen Schülergeräten in einer Fremdsprache (Spanisch) unterwiesen werden. (4)
Für Experten, die vor ihrer Ausreise keine Zeit mehr fanden, an einem Informationskurs teilzunehmen, wurde nach dem Vorbild internationaler Organisationen das Instrument der Einzelberatung eingeführt. In ganz eiligen Fällen konnten die notwendigsten Informationen nur schriftlich vermittelt werden. (5)

Eine grundlegende Aenderung trat ab Mai 1968 ein. Bis zu diesem Zeitpunkt hatte die Deutsche Stiftung über 200, meist einwöchige Informationskurse für Fachkräfte im Auftrag der Bundesregierung und der Wirtschaft, für Entwicklungshelfer, Praktikanten und Studenten durchgeführt. (6) Diese

---

1 So hat sie z.B. Einführungskurse für das deutsche Personal, das in das Stahlwerk Rourkela entsandt wurde, durchgeführt. Vgl. Bericht über die Deutsche Stiftung für Entwicklungsländer, Berlin, Februar 1962, hektographiertes Manuskript, S. 12.
2 Vgl. DSE, Jahresbericht 1968, S. 18.
3 DSE, Jahresbericht 1965, S. 33.
4 DSE, Jahresbericht 1966, S. 23.
5 DSE, Jahresbericht 1965, S. 34.
6 Vgl. DSE Jahresbericht 1965, S. 33, Jahresbericht 1966, Anhang/ Tabelle XII, Jahresbericht 1967, S. 67.

Form der Vorbereitung erwies sich aber als nicht ausreichend. "Zwar darf ein einwöchiger Vorbereitungskurs, wie er bisher durchgeführt wurde, in seiner Effizienz nicht unterschätzt werden. ... Nichtsdestoweniger reicht eine Kursdauer von etwa einer Woche nicht aus, auch wenn man den Kurs als das Zentrum eines Vorbereitungsprozesses ansieht, der damit beginnen kann, dass der Vorzubereitende lange vor Beginn des Kurses eine Mappe mit den wichtigsten aktuellen Landesinformationen erhält, sich im Selbststudium zu Hause schon vorbereitet, danach am Kurs teilnimmt und nach dem Kurs bis zur Ausreise sich noch weiter mit den Problemen seines zukünftigen Gastlandes beschäftigt." (1)

Man kam also zum Schluss, dass für die Vorbereitung auf eine zukünftige Tätigkeit in einem Entwicklungsland mehr Zeit investiert werden musste. Mit dem Einzug in die neue Tagungsstätte Uhlhof bei Bad Honnef im Mai 1968 bestand die Möglichkeit, deutsche Experten in 3-monatigen Kursen sowohl auslandskundlich als auch sprachlich intensiver vorzubereiten.

Die Ausbildung verfolgte drei Zielsetzungen:

"1. Sie soll den Ausreisenden den Kontakt mit der Bevölkerung und der in den meisten Fällen andersartigen Kultur des Gastlandes erleichtern;
2. Im Zusammenhang damit und sich gegenseitig bedingend soll die Ausbildung eine höhere Arbeitsproduktivität des einzelnen erzielen;
3. Sie soll vorbereiten auf die besonderen Fragestellungen, die in den Entwicklungsländern immer wieder an Deutsche über die Situation in ihrem Heimatland herangetragen werden." (2)

Aus diesen Zielsetzungen ergaben sich zwei Aufgaben, nämlich die Vermittlung von Wissen und die Aenderung von Einstellungen. In der Wissensvermittlung umfasste der Kurs folgende Ausbildungsbereiche (3):

- Sprachausbildung
 Da die Sprache eine entscheidende Brücke zur Kontaktaufnahme mit der einheimischen Bevölkerung, aber auch zum Verständnis der einheimischen Kultur bildet, wurde etwa die Hälfte der zur Verfügung stehenden Zeit für die Sprachausbildung verwandt.

- Entwicklungsprozess
 Die Kenntnisse über den Entwicklungsprozess sollten dazu beitragen, dass die Experten in der täglichen Arbeit die Zusammenhänge zwischen der eigenen Tätigkeit und dem Entwicklungsprozess des Gastlandes erkennen und die Tätigkeit als Teil eines Ganzen auffassen können.

- Landesinformation
 Die länderkundliche Vorbereitung erfolgte in der Regel durch Einzeleinweisung, d.h. durch ca. 1-tägige Diskussionen mit Landeskennern, und durch Selbststudium von bereitgestellten Materialien.

---

1 DSE, Jahresbericht 1967, S. 20.
2 DSE, Jahresbericht 1968, S. 19.
3 Vgl. zum folgenden: ebenda, S. 19f.

- Entwicklungshilfe
Da alle Teilnehmer Tätigkeiten im Rahmen der deutschen Entwicklungshilfe aufnahmen, wurde es als notwendig erachtet, dass sie mit den Problemen und der Organisation der deutschen Entwicklungshilfe vertraut gemacht wurden.

- Entwicklungspolitische Fachausbildung
In diesem Bereich erfolgte eine Aufteilung der Teilnehmer nach fachlichen Gesichtspunkten. In den Veranstaltungen wurden die Konzeption der deutschen Entwicklungshilfe auf dem jeweiligen Fachgebiet sowie die Arbeitsweise der entsprechenden beteiligten Organisationen dargestellt.

- Pädagogik
Da alle Fachkräfte im Entwicklungsland auch die Rolle des Lehrenden übernehmen, wurden Grundkenntnisse der Pädagogik vermittelt.

- Deutschlandkunde
Dieser Ausbildungsabschnitt sollte den Experten in die Lage versetzen, die von den Angehörigen der Entwicklungsländer immer wieder gestellten Fragen über Deutschland zu beantworten. Die Teilnehmer sollten aber auch im Sinne einer Standortbestimmung zur Klärung der eigenen Meinung kommen.

- Pannenkurs und Erste-Hilfe-Kurs
Diese Kurse sollten die Techniken vermitteln, die man brauchte, um während des Aufenthaltes in einem Entwicklungsland mit kleineren technischen und gesundheitlichen Problemen fertig zu werden.

War der vorgenannte Bereich der Wissensvermittlung noch relativ leicht zu operationalisieren, so erwies sich die als notwendig erachtete Aenderung von Einstellungen als viel schwieriger erreichbar. Es galt zunächst einmal, dem zukünftigen Experten eine kritische Vorstellung über sich selbst und seine Tätigkeit im Entwicklungsland zu vermitteln, "d. h. zur Selbst-Reflektion über die eigene Bedeutung und Möglichkeiten zu kommen. ... Im besonderen Mass ist die Einstellungsänderung Gegenstand der Ausbildung im Bereich der Psychologie. Die entsprechenden Veranstaltungen sollen den Seminarteilnehmern Gelegenheit geben, in praktischen Uebungen zu prüfen und sich selbst bewusst zu machen, was zum Prozess der interkulturellen Kommunikation und des zwischenmenschlichen Verhaltens notwendig ist. Auf diese Weise soll ein Hauptziel der auslandskundlichen Vorbereitung erfüllt werden, die ausreisenden Fachkräfte für die Forderungen ihrer neuen Umwelt aufnahmebereiter zu machen." (1)

---

1 DSE, Jahresbericht 1968, S. 20.

Ihre endgültige Form hatten die 3-Monats-Kurse damit natürlich noch lange nicht gefunden. Bis heute hat sich die Zentralstelle für Auslandskunde, wie sie seit 1969 heisst, sowohl didaktisch als auch inhaltlich als experimentierfreudig erwiesen, um den häufig wechselnden Anforderungen der Teilnehmer und der Entsendeorganisationen und den sich ändernden Konzeptionen der Bundesregierung gerecht zu werden. So kristallisierten sich um 1969/70 aus der Arbeit die Erfahrungen heraus, dass vom Experten folgende Eigenschaften und Fähigkeiten gefordert werden sollten (1):
- Umfangreiche Empathie für die Interessenlage des Entwicklungslandes
- Soziale Empathie in die personale Umgebung des Experten
- Entwicklungspolitische und entwicklungspädagogische Motivation
- Einsicht in Gruppenprozesse (insbesondere des Projektteams)
- Kenntnis von Entscheidungsprozessen
- Behandlung von Minderheiten
- Bereitschaft zu kontinuierlichem Lernen

Aus der Sicht der Zentralstelle schien es klar, dass ein solches Profil der Experten nur in einer emanzipatorischen Erwachsenenbildung angestrebt werden konnte. Damit war auch vorhersehbar, dass es sich bei den 3-Monats-Seminaren um einen Bildungsvorgang handelte, der bei vielen Teilnehmern zu Konflikten und Unsicherheiten führen musste. Entscheidend für den Erfolg eines Seminars war also nicht dessen konfliktfreier Verlauf, sondern dass seine Absolventen gelernt hatten, solche Konflikte und Unsicherheiten zu ertragen und zu behandeln.
Das Jahr 1971 war dann auch durch zahlreiche Eruptionen und emotionale Probleme gekennzeichnet, da die Teilnehmer den emanzipatorischen Weg der Vorbereitung beschritten, d. h. eigene Lernbedürfnisse und Interessen definierten und verwirklichten. (2)
Das Ziel der emanzipatorischen Erwachsenenbildung wurde 1972 aber weitgehend wieder aufgegeben. Hierfür wurden folgende Erklärungen benannt (3):
- Seit Vorliegen der entwicklungspolitischen Konzeption der Bundesregierung von 1971 ging es nicht mehr darum, dass der Experte wirklich frei eigene Zielvorstellungen entwickeln und Entscheidungen treffen konnte, sondern dass er als Leitlinie für seine Tätigkeit diese entwicklungspolitische Konzeption akzeptierte. Die Programme wurden weitgehend durchstrukturiert, so dass die Teilnehmer nur noch sehr geringe Mitwirkungsmöglichkeiten an der Programmgestaltung hatten.
- Es hatte sich immer stärker herausgestellt, dass der Seminarteilnehmer seinen Weg in ein Entwicklungsprojekt unwiderruflich begonnen hatte. Zum Zeitpunkt des Seminarbeginns hatte er finanzielle Investitionen getätigt, den Prozess der Beurlaubung (4) erfolgreich absolviert oder seine bisherige Stelle aufgegeben, von seinem Freundeskreis Abschied genom-

---

1 Vgl. G. Oldenbruch, Emanzipatorische Erwachsenenbildung als Problem. In: DSE, Jahresbericht 1970, S. 28.
2 Vgl. DSE, Jahresbericht 1971, S. 29.
3 Vgl. zum folgenden DSE, Jahresbericht 1972, S. 28ff.
4 Dies gilt für Beamte und Angestellte des öffentlichen Dienstes.

men usw. Wenn ein Teilnehmer nun in der Vorbereitungszeit mit Argumentationen und Sichtweisen vertraut gemacht wurde, die wesentliche Teile seiner bisherigen Motivation für die beabsichtigte Tätigkeit infrage stellten, oder wenn bei ihm Zweifel aufkamen, ob er für diese komplizierte und gesellschaftsbezogene Tätigkeit im Rahmen der Entwicklungspolitik der richtige Mann sei, dann konnte für ihn relativ schnell eine schwierige Situation eintreten. Er musste zwar einsehen, dass er die Bedingungen seiner zukünftigen Tätigkeit falsch eingeschätzt hatte, konnte daraus aber keine praktischen Schlussfolgerungen ziehen, da er alle Brücken im eigenen Land abgebrochen hatte.

Sinn der Vorbereitung war es niemals - weder 1970 noch heute - "jemanden zum entwicklungspolitischen Selbstmord anzutreiben, dadurch, dass man ihm die entwicklungspolitischen und gesellschaftspolitischen Flöhe in den Hintern pustet, nun werdet mal draussen aktiv. Das genau kann nicht der Fall sein". (1)

Positiv ausgedrückt heisst es seit 1977 in Form von Lernzieldefinitionen (2):
"Ziel der Vorbereitung ist es, den Experten in die Lage zu versetzen, im künftigen Gastland für einen längeren Zeitraum leben und aufgabengerecht arbeiten zu können.
1.1 Der Experte soll in die Lage versetzt werden, die Sprache des Gastlandes zu verstehen und benutzen zu können.
1.2 Der Experte soll sich mit dem künftigen Gastland vertraut machen, um in seinem Fachbereich mit Empathie (3) an der Entwicklung seines Gastlandes mitarbeiten zu können und um seinen beruflichen und privaten Alltag im Gastland bewältigen zu können. Er soll in die Lage versetzt werden, sich im Land selbst aktiv weiter informieren zu können.
1.3 Der Experte soll seine Aufgabenstellung kennen und das Projekt in seinen Funktionen und in seinen unterschiedlichen Beziehungen zur Umwelt kennen und damit umgehen können.
1.4 Der Experte soll in die Lage versetzt werden, in Zusammenarbeit mit seinen einheimischen und deutschen Kollegen die gestellte Aufgabe unter oft fremden Bedingungen und Voraussetzungen erfüllen zu können.

---

1 Interview des Verfassers mit Herrn Dr. G. Oldenbruch, Leiter der Zentralstelle für Auslandskunde, Bad Honnef, am 27.9.1978.
2 Deutsche Stiftung für internationale Entwicklung, Zentralstelle für Auslandskunde, Ausbildungsplan, Drei-Monats-Seminar zur Vorbereitung deutscher Fachkräfte für eine Tätigkeit in Entwicklungsländern, 6/77, S. 2.
3 Fussnote im Original 1): "Im Rahmen der auslandskundlichen Vorbereitung zielt Empathie ab auf das Verständnis für Ziele, Werte und Leistungen der Kultur des Gastlandes aus ihrem eigenen Selbstverständnis."

1.5 Der Experte soll in die Lage versetzt werden, sich selbst für seine Arbeit und in seinem Privatleben besser kennen und einschätzen zu lernen, sein Verhaltensrepertoire zu erweitern und aus seiner Umwelt zu lernen!" (1)

Die einzelnen Programmteile wurden diesen Zielsetzungen entsprechend wie folgt aufgeteilt:
- Sprachliche Vorbereitung an den Vormittagen der ersten beiden Vorbereitungsmonate.
- Verfahren und Probleme der Zusammenarbeit (VPZ).
- Landeskunde (Die beiden letzten Bereiche werden in den beiden ersten Vorbereitungsmonaten nachmittags durchgeführt.)
- Intensivkurse entsprechend den speziellen Bedürfnissen der Teilnehmer.

Die Programmteile Verfahren und Probleme der Zusammenarbeit sowie die Intensivkurse wurden neu in das Gesamtprogramm aufgenommen und sollen im folgenden kurz geschildert werden.
Innerhalt der Intensivkurse wurden 1978 folgende, meist mehrtägige Intensivkurse angeboten:
- Team-Management und das Arbeiten im Team
- Lernpsychologie/Probleme der Erziehung von Kindern im Ausland
- Planung und Durchführung der Beratungsarbeit
- Gesprächstechnik, Verhandlungsführung und die Behandlung von Konflikten in der Zusammenarbeit
- Die Technik des Arbeitens mit den Instrumenten eines ziel- und ergebnisorientierten Managements.

Der Programmteil Verfahren und Probleme der Zusammenarbeit soll beim Teilnehmer Verständnis für die Schwierigkeiten der Projektarbeit wecken und ihn in die Lage versetzen, sich und seine Partner in einem grösseren Beziehungsfeld besser einordnen zu können. Ferner soll er ihm Hilfestellung für die Bewältigung projektspezifischer Probleme geben.
Die Veranstaltungen in diesem Bereich befassen sich dementsprechend stark mit psychologischen Problemen der zwischenmenschlichen Beziehungen innerhalb und ausserhalb der Projektarbeit.
Ferner werden den Teilnehmern auch die Grundzüge der Pädagogik und Didaktik nahegebracht, um ihnen zu helfen, ihren eigentlichen Aufgaben, nämlich Wissen zu vermitteln, und sich letztlich überflüssig zu machen, mit weniger Energieverlust gerecht werden zu können. Diese Einübung von Verhaltensweisen kann selbstverständlich nicht durch Vorlesungen erreicht

---

1 Aus diesen Zielsetzungen für die Vorbereitung hat die Zentralstelle für Auslandskunde eine Fülle von wünschenswerten Lernzielen abgeleitet, die in einer 37 (!) Seiten starken Broschüre enthalten sind. Vgl. Deutsche Stiftung für internationale Entwicklung, Zentralstelle für Auslandskunde, Lernziele der Vorbereitung (Lernzieltaxonomie), Bad Honnef, Juli 1975 (1. Fassung).

werden, sondern man bedient sich hierbei vorwiegend aktivierender Methoden, wie Fallstudien, Simulationsspiele und Planspiele.

Im VPZ-Kurs werden drei Problembereiche behandelt:
- Probleme des Projektmanagements
- Fragen der Projektpädagogik und -didaktik
- Sozialpsychologische Probleme und interkulturelle Kommunikation

Entsprechend gliedert sich das Programm in folgende Teile:
- Partner der Zusammenarbeit
- Aufgaben der Zusammenarbeit
- Voraussetzungen für gute Zusammenarbeit
- Verfahren der Zusammenarbeit
- Probleme der Zusammenarbeit
- Verfahren bei der Lösung von Konflikten bei der Zusammenarbeit (1)

Als Besonderheit der Drei-Monats-Seminare der Zentralstelle für Auslandskunde bleibt die starke Ausrichtung der Ausbildung auf die Projektrealität durch die VPZ-Kurse festzuhalten, in denen es letztlich um Einstellungsänderungen der Kursteilnehmer geht. Die Wirkungen eines solchen Ausbildungsteils werden allerdings vom Leiter der Zentralstelle nicht überschätzt:
"Man muss die Verfahren, die Vorsicht, die Weitsicht, die Empathie für die Situation im Gastland mit vermitteln und darauf aufmerksam machen, dass es sich um eine Gratwanderung handelt. Die Frage ist natürlich, inwieweit Teilnehmerpopulationen bereit sind, eine solche Gratwanderung mitzumachen. ... Natürlich macht man aus einem grundsätzlich unpolitischen Menschen nicht in 3 Monaten einen politischen Menschen, ganz klar. Vorurteile dieser oder jener Provenienz, auch wenn sie mit eigenen Erfahrungen angefüllt sind, bleiben. Ich weiss einfach von Leuten, die dann einfach anfangen, nachdenklich zu werden. Ich glaube, dass keiner aus den 3 Monaten unverändert hervorgeht, ohne nicht an manchen Stellen über sich, seine Einstellung, seine Verhaltensweisen, nachdenklich geworden zu sein. Manch einer gibt es nicht zu, der würde es weit von sich weisen. Ich glaube, dass der gesamte Aufenthalt sowohl in den organisierten Lehrveranstaltungen, die ich noch nicht einmal für das Zentrale halte, als auch im Zusammenleben, in der informellen Kommunikation der Teilnehmer untereinander, die durch Lehrveranstaltungen angeheizt und angeregt wird, beim Teilnehmer einiges an Nachdenklichmachen, an Betroffenheit produziert – nicht bei jedem, natürlich nicht. Aber ich glaube, so ganz unverändert geht nach 3 Monaten eigentlich keiner raus. Die Frage ist, ob die Veränderung reicht,

---

1 Nähere Angaben vgl. hierzu Ausbildungsplan 1977, a.a.O., S. 11f. sowie "Skriptum zum Programm Verfahren und Probleme der Zusammenarbeit im Rahmen des Ausbildungskonzeptes der DSE Zentralstelle für Auslandskunde", Bad Honnef, Juli 1975, MS. Dieses Skriptum wurde auch 1978 verwendet.

- 224 -

ob wir damit einige unserer wichtigsten Ziele erreicht haben. Das ist natürlich schwierig zu messen. Bezüglich der Zielerreichung geben wir uns keinen Illusionen hin, aber auch keinen zu grossen Frustrationen." (1)

Den eingangs vorgegebenen Kriterien (2) entsprechend, ergibt sich abschliessend für die Zentralstelle für Auslandskunde nachstehendes Profil:

ABB. 6: AUSBILDUNGSPROFIL DER ZENTRALSTELLE FUER AUSLANDSKUNDE
BAD HONNEF (1978)

KRITERIEN	BEWERTUNG	+ 2	+ 1	- 1	- 2	BEWERTUNG
ZIELFORMULIERUNG	klar	O				verschwommen
ERZIEHUNGSSTIL	sozial-integrativ		O			autokratisch
VERMITTELTES EXPERTENBILD	partnerschaftlich			O		patriarchalisch
UNTERRICHTSFORM	gruppenorientiert		O			lehrerzentriert
PRAXISORIENTIERUNG	stark	O				schwach
MITGESTALTUNG DURCH ADRESSATEN	ausgeprägt		O			nicht vorhanden
PSYCHOL. PROBLEME D. ZUSAMMENARBEIT	mitberücksichtigt	O				unberücksichtigt
WIRKUNG ALS SOZIALISATIONSINSTANZ	gering		O			hoch
% DER IN UEBERSEE TAETIGEN ABSOLV.	100 %	O				0 %

---

1 Interview des Verfassers mit G. Oldenbruch am 27.9.1978 in Bad Honnef.
2 Vgl. die Ausführungen auf S. 8f.

2.2.2 Deutsches Institut für Entwicklungspolitik

Die Gründungsgeschichte

Das Deutsche Institut für Entwicklungspolitik (DIE) hat drei geistige Väter: General Clay, die Deutsche Stiftung für Entwicklungsländer und Professor Millikan. (1)
Dem Senat von Berlin war anlässlich einer Besprechung mit General Clay Mitteilung gemacht worden, dass die amerikanische Regierung sich mit 10 Millionen Dollar an der Errichtung einer Ausbildungsstätte für junge Fachkräfte aus Entwicklungsländern beteiligen wolle. Nach Vorstellungen der Amerikaner sollten in erster Linie junge Techniker an Dieselmaschinen ausgebildet werden. (2)
Die Deutsche Stiftung für Entwicklungsländer wurde vom Senat in diese Ueberlegungen einbezogen und entwickelte einen Gegenvorschlag, nämlich die Gründung eines Instituts für Entwicklungsplanung. (3) Entsprechend diesem Vorschlag sollten sowohl Stipendiaten aus Entwicklungsländern wie auch deutsche Juniorexperten, die später als Wirtschaftsberater nach Uebersee gehen sollten, ausgebildet werden. Dieser Vorschlag wurde von Vertretern des Senats von Berlin und den Vertretern der Deutschen Stiftung für Entwicklungsländer gebilligt, doch befürchtete man, dass die Amerikaner von ihrem ursprünglichen Plan nicht abgehen würden. (4) Diese Bedenken waren aber nicht berechtigt, da zwei Vertretern der US-Mission in Berlin in einer Sitzung mit dem Senat und der Deutschen Stiftung für Entwicklungsländer mitbeschlossen, dass die DSE einen Plan für eine Institution, die ihrer Meinung nach den Bildungsbedürfnissen der Entwicklungsländer und der Situation Berlins in grösstmöglichem Masse Rechnung trägt, ausarbeitet. (5)
Einen entscheidenden Schritt nach vorn in Richtung auf Gründung des Instituts brachte der sog. Millikan-Bericht. (6)

---

1 Prof. Millikan war 1962/63 Leiter des Zentrums für internationale Studien des MIT in Boston.
2 Vgl. Deutsche Stiftung für Entwicklungsländer, Aktenvermerk von Dr. Danckwortt vom 7. März 1962.
3 Deutsche Stiftung für Entwicklungsländer, Programmabteilung, Anregungen für die Errichtung eines Zentrums der Bildungshilfe für Entwicklungsländer in Zusammenarbeit mit der amerikanischen Regierung in Berlin, Berlin-Tegel den 14. März 1962, S. 2.
4 Vgl. Aktenvermerk Dr. Danckwortt, vom 7. März 1962.
5 DSE, Aktennotiz über die Sitzung vom 24. März 1962 in der DSE wegen des sog. "Amerika-Projekts", S. 3.
6 Max F. Millikan, "Bericht an Shepard Stone, Ford Foundation, über die Aussichten verschiedener Tätigkeiten in Berlin, die sich mit Entwicklungsländern befassen". Cambridge, Mass., 25. Februar 1963. (Maschinengeschriebenes Manuskript), künftig zitiert als "Millikan-Bericht".

Millikan empfahl, dass sich alle Bemühungen in Berlin auf die Verschmelzung von Entwicklungsforschung und Spezialausbildung deutscher Experten konzentrieren sollten.
Er führte weiter aus, dass die Bemühungen der deutschen Intelligenz um die Analyse von Entwicklungsproblemen bemerkenswert schwach seien. In Berlin sei aber zur Zeit eine Gruppe interessierter und talentierter Persönlichkeiten zu finden, auf der man aufbauen könne sowie die Bereitschaft zu fantasievollem Experimentieren seitens privater Organisationen wie auch des Berliner Senats.
In seinen Schlussfolgerungen bemerkte er u. a. :
"Deutschland benötigt dringend ein höchsten Anforderungen genügendes wissenschaftliches Forschungs- und Ausbildungsinstitut, das sich mit Entwicklungsproblemen befasst. ... Die Konzentrierung auf wirtschaftliche und soziale Planung könnte das allumfassende Thema dieses Programms darstellen. In Bezug auf den Ausbildungsteil des Programms sollte die Betonung anfänglich auf der Spezialausbildung von deutschen Experten liegen, die die Absicht haben, nach Uebersee zu gehen, um in den Entwicklungsländern die verschiedensten Aufgaben zu übernehmen. ... Das Institut sollte sich in den ersten zwei, drei Jahren seines Bestehens darauf konzentrieren, ein Programm hohen Niveaus für eine begrenzte Anzahl von Teilnehmern, die sich ungefähr 1 Jahr dem Studium widmen können zu entwickeln. ... Das Institut darf keine Grenzen zwischen den einzelnen Disziplinen ziehen, wenn es seine Hauptaufgabe zur vollen Zufriedenheit erfüllen soll." (1)
Und weiter heisst es:
"Das Institut sollte ... in der Lage sein, jeglichem Druck standzuhalten, der seitens des Ministeriums (gemeint ist das Bundesministerium für wirtschaftliche Zusammenarbeit. Anm. d. Verfassers) ausgeübt werden könnte, um das Institut zur Uebernahme grösserer Forschungs- und sonstiger Aufträge zu bewegen, als es erledigen kann, ohne seine Hauptmission, Urquell wahrhaft fortschrittlichen Denkens auf diesem Gebiet zu sein, zu gefährden." (2)

Milikan empfahl am Schluss seines Berichtes, dass das von der Deutschen Stiftung für Entwicklungsländer gebildete Planungsteam massgebliche Institute in Europa und in den Vereinigten Staaten besuchen sollte, die ähnliche Ziele verfolgen.
Diese Reise fand vom 17.3. bis 6.4.1963 statt. Zweck der Reise war, Informationen über amerikanische intra- und extra-universitäre Institute, Stiftungen und Gesellschaften zu gewinnen, die sich mit Ausbildung und Forschung auf dem Gebiet der internationalen Entwicklungsförderung befassen. Insbesondere wurde versucht, näheres über die methodischen und didaktischen Vorstellungen der o. g. Institutionen zu erfahren. (3)

---

1 Milikan-Bericht, S. 13f.
2 Ebenda S. 16.
3 Vgl. Deutsche Stiftung für Entwicklungsländer, Reisebericht G. Brand vom April 1963, Ms., S. 1.

Der Entwurf eines Vorschlages über die Errichtung des Deutschen Entwicklungsinstituts Berlin, in dem die Erkenntnisse der Reise niedergelegt waren, wurde im Mai 1963 dem Kuratorium der Deutschen Stiftung vorgelegt. Das Kuratorium beschloss auf seiner 26. Sitzung am 22.5.1963 nunmehr alles weitere der Bundesregierung und dem Berliner Senat zu überlassen. Seit dieser Zeit fanden intensive Verhandlungen zwischen der Bundesregierung und dem Senat statt, die schliesslich zur Gründung des Instituts im März 1964 führten. (1)
Das Institut wurde somit in der zweiten Phase der Entwicklungshilfe, der Phase der Ernüchterung, gegründet, in der es darauf ankam, "die geistigen, moralischen und sozial-ökonomischen Aspekte des Phänomens 'Entwicklung' genauestens zu analysieren, zu verstehen und in Entwicklungspolitik umzusetzen". (2)
Die Institutseröffnung fand am 27.4.1965 statt. In seiner Eröffnungsrede führte Bundespräsident Heinrich Lübke u. a. folgendes aus:
"... Dieses Institut stellt an die hier wirkenden Dozenten ausserordentlich hohe Ansprüche. Sie sollen eine Uebersicht haben über die politischen Zusammenhänge in den Ländern, über die gerade gesprochen wird. Sie sollen wissen, wieweit der Kommunismus in diesen Ländern schon Fortschritte gemacht hat, ob er noch zurückgedrängt werden kann oder nicht.
... Schon um ihrer eigenen Existenz und Zukunft Willen, dürfen es die freien Industriestaaten nicht zulassen, dass sich der Kommunismus in den von Hunger, Seuchen und Unwissenheit bedrohten Gebieten gewaltige Hilfstruppen schafft. Alle müssen helfen, ehe es zu spät ist, und wir Deutschen ganz besonders, sonst überlassen wir die grosse Zahl der hilfsbedürftigen Völker dem Kommunismus (3), weil wir unseren Reichtum für unsere

---

1 Vgl. Schreiben des Kurators der Deutschen Stiftung für Entwicklungsländer an den Rektor der freien Universität Berlin Herrn Prof. Dr. Ernst Heinitz vom 12. Juli 1963, S. 4 sowie
Ch. Heimpel (Hrsg.), Postuniversitäre Ausbildung. Eine selbstkritische Fallstudie: Das Deutsche Institut für Entwicklungspolitik in Berlin. Berlin 1971, S. 2.
2 Vgl. Die Entwicklungsländer und die neue Weltwirtschaft, Ansprache von Prof. Dr. Karl Schiller, Senator für Wirtschaft, Berlin, anlässlich der Eröffnung des Deutschen Instituts für Entwicklungspolitik am 27.4.1965, vervielfältigtes Manuskript, S. 1. Die erste Phase, die der naiven Entwicklungshilfe, lag nach Schiller vor 1965, in der man meinte, es mit Kapitalzufuhr, Uebermittlung von technischem Know-how schaffen zu können. Man entdeckte dann aber, oft auf sehr schmerzliche Weise, die anthropologischen Faktoren. Ebenda.
3 Die Gefahr des vordringenden Kommunismus fand u. a. auch Eingang in die entwicklungspolitischen Vorstellungen anderer Bundesbehörden. In einem internen Papier des Auswärtigen Amtes von 1965 heisst es u. a.: "Das Instrument der Entwicklungshilfe kann politisch nur wirken, wenn es wirtschaftlich attraktiv ist. Unter diesem Gesichtspunkt müssen Umfang und Bedingungen der Hilfe beurteilt werden. Zur Attraktion

eigene Wohlfahrt einsetzen. Wie das Ende sein wird, kann sich jedermann vorstellen." (1)

Den Teilnehmern des 1. Kurses gab er den Rat:
"Seien sie aufgeschlossen und scheuen sie sich nicht, zunächst einmal sehr intensiv zu lernen, ehe sie lehren. Das ist die Voraussetzung dafür, dass Sie sich draussen durchsetzen und selbst wieder Führungskräfte ausbilden können." (2)

Die Adressaten des Instituts wurden von Bundesminister Scheel wie folgt beschrieben:
"Das Institut braucht vor allen Dingen Menschen mit Charakter und einer umfassenden Bildung, Menschen, die im Stande sind eine Begegnung der Kulturen zu vermitteln. Dies scheint mir das Wichtigste. Wir brauchen darüber hinaus Fachkönnen und Erfahrung, den Blick für den Gesamtrahmen der wirtschaftlichen, politischen und sozialen Entwicklung, Improvisationskunst, Einfühlungsvermögen, Pädagogik, Sprachkenntnisse und nicht zuletzt eine robuste physische und nervliche Konstitution. Und wir brauchen viele von diesen Menschen, wenn unsere Entwicklungspolitik, d. h. also auf lange Sicht auch unsere Aussenpolitik, unsere Wirtschaftspolitik und unsere langfristige Sicherungspolitik Erfolg haben sollen, und wenn eine politische Eruption weltweiten Ausmasses vermieden werden soll." (3)

Die Aufgabe des Instituts bezüglich der Ausbildung hat sich seit seinem Bestehen nicht grundsätzlich verändert. So heisst es im Ausbildungsplan 1977/78: "Das Deutsche Institut für Entwicklungspolitik (DIE) hat die Aufgabe, Hochschulabsolventen auf eine berufliche Tätigkeit in der nationalen und internationalen Entwicklungsadministration vorzubereiten." (4)

In einem der ersten Arbeitspapiere von 1963 findet sich folgender Passus:
"Das Institut hat die Aufgabe, Fachkräften mit abgeschlossener Hochschul-

---

gehört aber auch, dass diejenigen, die unsere Deutschland-Politik unterstützen, davon den grössten wirtschaftlichen Nutzen haben, mit anderen Worten, dass sie mehr Entwicklungshilfe bekommen, als die unsicheren Kantonisten." Auswärtiges Amt, Verhältnis von Aussen- und Entwicklungspolitik - Aufzeichnung der Abteilung III vom 16. Januar 1965, S. 2, maschinengeschriebenes Manuskript.
1 Ansprache des Herrn Bundespräsidenten bei der Eröffnung des Deutschen Instituts für Entwicklungspolitik am 27. April 1965 in Berlin, Ms., S. 3.
2 Ebenda S. 6.
3 W. Scheel, Entwicklungspolitik braucht Menschen (aus der Ansprache des Bundesministers anlässlich der Einweihung des Deutschen Instituts für Entwicklungspolitik in Berlin am 27.4.1965). In: Bundesministerium für wirtschaftliche Zusammenarbeit, Entwicklungspolitik, Ausgabe I/VI, 27.4.1965, S. 6.
4 Deutsches Institut für Entwicklungspolitik, Ausbildungsplan 1977/78, Berlin, April 1977, S. 1.

ausbildung eine besondere Ausbildung für Entwicklungsfragen auf wissenschaftlicher Grundlage zu ermöglichen. Durch diese Ausbildung werden die Fachkräfte in die Lage versetzt, wichtige Aufgaben der Planung und Durchführung von Entwicklungsmassnahmen im Rahmen der öffentlichen und privaten Förderung von Entwicklungsländern zu übernehmen." (1)

Auch das zeitliche Grundmuster der Ausbildung wurde bis heute grundsätzlich nicht revidiert. Allerdings wurde die ursprünglich einjährige Kursdauer um 3 Monate verkürzt. (2)

Entsprechend dem Ausbildungsplan 1977/78 ist die Ausbildung in drei Phasen gegliedert:
Ausbildung in Berlin   18 Wochen
Arbeitsaufenthalt in einem Entwicklungsland   11 Wochen
Auswertung des Arbeitsaufenthaltes in Berlin
und Fortsetzung der Ausbildung   7 Wochen

Die Ausbildungsziele des Instituts haben sich während des 14jährigen Bestehens des Instituts kaum geändert. So heisst es im 1. Tätigkeitsbericht des Instituts (3):
"Das Institut bildet auf wissenschaftlicher Grundlage Personen mit abgeschlossenem Hochschulstudium zu Fachkräften auf dem Gebiet der Entwicklungspolitik aus. Ziel der Ausbildung ist das Erlernen der wichtigsten Methoden und Instrumente der Planung, Durchführung und die Evaluierung von Entwicklungsvorhaben, die kritische Auseinandersetzung mit den Anwendungsmöglichkeiten dieser Methoden in der Praxis der Entwicklungspolitik sowie die Darlegung der inneren Zusammenhänge des Entwicklungsprozesses. Weiterhin sollen die Ausbildungsteilnehmer in die Organisation und Verwaltung der Deutschen und internationalen Entwicklungspolitik eingeführt werden und die wichtigsten Verhaltensregeln für die Arbeit im internationalen Bereich sowie in einer fremden Kultur kennenlernen."

In der Kursbroschüre von 1977 (4) heisst es bezüglich der Ausbildungsziele:
"Die Ausbildung am Deutschen Institut für Entwicklungspolitik hat das Ziel, jüngere deutsche Hochschulabsolventen auf eine berufliche Tätigkeit im Bereich der deutschen und internationalen Entwicklungspolitik vorzubereiten. Das Ausbildungsprogramm gibt den Lehrgangsteilnehmern daher vor allem die Gelegenheit, die wichtigsten Methoden und Instrumente der Planung, Durchführung und Erfolgskontrolle von Entwicklungsvorhaben zu

---

1 Deutsches Institut für Entwicklungspolitik, Berlin, 6.11.1963, S. 3, maschinengeschriebenes Manuskript.
2 Ueber die Gründe hierfür siehe die Ausführungen auf S. 231.
3 Deutsches Institut für Entwicklungspolitik, Tätigkeitsbericht 1964-1968, Berlin im November 1968, S. 7.
4 Deutsches Institut für Entwicklungspolitik, Ausbildung (Stand: November 1977), S. 1.

erlernen und sich kritisch mit den Anwendungsmöglichkeiten dieser Methode in der Praxis der Entwicklungspolitik auseinanderzusetzen. Weiterhin werden die Teilnehmer in die Organisation und Verwaltung der deutschen und internationalen Entwicklungspolitik eingeführt und lernen die Arbeit im internationalen Bereich sowie in einer anderen Kultur kennen."

Drei Grundprinzipien (1) der Ausbildung sind seit Bestehen des Instituts unverändert:
- interdisziplinäre Ausbildung auf der Grundlage eines abgeschlossenen Hochschulstudiums
- Experimentierfreudigkeit in Bezug auf didaktische Methoden
- Praxisbezogenheit.

In der Verwirklichung dieser drei Prinzipien ergaben sich allerdings z. T. erhebliche Probleme. Man unterschätzte die Schwierigkeiten eines interdisziplinären Ansatzes. Man war sich zwar bewusst, dass es sich bei dem Phänomen Entwicklung um einen komplexen und interdependenten Vorgang handelte, aber man erkannte auch, dass die daraus abzuleitende Forderung des interdisziplinären Ansatzes nur schwer zu erfüllen war. (2)

Schon in den ersten Diskussionsunterlagen zur Schaffung des Instituts zeigte sich, dass man gewillt war, ausgetretene didaktische Pfade der deutschen Hochschulen zu verlassen. In der ersten Unterlage, die sich hierzu findet (3), heisst es unter dem Stichwort Kursmethodik: Seminararbeit, Fall-Studien, Exkursionen, Praktika in Wirtschaft und Verwaltung.

Auch in der ersten Kursbroschüre von 1965 findet sich der Hinweis, dass neben den herkömmlichen Lehrmethoden, wie Vorlesungen, Uebungen und Seminare insbesondere auch Fall-Studien, Planspiele und Gruppenarbeit zur Anwendung kommen. An diesem Grundmuster hat sich bis 1978 nichts geändert, wenn auch in den letzten Kursen die Durchführung von Planspielen in den Hintergrund getreten ist.

Die Praxisbezogenheit wird erreicht
- durch den Einbezug von Dozenten, die über praktische Erfahrungen in der dritten Welt verfügen,
- durch Fallbeispiele,
- durch die Vermittlung von Techniken, die von den Abnahmeorganisationen der Institutsabsolventen gewünscht werden und natürlich

---

1 Vgl. : Deutsches Institut für Entwicklungspolitik, 1. Tätigkeitsbericht 1964-1968, Berlin im November 1968, S. 7 sowie Deutsches Institut für Entwicklungspolitik, Ausbildung (Stand: November 1977, S. 1, 3ff.
2 Vgl. Ch. Heimpel, a. a. O., S. 22.
3 Deutsche Stiftung für Entwicklungsländer, Programmabteilung, Projekt "Studienzentrum Berlin", 6. 3. 1962/DD/Ku.

- durch den Arbeitsaufenthalt in einem Entwicklungsland, der den zentralen und integrierenden Teil der Ausbildung darstellt.

Betrachtet man zusammenfassend die Aufgabe, den zeitlichen Programmablauf, die Ziele und Grundprinzipien der Ausbildungsaktivitäten des Instituts, so ist es geradezu erstaunlich, dass sich in diesen Bereichen in den letzten 15 Jahren kaum etwas geändert hat. Das könnte zum einen daran liegen, dass sich die Verantwortlichen nicht als lernfähig erwiesen haben, aber auch daran, dass die Gründer des Instituts in der Wahl der Ziele und Prinzipien eine glückliche Wahl getroffen haben.
Wer allerdings die für die Ausbildung Verantwortlichen und deren Evaluationsfreudigkeit (1) verbunden mit dem Mut zur Implementation der Ergebnisse kennt, der wird den Vorwurf der Lernunfähigkeit nicht erheben können. Allerdings kann wohl festgehalten werden, dass die Ziele und Prinzipien so allgemein formuliert, aber offenbar auch so realitätsnah waren, dass Aenderungen bis heute nicht vorgenommen werden mussten.

Im Laufe des Bestehens des Instituts haben sich aber auch Wandlungen ergeben. Dies gilt insbesondere für die qualitative und quantitative Zusammensetzung der Stoffbereiche sowie bezüglich der Ausbildungsformen.
So ist die Stundenzahl der Plenumsveranstaltungen von 792 Stunden (Kurs I) auf 252 Stunden (Kurs V) gesunken. (2) Der Hauptgrund hierfür liegt darin, dass die ursprüngliche Ausbildungsdauer von 12 Monaten auf 10 im zweiten Kurs und auf 9 Monate im fünften Kurs gesenkt wurde. Hierfür ergaben sich hauptsächlich folgende Gründe (3):
- Man empfand die Universitätsausbildung als zu lang und daher sollte eine postuniversitäre Ausbildung möglichst kurz sein.
- Die Lernmotivation der Teilnehmer nahm nach den Arbeitsaufenthalten meist rapide ab, da die Konzentration auf die zukünftige Tätigkeit in den Vordergrund trat.
- Dem Stress eines zwölfmonatigen, d.h. permanenten Programms zeigte sich das Institut nicht gewachsen, da man die Ausbildung sehr ernst nahm und sie nicht mit dem Ziel der Konfliktminimierung abrollen lassen wollte.

Neben dieser quantitativen Veränderung zeigte sich aber auch eine erhebliche qualitative Verschiebung (siehe Tabelle 23). So veränderte sich der Bereich Entwicklungsprozess, Entwicklungshilfe, internationale Beziehungen im Kurs I von 652 Stunden auf weniger als 1/10 (56 Stunden) im Kurs XIII.

---

1 Vgl. Ch. Heimpel, Postuniversitäre Ausbildung. Ferner:
St. H. Rhinesmith, An Analysis of the Educational Program of the German Development Institute. Cambridge (Massachusetts) 1970, Ms. 1978/79 wurde eine vergleichende Evaluation mit Institutionen in den USA, Frankreich, England und der Schweiz durchgeführt.
2 Vgl. Tabelle 23.
3 Vgl. Ch. Heimpel, Postuniversitäre Ausbildung, S. 30f.

Tabelle 23 Stundenverteilung nach Stoffbereichen

AUSBILDUNGSINHALT	Kurs I (1) (12 Monate)		Kurs II (1) (10 Monate)		Kurs V (1) (9 Monate)		Kurs XIII (2) (9 Monate)	
	abs.	%	abs.	%	abs.	%	abs.	%
1. Entwicklungsprozess, Organisation und Instrumente der Entwicklungshilfe, internationale Beziehungen	652	82	292	74	92	37	56	26
2. Methodenlehre/Planungstechniken	140	18	100	26	160	63	158	74
SUMME 1 + 2	792	100	392	100	252	100	214	100

Quellen:

1 Ch. Heimpel, Postuniversitäre Ausbildung. Eine selbstkritische Fallstudie: Das Deutsche Institut für Entwicklungspolitik, Berlin 1971, S. 30.
2 Deutsches Institut für Entwicklungspolitik, Ausbildungsplan 1977/78, Berlin, April 1977, S. 5ff.

Der prozentuale Anteil in dem vorgenannten Bereich ging von 82% auf 26% zurück. Demgegenüber trat eine umgekehrte Entwicklung im Bereich Methodenlehre und Planungstechniken ein. Diese Fächergruppe blieb zwar absolut gesehen mit durchschnittlich 140 Stunden konstant, ihr relativer Anteil stieg jedoch von 18% (Kurs I) auf 74% (Kurs XIII). Diese Relation – ca. 1/4 Entwicklungshilfe/Entwicklungsprozess/Internationale Beziehungen, ca. 3/4 Methodenlehre/Planungstechniken – ist bis auf unwesentliche Veränderungen tendenziell seit Kurs V festzustellen. Ueber die Gründe hierfür erklärte der Ausbildungsleiter des Deutschen Instituts für Entwicklungspolitik folgendes (1):
"Ich gehe bei der Ausbildungsplanung davon aus, dass unsere Teilnehmer hinterher in ganz bestimmten Institutionen arbeiten sollen, und ich kenne das Nachfrageprofil dieser Institutionen. Dieses Nachfrageprofil liegt eindeutig in Richtung Technokratie. Das heisst, unsere Absolventen müssen in der Lage sein, Projekte zu planen und zu evaluieren. Was wir darüber hinaus anbieten: Handelspolitik, Wirtschaftspolitik, Währungspolitik, auch Entwicklungspolitik, Entwicklungsstrategie, ist wichtig um zu wissen, auf welchem Hintergrund, in welchem Rahmen sich Projektplanung abspielt. Aber in erster Linie sollen die Teilnehmer bei uns ein Handwerk erlernen. Das ist das Handwerk des Projektprüfers, des Projektplaners am Schreibtisch und im Feld. Wenn er das nicht beherrscht, nutzt ihm auch nichts, was er über Entwicklungsstrategien, über Handelspolitik, Währungspolitik und andere Politikbereiche weiss. Im Zentrum steht die 'Technokratie', und das ist bedingt durch die Nachfragestruktur unserer Absolventen."

Diese streng berufsbezogene Ausbildung liess "das Image einer auf die Bedürfnisse des entwicklungspolitischen 'Establishments' orientierten 'eindimensionalen Technokratenfabrik' entstehen". (2)
Unter den Teilnehmern kam es hierüber insbesondere in den Jahren 1967-1970 zu heftigen Diskussionen. Es ist kein Zufall, dass diese Phase mit den unruhigsten Jahren der Berliner Universitäten zusammenfiel. Der Ausbildungsleiter des Instituts äusserte sich hierzu wie folgt:
"Die technokratische Ausrichtung hat natürlich in all den Kursen bei uns enorme Auseinandersetzungen hervorgerufen, und es gab fast immer zwei Fraktionen im Kurs. Es gab eine Fraktion, die mehr interessiert war an einer Art 'Bildungsangebot Dritte Welt' mit einem sehr starken Akzent auf den politischen und theoretischen Fragen. Auf der anderen Seite gab es diejenigen, die bereits schon einmal berufstätig gewesen waren und sagten, sie brauchten ganz konkret ein bestimmtes Handwerkszeug. Wenn wir sie das am Institut nicht lernten, sei die Ausbildung für sie vertane Zeit." (3)

---

1 Interview mit B. Claus am 12.10.1978 in Berlin. B. Claus ist Absolvent des Kurses I und seit Kurs II als Ausbildungsleiter am Deutschen Institut für Entwicklungspolitik tätig.
  Vgl. hierzu auch Ch. Heimpel, Postuniversitäre Ausbildung, S. 6f.
2 Ebenda S. 8.
3 Interview mit B. Claus am 12. Oktober 1978.

Diesen Veränderungen im Lehrangebot entsprachen Veränderungen im Lehrkörper. Betrachtet man die Zahl der Dozenten im Kurs XIV, so werden die Lehrveranstaltungen fast ausschliesslich von den 20 wissenschaftlichen Mitarbeitern des Instituts durchgeführt. Demgegenüber waren am Kurs I 64 Gastdozenten beteiligt. Unter ihnen waren die Professoren Baade, Otremba, Behrendt, Kruse-Rodenacker, Boesch, Fritsch, Thalheim, von Blanckenburg, Edding und Oberndörfer.
Ueber diesen ersten Kurs urteilt B. Claus wie folgt:
"Im ersten Jahr war die Ausbildung eine Ansammlung von Stellungnahmen aller möglichen prominenten, zum Teil sehr prominenten Wissenschaftler zu Entwicklungsproblemen, wobei viele gar nicht zur Sache sprachen."

Auch die Ausbildungsformen haben sich im Laufe der Entwicklung des Instituts erheblich verändert. Wie die Tabelle 24 zeigt, ist die Stundenzahl für Plenumsveranstaltungen absolut und relativ kontinuierlich von 792 (Kurs I) auf 214 Stunden (Kurs XIII) zurückgegangen. Der entsprechende relative Anteil der Plenumsveranstaltungen veränderte sich von 61% auf 21%. Demgegenüber stieg die absolute Stundenzahl für Gruppenarbeit und Selbstarbeit von 360 Stunden auf 682. In relativen Zahlen ausgedrückt bedeutet das eine Steigerung von 28% auf 69%.

Der Anteil des Sprachunterrichts am Gesamtunterricht pendelte um 10%. Beachtenswert bleibt die starke Ausprägung aktivierender Arbeitsformen gegenüber denen konsumierender Arbeitsformen.

Ein wichtiges Prinzip der Ausbildung war und ist das der Interdisziplinarität. (1) Man war sich allerdings von vornherein im klaren, dass Interdisziplinarität - wenn überhaupt - nur in Ansätzen praktiziert werden kann. Auch Claus (2) meint:
"Man sollte offen sein und sagen, wir sind ein multidisziplinäres und nicht ein interdisziplinäres Institut. Denn Interdisziplinarität aus meiner Sicht heisst wirklich Austausch der Wissenschaftler untereinander in einer Gruppe. Das ist uns ab und zu gelungen, z.B. in unseren Regionalplanungsteams, wo tatsächlich jeder einzelne Wissenschaftler zuliefern und sich unter ein regionales Konzept stellen musste; aber auch da meine ich, war es mehr eine Frage der Organisation des Regionalplaners in der Gruppe, der die anderen Disziplinen dann zuordnete, als eine Frage der echten Interdisziplinarität. Ich meine, schon der multidisziplinäre Anspruch ist hoch genug. Viele Institute nennen sich interdisziplinär, und wenn man ihre Arbeit überprüft, dann ist dabei viel multidisziplinäres Gerede und wenig praktische interdisziplinäre Arbeit. Ich würde bescheidener sagen, wir sind ein multidisziplinäres Institut, weil wir nicht nur Volkswirte sondern auch Soziologen, Politologen, Philologen ausbilden. ... Das bedingt einfach, dass Leute unterschiedlicher Provenienz miteinander aus-

---

1 Deutsches Institut für Entwicklungspolitik Berlin, den 15. April 1965, S. 6 und 10 (hier handelt es sich um eine Informationsbroschüre für den Kurs I).
2 Interview des Verfassers mit B. Claus am 12.10.78.

Tabelle 24   Verteilung der Stunden nach Ausbildungsformen

AUSBILDUNGSFORM	Kurs I (12 Monate)		Kurs II (10 Monate)		Kurs V (9 Monate)		Kurs XIII (9 Monate)	
	abs.	%	abs.	%	abs.	%	abs.	%
1. Plenumsveranstaltung (Vorlesung, Fallstudien, Diskussion)	792	61	392	39	252	30	214	21
2. Gruppenarbeit	144	11	280	28	168	20	366	37
3. Selbstarbeit	216	17	224	22	336	40	316	32
4. Sprachunterricht	144	11	112	11	84	10	96	10
SUMME 1 - 4	1296	100	1008	100	840	100	992	100

Quelle: Ch. Heimpel, Postuniversitäre Ausbildung. Eine selbstkritische Fallstudie: Das Deutsche Institut für Entwicklungspolitik, Berlin 1971.
Deutsches Institut für Entwicklungspolitik, Ausbildungsplan 1977/78, Berlin, April 1977.

kommen müssen. Schon daraus ergeben sich in den Gruppen genügend
Gefahren und Probleme. Ehe der Philologe den Oekonomen versteht, oder
der Oekonom versteht, was denn der Philologe meint, vergeht sehr viel
Zeit. Jeder anerkennt hinterher, dass die Diskussion nützlich gewesen ist.
Aber ich würde nicht sagen, dass sich die Disziplinen echt austauschen.
Sie ergänzen sich in bezug auf ein ganz bestimmtes Thema."

Ein weiteres Problem, mit dem sich das Institut seit einigen Jahren befassen muss, ist der Rückgang der Nachfrage nach den Absolventen. Bei den Abnahmeorganisationen ist eine gewisse Sättigung eingetreten. Trotzdem konnte man bisher alle Absolventen noch unterbringen. Das Institut reagierte auf diese Tendenz mit einer Verringerung der Teilnehmerzahl. Betrug die Zahl der Kursteilnehmer in den ersten 3 Kursen noch knapp 30, so sank sie seit Kurs IX auf durchschnittlich 15. Seit 1977 hat die Nachfrage wieder eine steigende Tendenz, ohne dass die Teilnehmerzahl jedoch nennenswert erhöht wurde.

Zusammenfassend können die Ausbildungsaktivitäten des Instituts wie folgt charakterisiert werden:
Nach einer naiven Versuchsphase in den Jahren 1965-1967 hat das Institut relativ schnell sein Ausbildungskonzept gefunden, welches durch die Abnahmeinstitutionen der Absolventen weitgehend vorgegeben wurde und dementsprechend durch eine weitgehende Ausrichtung auf Methodenlehre und Planungstechniken gekennzeichnet ist. Von dieser Grundlinie liess sich das Institut auch in den 70er-Jahren nicht entscheidend abbringen.

Die Ausbildungsziele waren und sind auch heute nicht im Sinne operationaler Lernziele definiert. Doch seine Hauptaufgabe dürfte es erreicht haben. Zur Zeit der Gründung des Instituts wurde die Hoffnung ausgedrückt "that those who have taken the institute's course will come to form a small but significant elite of development specialists, widely distributed throughout the administration, the non-governmental organisations, and, under the technical assistance programme, the planning authorities of the developing countries themselves." (1)

Ein Blick auf die Tabelle 25 zeigt, dass sich diese Hoffnung als realistisch erwiesen hat.

---

1 J. White, German Aid. A survey of the sources, policy and structure of German aid. London 1965, S. 194.

Tabelle 25   Ueberblick über den Verbleib der Absolventen 1966-1977

Tätigkeitsbereich/Organisation	Zahl der Absolventen
Internationale Organisationen: (Verwaltungs- und Expertentätigkeit)	34
Entwicklungsbanken und Behören in Entwicklungsländern	6
Bundes- und Länderbehörden	48
Andere Institutionen der staatlichen deutschen Entwicklungspolitik (insbesondere KfW, DSE, DIE, DED)	49
Nichtstaatliche Institutionen der Entwicklungspolitik (z. B. Stiftungen der Parteien, kirchliche Organisationen, technisch-wirtschaftlicher Dienst der Regionalvereine, Carl Duisberg-Gesellschaft)	30
In Entwicklungsländern tätige Beratungsgesellschaften	30
Sonstige private Wirtschaft	20
Wissenschaftliche Mitarbeiter an Universitäten und sonstigen Forschungsinstituten	24
Sonstige (inkl. freiberufliche Tätigkeiten, Zweitstudium, Referendarausbildung, Promotion)	18
SUMME	259

Quelle: Deutsches Institut für Entwicklungspolitik, Ausbildung (Stand: November 1977), S. 9.

Zusammenfassend ergibt sich entsprechend den eingangs vorgegebenen Kriterien (1) für das Deutsche Institut für Entwicklungspolitik folgendes Profil:

---

1   Vgl. die Ausführungen auf S. 8f.

ABB. 7: AUSBILDUNGSPROFIL DES DEUTSCHEN INSTITUTS FUER ENTWICKLUNGSPOLITIK, BERLIN (1978)

KRITERIEN	BEWERTUNG	+2	+1	-1	-2	BEWERTUNG
ZIELFORMULIERUNG	klar			○		verschwommen
ERZIEHUNGSSTIL	sozial-integrativ			○		autokratisch
VERMITTELTES EXPERTENBILD	partnerschaftlich			○		patriarchalisch
UNTERRICHTSFORM	gruppenorientiert			○		lehrerzentriert
PRAXISORIENTIERUNG	stark			○		schwach
MITGESTALTUNG DURCH ADRESSATEN	ausgeprägt		○			nicht vorhanden
PSYCHOL. PROBLEME D. ZUSAMMENARBEIT	mitberücksichtigt				○	unberücksichtigt
WIRKUNG ALS SOZIALISATIONSINSTANZ	gering		○			hoch
% DER IN UEBERSEE TAETIGEN ABSOLV.	100 %	○				0 %

2.2.3 Vorbereitungskurse für schweizerische Experten in Moghegno

Es ist nicht möglich, die Ausbildung und Vorbereitung schweizerischer Experten zu beschreiben, ohne auch auf die der freiwilligen Entwicklungshelfer einzugehen. Ab 1972 erfolgte die Vorbereitung beider Gruppen gemeinsam, wobei aber wesentliche Elemente des Freiwilligen-Konzepts übernommen wurden. Auch heute, nach Wegfall der Unterscheidung zwischen Freiwilligen und Experten (1), haben einige "alte" Komponenten des Freiwilligen-Konzepts noch einen erheblichen Stellenwert in der Expertenvorbereitung.

Die ersten Freiwilligen wurden im Frühjahr 1964 in drei Monaten auf ihr neues Tätigkeitsfeld vorbereitet. Sie besuchten Sprachkurse, erweiterten ihre praktischen Kenntnisse (z.B. auf den Gebieten der Landwirtschaft, des Handwerks), eigneten sich aber auch theoretische Kenntnisse (Geographie, Kulturgeschichte, Soziologie, Völkerkunde, Tropenmedizin usw.) an. (2)

Einen Monat der Ausbildung verbrachten die Freiwilligen in einem Dorf eines Tessiner Bergtals. Dort waren die Teilnehmer in einfachen Unterkünften untergebracht und bereiteten ihre Mahlzeiten selbst zu. (3) Die für die meisten ungewohnte Umgebung und die Selbstverwaltung der Kursteilnehmer erforderte einerseits eine gewisse Anpassung, gab andererseits aber die Gelegenheit zu Teamarbeit. Obwohl diese "Nebenprodukte" des Kurses sehr wichtig waren, standen doch die Vermittlung und Erarbeitung der theoretischen und praktischen Kenntnisse im Vordergrund. Während dieses Monats war der Tagesablauf fast militärisch streng geregelt, wie ein Blick auf den "ordre du jour général" zeigt (4):

---

1 Die Idee, die Unterscheidung zwischen "Experten" und "Freiwilligen" abzuschaffen, geht auf den Anfang der 70er-Jahre zurück. Das neue Personalstatut, welches die Unterscheidung zwischen "Experten" und "Freiwilligen" nicht mehr kennt, wurde am 1. Mai 1977 in Kraft gesetzt. Seitdem gibt es nur noch die Kategorie der "Experten". Vgl. "antenne", Mitteilungen des Delegierten für technische Zusammenarbeit EPD, April 1977, S. 3ff.

2 Vgl.: Der Delegierte für technische Zusammenarbeit, Schweizer Freiwillige für Entwicklungsarbeit, Bern den 16. März 1964, hektographierter Umdruck. Ferner "Weltwoche" vom 13.3.1964.

3 Vgl. Tribune de Lausanne vom 17./18. März 1964: Dans une vallée tessinoise, on les a entraînés à vivre très simplement: sans eau, sans électricité, en couchant sur la dure et en cuisinant sur des feux ouverts.

4 Département politique fédéral / Coopération technique. Cour d'instruction des volontaires suisses pour le développement. Camp d'instruction à Tenero-Centovalli du 2.1.64 au 2.2.64.

06.00 - 06.05	Gymnastique
06.30	Petit déjeuner
07.00 - 07.25	Français: étude individuelle
07.30 - 09.00	Travail pratique ou théorique
09.15 - 09.50	Arabe ou rwandais / étude
10.00 - 11.30	Travail pratique ou théorique
11.45	Déjeuner, ensuite séance de la direction
13.00 - 14.30	Travail pratique ou théorique
14.45 - 16.15	Travail pratique ou théorique
16.30 - 17.00	Rwandais ou arabe / étude
17.00 - 18.00	Service intérieur
18.00	Dîner
18.45 - 19.10	Français: étude individuelle
19.15 - ca. 21.00	Cours du soir, cinéma etc. Ensuite orientation sur le programme de travail du lendemain et séance de la direction avec les chefs d'équipe et les responsables.
22.00	Dépôt des cahiers de cours au bureau Extinction des feux.

1967 lag bereits eine Konzeption vor, in der die vier Ziele des Ausbildungskurses wie folgt beschrieben wurden (1):
"- Vorbereitung der Freiwilligen auf ihre zukünftige Arbeit in praktischer und theoretischer Hinsicht und Vermitteln der dazu notwendigen grundlegenden Kenntnisse.
 - Einführung in die Problemkreise der Entwicklung und Entwicklungshilfe allgemein und in die Probleme des zukünftigen Einsatzlandes im besonderen.
 - Erziehung im Rahmen des möglichen zu Verantwortungsbewusstsein, Selbstvertrauen und Selbständigkeit im Handeln und Denken durch Klärung von Motiven, Verhaltensmassstäben und Denkschemas. Wecken des Bedürfnisses nach erweitertem Horizont, um unter Umgehung von Denkschablonen und Vorurteilen ein Problem in seinen Zusammenhängen analysieren zu wollen.
 - Erprobung im Hinblick auf die im Einsatz notwendige Zusammenarbeit im Team oder in der Gruppe und die geforderte Lehrtätigkeit im Rahmen der zukünftigen Arbeit."

Neben der Wissensvermittlung standen gleichberechtigt "Erlebniseffekte" auf dem Kursprogramm. Die Freiwilligen übten Lebensführung in einfachen Verhältnissen und unter erschwerten Bedingungen, Zubereitung einfacher Speisen, Injektionstechnik, einfachere Reparaturen an Motorfahrzeugen, Erstellen von Seilbrücken, Passieren von schwierigen Uebergängen und Nachtmärsche. (2)

---

1 Schweizer Freiwillige für Entwicklungsarbeit, t. 333.0 - EP/fa, Die Ausbildung der Schweizer Freiwilligen für Entwicklungsarbeit. Bern, 23. Juni 1967, S. 1.
2 Ebenda S. 2.

Der Wissensstoff wurde in Referaten, Diskussionen, Gruppenarbeit und
Selbstarbeit vermittelt bzw. erarbeitet. (1)

Das bescheidene Leben im Tessin war nicht Selbstzweck, sondern sollte
den Freiwilligen mit der lokalen Bevölkerung in Berührung bringen, sollte
ihn die Probleme der Bevölkerung verstehen lassen und damit die Situation
in seinem zukünftigen Gastland simulieren. Die Stoffauswahl zielte darauf
hin, den Freiwilligen nicht nur auf seinem beruflichen Gebiet sondern
auch in zwischenmenschlicher Beziehung zur Entwicklung seiner Umgebung
beitragen zu lassen.
Der Freiwillige sollte aber während seines Einsatzes nicht nur Techniken
und Kenntnisse weitergeben, sondern auch bereichert und erfahren zurück-
kehren. "Das bedingt von Anfang an eine gewisse Fähigkeit, in die vielfältigen 'Interdependances' des menschlichen Lebens in allen seinen Aspekten Einsicht zu haben." (2)

Man berief sich in diesem Zusammenhang auch ausdrücklich auf das "Peace
Corps Factbook" 1967 , in dem es heisst:
"Training is an essential and integral part of service. Ideally, it should
begin a process of inquiry, learning and self-discovery that will continue
throughout your assignment. In addition, it is intended to give you a sense
of competence in the work you are expected to do, a sense of the reality
of your forthcoming experience, and a sense of the resources you have
both within yourself and available to you from the Peace Corps to make
your two years of service a productive and enriching time in your life." (3)

Bis Ende 1971 hatten die Freiwilligen und Experten ihre eigenen Vorbereitungskurse. Ab 1972 erfolgte deren Vorbereitung gemeinsam. Neben
dem Grundkurs im Tessin gab es einen zweiten Kursteil, der aus einem
14-tägigen Praktikum bestand, das in einem Dorf stattfand. Die Teilnehmer wurden in Familien untergebracht, damit sie einen möglichst engen
Kontakt mit der Bevölkerung pflegen konnten. Das Dorfpraktikum hatte drei
Ziele. Erstens sollte der angehende Entwicklungshelfer sich bewusst
werden, dass das Vertrauen der anderen erst einmal gewonnen werden
muss, bevor man in einer fremden Umgebung fruchtbare Arbeit leisten
kann. Zweitens sollte er anhand einer gestellten Aufgabe die Arbeit in der
Gruppe erproben können, wobei die Kursteilnehmer Probleme, die sich
in der Gemeinde stellten, zu untersuchen hatten. Drittens bot sich Gelegenheit, die Gemeindemitglieder über die Aufgaben und Ziele der technischen
Zusammenarbeit zu informieren.
Der dritte Teil der Vorbereitung fand in Bern statt. Während einer Woche
wurden die Themen "Gesundheit und Hygiene" und "Administrative Massnahmen" behandelt. (4)

---

1 Ebenda S. 3.
2 Ebenda
3 Zitiert nach ebenda.
4 Coopération technique, t. 481 - 29 - PJ/gg, Cours de formation 73/4,
hektographierter Umdruck, ferner "Ausbildung der Entwicklungshelfer",

In einer Bilanz der Kurse des Jahres 1972 hiess es u. a. (1):
"En se basant sur les expériences des cours de volontaires et experts des années précédentes, la nouvelle formule adoptée pour les stages de formation de la Coopération technique en 1972 mettait l'accent particulièrement sur deux objectifs, soit:
- sensibilisation à l'importance des relations inter-personnelles,
- acquisition des connaissances socio-culturelles du milieu d'accueil, tout en laissant leur poids aux autres aspects des cours, soit:
- introduction aux aspects économiques et politiques du développement,
- orientation sur les projets à réaliser,
- information sur les pays d'affectation,
- la Suisse et le Tiers-Monde - le rôle de la Coopération technique
- étude des langues locales
- connaissances pratiques (véhicules, photo etc.)
La mise en évidence de ces 2 objectifs cités s'est faite
a) dans le choix des thèmes et des conférenciers de la partie du cours se déroulant à Moghegno,
b) par une vie d'équipe favorisée à tous les niveaux (organisation non directive, responsabilités partagées, travaux de groupes, dynamique de groupe), ..."

Im Jahre 1975 erfolgte eine Umstellung des Vorbereitungskonzeptes. Dem Intensivkurs in Moghegno wurde jeweils ein Wochenend-Seminar vorangestellt. Das zweiwöchige Dorfprkatikum musste aus personellen und organisatorischen Gründen fallengelassen werden.
An den Wochenend-Seminaren sollen sich die Teilnehmer aufgrund ihrer eigenen Erfahrungen und Vorstellungen mit Fragen der Zusammenarbeit mit der dritten Welt auseinandersetzen. In Diskussionen über Motive eines Einsatzes und über Einstellungen gegenüber Entwicklung und Entwicklungshilfe wird jeder Teilnehmer zu kritischen Ueberlegungen eingeladen. Auf diesem Wege soll er sich der Tragweite seines Wunsches besser bewusst werden und seinen Entschluss für einen Einsatz in der dritten Welt weiter reifen lassen. (2)

Der 4-wöchige Intensivkurs in Moghegno umfasst im wesentlichen folgende Themenbereiche (3):

---

    internes Papier des Delegierten für technische Zusammenarbeit aus dem Jahre 1973, maschinengeschriebenes Manuskript, S. 2.
1 Coopération technique "Proposition de credit - cours de formation 1973, S. 2.
2 Eidgenössisches Politisches Departement, Direktion für Entwicklungszusammenarbeit und humanitäre Hilfe (DEH), Vorbereitung von Mitarbeitern für Entwicklungsländer, Programm 1979, hektographierter Umdruck, S. 2, im folgenden zitiert als Vorbereitungsprogramm 1979.
3 Ebenda S. 2f.

- Grundkenntnisse internationaler wirtschaftlicher Beziehungen
- Politische Strukturen im Einsatzland
- Die Schweiz und ihre Entwicklungspolitik
- Gesundheit und Entwicklung
- Möglichkeiten der Zusammenarbeit
- Kulturbegegnung / Kulturverständnis
- Diverses (Fotographierkurs, Pannenkurs)

Die beiden Grundprinzipien des Moghegno-Kurses werden im neuesten Evaluationsbericht folgendermassen zusammengefasst (1):
"- quant au fond, c'est le principe de la relativisation de la coopération en tant qu'aspect particulier des rapports entre pays inégalement développés;
- quant à la forme, l'application du principe de la non-directivité doit permettre aux participants de contribuer à l'élaboration du programme et d'assumer en partie la responsabilité du déroulement du cours."

Einen besonderen Stellenwert nimmt in jedem Kurs der Bereich "zwischenmenschliche Beziehungen und Gruppenleben" ein, da in vielen Entwicklungsprojekten die Fähigkeit, in einer Gruppe zu leben und zu arbeiten, eine wichtige Rolle spielt. Die gesamte Dauer des Kurses soll nicht nur theoretisch sondern vor allem praktisch jedem Teilnehmer Gelegenheit geben, sich der Problematik der zwischenmenschlichen Beziehungen bewusst zu werden, um sich daraus persönliche Verhaltensregeln zu erarbeiten. Aus diesem Grund wird den Teilnehmern weitgehend die Gestaltung und Verwaltung des Kurses übertragen. (2) Von Anfang bis Ende wird die Gruppe mit den Wünschen der Einzelnen und der Einzelne mit den Bedürfnissen der Gruppe konfrontiert werden. Dieses Gruppenleben soll jene Einstellungen und Verhaltensweisen hervorbringen, die zu einer partnerschaftlichen Zusammenarbeit führen können. (3)

Diese Ausrichtung wurde ferner nicht zuletzt aufgrund objektiver Schwierigkeiten entwickelt:
- Die Teilnehmer sind beruflich heterogen zusammengesetzt. Daher wird auf eine berufliche Vorbereitung verzichtet.

---

1 Evaluationsbericht 1978, S. 43.
2 Auf dieses Angebot reagieren die Gruppen sehr unterschiedlich:
"Il arrive que le groupe prie les organisateurs de quitter la salle afin qu'il puisse se déterminer en toute liberté. A l'autre bout de l'échelle, on trouve le groupe qui n'arrive pas à s'exprimer et qui oblige finalement le responsable du cours à faire des suggestions. Peu de participants comprennent déjà à ce stade qu'ils sont en train de vivre une situation qui risque de se reproduire dans leur futur travail." Evaluationsbericht 1978, S. 45.
3 Vgl. Vorbereitungsprogramm 1979, S. 3.

- Wegen der Verschiedenheit der Einsatzgebiete und Projekte kommt eine länder- und projektbezogene Vorbereitung nicht in Betracht.

Im Vordergrund der Vorbereitung in Moghegno stehen daher übergreifende Themenbereiche (1), ferner die Behandlung der zentralen Fragen: "Wird es uns gelingen, den Dialog mit Menschen anderer Kultur zu finden? Können wir wirklich mit ihnen zusammenarbeiten?" (2)

Können diese Fragen beantwortet, können diese Ziele erreicht werden? Eindeutige Antworten sind schwierig, doch lassen sich Hinweise finden, die eine positive Tendenz erkennen lassen.

Das Kurskonzept erinnert stark an die Ideen Ruth Cohns. (3) Von ihr wurde die themenzentrierte Interaktion (TZI) (4) initiiert und in den Workshop Institutes for Living-Learning (WILL) von ihr und ihren Kollegen weiterentwickelt. TZI ist ein Interaktions-Modell, das die Person (ich), die Gruppe (wir) und die Aufgabe, das Thema (es) als gleichwertig behandelt und das Umfeld – im engsten und weitesten Sinn – stets mit berücksichtigt. TZI ermöglicht es z. B. in Kursen, Arbeitserfordernisse mit Achtung vor der Person und den zwischenmenschlichen Beziehungen zu verbinden. Sie ermöglicht es, Gruppen im Sinne lebendiger Kommunikation zu führen und Rivalitäten zugunsten von Kooperation zu vermindern.

TZI erkennt zwei Postulate an:
"- Die "Chairman"-Funktion, d. h. es wird bewusst Selbst-Leitung übernommen.
- Dass Störungen Vorrang haben, um sie, soweit sie den Ich-, Wir- oder Sachprozess behindern, beheben zu können." (5)

Dieser Geist wird in Moghegno spürbar. Zu Recht stellt Preiswerk fest: "Les participants sont toujours impressionnés par l'absence d'une atmosphère qui pourrait leur rappeler le service militaire." (6) Dieser "Stil" stellt an die Teilnehmer hohe Anforderungen. So konnte man bei der Durchführung der Kurse feststellen, dass eine zu lockere Führung einen Teil der Kursteilnehmer überfordert. (7)

---

1 Vgl. S. 242.
2 Vorbereitungsprogramm 1979, S. 1.
3 Vgl. zum folgenden Ruth C. Cohn, Von der Psychoanalyse zur themenzentrierten Interaktion. Stuttgart 1976, S. 152-175.
Die Personalsektion der DEH beabsichtigt, zukünftig TZI-Gedankengut bewusst in den Kursen zu berücksichtigen. Gespräch mit Herrn P. Kalt, Personalsektion DEH, am 2.3.1979 in Zürich.
4 Vgl. WILL-Europa, Seminarverzeichnis 1979, S. 7.
5 Vgl. ebenda, S. 8.
6 Evaluationsbericht 1978, S. 47.
7 Eidgenössisches Politisches Departement, Technische Zusammenarbeit, Nachtrag zum Kredit-Antrag 353/73, T. 480 Ja/hl, 7. Januar 1974, S. 2.

Von der Zusammensetzung der Gruppen in bezug auf Beruf, Alter, entwicklungspolitisches Bewusstsein und von der Qualität der Kursleiter, hängt der Grad der Zielerreichung ab. Stemmen sich einige Kursteilnehmer gegen das Konzept und können diese Widerstände vom Kursleiter nicht abgebaut werden, verunglückt der Kurs. Andererseits hat ein derart freier Kurs wie Moghego Erfolgsmöglichkeiten, "die unter günstigen Umständen den Erfolg eines programmierten und straff geführten Kurses weit übersteigen". (1)

Um sich einen Einblick in die Realität zu verschaffen, nahm der Verfasser im Januar 1979 einige Tage an einem Kurs in Moghegno teil, die folgende Eindrücke hinterliessen:
Wissensvermittlung erfolgte nur am Rande. Das Erlernen, Ausprobieren und Erleben partnerschaftlicher Zusammenarbeit zwischen bisher Unbekannten stand im Vordergrund. Gelöstheit, Gelassenheit, Diskussionen auch kontroversen Inhalts in einer Atmosphäre ehrlichen Eingehens auf den Gegenüber, Humor und Unverkrampftheit kennzeichneten diese Tage. Doch verleiten solche positiven Eindrücke auch die Kursleitung nicht zu überschwenglichen Schlüssen hinsichtlich des Resultats auf Seiten der Kursteilnehmer. Zum einen wurde zugegeben, dass Kurse teilweise auch schiefgehen, wenn der Moghegno-Stil von den Teilnehmern nicht akzeptiert wird, zum anderen wurde die Vermutung ausgedrückt, dass der Kurs nur bei einem relativ geringen Prozentsatz der Teilnehmer (ca. 10-40%) Effekte in dem Sinne hinterlässt, dass Denk- und Lernanstösse tatsächlich aufgenommen und weiterverarbeitet werden. (2) Und eine weitere Tatsache relativiert das positive Bild. "Zwischen dem 'Klima' von Moghegno und jenem der meisten Projekte besteht ein beträchtlicher Unterschied. In Moghegno werden grundsätzliche Probleme angegangen und ein Stück weit verarbeitet. Freie Zusammenarbeit, nicht-direktives Lernen werden geübt. Die Projektrealität setzt meist andere Prioritäten. Im Projektalltag finden sich wenig Zeit zur Verarbeitung grundsätzlicher Fragen, und für die nichtdirektive partnerschaftliche Zusammenarbeit fehlt oft der Mut." (3)

Zieht man die Risiken eines solchen Kurskonzepts in Betracht und berücksichtigt man, dass der Kurs "nie zu einem ausdrücklich akzeptierten Bestandteil" (3) der DEH wurde, so kann der Moghegno-Kurs als mutiger Versuch der Kursverantwortlichen bezeichnet werden.

---

1 Evaluationsbericht 1978, S. 70.
2 Aehnliches gilt für die Verfasser des Evaluationsberichtes über die Vorbereitung der schweizerischen Experten: "Nous pensons, quand à nous, que cinq semaines ne vont pas _former_ ou _re-former_ qui que ce soit et surtout pas des adultes." Evaluationsbericht 1978, S. 78.
3 Eidgenössisches Politisches Departement, Technische Zusammenarbeit, t. 220-HL/fd, Feedback Nr. 1, Haus-Mitteilungen des Dienstes für Evaluation und Statistik, 19. Dezember 1978, S. 3f.
4 Ebenda S. 2.

Zusammenfassend lässt sich gemäss dem in der Einleitung vorgegebenen Beurteilungsrahmen (1) für den Moghegno-Kurs folgendes Profil ableiten:

ABB. 8: AUSBILDUNGSPROFIL DES MOGHEGNO-KURSES (1978/79)

KRITERIEN	BEWERTUNG	+ 2	+ 1	- 1	- 2	BEWERTUNG
ZIELFORMULIERUNG	klar			O		verschwommen
ERZIEHUNGSSTIL	sozial-integrativ		O			autokratisch
VERMITTELTES EXPERTENBILD	partnerschaftlich		O			patriarchalisch
UNTERRICHTSFORM	gruppenorientiert		O			lehrerzentriert
PRAXISORIENTIERUNG	stark		O			schwach
MITGESTALTUNG DURCH ADRESSATEN	ausgeprägt		O			nicht vorhanden
PSYCHOL. PROBLEME D. ZUSAMMENARBEIT	mitberücksichtigt		O			unberücksichtigt
WIRKUNG ALS SOZIALISATIONSINSTANZ	gering			O		hoch
% DER IN UEBERSEE TAETIGEN ABSOLV.	100 %	O				0 %

---

1   Vgl. die Ausführungen auf S. 8f.

2.2.4 Interdisziplinärer Nachdiplomkurs über Probleme der Entwicklungsländer (INDEL)

Im Dienst für technische Zusammenarbeit war man sich verstärkt ab 1967 darüber im klaren, dass eine Vorbereitung der Experten notwendig war, die tunlichst von allen Organisationen der technischen Zusammenarbeit gemeinsam betrieben werden sollte. (1)

Am 30. Juni 1967 fand auf Initiative des DftZ in Bern eine Konferenz über die Zusammenarbeit zwischen Hochschule und Bund auf dem Gebiet der Entwicklungshilfe statt. Zur Diskussion stand die Schaffung eines dezentralisierten schweizerischen Entwicklungsinstituts. Ein Hauptarbeitsgebiet des geplanten Instituts sollte die langfristige Ausbildung von Entwicklungsspezialisten sowie die kurzfristige Vorbereitung ausreisender Experten sein. (2) Unter Bezug auf diese Tagung sandte der Delegierte für technische Zusammenarbeit im September ein Schreiben an die Rektoren der Schweizerischen Hochschulen. In diesem Schreiben wurde der Wunsch ausgedrückt, dass an jeder Hochschule ein kleiner Arbeitskreis der an Entwicklungshilfefragen speziell interessierten Professoren und Studenten-Vertreter gebildet werde. (3)
Aufgrund dieser Aufforderung wurde im Dezember 1967 an der ETH-Zürich vom Rektor eine "Kommission der ETH für Entwicklungshilfe" gebildet, der die Professoren Custer (Architektur), Fritsch (Nationalökonomie), Gutersohn (Geographie) und Tromp (Forstwirtschaft) sowie ein Vertreter des Rektorats angehörten. (4) In ihrer ersten Sitzung am 6. Juli 1968 beschloss die Kommission, die Frage der Einführung eines Nachdiplomstudiums über Fragen der Entwicklungsländer näher zu prüfen. (5) Die Kommission wurde ab Juni 1968 durch Vertreter aus den Abteilungen für Landwirtschaft, Kulturtechnik und Vermessung, Naturwissenschaft und der Freifächer erweitert. Diese sog. "Erweiterte ETH-Kommission für Entwicklungshilfe" reichte im Mai 1969 dem Schweizerischen Schulrat ein

---

1 Vgl. DftZ, Hochschulen und Dritte Welt, Mitteilungsblatt des Beauftragten für die Beziehungen mit den Hochschulen, Nr. 1, 5.3.1969, S. 1-4.
2 INDEL-Archiv, Akte "Gründung des INDEL", DftZ, t. 143.3. -1-FG/eh. Zusammenfassung der Berner Konferenz am 30. Juni 1967 über die Zusammenarbeit zwischen Hochschulen und Bund auf dem Gebiet der Entwicklungshilfe, S. 2.
3 INDEL-Archiv, Akte "Gründung des INDEL". Eidgenössisches Politisches Departement, t. 143.3. -1. FE/ki, Schreiben vom 8. September 1967 an die Rektoren der Schweizerischen Hochschulen.
4 INDEL-Archiv, Akte "Gründung des INDEL". Vgl. Schreiben des Rektors der ETH Zürich vom 14. Dezember 1967 an die Mitglieder der Kommission.
5 INDEL-Archiv, Akte "Gründung des Indel", Schreiben von Professor Fritsch vom 13. August 1968 an Dr. S. Marcuard, Dienst für technische Zusammenarbeit.

Projekt zur Durchführung eines interdisziplinären Nachdiplomstudiums über Probleme der Entwicklungsländer ein, doch wurde der Antrag nicht behandelt. (1) In dieser schwierigen Situation kam ein entscheidender Beitrag von seiten der Studentenschaft der ETH Zürich. Im Spätherbst 1969 bildeten der Verein der Ingenieur-Agronomen und der Akademische Forstverein ebenfalls eine Kommission für Entwicklungshilfe. Im Sommersemester 1970 führte diese studentische Kommission für Entwicklungshilfe eine Umfrage unter den Studenten der Land- und Forstwirtschaft durch. (2) Die Ergebnisse dieser Bedarfsanalyse lassen sich wie folgt zusammenfassen (3):
- Der weitaus grösste Teil der 250 Befragten zeigte die persönliche Bereitschaft, sich aktiv in der Entwicklungshilfe einzusetzen.
- Ueber 100 Studenten, die grundsätzlich bereit waren in die Dritte Welt zu gehen, machten diesen Entscheid von einer geeigneten Ausbildung abhängig.
- Es wurde mehrheitlich gewünscht, Studienmöglichkeiten über die Probleme der Entwicklungsländer an der ETH vor und nach dem Diplom zu schaffen.
- Der Antrag für ein Nachdiplomstudium über Probleme der Entwicklungsländer, den die ETH-Kommission für Entwicklungshilfe (Dozenten) dem Schulrat eingereicht hatte, entsprach den Vorstellungen der Befragten und wurde voll unterstützt. (4)

In der Folge bildete auch der Verband der Studierenden an der ETH Zürich (VSETH) eine Kommission für Entwicklungsfragen.
In einer gemeinsamen Besprechung zwischen Vertretern der ETH-(Dozenten)-Kommission für Entwicklungshilfe und der VSETH-Kommission für Entwicklungsfragen mit dem ETH-Präsidenten am 2. Februar 1970 kam man dann überein, dass die ETH-(Dozenten)-Kommission für Entwicklungshilfe einen Antrag zur Finanzierung des Nachdiplomstudiums im Wintersemester 1970/71 stellen sollte. (5) Dies geschah am 20. März 1970. In der Begründung zum Antrag führte die ETH-Kommission u. a. aus, "dass dieser Kurs eine Grundlage für den vermehrten und verbesserten Einsatz von Schweizer-Experten im Ausland bieten kann und damit auch dazu bei-

---

1 ETH-Bulletin (Herausgeber: Schulleitung der ETH Zürich) Nr. 35, Juli 1970, S. 4.
2 INDEL-Archiv, Akte "Gründung des INDEL". Vgl. Auswertung einer Umfrage unter den Studenten und Assistenten der Abteilungen 6 und 7, o. J., hektographierter Umdruck.
3 Vgl. ebenda S. 2ff.
4 Diese Umfrage wurde später auch auf Studenten des Maschineningenieurwesens, der Kulturtechnik und Vermessung und der Biologie ausgedehnt. Sie ergab ein ähnliches Ergebnis wie das bei den Agronomen und Förstern. Vgl. ETH-Bulletin vom Juli 1970, Nr. 40.
5 INDEL-Archiv, Akte "Gründung des INDEL", Aktennotiz der Besprechung des 2. Februar 1970 mit ETH-Präsident H. Hauri betreffend die Einführung des Nachdiplom-Studiums für Entwicklungsfragen.

trägt, die für die Entwicklungshilfe bereitgestellten Finanzmittel wirkungsvoller einzusetzen". (1)
Das Ausbildungsziel wurde so formuliert, wie es auch später in der ersten Kursbroschüre der Fall war:
"Internationale Organisationen, schweizerische Dienste und private Unternehmen suchen Expertennachwuchs für zahlreiche Aufgaben in den Bereichen der Urproduktion wie auch solche technisch-ökonomischer und sonstiger Art in Entwicklungsländern. Akademisch ausgebildeten Nachwuchskräften sollte jedoch die Möglichkeit geboten werden, sich vor dem mit Verantwortung belasteten Experteneinsatz etc. mit der gesamten Problematik der Entwicklungsländer zu befassen und sich darauf vorzubereiten. Dies erfordert neben einer gewissen Vertiefung im eigenen Fach vor allem allgemeine Studien wirtschafts- und gesellschaftswissenschaftlicher Art in Verbindung mit der Kenntnis der Vorbereitung und Ausführung einzelner und integraler Entwicklungsprogramme, sowie die Kenntnis gewisser Landessprachen." (2)

Aus dem vorgesehenen Studienplan war folgendes ersichtlich:
1. Den Kursteilnehmern sollte Wissen in allgemeinen Gebieten wie Anthropologie, Verhaltens-Anweisungen, Demographie, Psychologie, Soziologie vermittelt werden.
2. Daneben fanden sich Lehrveranstaltungen auf ETH-typischen Gebieten wie Wald- und Holzwirtschaft in Entwicklungsländern, Kulturtechnik, Bodenmelioration und Vermessung, Siedlungswesen und Städtebau, Agrarwirtschaft, Wirtschaftsgeographie.
3. Schliesslich fanden sich Vorlesungen, die spezifisch die Entwicklungshilfe betreffen, nämlich Organisationsformen der Entwicklungshilfe, Evaluation von Entwicklungsprojekten, nationale und internationale Entwicklungsplanung. (3)

Von seiten der Schulleitung stand man den im Studienplan erwähnten allgemeinen Gebieten mit Skepsis gegenüber, ja man fragte sich, ob derartige allgemeine Einführungen im Hinblick auf den praktischen Einsatz von ETH-Absolventen in Entwicklungsprojekten wirklich zwingend notwendig seien. (4)

Der Schweizerische Schulrat stimmte in seiner Sitzung am 7. Juli 1970 einem zweisemestrigen Nachdiplomkurs über Fragen der Entwicklungsländer im Sinne eines vorläufig befristeten Versuchs zu. Er ersuchte den Präsidenten der ETH Zürich zu prüfen, ob einige Lehrveranstaltungen

---

1 INDEL-Archiv, Akte "Gründung des INDEL", Schreiben der ETH-Kommission für Entwicklungshilfe vom 20. März 1970 an den Präsidenten der ETH Zürich.
2 Ebenda, Beilage 1.
3 INDEL-Archiv, Akte "Gründung des INDEL", Antrag des Vize-Präsidenten an den Schweizerischen Schulrat vom 2. Juli 1970/D, Az: SS 7.7.1970 Trakt. 3.3.33, S. 2.
4 Vgl. ebenda S. 3.

allgemeiner Natur in zeitlich und stofflich reduzierter Form durchgeführt werden könnten. (1)
Aus diesen Aeusserungen spricht eine deutliche Reserviertheit gegenüber den nicht-technischen Fächern.

Der Kurs 1 wurde im Wintersemester 1970/71 eröffnet.
Der Studiengang beruhte auf drei Grundsätzen (2):
1. Er strebte eine Ganzheitsbetrachtung in der komplexen Entwicklungsproblematik an. Aus diesem Grunde war er interdisziplinär aufgebaut und diente der komplementären Wissensergänzung.
2. Er strebte eine ausgewogene Kombination von naturwissenschaftlich/ technischen und sozialwissenschaftlichen Fächern an.
3. Schliesslich wurde eine enge Verknüpfung von Wissenschaft bzw. Lehre und Praxis angestrebt. Zu diesem Zweck wurden zum einen Experten und Dozenten mit Entwicklungsländererfahrung am Kurs beteiligt, zum anderen mehrmonatige Praktika in Entwicklungsländern durchgeführt.

Insgesamt wurden 8 Kurse durchgeführt, deren 202 Absolventen sich relativ gleichmässig auf die verschiedenen Fachrichtungen verteilten, wie ein Blick auf die Tabelle 26 zeigt. Nur die Wirtschafts- und Sozialwissenschaften sind überdurchschnittlich vertreten, die Geistes- und Naturwissenschaften sind dagegen leicht unter Durchschnitt repräsentiert.

Tabelle 26 Fachrichtungen der INDEL-Absolventen. Kurs I-VIII (1970-1979)

FACHRICHTUNG	absolut	%
- Architektur	37	18,3
- Ingenieurwissenschaften (z.B. Bau-, Elektro- Maschineningenieure)	39	19,3
- Land und Forstwirtschaft, Kulturtechnik	40	19,8
- Wirtschafts- und Sozialwissenschaften	53	26,2
- Geistes- und Naturwissenschaften	33	16,4
INSGESAMT	202	100,0

Quelle: INDEL-Archiv, Akte 2.4 (statistische Auswertung)

---

1 INDEL-Archiv, Akte "Gründung des INDEL", Verfügung der ETH Zürich vom 24. Juli 1970, Reg. Nr. 331.
2 Vgl. Bericht über INDEL-Kurse I-IV und die bisherigen Erfahrungen des Kurses V, Zürich, Juli 1975, S. 2.

Die meisten Kursteilnehmer waren Schweizerbürger, nur wenige kamen aus dem Ausland (z. B. Peru, BRD, Frankreich). Der grösste Teil der Kursteilnehmer konnte bereits eine praktische Berufstätigkeit von mindestens einem Jahr aufweisen. Ferner hatte sich etwa die Hälfte der Teilnehmer bereits vor Kursbeginn in Entwicklungsländern aufgehalten. 10-15% der Kursteilnehmer waren Frauen.

Das Lehrangebot blieb während der Kurs I-IV im wesentlichen unverändert. (1) Innerhalb der einzelnen Lehrveranstaltungen wurden jedoch z. T. erhebliche Veränderungen vorgenommen. Folgende Gebiete wurden behandelt:
Agrarwirtschaft
angepasste Technologie
Ethnologie
Geschichte
industrielle Entwicklung
internationale Organisationen
Oekologie
Projektevaluation
Schweizerische Entwicklungszusammenarbeit
Soziologie, Sozialpsychologie
Systemwissenschaft
Tropenmedizin
Urbanisation
Wasserwirtschaft
Weltwirtschaft

Während der Kurse V-VIII traten einige neue Veranstaltungen hinzu (Entwicklungskonzepte, Vegetation und Böden, Bildungsprobleme in Entwicklungsländern, Aspekte der Unterbeschäftigung in der "Dritten Welt", Animation rurale).
Ab Februar 1975 (Kurs V) wurde ein überarbeitetes Konzept angewandt, welches neue Akzente in Bezug auf den zeitlichen und organisatorischen Ablauf, die Ziele, die Methodik und Didaktik setzte.
Es bestand im wesentlichen
- in der Zusammenfassung der ursprünglich zwei Theorie-Semester in ein einziges "Grundlagen-Semester" (Sommersemester),
- in der Möglichkeit eines verlängerten Praxiseinsatzes in einem Entwicklungsprojekt und vor allem
- in der Neuschaffung eines an das Praktikum anschliessenden Auswertungssemesters (Januar-März), in welchem die praktischen Erfahrungen verarbeitet werden sollten.

Auch die Kursziele wurden klarer formuliert:
"Die Kursteilnehmer sollen
- sich mit den wichtigsten Fakten und Problemen der "Dritten Welt" in

---

1 Vgl. ebenda S. 4ff.

Theorie und Praxis vertraut machen.
- befähigt werden, sowohl in der Entwicklungszusammenarbeit aufgabengerecht tätig zu werden als auch als qualifizierte Meinungsbildner zu wirken.
- Erfahrungen im interdisziplinären Arbeiten sammeln." (1)

Des weiteren wurde auch das projektorientierte Studium eingeführt. Hierfür wurden beträchtliche Zeitblöcke reserviert. Das projektorientierte Studium war sowohl regional (Afrika, Asien, Lateinamerika, Nahost) als auch thematisch orientiert. Thematisch gruppierten sich die Themen um die Probleme der ländlichen und städtischen Entwicklung unter Berücksichtigung des sozialen Wandels. Ferner nahm die Praktikumsvorbereitung, d. h. die Vorbereitung auf den meist dreimonatigen Einsatz in einem schweizerischen, ausländischen oder multilateralen Projekt der Entwicklungszusammenarbeit einen beträchtlichen Platz ein.

Eine Besonderheit des INDEL bildeten die praktischen Kurse. Das Angebot an solchen Kursen basierte auf der Erfahrung, dass der praktische Einsatz in der Entwicklungszusammenarbeit auf Projektniveau durch minimale handwerkliche Kenntnisse und Erfahrungen erleichtert und die selbständige Erfüllung der Aufgaben gefördert wird.

Im einzelnen wurden folgende Kurse durchgeführt (2):
- Baukurs im Berggebiet (ca. 12 Tage)
- Fahrzeug und Pannenkurs (2 Tage)
- Vermessungskurs (2 Tage)
- Installationskurs (1 Tag)
- Schweisskurs (4 Halbtage)

Der Lehrkörper umfasste durchschnittlich 27 Professoren und Lehrbeauftragte, die einzeln oder gemeinsam ihre Lehrveranstaltungen abhielten. Ca. 60% waren Angehörige der ETH Zürich und der ETH Lausanne. Die verbleibenden 40% der Kursdozenten setzten sich sowohl aus Angehörigen der Universitäten Zürich, Basel, Konstanz und Wien als auch aus Experten aus dem ausseruniversitären Bereich zusammen. Bei durchschnittlich 25 Kursteilnehmern ergab sich ein Verhältnis Student : Dozent von etwa 1 : 1.

Einen besonders praxisorientierten Akzent erhielt der Kurs durch den Einsatz von Gastreferenten. Hierfür konnten Fachleute der Wissenschaft, Wirtschaft, Politik und der Organisation in der schweizerischen und internationalen Entwicklungszusammenarbeit gewonnen werden.

---

1 Informationsbroschüre Kurs 8, Februar 1977, S. 2.
2 Ausserhalb des offiziellen Kursprogramms wurden von den Kursteilnehmern auch einmal ein Sprengkurs und ein Kochkurs durchgeführt.

Der berufliche Einsatz der Teilnehmer nach Kursabschluss ergibt folgendes Bild: 60 von 148 Absolventen der Kurs I-VI waren bzw. sind noch in der Entwicklungszusammenarbeit tätig, wobei 5 sich in ihrem zweiten Einsatz befinden.
Dieser Personenkreis arbeitet insbesondere für die Direktion für Entwicklungszusammenarbeit und humanitäre Hilfe (26), in internationalen Organisationen oder ausländischen Institutionen (12), für private Unternehmen (11), für private Hilfswerke wie z. B. Helvetas und Caritas (9) sowie für nationale Institutionen in Entwicklungsländern (7). (1)
40% der Absolventen der Kurse I-VI haben somit eine Tätigkeit in der Entwicklungszusammenarbeit gefunden, wobei der Anteil der Absolventen mit den Fachrichtungen Land- und Forstwirtschaft, Kulturtechnik, Wirtschafts- und Sozialwissenschaften über diesem Durchschnitt lag, wie ein Blick auf die Tabelle 27 zeigt.

Tabelle 27 Beruflicher Einsatz der INDEL-Absolventen
Kurs I-VI (1970-1977) Stand: April 1978

FACHRICHTUNG	Absolventen insgesamt	Absolventen in der Entwicklungszusammenarbeit tätig	Absolventen in der Entwicklungszusammenarbeit tätig (relativ)
- Architektur	29	11	38%
- Ingenieurwissenschaften	33	5	15%
- Land- und Forstwirtschaft, Kulturtechnik	31	19	61%
- Wirtschafts- und Sozialwissenschaften	36	17	47%
- Geistes- und Naturwissenschaften	22	3	14%
SUMME	151	60	∅ 40%

Quelle: Bericht über den 7. Interdisziplinären Nachdiplomkurs über Probleme der Entwicklungsländer, Zürich, April 1978, S. 10.

---

1 Vgl. Bericht über den 7. Interdisziplinären Nachdiplomkurs über Probleme der Entwicklungsländer vom 14. Februar 1977 bis 31. März 1978, Zürich, April 1978, S. 9.

Der Prozentsatz von 40% der in der Entwicklungszusammenarbeit tätigen Absolventen erscheint beachtlich, da einerseits nur etwa die Hälfte der Kursteilnehmer eine nennenswerte Berufspraxis nachweisen kann, andererseits eine Tätigkeit in der Entwicklungszusammenarbeit in der Regel eine mehrjährige Berufspraxis voraussetzt.
Von den verbleibenden 60% der Absolventen begann ein grosser Teil mit der Berufstätigkeit, die anderen setzten die bereits vor dem INDEL begonnene Berufstätigkeit fort, begannen mit der Promotion und/oder nahmen eine Assistenten-Tätigkeit auf.
Erfahrungsgemäss wird einer Anzahl von INDEL-Absolventen auch zu einem späteren Zeitpunkt von Organisationen der Entwicklungszusammenarbeit noch eine Stelle angeboten.

Der Kurs wurde von den für INDEL wichtigsten Institutionen, wie der Schulleitung der ETH Zürich, dem Delegierten für technische Zusammenarbeit, den privaten Hilfswerken und der Weltbank positiv beurteilt.
Der Präsidialausschuss der ETH Zürich kam auf Grund eines Evaluationsberichts zu dem Schluss, "dass die INDEL-Kurse bisher einem echten Bedürfnis entsprachen, dass sie mit einem vertretbaren finanziellen und personellen Aufwand eine als zweckmässig erachtete Ausbildung vermitteln, welche als brauchbare Grundlage für einen Einsatz in Entwicklungsprojekten dient, und dass deren notwendige Weiterführung sinnvoll, ja notwendig ist". (1)
Der Delegierte für technische Zusammenarbeit beurteilte den Kurs wie folgt:
"Der Nachdiplomkurs der ETH bildet zusammen mit dem Institut du Developement in Genf die Grundlage eines dezentralisierten Bildungssystems bezüglich Entwicklungsprobleme. ... Der Kurs hat die Aufgabe, qualifiziertes Personal nicht nur für unseren Dienst vorzubereiten, sondern auch für private Hilfswerke, internationale Organisationen, selbst für in der Dritten Welt tätige Privatunternehmen. ... Die Bilanz des Kurses ist in unseren Augen positiv." (2)

Die Beurteilung durch das Schweizer Aufbauwerk für Entwicklungsländer, Helvetas, lautet wie folgt:
"Wir haben generell festgestellt, dass das Programm der Kurse sich seit seiner Einführung ständig verbessert hat und dass den gemachten Erfahrungen laufend Rechnung getragen wurde. Aus der Sicht von Helvetas dürften also die Erfahrungen mit den Absolventen allgemein als sehr positiv eingeschätzt werden. ... Eine grosse Zahl [ehemalige Kursteilnehmer]

---

1 ETH-Bulletin Nr. 107 vom 3. September 1975, S. 2.
2 Zitiert nach W. Hoffmann, Evaluation eines Ausbildungsganges dargestellt am Beispiel des Interdisziplinären Nachdiplomstudiums über Probleme der Entwicklungsländer (INDEL) an der ETH-Zürich, - Eine Zwischenbilanz - Zürich, Januar 1975, S. 46f., zukünftig zitiert als INDEL-Zwischenbilanz 1976.

konnte später im Rahmen der Projekte eingesetzt werden. Aber auch für diejenigen Absolventen, die später keinen Einsatz in einem Entwicklungsland fanden, ist der Kurs eine wertvolle Erfahrung und Persönlichkeitsschulung. Aus innenpolitischer Sicht ist es sogar notwendig, dass die Zahl junger Akademiker, welche sich mit den Problemen der Beziehungen zwischen den Industriestaaten und der Dritten Welt auseinander gesetzt haben, erhöht wird. (1) ... Für einige unserer Projekte waren die durch Absolventen durchgeführten Studien von grosser Bedeutung und diese Grundlagenarbeit wäre unter Umständen ohne geeignete junge Fachleute vernachlässigt worden." (2)

Die Weltbank kam nach zweijähriger Zusammenarbeit mit dem Kurs zu folgender Einschätzung (3):
"We have much appreciated the opportunity provided by INDEL to work effectively with an interdisciplinary group of graduates whose focus is the study of the problems of developing countries. The need of course participants to gain practical field experience fits in ideally with the Bank's need for people who are willing to spend arduous months carrying out field research in the Third World rural sector that is increasingly becoming the target of development efforts. We have been impressed by the excellent preparation INDEL graduates receive in the course, and their dedication and solid hard work in the field. In turn, we hope they find their participation in our research effort a rewarding experience that might orient them towards future involvements in development planning and implementation."

Aus der Sicht der Teilnehmer wurde der Kurs weitgehend positiv beurteilt. (4)

Trotz dieser positiven Gesamtbilanz hatte jeder der acht Kurse mit zahlreichen Schwierigkeiten zu kämpfen, die sich fast ausnahmslos aus unterschiedlichen Standpunkten der Kursleitung und der Kursteilnehmer ergaben. Nicht zuletzt wegen dieser Schwierigkeiten kam es zu einem unerwarteten

---

1 Aehnlich äusserte sich der Delegierte für Entwicklungszusammenarbeit: "Ebenso gross wie die Notwendigkeit, künftige Mitarbeiter in Entwicklungsprojekten auszubilden, ist der Bedarf an Leuten, die über Entwicklungsprobleme informiert und fähig sind, besondere Kenntnisse ihrer Umgebung in der Schweiz mitzuteilen." Ebenda, S. 47.
2 Ebenda
3 Ebenda S. 49.
4 Vgl. W. Hoffmann, Evaluation eines Ausbildungsganges, dargestellt am Beispiel des Interdisziplinären Nachdiplomkurses über Probleme der Entwicklungsländer (INDEL) an der ETH Zürich. In: D. Kantowski (Hrsg.), Evaluierungsforschung und -praxis in der Entwicklungshilfe, Zürich 1977, S. 225. Diese Beurteilung bezieht sich allerdings nur auf die Teilnehmer des Kurses V. In den nachfolgenden Kursen war eine Evaluierung des Kurses nicht möglich.

Entschluss der Schulleitung der ETH Zürich. In einer Besprechung am 16. Mai 1978 wurde die Kursleitung informiert, dass die Schulleitung hinsichtlich des INDEL eine Denkpause einzuschalten gedenke. (1)
Während dieser "Denkpause" sollten die Bedürfnisfrage, die Zulassungsbedingungen, die Studienpläne und Leistungsbewertungen evaluiert und die organisatorische Struktur an ein vom Bundesrat noch zu verabschiedendes Weiterbildungs-Reglement angepasst werden. Trotz diverser Vorstösse, z. B. von der Direktion für Entwicklungszusammenarbeit und humanitäre Hilfe, von acht schweizerischen Hilfswerken (u. a. Helvetas, Swissaid, Caritas, HEKS), der Kursleitung, der Kursteilnehmer und zahlreicher Einzelpersonen konnte diese "Denkpause" nicht verhindert werden. Der Schweizerische Schulrat der beiden Technischen Hochschulen beschloss nach heftigen internen Diskussionen, in seiner Sitzung vom 29. September 1978 den vorübergehenden Verzicht auf die Durchführung von interdisziplinären Nachdiplomkursen über Probleme der Entwicklungsländer an der ETH Zürich (INDEL), hielt aber an der Idee des INDEL fest und beauftragte die Schulleitung der ETH Zürich, "die Vorarbeiten in die Wege zu leiten mit dem Ziel, im Herbst 1980 einen neuen Kurs durchführen zu können". (2)

Wo liegen die Ursachen für diesen "vorübergehenden Verzicht"?
Den entscheidenden Personen war offenbar nicht klar, dass ein Kurs wie der INDEL aufgrund der Thematik und der Persönlichkeitsstruktur der Teilnehmer nicht konfliktfrei ablaufen kann und darf. (3)
Das Unternehmen INDEL fiel in die Experimentierphase der ETH-Uebergangsregelung. Die am Kurs beteiligten Institutionen (ausser der Schulleitung der ETH Zürich) und Personen haben den Auftrag des Experimentierens wörtlich und die damit verbundenen Risiken auf sich genommen.
Viele der aufgetretenen Schwierigkeiten beruhten auf dem Fehlen klarer Rechtsgrundlagen (Status der Kursteilnehmer, Stipendienordnung, Bewilligung von Kurs zu Kurs, keine Reglemente). Unter diesen Umständen hing das Experiment INDEL vom Konsensus aller Beteiligten ab. Das Ausscheren des Hauptbeteiligten führte zum "vorübergehenden Verzicht", an dem auch Gegenaktionen der anderen Beteiligten nichts mehr ändern konnten. Doch ein Ergebnis bleibt. Die INDEL-Kurse haben in der Schweiz Pionierdienste geleistet. An dem Konzept der interdisziplinären Zusammensetzung des Kreises der Kursteilnehmer und Dozenten, an der Kombination von naturwissenschaftlich/technischen und geistes- und sozialwissenschaftlichen Disziplinen und am Praxisbezug werden sich auch die Kurse nach der "Denkpause" orientieren müssen.

---

1 INDEL-Archiv, Akte "Gründung des INDEL", Schreiben der Präsidenten der ETH Zürich an die Mitglieder des INDEL-Leitungsausschusses vom 17. Mai 1978.
2 INDEL-Archiv, Akte 2.1 Schriftverkehr mit der Schulleitung, Auszug aus dem Protokoll des Schweiz. Schulrates, Trakt. 183 der Sitzung vom 29. September 1978 in Lausanne.
3 Vgl. auch die Ausführungen auf S. 279/80.

Die Geschichte des INDEL kann abschliessend bildhaft mit dem Bau und
Betrieb eines Schiffes verglichen werden, dessen Zweck, Bauplan und -ausführung sowie dessen Zusammensetzung der Besatzung nur oberflächlich
in den Vorstellungen des Bauherrn verankert war und das oft wegen widriger Winde zu riskanten Manövern gezwungen wurde.

Zusammenfassend kann das Profil des Interdisziplinären Nachdiplomkurses
über Probleme der Entwicklungsländer entsprechend den gewählten Indikatoren zur Beurteilung von Ausbildungsinstitutionen (1) wie folgt umrissen
werden:

ABB. 9: AUSBILDUNGSPROFIL DES INTERDISZIPLINAEREN NACHDIPLOMKURSES UEBER PROBLEME DER ENTWICKLUNGSLAENDER (INDEL), ZUERICH (1978)

KRITERIEN	BEWERTUNG	+ 2	+ 1	- 1	- 2	BEWERTUNG
ZIELFORMULIERUNG	klar		○			verschwommen
ERZIEHUNGSSTIL	sozial-integrativ		○			autokratisch
VERMITTELTES EXPERTENBILD	partnerschaftlich		○			patriarchalisch
UNTERRICHTSFORM	gruppenorientiert		○			lehrerzentriert
PRAXISORIENTIERUNG	stark	○				schwach
MITGESTALTUNG DURCH ADRESSATEN	ausgeprägt			○		nicht vorhanden
PSYCHOL. PROBLEME D. ZUSAMMENARBEIT	mitberücksichtigt				○	unberücksichtigt
WIRKUNG ALS SOZIALISATIONSINSTANZ	gering			○		hoch
% DER IN UEBERSEE TAETIGEN ABSOLV.	100 %				○	0 %

---

1 Vgl. die Ausführungen auf S. 8f.

ZUSAMMENFASSENDER VERGLEICH UND AUSBLICK

Nachfolgend sollen zunächst die wesentlichen Befunde zum Bereich "Experten" zusammengefasst sowie ein Blick auf einige noch interessant erscheinende Gedanken (z. B. Zukunft des Experten) geworfen werden. Im Anschluss daran werden die Ergebnisse im Bereich "Ausbildungsstätten" subsumiert.

Der Experte als Transmissionsriemen und Brückenkopf

Bereits an anderer Stelle wurde darauf hingewiesen (1), dass mit der Herrschaft der Kolonialexperten offene und verdeckte Wertübertragungen verbunden waren.
Für die Experten der Entwicklungszusammenarbeit gilt Aehnliches, denn sie sind im Grunde genommen personifiziertes Know-how ihres eigenen sozio-ökonomischen Systems. (2) Mit ihrer Entsendung in die Entwicklungsländer werden fachliche, politische und soziale Werte ihres Systems transferiert.
Die Experten sind in Galtung'scher Terminologie ausgedrückt Brückenköpfe der Zentren der Zentralnationen in den Peripherienationen. (3)

Die Kolonialexperten waren als ferngesteuerte Arme (4) – die allerdings zeitweise eine erhebliche Eigendynamik entwickelten – die externen Brückenköpfe, die anfangs in Personalunion als Abgesandte der Zentren der Zentralnationen auch die Zentren in den Peripherienationen bildeten. Während sich die Herrschaftsmacht der Kolonialexperten auf das Zentrum und die wirtschaftlichen Aktivitäten konzentrierte, konnte sie den einheimischen Eliten weiten Spielraum im regionalen und lokalen Bereich mit dem Ergebnis des stillschweigenden Uebereinkommens und der gegenseitigen Nicht-Einmischung überlassen. (5) Von den einheimischen Eliten, den lokalen Brückenköpfen, die ihren Aufstieg und ihren Einfluss nicht zuletzt

---

1 Vgl. S. 12.
2 Vgl. A. Kruse-Rodenacker, Betreuung der Entwicklungshelfer und Fachkräfte (back stopping). In: W. Schneider (Hrsg.), Arbeitsfeld Entwicklungshilfe. Organisationen, Verfahren, Rechtsfragen, Vorbereitung, Betreuung. Information und Kritik. Wuppertal 1974, S. 116.
3 Vgl. J. Galtung, Eine strukturelle Theorie des Imperialismus. In: D. Senghaas (Hrsg.), Imperialismus und strukturelle Gewalt. Analysen abhängiger Reproduktion. Frankfurt 1976, 3. Auflage, S. 36ff.
4 In Umkehrung eines Ausdrucks von A. Smith könnte man auch von "visible hands" sprechen.
5 Vgl. R. von Albertini, a. a. O. , S. 404.

den Experten verdankten, wurden die Kolonialexperten im Laufe des Dekolonisationsprozesses formal aus den Zentren der Peripherienationen verdrängt und ersetzt. Die neuen Besetzer der Zentren der Peripherienationen waren aber über das Band der Interessenharmonie weiterhin mit den Zentren der Zentralnationen liiert. (1)
Im Zeitalter der Entwicklungszusammenarbeit haben die Zentralnationen mit Hilfe der entsandten Experten ihre externen Brückenköpfe wiedergewonnen. In dieser Beziehung hat sich gegenüber den Kolonialexperten nichts geändert. Sowohl die Kolonialexperten als auch die Experten der Entwicklungszusammenarbeit können als Transmissionsriemen, als externe Brückenköpfe ihres sozio-ökonomischen Systems betrachtet werden.

Von der Herrschaft zur Partnerschaft?

Wo liegt der Hauptunterschied zwischen dem kolonialen und dem postkolonialen Experten?
In der "situation coloniale" (2), die allgemein durch aufgezwungene Herrschaft einer Minderheit von Europäern über eine eingeborene Mehrheit gekennzeichnet werden kann, entwickelten die Vertreter der Kolonialmacht Haltungen, die Organsky folgendermassen beschreibt:
"Europeans, particularly Northwestern Europeans, also have a practice of considering the non-European inhabitants of their colonies as socially, culturally, and racially inferior. Coming into contact with people whose race and culture were different from his own, the European took it for granted that his own ways were superior. If the natives did not share his religion, they were 'heathens', if they did not have his sex complexes and taboos, they were 'immoral', if they did not have his compulsion to work, they were 'lazy', if they did not share his opinions or possessed a different kind of knowledge, they were 'stupid', if they behaved in ways that he could not predict because of his own ignorance of their culture, they were 'childlike'. In short, the European judged the natives as if they were Europeans who were misbehaving. Accepting his own standards as absolute, he judged every departure from the European way of life in negative terms, with never a thought that the natives might have different standards of their own." (3)

---

1 Vgl. J. Galtung, a. a. O., S. 31f.
2 Vgl. G. Balandier, Die koloniale Situation: ein theoretischer Ansatz. In: Moderne Kolonialgeschichte, Hrsg. von R. v. Albertini, Köln, Berlin 1970, S. 121f. Dieser Aufsatz erschien im Original unter dem Titel: La situation coloniale: Approche théorique, in: Cahiers internationaux de sociologie 1952.
3 H.F.K. Organsky, World Politics. New York 1958, S. 224. Siehe auch M. Crowder, West Africa under Colonial Rule. Evanston 1968, S. 5, 247, 395ff. Vgl. auch die Eintragung im Tagebuch des Staatssekretärs im Reichskolonialamt Solf anlässlich einer Reise nach Deutsch-Südwest-

Vorbereitung und Ausbildung der Kolonialexperten muss aus diesem Geisteskolonialismus heraus verstanden werden, und zwar als ein Instrument, überseeische Länder auf die eigenen Bedürfnisse hin zu orientieren. (1) Dementsprechend hatte der Kolonialexperte die Aufgabe, Problemlösungen im Interesse seines Heimatlandes zu finden.
In der "situation postcoloniale" sind die Beziehungen zwischen den Industrieländern und den Entwicklungsländern – wenigstens vom verbalen Anspruch her – durch den Gedanken der Partnerschaft geprägt. Beide Partner sind aufeinander angewiesen. Aus der dominanten Verfolgung der eigenen Interessen der europäischen Kolonialmächte haben sich heute in der BRD Formen technischer und wirtschaftlicher Zusammenarbeit – in der Schweiz Entwicklungszusammenarbeit genannt – mit entsprechenden Institutionen (GTZ, BMZ, DEH) entwickelt.

Die Funktion des Experten richtet sich an solchen Vorstellungen aus. Dementsprechend hat der Experte heute im Rahmen des von den Entwicklungsländern selbst bestimmten Entwicklungsweges Problemlösungen im Interesse seines Gastlandes zu finden. Ein Blick auf die entwicklungspolitischen Konzeptionen der Bundesrepublik und der Schweiz belegt aber, dass die wirtschaftlichen – und insbesondere die aussenwirtschaftlichen Eigeninteressen wie in kolonialer Zeit nicht zu kurz kommen.
So bleibt auch in postkolonialer Zeit der Konfliktcharakter zwischen Nord und Süd erhalten. "Gute" Ausbildung bereitet den Experten auch auf solche Konflikte vor.

Entschärfung des Expertenproblems

Wie bezeigt wurde, hat die Expertenkritik in den letzten Jahren abgenommen bzw. wurde sie aus objektiverer Sicht geführt.
Eine Reihe von Faktoren werden vermutlich dazu beitragen, dass die Zahl der Experteneinsätze und die damit zusammenhängenden Probleme zukünftig geringer werden:
1. Die Expertenzahlen zeigen eine sinkende Tendenz oder stagnieren. Diese Entwicklung ist sowohl im multilateralen als auch im deutschen und schweizerischen Bereich festzustellen. Die Zahl der UNDP-Exper-

---

afrika im Jahre 1912: "Den meisten Weissen, insbesonderheit den Farmern, ist der Eingeborene ein Tier. ... die Weissen verachten die Eingeborenen." Zitiert nach H. Bley, Kolonialherrschaft und Sozialstruktur in Deutsch-Südwestafrika 1894-1914. Hamburg 1968, S. 306. Aehnlich auch L.H. Gann, P. Duigan, The Rulers of German Africa 1884-1914, Stanford 1977, S. 155.
1 Vgl. P. Rohrbach, Wie machen wir unsere Kolonien rentabel. Halle 1907, S. 278.

ten veränderte sich von 10'237 im Jahre 1972 auf 8595 im Jahre 1976. (1) Das bedeutet eine Senkung um 16%. Das Personal der bilateralen Technischen Hilfe der OECD-Länder verringerte sich von 112'561 im Jahre 1967 auf 76'470 im Jahre 1976. Der Rückgang ist hier doppelt so hoch wie bei dem UNDP-Personal. Dieser Schrumpfungsprozess wird sich aller Voraussicht nach noch weiter fortsetzen. (2)
Für die Bundesrepublik ergibt sich ein ähnlicher Trend. Vergleicht man die Expertenzahl der GTZ im Jahr 1971 (1353) mit der im Jahr 1976 (1024), so ergibt sich eine Senkung um 24%. (3) Auch wenn 1978 die Zahl der Experten auf 1196 anstieg, dürfte doch der Höchststand von 1971 nicht mehr erreicht werden.
In der Schweiz ist eine stagnierende Entwicklung festzustellen. Die Steigerungen seit 1976 sind auf die Ueberführung von Freiwilligen in Expertenstellen zurückzuführen. (4)

2. Es kommen zunehmend einheimische Arbeitskräfte zum Einsatz, da in den Entwicklungsländern vermehrt technisch-wissenschaftlich geschultes Personal vorhanden ist. So stieg die Zahl der graduates of higher educational institutions in Entwicklungsländern von 335'363 im Jahre 1960 auf 1'182'945 im Jahre 1974 (5), wobei ein sinkender Trend in den Bereichen Humanities, Education und Fine Arts,ein steigender Trend in den Bereichen Natural Sciences und Engineering festzustellen ist. (6)

3. Das Instrument der technischen Zusammenarbeit zwischen Entwicklungsländern (TCDC) gewinnt an Bedeutung. TCDC bedeutet nichts anderes als lokale Ressourcen eines Entwicklungslandes auch für andere Entwicklungsländer einzusetzen. (7) Indien und Kenya liefern hierfür besonders prägnante Beispiele. (8)

4. Nicht zuletzt werden die Fortbildungsprogramme* für Fach- und Führungskräfte aus Entwicklungsländern, die Reintegrationsprogramme für ausgebildete Angehörige aus Entwicklungsländern, sowie der vermehrte

---

1 UNDP, Report on the Role of Experts in Developement Co-operation. Prepared by Joint Inspection Unit, Geneva, March 1978, Annex IV, Table 3, im folgenden zitiert als UNDP-Expertenreport 1978.
2 Vgl. J. Betz, Die Internationalisierung der Entwicklungshilfe. Baden-Baden 1978, S. 182, 188.
3 Vgl. Antwort der Bundesregierung vom 1.2.1979 zur personellen Hilfe in Entwicklungsländern, S. 2.
4 Vgl. Tabelle 21 auf S. 201.
5 Vgl. UNDP-Expertenreport 1978, Annex IV, S. 2.
6 Vgl. ebenda.
7 Vgl. ebenda S. 86.
8 Vgl. den Artikel in der NZZ vom 21.3.1979: Wachsendes Interesse für indischen Know-how, sowie den Artikel in E+Z, 2/1979, S. 11: Wo TCDC bereits praktiziert wird. Erfolgreiche Beispiele technischer Kooperation zwischen Entwicklungsländern aus Indien und Kenya.

* in Industrieländern.

Einsatz von integrierten und Kurzzeitexperten tendenziell dazu beitragen, die Zahl der westlichen Experten weiter zu senken.

Aber selbst wenn entsprechend den vorgenannten Punkten 2, 3 und 4 statt westlicher vermehrt einheimische Experten zum Einsatz kommen, besteht die grosse Gefahr, dass letztere als Absolventen eines Kolonialmacht orientierten, eines westlichen oder eines durch westliche Bildungshilfe geprägten Bildungs- und Ausbildungssystems (1) als Transmissionsriemen und lokale Brückenköpfe eines fremden sozio-ökonomischen Systems wirken und dessen Werte perpetuieren. Hierdurch wird die Bewahrung eigener Werte bzw. die Entwicklung neuer, eigenständiger Werte erschwert.

Akkulturationsprobleme bleiben

Trotz der wahrscheinlich weiteren Entschärfung des Expertenproblems wird der Experteneinsatz nicht zuletzt wegen der Akkulturationsproblematik schwierig bleiben. An entsprechenden Ratschlägen hat es nicht gefehlt. Maletzke (2) gibt den Rat, dass die Experten lernen sollten, fremde Kulturen von innen her zu verstehen, ohne sich selbst aufzugeben; dies bedeutet mit anderen Worten Ablegung ethnozentrischer Attitüden und volle Anerkennung der Kulturen des Gastlandes unter Beibehaltung der eigenen. Versteht der Experte die Kultur wirklich von innen, was zweifellos erst nach vielen Jahren möglich ist, muss er zumindest Teile seiner westlichen Identität aufgeben. Bewahrt er seine westliche Identität – seine Verhaltensweisen und Entscheidungsmodelle kann er nicht am Heimatflughafen zurücklassen – wird er nur schwer die fremde Kultur verstehen. Vorbereitung kann auf solche Probleme nur aufmerksam machen. Der Experte sollte trotz aller Schwierigkeiten versuchen, sie anzugehen. Bemühung, eine Kultur zu verstehen, bedeutet ja nicht Identifikation mit derselben. Nur im letzteren Falle würde der Experte zu einem "marginal-man", der in der "twilight zone of two cultures" (3) lebt, zwei Kulturen verbunden ist, sich aber auch an der Grenze zweier Kulturen befindet. Solche Beispiele sind

---

1 Auf S. 121 des neuesten Berichts des Club of Rome findet sich folgender treffender Ausdruck: Third World carbon copies of universities in industrial countries. Vgl. Anmerkung 4 auf S. 161.
2 G. Maletzke, Helfer, Fachmann, Freund und Feind. Der Entwicklungsexperte kann alles. Manuskript zum Radiokolleg des Deutschlandfunks, S. 11. Sendung: 5.11.1976.
3 D.I. Golovensky, The marginal man concept. An analysis and critique. In: SF 1952, 30, S. 330, zitiert nach H.J. Nickel, Marginalität als theoretischer Ansatz zur Erklärung von Unterentwicklung. In: Sociologus, NF 1971, 21.Jg., Heft 1, S. 37.

in der Praxis selten, aber die meisten Experten dürften wenigstens zeitweise solche Phasen durchlaufen. Durch den Auslandsaufenthalt kommt es oft zu einer Auseinandersetzung mit der in Frage gestellten eigenen Kultur, die zu einer verstärkten Rückbesinnung und daraus resultierenden Wertschätzung, im Extremfall aber zum Chauvinismus führen kann.

Alternativen

Trotz vermutlich sinkender Expertenzahlen bleibt die Frage interessant, ob es Alternativen zum Experteneinsatz gibt. Eine solche Fragestellung erscheint notwendig, denn der Einsatz von Experten wird heute zunehmend als problematisch erachtet. Das klassische Muster Experte/Counterpart wird in Ansätzen z. B. abgelöst durch die finanzielle Unterstützung von Selbsthilfeorganisationen ohne Experteneinsatz. (1) Diese Tendenz lässt sich bei den privaten Trägern der Entwicklungszusammenarbeit in der Bundesrepublik (z. B. politische Stiftungen und kirchliche Einrichtungen) und in der Schweiz (z. B. Helvetas) feststellen. Auf diese Weise kann ein indirekter Beitrag zur Befriedigung der Grundbedürfnisse (lokale Selbsthilfeorganisationen werden besser als Experten feststellen können, wo ihre Bedürfnisse liegen (2) und wie sie diese befriedigen können) unter Berücksichtigung des Prinzips der self-reliance geleistet werden. Diese neuartige Perspektive, die ohne Einschaltung von Regierungsstellen vor sich geht, lässt sich relativ leicht von privaten Trägern realisieren. Für Regierungsstellen dürfte dieser Weg aus politischen und diplomatischen Gründen schwerer gangbar sein.

Eine weitere Möglichkeit ergibt sich aus den Ergebnissen einer Umfrage der UNESCO:
"Die Regionen Afrika, Asien, Lateinamerika, Ozeanien und die arabischen Staaten fordern die schrittweise Abschaffung des klassischen Modells der technischen Hilfe, basierend auf dem Einsatz von Experten, die aus Industrieländern kommen und für mehrere Jahre ständig in ihrem Gastland leben. Die genannten Regionen würden es vorziehen, wenn man mobile Teams entwickelte, die regelmässige, aber nur kurze Aufträge durchführen. ... Die europäischen Mitgliedsstaaten dagegen bevorzugen in der Mehrheit die fortgesetzte Anwendung des klassischen Expertenmodells.

---

1 So äusserte sich Roy Preiswerk, Direktor des Institut universitaire d'études du développement in Genf in einem Gespräch mit dem Verfasser am 25. 4. 1979 in Genf.
2 Vgl. hierzu H. Kordes, Funktionen und Wirkungen europäischer Entwicklungshelfer. In: Sociologus, NF 1971, 21. Jg., Heft 2, S. 138-166.

Insgesamt stimmten 42 Mitgliedsstaaten für das allmähliche Aufgeben und 19 Staaten für das Beibehalten des klassischen Modells." (1)

Diese Alternative läuft auf die Internationalisierung von kurzfristig einzusetzenden Expertenteams hinaus. Sie bietet aber grundsätzlich nichts Neues, und wird zudem bereits in der Bundesrepublik und in der Schweiz praktiziert.
Eine ebenfalls bereits praktizierte Alternative besteht in vermehrtem Einsatz von Experten eines Entwicklungslandes in einem anderen. (2) Aber warum sollte ein buddhistischer Thai, ein katholischer Philipino, ein hinduistischer Inder oder mohamedanischer Indonesier in Afrika oder in Lateinamerika besser und problemloser arbeiten als ein Europäer? Er mag zwar mit einem zusätzlichen Goodwill-Vorschuss beginnen, letztlich dürfte er aber in einem ähnlichen Spannungsfeld wie der europäische Experte arbeiten.
Eine weitere, allerdings sehr radikale Alternative zum Experteneinsatz bestände darin, dass sich die Entwicklungsländer in bezug auf die personelle Hilfe von den Industrieländern abkoppeln, allenfalls eine selektive Kooperation betreiben und vermehrt auf die Nutzung lokaler personeller Ressourcen zurückgreifen würden. (3)
Aber die meisten Regierungen der Entwicklungsländer werden nicht auf den Einsatz von westlichen Experten verzichten wollen und können. Oft lassen sich die Regierungen ihre Ideen und Projekte durch Expertenteams legitimieren (4); wobei in solchen Studien primär nach der technischen Machbarkeit gefragt wird. Neben dieser Legitimationsfunktion ist die Sündenbockfunktion des Experten ebenso wichtig. Geht etwas schief, so kann die Schuld zumindestens teilweise auf die Experten abgeschoben werden.

---

1 UNESCO-Bericht der 98. Sitzung des Executive Boards über die Ergebnisse einer Umfrage bei den UNESCO-Mitgliedstaaten, zitiert nach G. Maletzke, Helfer, Fachmann, Freund und Feind. Der Entwicklungsexperte heute und morgen. Manuskript des Radio-Kollegs des Deutschlandfunks, S. 10, Sendung: 10.12.1976.
2 Vgl. Punkt 3 auf S. 262.
3 Vgl. D. Senghaas, Weltwirtschaftsordnung und Entwicklungspolitik. Plädoyer für Dissoziation. Frankfurt 1977, S. 265f.
4 Vgl. D. Seers, Back to the ivory tower? The professionalisation of development studies and their extension to Europe. EADI-information paper 2/77, S. 8: "We economists in particular have often offered advice without much knowledge of the history or the political context of the country concerned and therefore with little basis for framing the questions to be studied, let alone predicting the results of our advice. In fact, we have rarely known or even enquired what political interests our visits have served (and often the real motive of an invitation has been to obtain our signatures rather than our opinions)."

Den Experten kommt auch manchmal eine gewisse Rammbockfunktion zu. Sie können z. B. Vorschläge ihrer einheimischen Kollegen zu ihren eigenen machen und sie gegenüber den Regierungsstellen hartnäckig vertreten, eine Vorgehensweise, die für Einheimische aus Gründen der Landessitte oft nicht möglich ist. Sie können in ihrer "neutralen" Stellung oft auch politischen Druck besser auffangen und ableiten.
Und last but not least leisten die Experten in ihrer Hauptfunktion als Knowhow-Uebermittler trotz aller Probleme, die sich aus ihrer Existenz ergeben, oft wertvolle Beiträge zur Entwicklung eines Landes. Aber selbst wenn eine Abkoppelung auf personeller Ebene möglich wäre, müsste der einheimische an die Stelle des ausländischen Experten treten, und damit träfe auch auf die Entwicklungsländer Illichs Kritik der westlichen Expertenzünfte zu. (1)

Zukunft des Experten

Wie sieht der Experte der Zukunft aus? Wird der Experte überhaupt eine Zukunft haben? Antworten auf diese Fragen haben naturgemäss einen spekulativen Charakter. Trotzdem haben einige "Experten" versucht Antworten zu finden.
Nach Eppler (2) wird die integrierte Fachkraft der Experte der Zukunft sein. Er arbeitet im Auftrag einer Organisation des Gastlandes, mit der er unmittelbar einen Arbeitsvertrag schliesst. Er ist somit auch arbeitsrechtlich voll im Entwicklungsland integriert. Die Bundesregierung unterstützt die Tätigkeit der integrierten Experten durch Zuschüsse zu den ortsüblichen, meist relativ niedrigen Gehältern, sowie mit Zuschüssen zur sozialen Sicherung und zur Wiedereingliederung nach der Rückkehr in die Bundesrepublik. (3)
Die bisherige zahlenmässige Entwicklung scheint Eppler recht zu geben. Die Zahl der integrierten Experten stieg von 41 im Jahre 1970 auf 195 im Jahre 1978. (4)
Pflaumer (5) stellt fest, dass der Typ des mit schulterklopfender Ueberheblichkeit oder in paternalistischem Kolonialherrenstil auftretenden Experten

---

1 Vgl. S. 158.
2 Zitiert nach I. Krugmann-Randolf, Neue Trends in der BMZ-Politik. In: E+Z, 9/1973, S. 3.
3 Vgl. Gesellschaft für Technische Zusammenarbeit, Die GTZ stellt vor: Integrierte Fachkräfte für die Entwicklungsländer. Ein Programm zur Beseitigung des Fachkräftemangels in der Dritten Welt. Eschborn 1977, S. 1ff.
4 Vgl. Antwort der Bundesregierung vom 1. 2. 1979 zur personellen Hilfe in Entwicklungsländern, S. 3.
5 Vgl. zum folgenden G. Pflaumer, a. a. O., S. 46.

ebenso der Vergangenheit angehöre wie der lediglich durch attraktive
Gehälter motivierte, dem Entwicklungsprozess ansonsten gleichgültig
gegenüberstehende Experte. Benötigt werde demgegenüber der angepasste
Experte, der nicht nur bereit sei, sich aus echter Ueberzeugung mit den
politischen Zielen seines Gastlandes zu identifizieren, sondern der auch
das erforderliche Einfühlungsvermögen und die Offenheit für andere Kulturen und Wertvorstellungen mit sich bringe. Das bei Freiwilligendiensten
von Beginn an mit Erfolg gehandhabte Prinzip des Lernens und Helfens
müsse zur Maxime der gesamten personellen Hilfe erhoben werden, wenn
die Geber einen echten Beitrag zur Lösung der Entwicklungsprobleme der
Dritten Welt erbringen wollten, anstatt – wie bisher die Regel – mit ihren
Experten zusätzliche Probleme für die Entwicklungsländer und auch für
sich selbst zu schaffen. Es komme darauf an, lernbereite Experten zu
finden, die ihre Lernprozesse in den Entwicklungsländern nach ihrer Rückkehr in politische und soziale Aktionen innerhalb der eigenen Gesellschaft
umsetzten.
Dieses Zukunftsbild nähert sich bedenklich dem eines Uebermenschen. Den
Experten als change-agent oder friedlichen Revolutionär sowohl in der
fremden als in der eigenen Gesellschaft hält allerdings auch Pflaumer für
utopisch. Als Leitlinie kann dieses Bild jedoch wertvolle Anregungen vermitteln.
Nach Elshorst (1) hat der Experteneinsatz nur dann Zukunft, wenn man
ohne trügerisches Vertrauen auf Sonntagsideologien dauernd das Leistungsangebot auf die Nachfrage einstelle. Für ihn ist der Zeitpunkt nicht absehbar, in dem auf diese Form der personellen Hilfe verzichtet werden könne.

In persönlichen Gesprächen wurde versucht, noch weitere Aspekte des
Experten der Zukunft zu erschliessen. (2)
Wald (3), ein Experte für deutsche Expertenfragen, meinte nicht genügend
Phantasie zu haben, um sich vorzustellen, dass sich am Mechanismus
Entwicklungszusammenarbeit via Experte sehr viel ändere. Er glaube auch
nicht, dass aus der GTZ eine Betreuungsorganisation für integrierte Experten werden könne.
Nach Raeber und Jaggi (4) sollte sich der Experte überflüssig machen. Man
schliesse nicht aus, dass eines Tages Institutionen wie die DEH entbehr-

---

1   Vgl. zum folgenden H. Elshorst, Bilanz und Perspektive der Personellen Zusammenarbeit. In: Auslandskurier, Sonderheft, September 1978, S. 7.
2   Vgl. auch das Zitat von P. Freire am Anfang dieser Studie.
3   Interview mit Herrn Dr. Wald, Zentralstelle für Auslandskunde, Bad-Honnef am 28.9.1978. Siehe auch S. 186 dieser Studie.
4   Interview mit Herrn Dr. Raeber und Herrn Jaggi, Direktion für Entwicklungszusammenarbeit und humanitäre Hilfe, Bern, am 6.12.1978.

lich seien. Die Zukunft der schweizerischen Experten wurde mit Worten wie "weniger", "im Zweifel nein", "weniger permanent" und "fliegender Itinérant" umschrieben. Auch bleibe der Experte weiterhin eine problematische Figur. Lokale Anstellungen erhielten eine steigende Bedeutung. Der Spielraum des Experten werde enger und durch die administrativen Einengungen werde die Tätigkeit auch weniger attraktiv. Ferner werde das "System" älter, die Generation der über 50jährigen sässe heute an den Schaltstellen.
Nach Illich (1) schliesslich ist die Macht der Experten heute in dem Mass gefährdet, wie sich die Kontraproduktivität ihrer Produkte erweist.
Der Experte hat also nur dann eine Chance zu überleben, wenn er einen echten und anerkannten Beitrag zur Entwicklung leistet.
Nach Böll wird es den Experten der Zukunft nicht geben, genau wie es den alten Experten nicht gegeben hat. (2)
Er umreisst den Experten der Zukunft als einen Mann, der öfters im Leben mal etwas Neues mache. Der alte Experte sei ein Mann gewesen, der ein paar Jahre seiner Berufslaufbahn draussen gearbeitet habe, was er oft nicht verkraftet habe und seine Frau noch viel weniger. In Zukunft werde es den speziellen Experten der Entwicklungshilfe gar nicht mehr geben. Arbeit im Ausland werde einfach zu einer Dimension des Fachdaseins; der entwicklungspolitische Spezialimpetus, der heute noch dahinterstehe, werde immer mehr verschwinden. Das merke man schon jetzt an der schrittweisen Zurücknahme der Forderungen in bezug auf Expertenprivilegien. Der Experte werde immer mehr ein Mensch wie jeder andere, der einmal eine Zeit lang im Ausland tätig sei.

Wie erwartet, lässt sich aus den dargestellten Aeusserungen kein einheitliches Zukunftsbild des Experten ableiten. Aber den Experten wird es auch im Jahre 2000 mit Sicherheit noch geben, und es wird weiterhin spannend sein, den "Wunderfalter der Zukunft" (3) zu beobachten und aufzuspiessen.

---

1 Vgl. I. Illich, a. a. O., S. 65.
2 Interview des Verfassers mit Winfried Böll, Ministrialdirektor im Bundesministerium für wirtschaftliche Zusammenarbeit, in Sindelfingen am 18.11.1978.
3 G. Trautmann, vgl. Anmerkung 3 auf S. 164 äusserte sich in einem Brief an den Verfasser vom 8.4.1979 über die Zukunft der Experten: "Wollen wir lieber ein wenig lächeln über unseren Versuch, die Wunderfalter der Zukunft aufzuspiessen. Sie kommen, oder sie bleiben aus. Wenn sie aber auftreten, werden sie sich ihren Platz zu sichern wissen, inscha'allah." Siehe auch Anlage X. Diese Bemerkung sollte daran erinnern, dass sich der Experte zwar ernst, aber nicht todernst nehmen sollte. Vgl. hierzu auch die ironische Selbstbetrachtung von R. H. Brown, Bureaucratic Bathos. How to be a Government Consultant Without Really Trying. In: Administration & Society, vol. 10, nr. 4, february 1979, S. 477-492.

Des weiteren wurde gezeigt, dass es z. Z. wenigstens keine praktizierte, echte Alternative zum Experten gibt, und dass die Zahl der Experten vermutlich tendenziell stagniert (1) oder gar sinken wird. Für die verbleibenden Experten wird eine vorbereitende Ausbildung wichtig bleiben; ihr wird aber keine ausschlaggebende Bedeutung zukommen.

Nach diesen resümierenden Bemerkungen zum Bereich "Experten" sollen nachfolgend die wesentlichen Befunde zum Bereich "Ausbildungsstätten" zusammengefasst und miteinander verglichen werden.

Initiatoren, Interessen, Auswirkungen

Die Tabelle 28 vermittelt einen Ueberblick über die Initiatoren der Ausbildungsstätten, deren Interessen und die daraus resultierenden Auswirkungen.

Aus der Uebersicht lassen sich folgende Feststellungen ableiten:
- Die Initiatoren kolonialer Ausbildungsinstitutionen entstammten überwiegend privaten Kreisen. In nachkolonialer Zeit gingen die Initiativen zur Errichtung von Ausbildungsstätten dagegen überwiegend von staatlichen Institutionen aus.
- Sowohl die privaten als auch die staatlichen Initiatoren waren primär an einer verbesserten Expertenausbildung interessiert. Konkurrierende Interessen wurden hierdurch nicht ausgeschlossen, wie die Beispiele des Hamburger Kolonialinstituts und des INDEL Zürich zeigen.
- Der jeweilige Hintergrund und die speziellen Interessen der Initiatoren schlugen sich in einer Vielfalt spezifischer Unterrichtsprogramme nieder.

Adressatenstruktur und Ausbildungsdauer

Die Tabelle 29 zeigt, dass die Ausbildung in Basel und Witzenhausen relativ lang war, da einerseits die schulische Vorbildung der Adressaten relativ gering war und andererseits ein qualifizierender Abschluss (Missionar, kolonialer Landwirt) vermittelt wurde.
Das Hamburgische Kolonialinstitut und die postkolonialen Ausbildungsinstitutionen bauten bzw. bauen dagegen auf einem hohen schulischen und/oder einemberuflichen Abschluss inklusive Berufserfahrung auf. Die Ausbildungsdauer war bzw. ist demnach relativ kurz.

---

1 Diese Feststellung bezieht sich auf die Experten der GTZ. Rechnet man die Experten anderer Organisationen hinzu - sie sind in der GTZ-Personalstatistik nicht enthalten - so ergibt sich ein anderes Bild. 1978: Consultings (600 Mann/Jahre), politische Stiftungen (215), Experten der Bundesanstalten (167), integrierte Experten (195). Vgl. Antwort der Bundesregierung vom 1.2.1979 zur personellen Hilfe in Entwicklungsländern, S. 3.

Tabelle 28   Spezielle Merkmale kolonialer und postkolonialer Ausbildungsinstitutionen und deren Auswirkungen

Institution	Initiatoren	Interessen der Initiatoren	Auswirkungen
Basler Mission	Pietistische Kreise (Theologen, Kaufleute) in Basel und Württemberg	Ausbreitung des Christentums, daher zweckmässige Vorbereitung der Missionare erforderlich	Starke christliche Ausrichtung des Unterrichts, strenge Erziehung, später: Engagement in Handel und Industrie
Kolonialschule Witzenhausen	Protestantisch orientiertes Bürgertum (Kaufleute, Industrielle, Plantagenbesitzer, Theologen), Adel, Fabarius	Ausbildung gut vorbereiteter kolonialer Landwirte und "Kulturpioniere"	Stark praxisorientierter Unterricht, starke Reglementierung und Disziplinierung der Schüler als Mittel der Charakterbildung
Hamburgisches Kolonialinstitut	Reichskolonialamt (Dernburg) Hamburger Senat (von Melle)	Spezialausbildung für Kolonialbeamte, Kaufleute u. ä., Kolonialinstitut als Vehikel zu einer eigenen Universität	Zügige Gründung durch Interessenkoalition Hamburg/Reichskolonialamt, Hamburg Hauptfinancier, Ausrichtung des Unterrichts an Vorgaben des Reichskolonialamtes
INDEL Zürich	DftZ, Bern Professoren und Studenten der ETH Zürich	Verbesserter Experteneinsatz durch interdisziplinäre Ausbildung, bessere Information der Oeffentlichkeit	Vielseitiges Unterrichtsprogramm, aber nicht in die Tiefe gehend
DIE Berlin	General Clay DSE BMZ	Ausbildung von Hochschulabsolventen für nationale und internationale Entwicklungsorganisationen	Ausrichtung des Unterrichts auf das Bedürfnis der Abnahmeorganisationen nach funktionellen Experten
ZfA Bad Honnef	BMZ DSE	Längere und verbesserte Expertenausbildung	dto.
Moghegno-Kurs	DftZ	Verbesserte Vorbereitung unter einfachen, fremden Lebensbedingungen	Kursort liegt in einem abgelegenen Bergtal und in einem fremden Sprach- und Kulturraum (Tessin)

Tabelle 29   Adressatenstruktur und Ausbildungsdauer kolonialer und postkolonialer Ausbildungsinstitutionen

Institution	Adressaten	Ausbildungsdauer
Basler Mission (kolonial)	Handwerker, Bauern, Kaufleute	3-6 Jahre
Kolonialschule Witzenhausen	Söhne aus dem mittleren und Grossbürgertum	2 Jahre
Hamburgisches Kolonialinstitut	Beamte, Kaufleute, Juristen	1 Jahr
INDEL, Zürich	Hochschulabsolventen aller Fachrichtungen	13 Monate
DIE, Berlin	Hochschulabsolventen vorwiegend wirtschafts- und sozialwissenschaftlicher Fachrichtungen	9 Monate
ZfA, Bad Honnef	Fachleute mit und ohne Hochschulabschluss und langjähriger Berufserfahrung	3 Monate
Basler Mission (heute)	dto., zusätzlich christliche Grundeinstellung	3 Monate
Moghegno-Kurs	wie bei ZfA	1 Monat

Unterricht (Gestaltung, Wirkung), Verbleib der Absolventen

Die Abbildungen 10 und 11 ermöglichen einen summarischen Vergleich der kolonialen und postkolonialen Ausbildungsinstitutionen in bezug auf den Unterricht (Gestaltung, Wirkungen) und den Verbleib der Absolventen. Unter den eingangs erwähnten Einschränkungen (1) lassen sich aus den Profilen folgende Schlussfolgerungen ableiten:
- Die Unterschiede zwischen kolonialen und postkolonialen Ausbildungsinstitutionen fallen schon rein optisch ins Auge. Sie lassen sich auch mathematisch in Kennzahlen ausdrücken.
  Addiert man die für die einzelnen Kriterien angegebenen Punkte einer Institution und dividiert sie durch die Zahl der Kriterien, so ergeben sich für das fiktive Idealprofil und die 8 Institutionen folgende Kennzahlen:

---

1   Vgl. S. 8f.

ABB. 10: PROFILE KOLONIALER AUSBILDUNGSINSTITUTIONEN (um 1910)

KRITERIEN	BEWERTUNG	+2	+1	-1	-2	BEWERTUNG
ZIELFORMULIERUNG	klar					verschwommen
ERZIEHUNGSSTIL	sozial-integrativ					autokratisch
VERMITTELTES EXPERTENBILD	partnerschaftlich					patriarchalisch
UNTERRICHTSFORM	gruppenorientiert					lehrerzentriert
PRAXISORIENTIERUNG	stark					schwach
MITGESTALTUNG DURCH ADRESSATEN	ausgeprägt					nicht vorhanden
PSYCHOL. PROBLEME D. ZUSAMMENARBEIT	mitberücksichtigt					unberücksichtigt
WIRKUNG ALS SOZIALISATIONSINSTANZ	gering					hoch
% DER IN UEBERSEE TAETIGEN ABSOLV.	100 %					0 %

———————— Kolonialschule Witzenhausen
— — — — — Hamburgisches Kolonialinstitut
·············· Basler Mission

ABB. 11: PROFILE POSTKOLONIALER AUSBILDUNGSINSTITUTIONEN (1978/79)

KRITERIEN	BEWERTUNG	+ 2	+ 1	- 1	- 2	BEWERTUNG
ZIELFORMULIERUNG	klar					verschwommen
ERZIEHUNGSSTIL	sozial-integrativ					autokratisch
VERMITTELTES EXPERTENBILD	partnerschaftlich					patriarchalisch
UNTERRICHTSFORM	gruppenorientiert					lehrerzentriert
PRAXISORIENTIERUNG	stark					schwach
MITGESTALTUNG DURCH ADRESSATEN	ausgeprägt					nicht vorhanden
PSYCHOL. PROBLEME D. ZUSAMMENARBEIT	mitberücksichtigt					unberücksichtigt
WIRKUNG ALS SOZIALISATIONSINSTANZ	gering					hoch
% DER IN DER EZ * TAETIGEN ABSOLV.	100 %					0 %

* Entwicklungszusammenarbeit

·············· Basler Mission
— — — — — INDEL, Zürich
——————— DIE, Berlin
∿∿∿∿∿ Kurs Moghegno
⌒⌒⌒⌒ ZfA, Bad Honnef

Fiktive Idealinstitution (vgl. S. 10)	+ 1.88
Koloniale Institutionen	
Hamburgisches Kolonialinstitut	- 1.44
Basler Mission	- 1.33
Kolonialschule Witzenhausen	- 1.00
	- 3.77 : 3 = - 1.26

Postkoloniale Institutionen	
INDEL, Zürich	+ 0.55
DIE, Berlin	+ 0.55
ZfA, Bad Honnef	+ 1.44
Kurs Moghegno	+ 1.55
Basler Mission	+ 1.77
	+ 5.86 : 5 = + 1.17

Der starke Unterschied innerhalb und zwischen den beiden Institutionengruppen kommt in diesen Kennzahlen deutlich zum Ausdruck.
Trotz der exakten Zahlenangabe muss nochmals darauf hingewiesen werden, dass sie letztlich nur auf persönlichen Bewertungen des Verfassers beruhen. Unterschiedliche Bewertungen würden vermutlich an den grundsätzlichen Unterschieden nur wenig oder nichts ändern.
- Die Klarheit der Zielformulierung lässt bei allen Kolonialinstitutionen, aber auch bei 4 von 5 der postkolonialen Ausbildungsinstitutionen, zu wünschen übrig. Nur die Zentralstelle für Auslandskunde hat ihre Ziele in Form einer klaren Lernzieltaxonomie formuliert.
- Eindeutige Unterschiede zwischen kolonialen und postkolonialen Ausbildungsinstitutionen sind bei folgenden Kennzeichen erkennbar: Erziehungsstil, Expertenbild, Unterrichtsform und Mitgestaltung des Unterrichts durch die Adressaten.
- Die Unterschiede in der Praxisorientierung des Unterrichts sind relativ gering. Die postkolonialen Ausbildungsinstitutionen sind jedoch stärker praxisorientiert als die kolonialen Ausbildungsstätten.
- Die menschlichen und psychologischen Probleme der Zusammenarbeit werden von drei postkolonialen Ausbildungsstätten stark berücksichtigt; bei allen kolonialen sowie zwei postkolonialen Ausbildungsstätten bleiben diese Probleme unberücksichtigt.
- 2 der 3 kolonialen Ausbildungsinstitutionen übten über ihre Leiter, einen speziell ausgeprägten autoritären Erziehungsstil, über die lange Ausbildungsdauer und den Internatsbetrieb eine grosse Sozialisationswirkung auf ihre Adressaten aus. Bei allen anderen Ausbildungsinstitutionen waren bzw. sind diese Wirkungen aufgrund folgender Faktoren eher gering:
  - Relativ kurze Ausbildungszeit
  - Höheres Alter der Adressaten
  - Liberaler Erziehungsstil
  - Starke Konkurrenz mit anderen Sozialisationsfaktoren (z.B. Fernsehen, Film, Zeitungen, Betrieb, Universität)

- Bei den meisten (6) Institutionen ist der Prozentsatz der in Uebersee bzw. in der Entwicklungszusammenarbeit tätigen Absolventen hoch. Bei einer kolonialen hochschulnahen Institution und einer postkolonialen Hochschulinstitution ist dieser Prozentsatz gering.
- Alle kolonialen Ausbildungsinstitutionen sind beträchtlich vom fiktiven Idealprofil einer Ausbildungsstätte entfernt. Drei von fünf postkolonialen Ausbildungsstätten nähern sich dem Idealprofil in hohem Masse.
- Hochschul- bzw. hochschulähnliche Institutionen (INDEL, DIE, Hamburgisches Kolonialinstitut) befinden sich am Ende ihrer jeweiligen Gruppe und sind weit vom fiktiven Idealprofil entfernt.
Hochschulferne Institutionen (Basler Mission, Moghegno-Kurs, Zentralstelle für Auslandskunde, Kolonialschule Witzenhausen) liegen näher am Idealprofil.
- Der Wandlungsprozess der Basler Mission wird besonders deutlich. Ihre Kennzahl hat sich von -1.33 auf +1.77 verändert und kommt damit dem fiktiven Idealwert einer Ausbildungsinstitution am nächsten.

Die massiven Unterschiede zwischen den kolonialen und postkolonialen Ausbildungsstätten dürften aus dem damals herrschenden autoritären Zeitgeist und dessen Einfluss auf die Pädagogik zu erklären sein. Gemessen an einem fiktiven Idealprofil des damaligen Bildungssystem (1) sowie auch im internationalen Vergleich (2) dürften die drei kolonialen Ausbildungsinstitutionen wahrscheinlich relativ progressiv gewesen sein.

---

1 Ein solches Profil wäre wohl nur unter grössten Schwierigkeiten zu erstellen.
2 "Germany leads the road in education, taking the word as meaning mainly cultivation of the intellectual powers. It is therefore perhaps hardly surprising that her Colonial education should be good. ... We Britishers know to our cost that where Germans have outstripped us they have done so by virtu of superior educational methods. And we should do well to consider and apply the lesson. ... And let us remember that the Charlottenburg School (gemeint ist die Technische Hochschule in Berlin. Anm. des Verfassers) started with about as much as apparent chance of success in its own sphere as the Hamburg colonial academy did two years ago. We know to what a stage the former has brought German technical industry and trade. All German colonial educational establishments aim at the same results along their special lines and in their own métier, in which they are proportionatly well equipped." L. Hamilton, Colonial education in Germany, S. 27f.
"What is evident is that in education of the better class of Colonists Germany is ahead of all countries, as she always is in matters educational. ... Let us not forget that what Germany is to-day she owes to a great extent to a superior education in everything. ... She has the education and not the Colonies: we have the Colonies and not the education." ebd., S. 35. Am Ende des Artikels setzt sich Hamilton sogar dafür ein, dass als vorläufiger erster Schritt eine Kommission nach Deutschland entsendet werden sollte, um die kolonialen Ausbildungsinstitutionen zu besichtigen.

Trainingismus - ein gemeinsames Phänomen

Bei allen Ausbildungsinstitutionen, sowohl den kolonialen als auch den postkolonialen, stand ein Leitgedanke vor dem geistigen Auge der Gründer, den Schaffer wie folgt umschrieben hat:
"Train these men lest worse befall." (1) Schaffer bezeichnet die Einführung und die Unterstützung von Ausbildungsgängen unter solchen oben genannten Titeln oder Zielen als "Trainingism". (2) Trainingism ist dadurch gekennzeichnet, dass entweder zu ambitionöse Ziele gesetzt werden, oder dass die Ziele bedacht so allgemein formuliert sind, dass sie nicht evaluiert werden können oder dass überhaupt keine klaren Ziele gesetzt werden. (3) In diesem Sinne finden sich in allen dargestellten Ausbildungsinstitutionen starke Ansätze zum Trainingismus. Ausbildung wurde und wird eben als gut in sich selbst betrachtet. Werden in gewissen Berufen Defizite erkennbar, so lautet die Antwort: Ausbildung. Eine solche Ausbildungsideologie hat expansionistischen Charakter. Als neueste Frucht des Trainingismus findet sich in der Bundesrepublik an der Fachhochschule Köln das 1976 eingeführte 3-semestrige interdisziplinäre Nachdiplomstudium über "Technologie in den Tropen". (4)
Die Gründung weiterer Studiengänge steht bevor. An der landwirtschaftlichen Hochschule Stuttgart Hohenheim arbeitet eine Projektgruppe an Plänen zum Fachgebiet "Tropen/Subtropen". (5) An der Technischen Universität Berlin wurde 1979 ein "Modellversuch Integriertes postgraduales Studium (IPS) am Beispiel der Internationalen Agrarentwicklung" ins Leben gerufen, der vorerst bis Dezember 1980 laufen soll. (6)

---

1 B. Schaffer (ed.), Administrative Training and Development. A Comparative Study of East Africa, Zambia, Pakistan, and India. New York, Washington, London 1974, S. 12. Eine freie Uebersetzung könnte lauten: Bilde diese Männer aus, damit sich nichts Schlechteres ereignet.
2 Ebenda
3 Vgl. M. Minogue, Teaching Development Studies. Administrative Training: Doublethink and Newspeak. In: IDS-Bulletin, May 1977, Vol. 8, nr. 4, S. 4.
4 Vgl. die gleichnamige Informationsbroschüre der Fachhochschule Köln.
5 Vgl. Stuttgarter Zeitung vom 21.2.1979.
6 Vgl. G. Lorenzl, T. Hampe, A. Hilbrink, Der Modellversuch Integriertes postgraduales Studium (IPS) am Beispiel der Internationalen Agrarentwicklung, Berlin Februar 1979, Ms., S. 1, 7f.

Bescheidene Ergebnisse

Alle Ausbildungsgänge und -kurse hatten und haben sich mit einem gemeinsamen Phänomen auseinanderzusetzen, welches Schaffer wie folgt charakterisiert:
"What could be described as a succesful outcome of a training programme ... is immense yet ambiguous. What is most familiar at the end of the training course is a claim that what was talked about in the plan or brochure, the statement of manifest goals, has not of course all been achieved, but the training course was worthwile because it had a different point after all, and in any case various training reforms (...) will improve things next time." (1)

Bescheidenheit bezüglich der Ergebnisse ist notwendig. Aber wie gezeigt wurde, gibt man sich in den diversen Institutionen keinen allzugrossen Illusionen hin. Alle postkolonialen Ausbildungsstätten haben erfahren müssen, dass in Kursen von nur wenigen Wochen, Monaten und selbst über einem Jahr Dauer nicht der Umfang an Wissen und Verhalten vermittelt werden konnte, der für eine Tätigkeit in Uebersee für erforderlich gehalten wird. In den oben genannten Zeitspannen werden auch menschliche Einstellungen und Eigenschaften nicht grundlegend geändert. Im besten Fall kann es gelingen, dem Sozialisationsprozess des zukünftigen Experten neue Impulse zu verleihen bzw. eine vom Kursteilnehmer als abgeschlossen empfundene Sozialisation in Frage zu stellen. (2)

Charakterliche Eigenschaften entscheidend

Vorbereitungskurse der verschiedensten Art stellen zwar eine allgemein anerkannte und notwendige, aber noch keine hinreichende Bedingung für einen erfolgreichen Experteneinsatz dar.
Entscheidend sind letztlich die nur schwer wägbaren charakterlichen Eigenschaften des Experten. In dieser Hinsicht zeigen die Anforderungsprofile in kolonialer und postkolonialer Zeit, dass
1. es bedingt durch die Vielfalt der Einsätze und Aufgaben das Persönlichkeitsprofil des Experten nicht gibt.
2. das Bild des Experten überhöht ist. Er ist kein Superman, sondern im besten Fall ein "normaler" Mensch, oft aber nur der "second best".
3. die wichtigsten Bestandteile der Anforderungsprofile, die charakterlichen Eigenschaften, durch Vorbereitung und Ausbildung nur beschränkt

---

1 B. Schaffer, a. a. O. , S. 13.
2 Aehnlich auch H. Breier, Das Thema ist kontrovers. Einige Anmerkungen zum Problem der Vorbereitung von Entwicklungshelfern. In: DED-Brief, Oktober bis Dezember 1975, S. 14.

zu beeinflussen und in einem Auswahlverfahren schwer herauszufiltern sind. Soweit der Erfolg personeller Hilfe von Charaktereigenschaften abhängig ist, bleibt er eben bis zu einem gewissen Grad Glückssache. (1)

Bereits 1967 stellte Arbenz (2) fest, dass ein Experte eigentlich nicht ausgebildet werden könne. Der ausgewählte Fachmann werde erst durch lange Uebung und Erfahrung im Einsatzland zum Experten. Ausbildung sei ein andauernder Prozess. Die Geburtswehen der Expertenwerdung könnten aber durch zweckmässige Vorbereitung vor dem Einsatz und durch geeignete Beihilfe und Führung während des Einsatzes wesentlich erleichtert werden.

Verbesserungen möglich?

Alle postkolonialen Kurse haben ein mehr oder weniger reifes "Produkt" entwickelt. Verbesserungen sind nur noch in einer klareren Zielformulierung und auf methodisch-didaktischem Gebiet möglich. Aber auch die beste Art der Vorbereitung kann die Realität im Entwicklungsland nur unvollkommen simulieren. Bereits 1971 schrieb Wald ein "Plädoyer für Vorbereitung von Fachkräften im Ausland". (3) Tenor des Artikels war die Erkenntnis, dass sich Sprache, Länderkunde, Cross-Cultural-Training und Projektlehre am Ort effizienter vermitteln lassen. Bisher ist es allerdings beim Streben nach solchen Lösungen geblieben. (4) Nur der Deutsche Entwicklungsdienst (DED) führt bereits seit Jahren neben dem Hauptkurs in Berlin einen zweimonatigen Gastlandkurs durch.
Ein zukünftiges Vorbereitungskonzept könnte in seiner zeitlichen Struktur wie folgt aussehen:
- sprachliche Vorbereitung, soweit erforderlich, in der lingua franca.
- 1-monatiger Vorbereitungskurs im Inland. Auch in einem solchen relativ kurzen Kurs können wesentliche Informationen vermittelt, er- und verarbeitet werden. Es sind sogar noch kürzere Kurse denkbar, wie die offensichtlich erfolgreiche Arbeit des englischen Centre for International Briefing in Farnham Castle zeigt. Jedes Jahr werden dort ca. 1500 Män-

---

1 Vgl. hierzu auch Ch. Heimpel, Probleme der Vorbereitung und des Einsatzes in der personellen Hilfe. In: GAWI-Rundbrief 6/1970, S. 8.
2 P. Arbenz, Gedanken zur Auswahl und Ausbildung von Experten. In: Experten-Bulletin, Nr. 6, September 1967, S. 18.
3 Vgl. zum folgenden H.J. Wald, Plädoyer für Vorbereitung von Fachkräften im Ausland. In: E+Z, 3/1971, S. 11f.
4 Derselbe, DSE-Zentralstelle für Auslandskunde sucht neue Wege. Teilweise Verlagerung der Vorbereitung deutscher Fachkräfte in Entwicklungsländer angestrebt. In: E+Z, 2/1974, S. 22.

ner und Frauen in einwöchigen briefing courses (1) auf eine Tätigkeit in Uebersee vorbereitet. Es darf vermutet werden, dass die englischen Experten aufgrund der relativ kurzfristigen Vorbereitung nicht schlechter arbeiten als ihre deutschen und schweizerischen Kollegen, wobei allerdings zu berücksichtigen ist, dass sie meist in ehemaligen Kolonien tätig werden. Sie befinden sich somit aufgrund ihrer Sprach- und Kolonialtradition auf relativ vertrautem Boden.
- 1-monatiger Gastlandkurs. Solche Kurse könnten in Zusammenarbeit mit den Entwicklungshilfespezialisten der Botschaft, Projektleitern, einheimischen Universitäten und Kulturinstituten organisiert werden. Die Durchführung sollte weitgehend einheimischen Tutoren übertragen werden. Denkbar wären auch gemeinsame Kurse für die bilateralen und multilateralen Experten aller Entsendeländer. Derartige Kurse könnten auch in regionalen Zentren durchgeführt werden.

In einer solchen Struktur könnten sinnvoll die Theorieteile auf die Inlandsvorbereitung, die Praxisteile (z. B. Sprachübungen, landeskundliche Exkursionen auf grass-root level) auf die Vorbereitung im Gastland verteilt werden. Es ist schwer verständlich, warum die seit langem vorliegenden Erkenntnisse und Erfahrungen bisher nicht in die Praxis umgesetzt wurden. Vielleicht sind es die Befürchtungen der Kursveranstalter ihren Tätigkeitsbereich einschränken zu müssen, vielleicht ist es aber nur die Trägheit des BMZ. Was aber für den DED möglich war, sollte auch für andere Institutionen realisierbar sein.

Modifizierung der These

Die eingangs aufgestellte These, dass die Anforderungsprofile und Funktionen des kolonialen und des heutigen Experten sowie die Inhalte und Formen der Expertenausbildung in kolonialer und heutiger Zeit weitgehend gleich seien, kann aufgrund der Befunde in dieser Eindeutigkeit nicht aufrechterhalten werden. Sie wird daher wie folgt modifiziert und ergänzt:
Die Anforderungsprofile der Kolonialexperten und der Experten der Entwicklungszusammenarbeit gleichen sich weitgehend in ihrem Anspruch auf idealtypische Vollkommenheit und in ihrer Realitätsferne.
Bezüglich der Funktion können beide Expertentypen als Brückenköpfe ihres sozio-ökonomischen Systems betrachtet werden.
Der Kolonialexperte war Teil des Herrschaftssystems seines Entsendelandes und hatte dementsprechende Aufgaben im Interesse dieses Systems zu übernehmen.

---

1 In einer Kursbroschüre heisst es zum Inhalt: Talks and discussions cover recent history, current affairs, economic prospects, social conventions, and local conditions which affect the expatriate in his work and home.

Der heutige Experte weist zwar oft in seinen Haltungen noch Elemente seiner kolonialen Vorgänger auf (1), er versteht sich aber zunehmend als Partner seines Gastlandes, mit dessen Vertretern er gemeinsame Aufgaben übernimmt.
Dementsprechend werden in den Lehrplänen von drei postkolonialen Ausbildungsstätten die menschlichen und psychologischen Aspekte der Zusammenarbeit in den Vordergrund gerückt, während dies bei allen kolonialen Institutionen sowie immerhin auch beim INDEL, Zürich, und dem DIE, Berlin, nicht der Fall war bzw. ist.
Betrachtet man dagegen die wirtschaftlichen, länderkundlichen, technischen, methodischen und kolonial- bzw. entwicklungspolitischen Ausbildungsinhalte, so kann festgestellt werden, dass diese in allen Ausbildungsinstitutionen entsprechend dem jeweiligen Wissensstand relativ gleichmässig abgedeckt wurden bzw. werden.
Ein erheblicher Unterschied ergibt sich dagegen bezüglich der Form der Ausbildung, die sich von einer patriarchalisch-autoritären, lehrerzentrierten Form in kolonialer Zeit zu einer partnerschaftlich-demokratischen, adressatenorientierten Form entwickelt hat.
Auch in Bezug auf die Dauer und den Charakter der Ausbildung sind beträchtliche Abweichungen festzustellen. In kolonialer Zeit war die Ausbildung relativ lang (1-6 Jahre) und berufsspezifisch ausgerichtet. Dagegen werden die heutigen Experten in relativ kurzen (1-13 Monate) und berufsübergreifenden Kursen vorbereitet.

Rückblick und Ausblick

Trotz vielfältiger entwicklungspolitischer Massnahmen von bilateralen und multilateralen Organisationen hat sich die Situation der Dritten Welt in den ersten beiden Entwicklungsdekaden nicht grundsätzlich geändert.
In den Entwicklungsländern und in den Industrieländern ist eine wachsende Unzufriedenheit über die bisherigen Ergebnisse der Entwicklungszusammenarbeit feststellbar. Die weltweite Wohlstandsdiskrepanz hat sich verstärkt. Die Folge ist eine zunehmende Desillusionierung hinsichtlich entwicklungspolitischer Ziele, Lösungsansätze und Massnahmen. (2)
Zahlreiche und in vielen Fällen sinnvolle Experteneinsätze haben an dieser Grundproblematik letztlich nichts ändern können. Bescheidenheit ist auch hier notwendig. So stellt Seers fest: "... there is very little we can do as either officials or academics to improve social conditions in other continents - although we can perhaps make them worse!" (3)

---

1 Vgl. die Ausführungen auf S. 260.
2 Vgl. BMZ, Entwicklungspolitik, Materialien, Nr. 58, Stellungnahme des wissenschaftlichen Beirats beim BMZ zur Entwicklungspolitik II, Bonn Juni 1977, S. 7.
3 D. Seers, Back to the Jvory Tower?. In: EADI Information paper, 2/77, S. 10.

Diese Bemerkung eines Insiders des "development business" demontiert die Illusion, dass der Experte wirklich einen substantiellen Beitrag zur Verbesserung der Situation in den Entwicklungsländern leistet. Eine solche Illusion kann nur entstehen, wenn der Experte nicht im Kontext seines sozio-ökonomischen Systems und der damit verbundenen Penetrationsprozesse gesehen wird. Die Hoffnung, der Experte könne sich aus diesem Kontext lösen, erscheint trügerisch. Er kann meist nur "Verbesserungen" artikulieren.
Die Chancen, auch real Verbesserungen zu erreichen, könnten steigen, wenn er sich vom "development business" des Entsende- und Gastlandes lösen würde, um sich direkt in einheimische Strukturen auf grass root-level zu integrieren. Aber wer tut das schon?
Die meisten Experten leiden wenigstens zeitweise unter der Kluft zwischen persönlichen Wunschvorstellungen und den o. g. kontextualen Sachzwängen. Zu dieser Zerrissenheit gesellt sich – ob die Experten es wollen oder nicht – die Gefahr, dass die Ergebnisse ihrer Arbeit Vorreiterfunktion (1) für eine noch effizientere Penetration ausüben können. Insofern hat die Konstruktion des Experten etwas Schizoides.
Bescheidenheit ist aber nicht nur angebracht bezüglich der Tätigkeit und Wirkungen der Experten. Betrachtet man die Experten im Gesamtsystem der Entwicklungszusammenarbeit, so wird ihr Einflusspotential relativiert, wenn man sich folgende Gedankenkette vergegenwärtigt:
Vorbereitung und Ausbildung stellen nur eine Phase im Lebenszyklus des Experten dar. Der Experteneinsatz wiederum ist nur ein Teil der personellen Hilfe. Die personelle Hilfe wiederum ist nur eine Komponente der technischen Hilfe und die technische Hilfe stellt nur eine Variante des entwicklungspolitischen Instrumentariums dar. Die Entwicklungspolitik steht letztlich wieder in starken Bezügen und Abhängigkeiten zur Aussen- und Aussenwirtschaftspolitik.
Bedenkt man weiterhin, dass in den letzten Jahren innerhalb der entwicklungspolitischen Gesamtleistungen die öffentlichen Leistungen in der Bundesrepublik und in der Schweiz nur etwa ein Drittel der Nettoleistungen der privaten Wirtschaft betrugen (2), so wird der beschränkte Einfluss des Instruments "Experte" noch bewusster.
Entwicklungspolitik war und ist immer umstritten. Entwicklungszusammenarbeit wird immer ein ständiger Lernprozess in der Kunst des Unmöglichen sein. Für den Experten als Transmissionsriemen der Entwicklungszusammenarbeit und dessen Vorbereitung gilt ähnliches. Auch die diversen Konzepte der Vorbereitung wurden und werden intern und extern kontrovers beurteilt, erregt und engagiert diskutiert, selbst eine vorübergehende Schliessung einer Ausbildungsinstitution (INDEL) wurde praktiziert. Hierüber erstaunt sein kann nur derjenige, der das Ziel pädagogischer Arbeit in allgemeiner Harmonisierung und in unkritischer Anpassung an neue Gegebenheiten sieht. Wer aber die Vorbereitung und Ausbildung von Experten als Bemühen versteht, "Menschen in die Lage zu versetzen, Konflikte

---

1 Vgl. die Ausführungen auf S. 176.
2 Vgl. Handelsblatt vom 28.12.1978.

zu erkennen, sie zu bewerten und zu bewältigen, selbständig Handlungsalternativen zu entwickeln, sich selbst und seine Handlungsweisen im Rahmen eines sozialen Beziehungsfeldes zu sehen und zu beurteilen, schliesslich auch Widersprüche festzustellen und bei Unauflösbarkeit zu ertragen" (1), der wird Kontroversen in der Diskussion über die Expertenvorbereitung nicht erstaunlich, sondern normal finden.
Kurse der diversen Ausbildungs- und Vorbereitungsinstitutionen sind keine Versicherung gegen die Fehler der Experten. Aber sie machen den Teilnehmern vielleicht wenigstens das Ausmass ihrer Unwissenheit und Unvollkommenheit bewusst, führen manchmal zu mehr Bescheidenheit und vermitteln oft Anstösse, die erkannten Defizite aufzuarbeiten.

---

1 H. Breier, a.a.O., S. 9.

QUELLEN- UND LITERATURVERZEICHNIS

UNGEDRUCKTE QUELLEN

1. Archiv der Basler Mission

Akte: Seminar BM
Statistiken über die Aussendungen und Gebietsaufenthalte
Seminar verschiedenes
Geschichtliches, Organisation, diverse Missionsfragen 1860-1973
Statistik Akte aus dem Sekretariat der Basler Mission
Akte Präsident Rossell I-III (Ausbildung, Kurse)

2. Archiv der Basler-Handels-Gesellschaft AG (Direktionsarchiv U-2)

Konsultierte Bestände: D 78/01, D 80a/01, D 80/04

3. Archiv des Präsidenten des Schweizerischen Schulrates der ETH Zürich

Schreiben des Präsidenten des Schweizerischen Schulrates vom 14. Februar 1950 an Herrn Minister Zutter und Herrn Direktor Zipfel.

4. Archivschrank des Deutschen Instituts für tropische und subtropische Landwirtschaft in Witzenhausen

Gesamter Bestand.

5. Direktion für Entwicklungszusammenarbeit und humanitäre Hilfe (Bern, Moghegno)

Diverse nicht klassifizierte Unterlagen (Umdrucke, Manuskripte, Aktennotizen, Mitteilungen, Arbeitspapiere)

6. Deutsches Institut für Entwicklungspolitik in Berlin

Diverse nicht klassifizierte Unterlagen (Umdrucke, Manuskripte, Aktennotizen, Mitteilungen)

7. Interdisziplinärer Nachdiplomkurs über Probleme der Entwicklungsländer der ETH-Zürich

Akte: Gründung des INDEL
Akte: 2.4 Statistische Auswertungen

8. Staatsarchiv Hamburg

Konsultierte Bestände:
364-6, Hamburgisches Kolonialinstitut, A-Z
364-7, Professorenrat des Kolonialinstituts, A-Z

LITERATUR

ALBERTINI, R. von, Europäische Kolonialherrschaft 1880-1940. Beiträge zur kolonialen Ueberseegeschichte, hrsg. von R. von Albertini und H. Gollwitzer, Bd. 14, Zürich und Freiburg i. Br. 1976

AMIET-KELLER, M., Die Kolonisation im Urteil schweizerischer Staatstheoretiker, Wirtschaftstheoretiker und Historiker (1815-1914), Diss., Basel 1974
ARBENZ, P., Gedanken zur Auswahl und Ausbildung von Experten. In: Experten-Bulletin, Nr. 6, September 1967, S. 16-19
BALANDIER, G., Die koloniale Situation: Ein theoretischer Ansatz. In: R. v. Albertini (Hrsg.), Moderne Kolonialgeschichte. Köln/Berlin 1970
BENEKE, M., Die Ausbildung der Kolonialbeamten. Berlin 1894.
BETKE, F. u. a., Partner, Pläne und Projekte - Die personelle Hilfe der Bundesrepublik Deutschland in West-Malaysia. Bericht über eine empirische Untersuchung in West-Malaysia 1976. Bielefelder Studien zur Entwicklungsoziologie, Bd. 1, Saarbrücken 1978
BILLERBECK, K., Reform der Entwicklungshilfe auf der Basis der bisherigen Erfahrungen. Hamburg 1961.
BITTERLI, U., Conrad-Malreaux-Green-Weiss. Schriftsteller des Kolonialismus. Zürich, Köln 1973
BLEY, H., Kolonialherrschaft und Sozialstruktur in Deutsch-Südwestafrika 1894-1914. Hamburg 1968
BASLER MISSION, Jahresberichte der Basler Mission 1950-1977
BASLER MISSION, Programm für den Vorbereitungskurs vom 12. April bis 30. Juni 1977
BMZ, Entwicklungspolitik, Ausgabe I/VI, 27.4.1965
BMZ, Sozial-Ausbildungs-, und Bildungsprogramm für Entwicklungsländer. Bad Godesberg, am 15. Juni 1962
BMZ, Ref. III A1-T4022-53/71. Konzept für die Auswahl und Vorbereitung der von der Bundesrepublik Deutschland entsandten Fachkräfte (Elshorst-Papier), Bonn 30.9.1971
BMZ (Hrsg.), Entwicklungspolitische Konzeption der Bundesrepublik Deutschland und die internationale Strategie für die Zweite Entwicklungsdekade. Bonn 1971
BMZ, Grundsätze für die Technische Hilfe. In: Entwicklungspolitik, Materialien, Nr. 42, Januar 1974
BMZ, Stellungnahme des Wissenschaftlichen Beirats beim BMZ zur Entwicklungspolitik II. In: Entwicklungspolitik, Materialien, Nr. 42, Juni 1977
BODEMER, K., Die entwicklungspolitische Konzeption der BRD im Spannungsfeld konfligierender Interessen. Entwicklung und Wandel der Motive, Zielvorstellungen und Vergabegrundsätze der bilateralen, öffentlichen Hilfepolitik von den Anfängen bis zum Ende der Ersten Entwicklungsdekade (1956-1970) - Eine empirisch-deskriptive Untersuchung. München 1974
BOLLAND, J., Gründung der Hamburgischen Universität. In: Universität Hamburg, 1919-1969. Hamburg 1969, S. 17-105
BOMBACH, G., Bildungsökonomie, Bildungspolitik und wirtschaftliche Entwicklung. 7. Gespräch zwischen Wissenschaft und Wirtschaft, veranstaltet vom Bundesverband der deutschen Industrie, im Einvernehmen mit dem Stifterverband für die deutsche Wissenschaft und dem Deutschen Industrie- und Handelstag am 2. Dezember 1963 in Bonn. Heidelberg 1974

BOSSHARD, W., Einordnung westlicher Fachleute in den Arbeitsprozess eines Entwicklungslandes. In: mondo, 2.Jg., Dezember 1962, Nr. 6, S. 1-3
BOTKIN, J.W., ELMANDJARA, M., MALITZA, M., The Human Gap. The Learning Report to The Club of Rome (version as of 15 May 1979) Ms., Cambridge (Mass.) 1979
BREIER, H., Das Thema ist Kontrovers. Einige Anmerkungen zum Problem der Vorbereitung von Entwicklungshelfern. In: DED Brief, Oktober-Dezember 1975, S. 7-14
BROWN, R.H., Bureaucratic Bathos. How to be a Government Consultant Without Really Trying. In: Administration & Society, vol. 10, nr. 4, febr. 1979, S. 477-492
BUNDESMINISTERIUM FUER WIRTSCHAFT, Bericht der deutschen Expertenkommission für Saudisch-Arabien. Düsseldorf, den 10. August 1955
BUNDESRECHNUNGSHOF, Der Präsident, Uebersicht über Organisation und Personal auf dem Gebiet der Entwicklungshilfe im Bereich der Bundesministerien, nachgeordneten Behörden und ausserhalb der Bundesverwaltung. Frankfurt, Dezember 1963
BUNDESVERWALTUNGSAMT, Amt für Auswanderung, Rundschreiben Nr. 463/1962 vom 20. Dezember 1962-275-05-3768/2, Allgemeines; hier: Entwicklungshilfe, hier: soziale Sicherheit und Ausbildung der in der Entwicklungshilfe Tätigen
BURRI, K., Gedanken von Teamleitern. In: Experten-Bulletin, Nr. 6, September 1967, S. 20-21
COHEN, E., Expatriate Communities. In: current sociology, Vol. 24, Nr. 3, S. 5-129
COHN, R.C., Von der Psychoanalyse zur themenzentrierten Interaktion. Stuttgart 1976
CROWDER, M., West Africa under Colonial Rule. Evanston 1968
CUSTER, W., u.a., Bericht des Swiss Nepal Forward Team an die Koordinationskommission für technische Hilfe. Ms., Zürich, August 1951
DEH, Vorbereitung von Mitarbeitern für Entwicklungsländer. Programm 1979
DELAVIGNETTE, R., Christentum und Kolonialismus. Zürich 1961
DENNERT, J., Entwicklungshilfe geplant oder verwaltet? Entstehung und Konzeption des Bundesministeriums für wirtschaftliche Zusammenarbeit. Freiburger Studien für Politik und Gesellschaft überseeischer Länder, Bd. 2, Bielefeld 1968
DERNBURG, B.,
Koloniale Lehrjahre. Berlin 1907
Koloniale Erziehung. München 1907
Zielpunkte des deutschen Kolonialwesens. Berlin 1907
Die Vorbedingungen für erfolgreiche koloniale und überseeische Betätigung. Berlin 1912
DEUTSCHE KOLONIALSCHULE, Hochschule für In- und Auslandssiedlung. Lehrbetrieb. Witzenhausen 1920
DEUTSCHE KOLONIALSCHULE, Kolonialhochschule, Lehr- und Anstaltsplan. Witzenhausen 1929

DEUTSCHE KOLONIALSCHULE WITZENHAUSEN (Hrsg.), Festschrift
zum 40-jährigen Bestehen der Deutschen Kolonialschule Witzenhausen
1898-1938, Witzenhausen 1938
DEUTSCHER BUNDESTAG, 8. Wahlperiode, Drucksache 8/2529, 1. 2. 1979 -
Antwort der Bundesregierung auf die Kleine Anfrage der Abgeordneten
Dr. Köhler (Wolfsburg), Frau Fischer, Höffkes, Dr. Hoffacker, Dr.
Hüsch, Josten, Kunz (Werden), Petersen, Stommel, Dr. Todenhöfer,
Werner und der Fraktion der CDU/CSU - Drucksache 8/2342 - Personelle Hilfe in Entwicklungsländern
DFTZ, Die Schweiz und die Entwicklungszusammenarbeit. Einige Antworten auf ebensoviele Fragen. Bern 1973
DFTZ, Grundsätze der technischen Zusammenarbeit des Bundes mit den
Entwicklungsländern. Bern, April 1969, Ms. , 44 S.
DFTZ, (t. 400, t. 330-RR/so), Grundlagen und Anregungen für die Ausarbeitung eines einzigen Statuts für das gesamte privatrechtlich angestellte
Auslandspersonal des DftZ, Bern, 7. Januar 1974, Ms.
DFTZ, EPD, Handelsabteilung des Eidgenössischen Volkswirtschafts-
Departements (Hrsg.), Informationen über Entwicklungspolitik.
Bulletin, Presserohstoff, Ausschuss für Entwicklungshilfe (DAC) der
OECD: Jahresexamen der Hilfe 1977, Memorandum der Schweiz.
DIE, 1. Tätigkeitsbericht 1964-68. Berlin, im November 1968
DIE, Ausbildungsplan 1977/78. Berlin, April 1977
DOLPH, W. , Die ungeliebten Experten. In: Die Zeit vom 15. 6. 1973
DOLPH, W. , Von teuren Geschenken zu nützlicher Entwicklungshilfe.
Gedanken zur Reform der personellen Entwicklungshilfe. In: E+Z 6/1974
DOLPH, W. , Entwicklungshilfe: Ersatzbefriedigung für die Reichen. In:
Die Zeit vom 17. 5. 1974
DSE, Auswahl und Vorbereitung von deutschen Fachkräften für die Tätigkeit in Entwicklungsländern. Empfehlungen der Teilnehmer aus 2 Arbeitstagungen im Oktober 1960. Berlin-Tegel, Februar 1961
DSE, Inhalt und Methodik kurzfristiger Vorbereitungskurse für Fachkräfte,
die in Entwicklungsländer gehen. Protokoll eines Expertengesprächs
am 24. /25. 5. 1961, DOK 35/61 E6/61
DSE, Jahresberichte 1965-1975
DSE, Zentralstelle für Auslandskunde, Lernziele der Vorbereitung (Lernzieltaxonomie). Bad Honnef, Juli 1975 (1. Fassung)
DSE, Zentralstelle für Auslandskunde. Ausbildungsplan, Drei-Monats-
Seminar zur Vorbereitung deutscher Fachkräfte für eine Tätigkeit in
Entwicklungsländern, 6/77
EIFLER, Geschichte der "Lehranstalt für internierte Kolonialdeutsche",
Davos im Juli 1918, Fotoalbum mit maschinengeschriebenem Manuskript
im Anhang, 15 S.
EIFLER, Geschichte der "Lehranstalt für Kolonial- und Auslandskunde",
Brunnen 1919, Ms. , 12 S.
ELSHORST, H. , Bilanz und Perspektiven der Personellen Zusammenarbeit.
In: Auslandskurier, Sonderheft September 1978, S. 6-7
ERZBERGER, M. , Die Kolonialbilanz. Bilder aus der deutschen Kolonialpolitik auf Grund der Verhandlungen des Reichstages im Sessionsabschnitt 1905/6. Berlin 1906

FABARIUS, E. A., Die allgemeine weibliche Dienstpflicht. Ein Vorschlag und Beitrag zur Lösung der Frauenfrage. Essen 1895

FABARIUS, E. A., Deportation von Verbrechern nach den deutschen Kolonien. Essen 1896

FABARIUS, E. A., Eine deutsche Kolonialschule. Denkschrift zur Förderung deutsch-nationaler Kultur - Aufgaben und zur Wahrung deutsch-protestantischer Interessen in den überseeischen Gebieten. Coblenz 1897

FABARIUS, E. A., Denkschrift über den Charakter der deutschen Kolonialschule. Witzenhausen 1908, Ms., 20 S.

FABARIUS, E. A., Ausbildung für den Kolonialdienst. In: Jahrbuch über die deutschen Kolonien, 2. Jg., 1909, S. 146-52

FABARIUS, E. A., Deutsche Friedenshoffnung oder was fordern wir von unseren Feinden. Eine politisch-, wirtschaftlich-, militär-geographische Studie. Vertrauliche Handschrift. Witzenhausen, den 22. März 1915, Ms., 85 Seiten

FABARIUS, E. A., Aufgabe und Arbeit der Deutschen Kolonialschule nach dem "Vertrag" von Versailles. In: Koloniale Rundschau, Jg. 1925, Heft 1, S. 2-15

FABRI, F., Bedarf Deutschland der Kolonien. Gotha 1879

FABRI, F., Fünf Jahre Deutscher Kolonialpolitik. Gotha 1884

FESCA, N., Ueber die Ausbildung des kolonialen Landwirts. In: Landwirtschaftliche Jahrbücher. Sonderdruck der Zeitschrift für wissenschaftliche Landwirtschaft und Archiv des Königlich-Preussischen Landes-Oekonomie-Kollegiums, XXXVIII. Band 1909, Ergänzungsband V, Berlin 1909, S. 35-37

FILCHNER, W., In der Fieberhölle Nepals. Wiesbaden 1951

FISCHER, R., Die Basler Missionsindustrie in Indien 1850-1913. Rekrutierung und Disziplinierung der Arbeiterschaft. Zürich 1978

FREIRE, P., Pädagogik der Solidarität. Für eine Entwicklungshilfe im Dialog. Wuppertal 1974

FREUND, W. S., Glosse: Die Kritik, der Kritik, der Kritik am Experten... In: Die Dritte Welt, Nr. 1/75

GALTUNG, J., Eine strukturelle Theorie des Imperialismus. In: D. Senghaas, Imperialismus und strukturelle Gewalt. Analysenabhängiger Reproduktion. Frankfurt 1976

GANN, L. H., DUIGNAN, P., The Rulers of German Africa 1884-1914. Stanford 1977

GARNER, L., The aid trade-expatriatism as a way of life. In: The Guardian, Dec. 24, 1978

GESAMTHOCHSCHULE KASSEL, OE Internationale Agrarwirtschaft. Witzenhausen. Tätigkeitsbericht 1975/76

GROVES, C. P. The Planting of Christianity in Africa. Vol. 2,3, London 1974

GTZ, Die GTZ stellt vor: Integrierte Fachkräfte für die Entwicklungsländer. Ein Programm zur Beseitigung des Fachkräftemangels in der Dritten Welt. Eschborn 1977

GUTERSOHN, H., Betrachtungen zur schweizerischen Entwicklungshilfe. In: mondo, 1. Jg., Dezember 1961, Nr. 3, S. 1-3

HALL, H. L., The Colonial Office. A History. London/New York/Toronto 1934

HAMBURGER SENAT, Drucksache für die Senatssitzung No. 420, verteilt am 30. Dezember 1911, streng geheim, Mitteilung des Senats an die Bürgerschaft, Antrag betreffend Ausbau des Kolonialinstituts und des allgemeinen Vorlesungswesens zu einer Universität.
HAMBURGISCHE UNIVERSITAET, Reden, gehalten bei der Eröffnungsfeier am 10. Mai 1919 in der Musikhalle vom Bürgermeister Dr. Werner von Melle und Prof. Dr. Karl Rathgen, erster Rektor der Universität. Hamburg 1919
HAMBURGISCHES KOLONIALINSTITUT
  Bericht über das erste Studienjahr, Hamburg 1909
  Bericht über das dritte Studienjahr, Hamburg 1911
  Bericht über das vierte Studienjahr, Hamburg 1912
  Bericht über das sechste Studienjahr, Hamburg 1914
HAMILTON, L., Colonial Education in Germany (with a Plea for a British Colonial University). In: United Empire, Vol. II, January 1911, Nr. 1, S. 27-38
HANF, Th., Funktion der Bildung zwischen Sozialisation und Allokation. In: Sozialer Wandel, hrsg. von Th. Hanf u. a., Bd. 2, Frankfurt 1975, S. 100-119
HASSEL, U. v., Brauchen wir eine Kolonialreform? Kolonialpolitische Betrachtungen. Zeitfragen des christlichen Volkslebens, Bd. XXXI, Heft 4, Stuttgart 1906, S. 10-29
HAUSEN, K., Deutsche Kolonialherrschaft in Afrika. Wirtschaftsinteresse und Kolonialverwaltung in Kamerun vor 1914. Freiburg i. Br. 1970
HEIMPEL, Ch., Probleme der Vorbereitung und des Einsatzes in der personellen Hilfe. In: GAWI-Rundbrief, 6/1970, S. 6-10
HEIMPEL, Ch. (Hrsg.), Postuniversitäre Ausbildung. Eine selbstkritische Fallstudie: Das Deutsche Institut für Entwicklungspolitik in Berlin. Berlin 1971
HELFFERICH, K., Zur Reform der kolonialen Verwaltungsorganisation. Berlin 1905
HERBST, W., Ueber die Entwicklung der Kolonialschule Witzenhausen. In: WERRA-Land, 27. Jg., Dezember 1975, Heft 4, S. 52-55
HERMELINCK, J., Die christliche Mission und der Kolonialismus. In: Das Ende der Kolonialzeit und die Welt von morgen. Eine Vortragsreihe des Heidelberger Studios des Süddeutschen Rundfunks. Stuttgart 1961
HESSE, J., Joseph Josenhans. Ein Lebensbild. Calw und Stuttgart 1895
HEUSSLER, R., Yesterday's Rulers. The Making of the British Colonial Service. Syracuse 1963
HÖGGER, R., Die Schweiz in Nepal. Erfahrungen und Fragen aus der schweizerischen Entwicklungszusammenarbeit mit Nepal. Schriftenreihe der Schweizerischen Gesellschaft für Aussenpolitik, Bd. 3, Bern und Stuttgart 1975
HOFFMANN, R., Die neupietistische Missionsbewegung vor dem Hintergrund des sozialen Wandels um 1800, Salzburg 1976, Ms.
HOFFMANN, W., Elf Jahre in der Mission. Stuttgart 1853
HOFFMANN, W. K. H., Evaluation eines Ausbildungsganges dargestellt am Beispiel des Interdisziplinären Nachdiplomkurses über Probleme der Entwicklungsländer an der ETH Zürich. In: D. Kantowsky (Hrsg.), Evaluierungsforschung und -praxis in der Entwicklungshilfe, Zürich 1977

HOFFMANN, W. K. H. , Spätformen kolonialer Ausbildung. Die Lehranstalt für internierte Kolonialdeutsche in Davos. NZZ v. 13. /14. 8. 1977, S. 55-57

ILLICH, I. , Fortschrittsmythen. Reinbeck bei Hamburg 1978

INDEL, Bericht über den 7. Interdisziplinären Nachdiplomkurs über Probleme der Entwicklungsländer vom 14. 2. 77-31. 3. 78, Zürich, April 1979

INDEL, Bericht über die INDEL-Kurse I-IV und die bisherigen Erfahrungen des Kurses V. Zürich, Juli 1975

INSTITUT UNIVERSITAIRE d'études du développement, T. 220-13(7), Evaluation de la préparation des coopérants Suisse, Rapport préparé par P. Dominicé, W. Käser, D. Perrot, R. Preiswerk, R. Vollenweider à la demande de la Direction de la coopération au développement et de l'aide humanitaire. Département politique fédéral, Berne, Coordinateur de l'équipe: R. Preiswerk, Genève, avril 1978

JENKINS, P. , Towards a definition of the Pietism of Wurtemberg as a Missionary Movement. Paper präsentiert auf der Oxford Conference 1978 der African Studies Association of the United Kingdom: Whites in Africa - Whites as Missionaries, Falmouth, 15th-27th July 1978

KADE, E. , Die Anfänge der deutschen Kolonial-Zentralverwaltung. Würzburg 1939

KÄGI-FUCHSMANN, R. , Erfolgreicher Kurs für Experten. In: mondo, 2. Jg. , Oktober 1962, Nr. 5, S. 13-14

KÄGI-FUCHSMANN, R. , Vom Werden der schweizerischen Entwicklungshilfe. In: Schweizerische Zeitschrift für Gemeinnützigkeit, Jan. /Febr. 1966, Heft 1/2, S. 1-29

KELLER, E. , Strukturen der Unterentwicklung. Indien 1857-1914. Eine Fallstudie abhängiger Reproduktion. Zürich 1977

KLAUS, G. , BUHR, M. , Philosophisches Wörterbuch. 8. berichtigte Auflage, Leipzig 1972

KÖHLER, H. , Das Hamburgische Welt-Wirtschafts-Archiv. Geschichte einer grosswissenschaftlichen Anstalt. Hamburg 1859

KÖSTER, R. , Die Deutsche Kolonialschule, GmbH, Witzenhausen. Rückblick und Ausblick, Witzenhausen, Januar 1946, Ms. , 21 Seiten.

KOPF, D. , British Orientalism and the Bengal Renaissance. The Dynamics of Indian Modernization 1773-1835. Berkeley and Los Angeles 1969

KORDES, H. , Funktionen und Wirkungen europäischer Entwicklungshelfer. In: Sociologus, NF 1971, Jg. 21, Heft 2, S. 138-166

KRUSE-RODENACKER, A. , Betreuung der Entwicklungshelfer und Fachkräfte (back stopping). In W. Schneider (Hrsg.), Arbeitsfeld Entwicklungshilfe. Organisationen, Verfahren, Rechtsfragen, Vorbereitung, Betreuung. Information und Kritik. Wuppertal 1974

KUBA, F. , Wo die Auslandsmitarbeiter der Schuh drückt. - Umfrage: Störfaktoren bei der Projektarbeit im Ausland. In: E+Z 12/73

KÜHNE, H. , Zur Kolonialpolitik des faschistischen deutschen Imperialismus. In: Zeitschrift für Geschichtswissenschaft, Jg. 1961, Heft 3, S. 530-535

LÄTT, A. , Der Anteil der Schweizer an der Eroberung Indiens. CXXVI. Neujahrsblatt der Feuerwerker-Gesellschaft (Artilleriekollegium) in Zürich auf das Jahr 1934

LEUCHTAG, E. , With a king in the clouds. London 1958
LORENZL, G. u. a. , Der Modellversuch integriertes postgraduales Studium (IPS) am Beispiel der Internationalen Agrarentwicklung, Berlin Februar 1979, Ms. , 9 S.
LOTZ, H. , Kochrezepte zusammengestellt für den Kochkurs des Hamburgischen Kolonialinstituts. Hamburg 1914
MALETZKE, G. , Helfer, Fachmann, Freund und Feind, 6-teiliges Radio-Kolleg im Deutschlandfunk, Dezember 1976, Ms.
MELLE, W. von, 30 Jahre Hamburger Wissenschaft 1891-1921, Hamburg 1923/24
MIHALY, E. B. , Foreign Aid and Politics in Nepal. London/New York/ Toronto 1965
MINOGUE, M. , Teaching Development Studies. Administrative Training: Doublethink and Newspeak. In: IDS-Bulletin, May 1977, Vol. 8, Nr. 4, S. 3-6
MIRBT, C. , Hundert Jahre Basler Missionsarbeit. In: Evangelisches Missions-Magazin, N. F. , 59. Jg. , 1915, S. 468-540
MÜHLHÄUSER, L. , Zum Jubiläum des Basler Missionshauses. In: Evangelisches Missions-Magazin, N. F. , 60. Jg. , 1916, S. 340-452
MÜLLER, F. F. (Hrsg.), Kolonien unter der Peitsche. Berlin 1962
NICKEL, H. J. , Marginalität als theoretischer Ansatz zur Erklärung von Unterentwicklung. In: Sociologus, NF 1971, Jg. 21, Heft 1, S. 35-47
NUSSBAUM, M. , Vom "Kolonialenthusiasmus" zur Kolonialpolitik der Monopole. Zur deutschen Kolonialpolitik unter Bismarck, Caprivi, Hohenlohe. Berlin 1962
OLDENBRUCH, G. , Emanzipatorische Erwachsenenbildung als Problem. in DSE, Jahresbericht 1970, S. 27-29.
O'MALLEY, L. S. S. , The Indian Civil Service 1601-1930. London 1931
ORGANSKI, A. F. K. , World Politics. New York 1958
PERHAM, M. , Bilanz des Kolonialismus. Stuttgart 1963
PFLAUMER, G. , Die Krise der personellen Entwicklungshilfe. In: aus politik und zeitgeschichte, beilage zur wochenzeitung das parlament, B 18/76, 1. 5. 76, S. 30-46
PLATTNER, F. , Verzeichnis der Schweizer Jesuitenmissionare 1542-1942, o. O. , 1943
PREISWERK, R. , Die Ausbildung bilateraler Experten. In: Experten-Bulletin, Nr. 6, Sept. 1967, S. 10-15
RATHGEN, K. , Beamtentum und Kolonialunterricht. Hamburg 1908
REINHART, G. , Gedenkschrift zum 75-jährigen Bestehen der Firma Volkart. Winterthur 1926
RENSCHLER, W. , Die Konzeption der technischen Zusammenarbeit zwischen der Schweiz und den Entwicklungsländern. Zürich 1966
RHINESMITH, St. H. , An Analysis of the Educational Program of the German Development Institute. Cambridge (Mass.) 1970, Ms.
RIEBEL, F. H. , Spezifische Berufsvorbereitung für Erwachsene - Konzept, Gestaltung der Ausbildung von Entwicklungshilfe-Experten. In: Erwachsenenbildung. Grundlagen und Methoden. Weinheim 1969, S. 260-67.

RIEBEL, F. H. , Das Seminar für ländliche Entwicklungshilfe in Witzenhausen. In: Zeitschrift für ausländische Landwirtschaft, 5. Jg. , 1966, Heft 3, S. 254-260
RIGGENBACH, C. J. , Vertrauliche Mitteilungen über Handel und Industrie in der Basler Mission. Basel 1884
RIST, G. , LALIVE D'EPINAY, Ch. , Regards blancs sur visages noir. Genève 1978
RODNEY, W. , Afrika. Die Geschichte einer Unterentwicklung. Berlin 1970
ROONGROJDEE, N. , Erfahrungen einer Thai in der Zusammenarbeit mit deutschen Experten. In: E+Z 6/75
RÜCKRIEM, G. M. , Der gesellschaftliche Zusammenhang der Erziehung. In: Funk-Kolleg Erziehungswissenschaft I, Frankfurt a. M. 1977, S. 257-322
RUEGGER, R. , Das Britische Empire und die schweizerische Wirtschaft. In: Weltwirtschaftliche Studien hrsg. vom Schweizerischen Komitee für Weltwirtschaft, Heft 2, Genf 1948, S. 1-26
SCHAFFER, B. (Ed.), Administrative Training and Development. A Comparative Study of East Africa, Zambia, Pakistan, and India. New York/Washington/London 1974
SCHANZ, M. , Die Deutsche Kolonialschule in Witzenhausen. In: Beihefte zum Tropenpflanzer, Bd. XI, Nr. 6, September 1910, S. 397-468
SCHELBERT, L. , Einführung in die schweizerische Auswanderungsgeschichte. Zürich 1976
SCHIEFEL, W. , Bernhard Dernburg 1865-1937. Kolonialpolitiker und Bankier im wilhelminischen Deutschland. Zürich 1974
SCHLATTER, W. , Geschichte der Basler Mission. 3 Bände. Basel 1916
SCHMALTZ, O. , 75 Jahre Ausbildungsstätte für internationale Agrarwirtschaft in Witzenhausen. In: Der Tropenlandwirt, 74. Jg. , April 1973, S. 5-8
SCHNEIDER, E. , Deutschland und der Aufbau der entwicklungsfähigen Länder. In: Offene Welt, Nr. 49, Mai/Juni 1957, S. 293-296
SCHRÖDER, D. , Hamburger Beiträge zur Erforschung der afrikanischen Rechtsordnung. Sonderdruck aus den Mitteilungen der Geographischen Gesellschaft in Hamburg, Bd. 56, S. 201-207
SCHWEIZERISCHER BUNDESRAT, Erster Bundesratsbeschluss betreffend die Institutionalisierung der Zusammenarbeit mit Entwicklungsländern vom 31. 3. 1950, inkl. Bericht und Antrag
SCHWEIZERISCHER BUNDESRAT, Botschaft über die Weiterführung der technischen Zusammenarbeit und deren Finanzhilfe zu Gunsten von Entwicklungsländern vom 23. 11. 1977 (77. 084)
SCHWEIZERISCHER BUNDESRAT, Botschaft über die Finanzierung von wirtschafts- und handelspolitischen Massnahmen im Rahmen der internationalen Entwicklungszusammenarbeit vom 9. 8. 78 (78. 042)
SEERS, D. , Back to the ivory tower? The professionalisation of development studies and their extension to Europe. EADI-information papier 2/77, S. 1-15

SENDSCHREIBEN von dem Wohlstand und glückseligen Fortgang der Christenheit in den Orientalischen Indien: durch den ehrwürdigen Patren Nicolaum Pimentan, der Societet IESV in denselben Indien Visitatoren/ An seinen Hochehrwürdigen Generalen P. Claudium Aqua uiva auss Goa Letstn Novemb. Anno 1600 geschrieben und Jetzundt Teutsche Nation zu Nutz/Lust und Wohlgefallen in ihr gemeine Sprach versetzet. Constantz 1602

SENGHAAS, D., Weltwirtschaftsordnung und Entwicklungspolitik. Plädoyer für Dissoziation. Frankfurt 1977

SIGER-HEGNER, Hundert Jahre im Dienst des Handels. Zürich 1965

SINHA, N. K., The Economic History of Bengal. Calcutta 1962

SOZIALPSYCHOLOGISCHE Forschungsstelle für Entwicklungsplanung an der Universität des Saarlandes, Auswahl und Ausbildungsverfahren für Fachkräfte der deutschen Entwicklungshilfe, bearbeitet von B. Joerges, Studienauftrag des BMZ, Saarbücken, März 1967

SPEAR, P. (Ed.)., Oxfort History of India, Oxford 1958, third edition

SPEAR, P., The Nabobs. A Study of the Social Life of the English in 18th Century India. London 1963

SPERLING, J. B., Die Rourkela-Deutschen. Stuttgart 1965

SPIDLE, J. W., The German Colonial Service: Organization, Selection and Training. Stanford 1972, Ph. D.

SPILLMANN, K., Die psychologische Dimension der Geschichte. In: Schweizerische Monatshefte, Dezember 1978, S. 941-948

STOECKER, H. (Hrsg.), Drang nach Afrika. Die koloniale Expansionspolitik und Herrschaft des deutschen Imperialismus in Afrika von den Anfängen bis zum Ende des zweiten Weltkrieges. Berlin 1977

STÖCKLEIN, J., Allerhand so lehr- als geistreiche Brief/Schrifften und Reis-Beschreibungen/ welche von den Missionariis der Gesellschaft Jesu aus beyden Indien/ und anderen über Meer gelegenen Ländern/ seit anno 1642 biss auf das Jahr 1726 in Europa angelangt seynd. Augspurg und Gratz 1726

STUCKI, L., Das heimliche Imperium. Bern/München/Wien 1968

SWISS ASSOCIATION FOR TECHNICAL ASSISTANCE (Ed.), Mountain Environment and Development. A Collection of Papers published on the Occasion of the 20th Anniversary of the Swiss Association for Technical Assistance in Nepal. Kathmandu 1976

SWISS NEPAL FORWARD TEAM, Oktober-Dezember 1950. Bericht an die Koordinationskommission für technische Hilfe, verfasst von dem Teammitgliedern W. Custer, T. Hagen, E. Rauch, A. de Spindler, Ms., Zürich, August 1951

TESCH, J., Die Laufbahn der deutschen Kolonialbeamten, ihre Pflichten und Rechte. 4. vermehrte Auflage, Berlin 1909

TIMM, U., Morenga. München 1978

TRÖSCHER, T., Witzenhausen als Zentrum internationaler Zusammenarbeit. in: Der Tropenlandwirt, 73. Jg., Oktober 1972, S. 109-115

UNDP, Report on the Role of Experts in Development Co-operation. Prepared by Joint Inspection Unit. Geneva, March 1978

UNITED NATIONS, Observations on Certain Aspects of Economic and Social Development Problems in Nepal. Prepared for the Government of Nepal by Toni Hagen. New York, 10. Juli 1959
VOGELSANGER, C., Pietismus und afrikanische Kultur an der Goldküste. Die Einstellung der Basler Mission zur Haussklaverei. Diss. Zürich 1976
WALD, H. J., Plädoyer für Vorbereitung von Fachkräften im Ausland. In: E+Z, 3/1971, S. 11-12
WALD, H. J., DSE-Zentralstelle für Auslandskunde sucht neue Wege. Teilweise Verlagerung der Vorbereitung deutscher Fachkräfte in Entwicklungsländer angestrebt. In:E+Z, 2/1974, S. 22-23
WALD, H. J., Der hässliche Entwicklungsexperte. In: Die Zeit vom 9.8.1974
WALD, H. J., Kritik der Experten ernst nehmen. In: Der Auslandskurier, Nr. 3, 15. Jg., Herbst 1974
WANNER, G. A., Die Basler Handels-Gesellschaft A. G., 1859-1959. Basel 1959
WARNECK, G., Welche Pflichten legen uns unsere Kolonien auf. In: Zeitfragen des christlichen Volkslebens, Bd. XI, 1895, Heft 3/4, S. 58-112
WARNECK, G., Abriss einer Geschichte der protestantischen Missionen von der Reformation bis auf die Gegenwart. 4. Aufl., Berlin 1898
WESTDEUTSCHER RUNDFUNK, Manuskript der Sendung vom 12.1.1976, 21.07-22.07 Uhr, II. Programm: Sie verdienen soviel wie ein Minister. Deutsche Experten in der Dritten Welt, Manuskript der Sendung.
WHITE, J., German Aid. A Survey of the sources, policy and structure of German aid. London 1965
WILHELM, R., Editorial. Experten-Bulletin des Delegierten für technische Zusammenarbeit, Nr. 6, September 1967, S. 2-3
WINTER, C., Aus meinem Leben. In: Der deutsche Tropenlandwirt, 64. Jg., 1963, S. 98-105
WITSCHI, H., Geschichte der Basler Mission 1920-1940. Bd. 5, Basel 1970
WÜRZ, F., Missionsdirektor D. Theodor Oehler. In: Evangelisches Missions-Magazin, N. F., 59. Jg., 1915, S. 321-335
ZACHE, H., Die Ausbildung der Kolonialbeamten. Berlin 1912

ZEITUNGEN UND ZEITSCHRIFTEN

Der deutsche Kulturpionier, Jg. 1900-1927
Der evangelische Heidenbote, Jg. 1864, 1916
Der Spiegel, Nr. 20, 32. Jg., 15.5.1978
Deutsche Export-Revue, 8/9, Nr. 17
Deutsche Kolonialzeitung, Sonderbeilage zu Nr. 14, v. 6. April 1912
Deutsches Kolonialblatt, Nr. 19 (1908)
ETH-Bulletin, Nr. 35, Juli 1970 und Nr. 107, September 1975
Hamburger Correspondent vom 29. Dezember 1909
Hamburgisches Fremdenblatt, vom 7.11.1917
Hamburger Nachrichten vom 4.8.1913
Handelsblatt vom 28.12.1978
Jahrbuch über die deutschen Kolonien, 1908-1911
Jahresbericht der Industrie-Commission in der grossevangelischen Missionsgesellschaft in Basel. Basel 1853, 1856
Neue Zürcher Zeitung vom 4.8.1977, 13./14.8.1977, 2.12.1977, 24.5.1978
Stuttgarter Zeitung vom 21.2.1979

<u>Anlage I</u>   Ratschläge für nach China ausreisende Missionare von 1702 (1)

"<u>Erstlich</u> wäre es eine vergebene Sach aus Hoffnung der Marter=Cron nach Sina zu seufftzen; dann wann wir doch solten vertilget werden: wird man uns vielmehr aus dem Reich vertreiben/ als in demselbigen tödten. Dergleichen geistliche Recruten rüsten sich vielmehr die Angelegenheiten einer so langen Wasser=Reis starckmüthig zu übertragen.
Nach der Ankunfft hat man in diesem Reich ebenfalls genug zu leiden/ bald zwar eine kühle Feuchtigkeit im Frühling/ da es hiesigen Lands täglich regnet; bald eine unverträgliche Hitz/ bevor in dem Julio und Augusto/ dass mir allerdings unmöglich gefallen in dem Zimmer zu schlaffen/ biss ich mich in die freye Lufft begeben habe; bald einen hungerigen Abgang und abgeschmackte Zubereitung deren Speisen/ absonderlich/ wann man sich auf dem Land befindet/ letztlich auch den gäntzlichen Mangel des Weins vom Rebstock.
<u>Andertens</u> will allerdings nöthig seyn/ noch in Europa vor der Abreis sich äusserst zu befleissen/ innerlich mit GOtt inniglichst vereiniget zu seyn/ zu dem Ende aber sich in geistlichen Sachen/ absonderlich in Heiligen Betrachtungen beständig zu üben; dann auf der Reis lässt man entweders aus Schwachheit/ oder aber aus anderley Vorwand die sonst gewöhnliche Betrachtung leichtlich aus.
Wie soll aber ein lauer oder kühler Missionarius denen Christen einen Eiffer/ den er selbst nicht mehr hat/ können einblasen? Sind nun die Christglaubige lau/ so geben sie denen Heyden viel Aergernuss/ und hängen ihrer Mutter/ der Christlichen Kirch/ einen Schandfleck nach dem andern an/ wodurch die Ausbreitung des wahren Glaubens/ auch so gar in nahe gelegenen Städten nur verhindert wird.
<u>Drittens</u> muss sich hiesigen Lands ein Missionarius wissen in seinem Zimmer gantz einsam gleich einem Einsiedler zu beschäfftigen/ weil er nicht darff aus dem Hauss gehen/ als erstlich/ wann er von denen Christen in oder ausser der Stadt die Heiligen Sacramenten zu reichen beruffen wird; auf das Land aber oder in die Dörffer reisen wir jährlich nur zwey mal/ damit wir deren Weibern Beicht anhören. Zweytens/ wann wir alle halbe Jahr einmal die Mandarinen besuchen. Alle übrige Zeit sind wir enger eingesperrt als die Nonnen in Europa, weil wir so gar nicht dörffen bey der Heiss=Pforten mit denen Leuten reden.
<u>Viertens</u> hat ein Missionarius in Sina nebst einem guten Vorrath rechtschaffener Christlicher Tugenden auch nöthig/ mit einer auserlesenen Klug= und Bescheidenheit begabt zu seyn; inmassen 1) kein anders Volck unter der Sonnen in dem menschlichen Umgang so empfindlich ist/ als die Chineser/ welche wegen der geringsten Ursach ihr Gemüth von einem abwenden. Eine unterlassene schlechte Ceremonie/ ein unbedachter Weiss entfallenes Wort/ ein nur in etwas wenigem zu hoch gespanntes Ansinnen/ oder was anders dergleichen wird so gar deren christglaubigen Hertz und Sinn von dem Missionario entschlagen und abschröcken/ mit was Schaden

---

1 J. Stöcklein, Briefe und Schriften, Brief Nr. 67 vom 30.9.1702 von Hieronymus Franchi.

deren Seelen/ weiss der allein/ der dieses Land erfahren hat. 2) Bedarff der Missionarius solcher ausbündigen Klugheit seinen Dienern recht vorzustehen/ deren er wenigstens sechs oder sieben/ wann er auch allein ist/ muss aushalten/ als Pförtner/ Einkauffer/ Koch/ und so weiters. Kein anders regiment kan schwerer seyn/ sintemahl durch ihre Händ alles Geld/ so der Missionarius ausgiebt/ gehen muss/ wie nicht weniger alle übrige Geschäfften/ von was Ort sie immer seyn mögen/ von wannen das Sprich-Wort erwachsen ist: Das gröste Creutz eines Missionarii in diesen Ländern sind dessen eigene Bediente; der Bischoff von Ascalon aber pflegt zu sagen: deren Missionarien Bediente wären zugleich ihre Herren/ (vielleicht auch ihre Hencker).

Fünfftens muss ein Missionarius sich einer ansehnlichen Ernsthafftigkeit/ doch ohne Stoltzmuth oder Trutz/ aber auch ohne einiges Zeichen der geringsten Leichtsinnigkeit oder Ausgelassenheit/ anmassen. Viel Ding/ welche in Europa nicht unanständig scheinen/ werden hier für die grössten Ungebärden gehalten/ und würden einen Priester in Verachtung bringen. Sechstens reisse sich keiner viel um die Mathematic, wann er nicht nach Hof verlangt/ welches ihn doch also gleich reuen solte/ dass er um seine Entlassung würde anhalten/ gleichwie um solche schon ihrer viel gebetten haben. Ausserhalb der Hof=Stadt wird die Mathesis für nichts geachtet. Lieber erlerne er die Leib- und Wund=Artzney/ welche ihm und seinen Gespänen den Glauben auszubreiten über die massen viel dienen wird. Doch wird ihm nichts schaden/ wann er könte Sonne=Uhren reissen oder Schlag= Uhren richten. Er darff keine Rosen=Kräntz mitbringen/ dann dergleichen werden nach der Menge zu Canton gemacht/ und um ein Spott=Geld verkaufft; vielmehr versehe er sich mit Bildern/ Pfenningen/ und Heiligthümern/ welche die Sinenser inständigst von uns begehren/ ohne dass ich ihnen (welches mich schmertzt) könte willfahren/ weil ich dererselben keinen Vorrath aus Europa mitgenommen hab."

Anlage II   Berichte über die Lebensumstände englischer Kolonialexperten (1)

Die Todesrate der Kolonialexperten war erschreckend hoch. Hamilton (2) (1668-1723) berichtet, dass in Kalkutta innerhalb von 4 Monaten 460 von 1200 Engländern bestattet wurden.
Ovington (3) überliefert das Sprichwort: "Two monsoons are the Age of a Man".
Die Tätigkeit der District Officer war vielfältig. Hall (4) führt als Beispiel an, dass ein District Officer an einem Tag 7 Männer hängte und 5 Paare traute.
Verzweiflung spricht aus den Worten eines ehemaligen Gouverneurs: "The only reason that the officials of this colony remain alive is that there are no trees in it high enough to hang themselves upon. (5)
Ueber die Zeit um 1930 urteilt ein ehemaliger District Officer wie folgt: "There were no refrigerators, so that food either came out of tins or was what one shot locally. There was little fruit excepting for a few weeks of the year, and although we made great efforts, we found it difficult to grow vegetables excepting for a few months. This meant that everyone was suffering more or less from chronic malnutrition. Then there was the climate. West Africa was particularly bad, and we, of course, had no air conditioning and no fans; there was no electricity in outstations (where junior officers spent most of their time). Junior officers, in addition, spent much of their time in any case in touring, and so in living in tents or in grass-and-mud rest-houses. The combination of heat and malnutrition (explained why) ... there were few people who started their unsavory dinner without having had an appetiser of whiskey followed by a gin or two. Then there was the incidence of disease. ... We all took quinine every day against Malaria. That usually prevented Malaria, but it made Blackwater Fever, fatal in about fifty percent of the cases, fairly common. There were no prophylactics against a variety of other diseases, such as Yellow Fever. The mortality or invalidity rate was of course high. I don't know what the figures are but I doubt if more than fifty percent of the men appointed to the West African colonies continued for the twenty years necessary

---

1   Vgl. hierzu ausführlich folgende Autoren: P. Woodruf, The Men Who Ruled India, Vol. I: The Founders, London 1971, Vol. II: The Guardians, London 1971, P. Spear, The Nabobs, A Study of the Social Life of the English in 18th Century India, Oxford 1963. R. Heussler, Yesterday's Rulers, The Making of the British Colonial Service, Syracuse University Press 1963. L. S. S. O'Malley, The Indian Civil Service 1601-1930, London 1931.
2   A. Hamilton, A New Account of the Trade in India, I, S. 237, II, S. 7, zitiert nach P. Spear, The Nabobs, S. 10.
3   Th. Ovington, A. Voyage to Surat, 1689, S. 89/90, zitiert nach P. Spear, The Nabobs, S. 5.
4   H. L. Hall, The Colonial Office. A. History. London, New York, Toronto 1937, S. 115.
5   R. Williams, How I became a Governor, zitiert nach: H. L. Hall, The Colonial Office, a. a. O. , S. 116.

to get a pension. Finally there was the very important fact that most of the men were bachelors or grass widowers. Even those with wives were allowed to have them out for about only six months in an 18 month tour." (1)

Anlage III Auszüge aus dem Brief von Johannes Hesse betreffend Mängel der Missionars-Ausbildung im Missionshaus vom 16. Februar 1885 an den Inspektor der Basler Mission (2)

Verehrter Herr Inspektor!
Nachdem ich schon als Zögling manche Unzuträglichkeiten des Missionshaus-Lehrplans an mir und an anderen zu beobachten Gelegenheit gehabt, nachdem ich ferner in Indien bei mir und anderen so manches vermisst, was billigerweise die Missionshauserziehung uns hätte beibringen sollen, und nachdem ich in den letzten drei Jahren einen tiefen Einblick in den Bildungszustand der älteren Zöglinge jetziger Generation gewonnen, kann ich eine längst gefühlten Antrieb nicht länger widerstehen: ich muss Ihnen meine Gedanken in betreff des ganzen Unterrichtswesens im Missionshaus offen darlegen und Sie bitten, falls dieselben in irgendwelchem Masse Ihre Beistimmung finden sollten, in der Lehrerkonferenz evtl. auch im verehrten Komittee vorzulegen.

1. Misserfolge des gegenwärtigen Systems
So wie die Dinge jetzt stehen, wird auch das bescheidenste Mass allgemeiner Bildung, das ein Missionar nothwendig haben sollte, fast nur bei solchen Zöglingen erreicht, welche entweder hervorragend begabt sind oder schon vor ihrem Eintritt eine bessere Schulung erhalten haben; und zu einem wirklich wissenschaftlichen Verständnis der Theologie bringen es nur die allerwenigsten, vielleicht von zehn einer oder zwei. Man prüfe nur einmal genau die Brüder der ersten Klasse, ja man fühle den Jüngeren aus der Heidenwelt wieder zurückgekehrten Missionaren ein wenig auf den Zahn. Da wird man staunen über die Unwissenheit und den Mangel an Schlagfertigkeit. Einen ähnlichen Eindruck machen auch die meisten Berichte sowie nur allzuviele Ansprachen, die man von unseren Brüdern zu lesen und zu hören bekommt, so dass man nicht selten zu fragen versucht ist: wenn der und der schon in seiner Muttersprache so ungeschickt sich ausdrückt, wie wird's bei ihm wohl stehen mit dem Tanaresischem oder mit dem Tschi?... Nur sehr wenige machen keine orthographischen Fehler. An solchen, die ein vollkommen korrektes Deutsch schreiben und sprechen, fehlt es ganz. Ueber die einfachsten Dinge herrscht bei den meisten noch Konfusion. ... Ich verkenne durchaus nicht, dass im Missionshaus immerhin relativ Grosses geleistet wird und dass Einzelne es sowohl in der Sprache als auch in der Theologie zu etwas Tüchtigem bringen. Aber ich behaupte mit Nachdruck, dass dies Ausnahmen sind und bei weitaus den meisten Brüdern

---
1   Zitiert nach R. Heussler, a. a. O., S. 99/100.
2   Archiv der Basler Mission, Akte "Seminar BM Studienpläne, Reformvorschläge 1838-1954.

durch die gegenwärtige Unterrichtsweise nur ein Minimum von Bildung und Kenntnissen erreicht wird, das in keinem Verhältnis zur aufgewandten Zeit und Mühe steht. Nicht selten besteht dieses Minimum in einer oberflächlichen, intellektuell unfruchtbaren und moralisch gefährlichen Vielwisserei, angesichts welcher man fast meinen könnte: die Betreffenden wären tüchtigere Missionare geworden, wenn sie ohne alle Wissenschaft als einfältige Laien wären ausgesandt worden. ...
Sollen sie Schule halten, im Predigerseminar unterrichten, Traktate und Bücher schreiben, Zeitschriften redigieren, mit den Heiden disputieren, mit den Behörden verkehren und dergleichen mehr, so kommen sie in tausend Verlegenheiten und müssen sich, wenn sie's ernst nehmen in geradezu gesundheitsschädlicher Weise anstregen, um ad hoc das Nötige nachzuholen. Diese ungesunde Halbbildung macht auch unfähig zum rechten Beobachten und scharfen Auffassen all des Neuen und Interessanten, das man in der Heidenwelt zu sehen bekommt. Daher die Inhaltslosigkeit und Mattheit so vieler Berichte, und abgesehen von der oben erwähnten Schwerfälligkeit im Ausdruck. Ueberhaupt ist so ein halbgebildeter oder gar verbildeter und noch dazu eingebildeter Mensch wie ein Arbeiter, der das herrlichste Material vor sich hat, dem aber die nötigen Werkzeuge fehlen oder dessen Werkzeuge stumpf sind. ...

2. Die Ursachen

Von den Ursachen der oben geschilderten Misserfolge will ich nur diejenigen nennen, welche jedem aufmerksamen Beobachter alsbald in die Augen springen müssen und die zugleich von der Art sind, dass sie – ohne das ganze Missionshaus zu sprengen oder auch nur zu revolutionieren – beseitigt werden können.
Eine der wichtigsten Ursachen ist die Beschaffenheit der Zöglinge selbst, das heisst der Petenten bei ihrer Aufnahme ins Missionshaus. Die meisten sind nur gering oder mittelmässig begabt. Die wenigsten bringen eine bessere Vorbildung mit. Viele treten ganz unwissend ein. Es ist vorgekommen, dass Neuaufgenommene das Einmaleins nicht mehr wussten. ... Und zu alledem kommt dann noch die grosse Ungleichheit zwischen den Einzelnen in betreff der Begabung wie der Kenntnisse. Beim Unterricht ist man genöthigt, sich an den Durchschnitt, wenn nicht an einen noch niedrigeren Massstab zu halten, und dadurch werden die Fortgeschrittenen gelangweilt, entmuthigt und in jeder Hinsicht aufgehalten.
Hiermit verbindet sich der Fehler, dass die Zöglinge zu sehr nach der Schablone behandelt werden, ohne dass auf ihre individuelle Gaben, Neigungen und Bedürfnisse eingegangen wird. ...
Was ich hier will, ist nur auf zwei irrthümliche Grundsätze hinweisen, welche der bisherigen Praxis zu Grunde zu liegen scheinen: 1) Die Annahme, dass für jeden in den Missionsverband Aufgenommenen das Basler Missionshaus selbstverständlich die einzig mögliche und erspriessliche Bildungsstätte sei; 2) Die Ansicht, dass jeder Missionar in allen Sätteln gerecht sein müsse, während bei der herrschenden Arbeitstheilung thatsächlich jedem doch nur eine ganz bestimmte Art von Täthigkeit zuzufallen pflegt.

Vor allem ist aber der Lehrplan des Missionshauses selbst schuld daran, dass so unsolide Resultate des Unterrichts und der Erziehung sich zeigen. Das Lehrziel ist einfach zu hoch. Man will etwas unmögliches erreichen. ... Ein für den Durchschnitt unerreichbares Ziel ... wirkt bloss verwirrend und lähmend, von der soleicht sich daran hängenden Selbsttäuschung und Aufgeblasenheit gar nicht zu reden. Woher das schlaffe, übersättigte und in jeder Beziehung unerfreuliche Gebaren so mancher Zöglinge namentlich der II.und der I. Klasse! Sie sind geknickt, an der zu schweren Aufgabe erlegen und deswegen auch sittlich in's Schwanken geraten! Weniger wäre mehr!

Dazu kommen nun noch manche Fehler in der Methode sowie Missgriffe in der Wahl der Fächer und Lehrmittel und dergleichen. Ich will nur einige aufzählen.

Es werden in den unteren Klassen zu viel Dinge auswendig gelernt, von denen man mit Sicherheit voraussagen kann, dass sie nach zwei bis drei Jahren völlig wieder vergessen sind, Dinge, die in den späteren Lektionen und auch im späteren Leben nicht wieder vorkommen ... Die geistige Gymnastik und allgemein philologisch-historische Bildung, welche sonst durch das Lesen der alten Klassiker erreicht wird, wird im Missionshaus doch nicht erreicht. Es ist eine Täuschung, das zu meinen. Nur einige Brocken bleiben hängen. ...

Ein grosser Uebelstand – um keinen stärkeren Ausdruck zu gebrauchen – ist das massenhafte Diktiren. Die betreffenden Lektionen werden dadurch lediglich zu Schreibstunden herabgesetzt, denn während des Nachschreibens ist es den meisten nicht möglich, das, was sie schreiben, auch innerlich zu fassen. ... Die Zöglinge werden in vielen Stücken nicht wie Männer sondern wie Kinder behandelt. Gerade an dem Ort aber, wo diese Behandlung am nothwendigsten und zugleich am unschädlichsten wäre, ich meine in den Lektionen und überhaupt beim Lernen, wird sie am wenigsten geübt. ... Auch Belohnungen zur Aufmunterung wären nichts Unchristliches oder Unmissionsmässiges. ... Bei der jetzigen Weise vermeidet man es so erfolgreich, einen "bösen Unterschied" zu machen, dass tathsächlich die Faulen sich sagen: man komme ebensogut durch's Missionshaus, ob man sich nun anstrenge oder nicht. Das eigentliche Ziel – das Missionar werden – ist durch die sechsjährige Lernzeit so weit hinausgerückt, dass gar manche es leider bis auf einen bedenklichen Grad aus dem Auge verlieren. Das liegt in der Natur der Sache. Man sollte die jungen Leute darüber nicht scheel ansehen. Vielmehr sollte die ganze Missionshauszeit in noch viel höherem Grade als jetzt in dem Licht einer blossen Vorschule und Probezeit betrachtet werden. ... Sehr wohltuend würde es wirken, wenn der Inspektor oder ein Kommitteemitglied je und je unangemeldet die Lektionen besuchen und visitiren würde. Wer von uns ist denn überhaupt so weit, dass er alle menschliche Aufsicht entbehren kann?! ... So lange ich Zögling war, gereichte es mir zur Beschämung, dass ich in den Andachten nicht aufmerksamer und heilsbegieriger zuzuhören vermochte, ja dass ich nicht selten einschlief; hintennach aber muss ich sagen: es war nicht meine Schuld und noch weniger Schuld derer, welche die Andachten hielten, sondern eine natürliche Folge eben dessen, was ich geistliche

Ueberfütterung zu nennen nicht das geringste Bedenken trage. Weniger wäre mehr! ...

3. Vorschläge

Die Aenderungen sollten m. E. anfangen schon bei der Aufnahme der Petenten. Warum sollten wir nicht auch in betreff der Kenntnisse etwas höhere Anforderungen stellen? ... Zum Mindesten sollte man doch von den Petenten verlangen, dass sie
1) fehlerfrei Deutsch lesen und schreiben,
2) dass sie flink rechnen können,
3) dass sie eine Anzahl geistliche Lieder und Sprüche sowie irgend einen evangelischen Katechismus auswendig wissen,
4) dass sie den Inhalt eines kleinen Elementarbuchs der Geographie und der Weltgeschichte sich völlig angeeignet haben. ... Ferner vereinfache man den Lehrplan und stelle ihn auf eine feste Basis. Diese feste, gesunde Basis kann m. E. nichts anderes sein, als eine vollkommene Beherrschung der eigenen Muttersprache. ... Die hebräische Grammatik und Exegese ist nach meiner bisherigen Erfahrung für die Mehrzahl nur ein Ballast, der zwar nach wenigen Jahren gar nicht mehr drückt, inzwischen aber anderer Ware den Raum versperrt und die geistige Beweglichkeit und Leistungsfähigkeit der Brüder hemmt. ... Lieber ein Stück Brod wirklich essen und verdauen, als eine ganze reich besetzte Tafel immer nur anstaunen und vielleicht hier ein wenig, da ein wenig – ohne ein recht gutes Gewissen – daran schmarotzen! ... Mit dem Dispensiren einzelner Zöglinge von diesem und jenem Fach sollte man's viel leichter nehmen als bisher. Ich wurde s. Z. zu den Singstunden gezwungen, obgleich sich schon vor meinem Eintritt in's Missionshaus mehrere Gesanglehrer völlig vergeblich an mir versucht hatten. So oft ich mitsang, wurde der Chor gestört, und die Folge war, dass ich – natürlich mit bösem Gewissen und doch aus purer Noth – entweder ganz unthätig dastand oder irgend ein Buch las! ...
Ich muss oft staunen über die Masse von Büchern, welche die Brüder besitzen und bei ihrer Aussendung mit hinausnehmen. Es ist nicht zuviel gesagt, dass bei weitem das meiste draussen verfault oder schliesslich kaum benutzt wieder nach Europa zurückkommt. ... Ich erwähne dies hier nur, um darauf hinzuweisen, dass den Zöglingen nur solche Bücher gegeben werden sollten, die sie wirklich als ihr Handwerkszeug gebrauchen lernen, ja dass es als ein Theil des Lehrplans angesehen werden sollte, sie im Gebrauch der wichtigsten Nachschlagebücher geflissentlich zu üben."Meyer's Handlexikon" z. B. ist eine unvergleichliche Fundgrube von allen möglichen Aufschlüssen und Belehrungen. Es gehört aber schon einige Uebung und Gewandtheit dazu, wirklich alles gesuchte darin zu finden. Einige Uebungsstunden, in welchen dies Handlexikon in geographischer, historischer und anderer Richtung durchforscht wird, schienen mir sehr angelegt. Es wäre das zugleich eine Art Conversationsstunde, in welcher man hineinbringen könnte, was sonst im Lektionsplan nicht vorkommt, so z. B. das ABC der Logik und Psychologie, der Ethnologie und dergleichen. ... Es ist mein ehrlicher Wunsch, dass doch wenigstens einiges von dem hier zur Sprache gebrachten sich als annehmbar und brauchbar erweisen möchte. Und damit bleibe ich

Ihr ergebener Johannes Hesse

Anlage IV   Reintegrationsprobleme der Experten - ein neues Phänomen?

Das nachfolgend wiedergegebene, gekürzte Referat eines Basler Missionars (1) stammt aus dem Jahre 1884. Es zeigt, dass Reintegrationsprobleme keine Erfindung der drei Entwicklungsdekaden unseres Jahrhunderts sind, sondern dass sie eine beinahe hundertjährige Tradition besitzen. Um die Schlüsselworte des nachfolgenden Textes leichter in moderne Termini umzusetzen, wird die Benutzung der folgenden "Uebersetzungshilfen" empfohlen:

Komitee	= Entsendeorganisation (DEH, GTZ)
Gemeinde	= Oeffentlichkeit, Steuerzahler
Heidenwelt, Heidenland	= Entwicklungsland
Heiden, Eingeborene	= Einheimischer / Counterpart
Missionar	= Experte
Bruder	= Kollege
Station	= Projekt

Der zurückgekehrte Missionar ist in einer unglücklichen Lage – mit diesem Satz muss ich leider beginnen. Ist er ein energischer, erfolgreicher, bei Eingeborenen und Europäern wohlgelittener Arbeiter gewesen, so hat der Abschied eine tiefe Wunde in seinem Herzen zurückgelassen, die durch kein europäisches oder amerikanisches Palliativ wirklich geheilt werden kann. Ist er ein schwacher, unbefriedigender und selbst unbefriedigter Arbeiter, so kehrt er wie ein geschlagener General aus dem Krieg zurück, freut sich nicht sonderlich auf die Begegnung mit seinen Vorgesetzten, hat nicht viel zu berichten und spielt überhaupt eine traurige Rolle, zumal da auch seine Zukunft, respektive seine Rückkehr auf's Missionsfeld ungewiss ist. Hat er manches Jahr draussen zugebracht, so ist die Rückkehr ein schmerzliches Losreissen und die Heimat ihm fast zur Fremde geworden. ... Ist man beweibt und dazu mit ein paar schreienden Kindern gesegnet, die eben nicht auf christlichem, sondern auf heidnischem Boden zur Welt gekommen sind, so wird man vollends seines Lebens nicht froh. ... Keine Ajah, kein Boy zur Hand! Ueberall gilt es selbst angreifen. - Ist man auf einer abgelegenen Station gewesen und dort ein wenig verbauert, so finden die Freunde, man sei im Heidenland doch etwas heruntergekommen und verwildert; - hat man sich viel unter Engländern oder sonst in feinerer Gesellschaft bewegt, so ist man stolz und ein Herrlein geworden. Ist die Frau gleichgültig in Betreff ihrer und der Kinder Kleidung, so heisst man sie schlappig; ist es das Gegenteil, so werden Klagebriefe über sie an das Komitee geschrieben. - ... Kurz, man kann es niemand recht machen, am wenigsten vielleicht sich selbst. Denn wie man im übrigen auch situiert sein mag, in die europäische Welt passt man nicht mehr so ganz hinein. ... Und vor allem ist man selbst ein anderer geworden in Gewohnheiten, Anschauungen und Bedürfnissen. Nicht selten kann man auch seine Muttersprache nicht mehr so geläufig sprechen, wie damals, als man seine

---

1   Archiv der Basler Mission, Personalfaszikel von Johannes Hesse, Brüderverzeichnis Nr. 726.

Abschiedsrede hielt. Kurz, man ist nicht ungestraft unter Palmen gewandelt. Nicht bloss der Missionar, auch der aus den Tropen zurückkehrende Beamte, Kaufmann, Reisende macht diese Erfahrung. Bei uns kommt noch der erschwerende Umstand hinzu, dass unsere soziale Stellung eine ganz undefinierte ist. ... Es ist eben ein Uebergangsstadium, ein Ausnahmezustand, in dem wir uns da befinden. ...
Leider ist es wirklich wahr, dass manche Missionare mit verdüstertem Herzen, mit beflecktem Gewissen, mit tief geschädigter geistlicher Gesundheit wieder heimkehren. Meist hat sich irgend eine Wurzel der Bitterkeit bei ihnen festgesetzt – der Bitterkeit bald gegen die Heiden oder die Heidenchristen, bald gegen die Brüder oder das Komitee. Gekränkter Ehrgeiz, enttäuschte Eitelkeit, verletzte Rechthaberei – das sind gewöhnlich Giftstoffe, die man im Herzen trägt, die man aber in allerlei sehr tugendhafte Namen zu kleiden und so vor sich selbst zu verbergen weiss; ganz wie ein Trinker oder Morphiumsüchtiger es zu machen pflegt. ...
Wieviele Mängel und Lücken sind einem doch in der Heidenwelt zum Bewusstsein gekommen! Jetzt hat man Gelegenheit, Versäumtes nachzuholen und die stumpf gewordenen Werkzeuge wieder zu schleifen. Unsere Techniker gehen in eine Weberei, Ziegelei, Druckerei und vervollkommnen sich in ihrer Kunst. Ein paar Wochen genügen oft, sie sehr wesentlich zu fördern. ...
Das Komitee legt grossen Wert darauf, dass zurückkehrende Brüder, ehe sie in ihre spezielle Heimat reisen, sich in Basel stellen. Es ist eine heilige Pflicht der ältern und erfahreneren Brüder, das verehrliche Komitee so recht in das Innerste der Missionsarbeit, der Schwierigkeiten, der Uebelstände usw. hineinsehen zu lassen, unter Umständen auch ungefragt Dinge zu sagen, die um der Wahrheit und des Gewissens willen gesagt werden müssen. ...
Aber auch dem grösseren Publikum ist man etwas schuldig. Die Missionsgemeinde, die Christenheit, die einen ausgesandt hat, auf deren Kosten man immer noch lebt, hat einen Anspruch auf anschauliche, anregende Mitteilungen aus der Heidenwelt. .. Wie wir uns draussen in manchem der Landessitte anbequemt haben, so müssen wir auch in der Heimat den etwaigen Vorurteilen der Leute Rechnung tragen. Namentlich Missionsfrauen, die draussen englische Manieren angenommen, haben schon viel geschadet. Manches Mal ist's nur eine Brosche, eine Kette, ein Fingerring, der böses Blut macht. Aber auch das unnötige Eisenbahnfahren 2. Klasse, das Geben grosser Trinkgelder, überhaupt alle gegen die Sparsamkeit verstossenden Ausgaben, sollten vermieden werden. ... Ueberhaupt sollte mehr das Geben als das Nehmen unsere Sache sein. Und zu geben haben wir ja vieles. Wie gern lassen sich die Leute von den Menschen und Dingen der Heidenwelt erzählen; wie dankbar sind sie, wenn man so recht eingehend ihnen alles schildert und auch mit einzelnen Heiden und Christen sie bekannt macht. Die Kunst des Fragens freilich verstehen nur wenige. Da muss man ihnen zuvorkommen und sich selbst recht en détail darüber klar werden, was alles mitzuteilen wäre und was alles die Freunde gern hören würden. ... Auch die mehr inneren Schwierigkeiten, welche im Kultur- und Nationalunterschied zwischen Missionaren und Eingeborenen, in der Lostrennung

der Neubekehrten von ihren früheren Kasten -, Familien- und Religionsverband, im Sprachunterschied u. s. f. liegen, werden oft nicht gründlich genug geschildert. ... Wir operieren zuviel mit den abgedroschenen schablonenartigen Gemeinplätzen von heidnischer Finsternis, heilbringendem Evangelium, seligmachender Bekehrung u. dergl. ...
Wie leichten Herzens ist einst der Jüngling hinausgezogen! Wieviel schwerer wird jetzt dem Manne der Schritt! Aber wieviel wichtiger ist auch die Rückkehr eines bereits erprobten und nun in der Heimat neu gestärkten und neu ausgerüsteten Missionars auf sein altes Arbeitsfeld, als die erstmalige Aussendung eines jungen Mannes, von dem noch kein Mensch weiss, wie er sich machen wird! - So segnet denn Gott alle diejenigen unter uns, welche ER berufen hat, in Bälde wieder hinauszuziehen "zum heiligen Krieg"! Er segne auch uns, die wir leider angenagelt sind, in der s o g e - n a n n t e n "Heimat" und ER bringe uns alle einmal in die w i r k l i c h e , ewige Heimat! Und damit genug!

Anlage V Hamburgisches Kolonialinstitut. Lehrangebot für das Sommersemester 1909 (1)

I. Allgemeine Kolonialvorlesungen
   1. Geschichte, Rechts- und Staatswissenschaften
      - Allgemeine Kolonialgeschichte von 1815 bis zur Gegenwart, mit besonderer Berücksichtigung der deutschen Kolonialgeschichte. 2 Std., verbunden mit Uebungen.
      - Allgemeine Missionskunde. 2 Std., viermal
      - Kolonialrecht mit Uebungen. 2 Std.
      - Kolonialpolitik mit Uebungen, koloniale Wirtschaftspolitik. 4 Std.
      - Besichtigung von Warenlagern, Aufbereitungsanstalten und industriellen Anlagen. 14tägig.
   2. Geographie und Ethnologie
      - Geographie der deutschen Kolonien. 3 Std.
      - Exkursionen. 14tägig
      - Die Eingeborenen der deutschen Kolonien, spezielle Ethnographie. 2 Std.
   3. Naturwissenschaften
      - Koloniale Nutzpflanzen, ihre Kultur, ihre Produkte und ihre Schädlinge. 2 Std. mit Demonstrationen
      - Besichtigung von Warenlagern, Aufbereitungsanstalten und industriellen Anlagen. 14tägig.
      - Exkursionen. 14tägig

II. Spezielle koloniale Vorlesungen
   1. Sprachen
      - Englisch. 2 Std.
      - Einführung in das Schriftarabische. 1. Kursus. 2 Std.
      - Einführung in das Schriftarabische. 2. Kursus. 1 Std.
      - Einführung in das Kisuaheli. 2 Std.
      - Kisuaheli - Uebungen für Fortgeschrittene. 2 Std.
      - Einführung in die chinesische Umgangssprache. 3 Std.
   2. Kolonialverwaltung
      - Verwaltungspraxis in Deutschsüdwestafrika. 2 Std.
      - Islamisches Recht mit Uebungen. 2 Std.
      - Privates Seerecht. 2 Std.
   3. Kolonialwirtschaft
      - Einführung in die Grundlagen der Bodenkunde. 1 Std.
      - Die natürlichen und wirtschaftlichen Grundlagen des Landbaues mit Berücksichtigung unserer Kolonien. 1 Std.
      - Landwirtschaftliche Exkursionen.
      - Praktische Uebungen im Erkennen und Untersuchen pflanzlicher Erzeugnisse des Handels. 3 Std.

---

1 Hamburgisches Kolonialinstitut, Bericht über das erste Studienjahr, Hamburg 1909, S. 26ff.

- Ausgewählte Kapitel der Landwirtschaft, Tierzucht mit Berücksichtigung unserer Kolonien. 1 Std. mit praktischen Demonstrationen.
- Tropische Tierseuchen und ihre Erreger. 2 Std.
- Tierische Schädlinge der Kulturpflanzen unserer Kolonien und ihre Bekämpfung. 1 Std.
- Ausnutzung von Fischgewässern an der Küste und im Binnenlande, mit praktischen Demonstrationen und Besichtigungen von Fischereibetrieben. 1 Std.
- Führung durch Hagenbecks Tierpark und Demonstrationen von Nutz- und Haustieren der deutschen Kolonien.

III. Technische Hilfsfächer
- Vermessungsübungen im Gelände
- Anleitung zu topographischen Aufnahmen und geographischen Ortsbestimmungen mit einfachen Instrumenten, verbunden mit praktischen Uebungen. 3 Std.
- Anleitung zum Sammeln, Beobachten und Konservieren von Tieren. 2-3 Std. mit Exkursionen
- Anleitung zum Haus-, Wege- und Brückenbau in den Kolonien.
- Anleitung zur Anlage von Nutzgärten usw. in zu verabredenden Stunden.
- Kai- und Hafenbetrieb
- Zeichnen und Kursus der Fotografie
- Anleitung zum Abbalgen, Skelettieren, Konservieren und Ausstopfen der höheren Wirbeltiere.

IV. Fertigkeiten
- Reitunterricht
- Rudern
- Segeln
- Fechtunterricht

Anlage VI Hamburgisches Kolonialinstitut. Ausgewählte Berichte der Dozenten über Fachbereiche des Schuljahrs 1910/11 (1)

Professor Dr. F. Keutgen: KOLONIALGESCHICHTE

Im Wintersemester 1910/11 setzte ich meine Vorlesung über Allgemeine Kolonialgeschichte der Neuzeit fort und sprach über die englische Ostindische Gesellschaft, die französischen Kolonisationsversuche in Madagaskar im 17. Jahrhundert, die Kämpfe der Engländer und Franzosen in Vorderindien und die Begründung des englischen Kolonialreiches ebendort; ferner über die Kolonien der verschiedenen Völker in Westindien, die Abschaffung des Sklavenhandels und der Sklaverei durch die europäischen Staaten bis Mitte des 19. Jahrhunderts. In den kolonialgeschichtlichen Uebungen wurden von den Teilnehmern Referate gehalten und gemeinsam besprochen: über die kolonialpolitischen Ansichten Adam Smiths; über die englische Kolonialpolitik in Nordamerika im 17. und 18. Jahrhundert nach Egerton; über Lord Cromers Egypten und über Ermels, Frankreichs koloniale Handelspolitik.

Im Sommersemester 1911 nahm ich die Vorlesung über Allgemeine Kolonialgeschichte der Neuzeit wieder auf, und zwar in veränderter Anordnung. Ich las demnach über die Entdeckungen der Portugiesen in Afrika, die Eroberungen der Spanier und das spanische Kolonialsystem in Amerika, die Portugiesen in Ostindien, die Niederländer ebendort bis zur Uebernahme der Kolonien durch den Staat am Anfange des 19. Jahrhunderts; endlich, wie am Anfange des Studienjahres (indem ich dafür die nordamerikanische Geschichte auf das Winterhalbjahr verschob), über Franzosen und Engländer in Ostindien bis Ende des 18. Jahrhunderts.

D. Dr. Richter (Schwanebeck): GESCHICHTE DER PROTESTANTISCHEN MISSIONEN IN DEN DEUTSCHEN KOLONIEN IM RAHMEN DER ALLGEMEINEN KULTUR- UND KOLONIALBEWEGUNG. (Sommersemester)

1) Allgemeine Gesichtspunkte für die Beurteilung der Missionen im Rahmen unserer Kolonialgeschichte, ihre Verflochtenheit in die nationalen Aufgaben der Kolonisation, ihre Abhängigkeit von der Beurteilung der Psyche und der Entwicklungsmöglichkeiten des Afrikaners und ihr prinzipiell religiöser Charakter. 2) Die parallel verlaufene Missionsgeschichte von Kamerun und Togo mit ihren grossen Opfern an Menschenleben und das erfolgreiche Bestreben, eine auf dem erwachenden Bildungshunger beruhende, volkstümliche Bewegung zum Christentum anzuregen. 3) Deutsch-Ostafrika: Der Aufmarsch der protestantischen Missionskräfte. 4) Deutsch-Ostafrika: Besonders wichtige Probleme (Bekämpfung der Sklaverei, Vordringen des Islam, Missionsschulwesen). 5) Deutsch-Südwestafrika: Die wechsel- und enttäuschungsreiche Missionsgeschichte im Zusammenhang mit der bewegten Kolonialgeschichte. 6) Allgemeine Umrisse der verwickelten Geschichte der Südseemissionen.

---

1 Hamburgisches Kolonialinstitut, Bericht über das dritte Schuljahr. Hamburg 1911, S. 38-41, 45, 48, 49, 60-66.

Professor D. Dr. Schmidlin (Münster i. W.): DIE KATHOLISCHEN MISSIONEN IN DEN DEUTSCHEN KOLONIEN. (Sommersemester)

1) Organisation und Tätigkeit der katholischen Missionen, Missionssubjekt und Missionsorgane (Kirche, Papst, Propaganda, Missionsgenossenschaften, Missionare, Aufwendungen und Statistik), auswärtiger Missionsbetrieb (Bezirke und Stationen, religiöse Tätigkeit oder eigentliche Evangelisierung, kulturelle Arbeit: Erziehung zur Arbeit, Schule, wissenschaftlich-literarische und karitative Tätigkeit, Katechumenat und Taufe), Resultate und Erfolge, Verhältnis zu den anderen Religionen und Missionsziel. 2) Die historische Entwicklung und der gegenwärtige Stand der katholischen Missionen in den deutschen Kolonien nach der Reihenfolge der einzelnen Schutzgebiete bzw. Missionsbezirke (nach einer Einleitung über Quellen und Literatur und die jüngste Entwicklung des heimatlichen Missionswesens): Togo, Kamerun, Südwestafrika, Ostafrika, Kaiser-Wilhelms-Land, Neupommern, Salomonen, Samoa, Marshallinseln, Karolinen und Marianen, Kiautschou, zum Schlusse eine Gesamtübersicht. 3) Einige prinzipielle Leitsätze über die Beziehungen zwischen Mission und Kolonialpolitik, nach einer historischen Einführung über die früheren Beziehungen und die sich ihnen anschliessende missionstheoretische Literatur: Verschiedenheit und Selbständigkeit beider Faktoren, gegenseitige Berührungspunkte, Nutzen der Kolonialpolitik für die Mission (kolonialrechtliche Basis) und Stellung der Mission zur Kolonialpolitik, Ziele der allgemeinen und deutschen Kolonialpolitik, kolonialpolitische Verdienste der katholischen Mission (auf wirtschaftlichem, intellektuellem, sozialem, ethischem und religiösen Gebiet) und Stellung der Kolonialpolitik zur Mission, einzelne Fragen und Probleme (Schule, Polygamie, Verhältnis zum Islam und zur protestantischen Mission), endlich Mission und Kolonisten.

Professor Dr. Rathgen: KOLONIALPOLITIK

Die Vorlesung wurde in vier Wochenstunden im Winter- und im Sommersemester durchgelesen. Der Zweck der Vorlesung ist, eine allgemeine vergleichende Grundlegung der Kolonialpolitik mit dem Studium der deutschen Kolonialpolitik zu verbinden.
Im Wintersemester wurde ein geschichtlicher Ueberblick über die Entwicklung der modernen Kolonialpolitik gegeben, wobei der Brennpunkt auf der Darstellung der Zeit seit 1880 lag. Daran schloss sich eine Uebersicht über die Grundzüge der politischen Organisation einerseits, über die Eingeborenenpolitik andererseits. Endlich wurde der Handel und die Handelspolitik der Kolonien erörtert.
Im Sommersemester wurden die übrigen Gebiete des Wirtschaftslebens und der Wirtschaftspolitik behandelt (die europäische Auswanderung, Deportation, Kuliwesen, Sklaverei; Landpolitik und Besiedelung; Geld- und Bankwesen, Kredit und Kapitalorganisation; die Verkehrsmittel, insbesondere die Eisenbahnen; die Finanzen, insbesondere die finanziellen Beziehungen zwischen Kolonie und Mutterland und die Steuern). Der Inhalt der Vorlesung wurde in Konversatorien durchgesprochen und repetiert.

Die gemeinsam mit Professor Dr. Voigt geleiteten Besichtigungen bezweckten, die Teilnehmer mit den Einrichtungen des Hamburger und Bremer Seehandels bekannt zu machen und ihnen die Behandlung, Aufbereitung und Verarbeitung kolonialer Produkte zu zeigen.

Professor Dr. Rathgen und Professor Dr. Voigt: BESICHTIGUNG VON WARENLAGERN, AUFBEREITUNGSANSTALTEN UND INDUSTRIELLEN ANLAGEN (14tägig)

Die Besichtigungen wurden eröffnet mit einer Hafenfahrt, an die sich ein Rundgang durch die Kaischuppen der südamerikanischen, mittelamerikanischen und afrikanischen Dampferlinien anschloss, um so den Hörern einleitend eine Vorstellung von der Vielseitigkeit und Menge der importierten Rohstoffe zu geben. Die zweite Besichtigung führte dann die Hörer in einige grosse Lagerhäuser des Freihafens, wodurch eine Vervollständigung des im Hafen gewonnenen Bildes erreicht werden sollte. Das dritte Mal wurden Zolleinrichtungen des Hamburger Hafens und vor allem der umfangreiche Umschlagverkehr an der Grenze zwischen Freihafen und der Oberelbe, sowie die Auswandererhallen der Hamburg-Amerika Linie besichtigt. Sodann kamen Brauereien, Getreidemühlen und Zuckerfabriken an die Reihe. Hierauf folgten: eine Reisschälmühle, eine Kakaofabrik, eine Oelmühle, ein grosses Holzlager, eine Kautschukfabrik, eine Lederfabrik, eine Linoleumfabrik, eine Wollkämmerei und die Spinnerei und Weberei einer grossen Treibriemenfabrik.
Am Ende des Wintersemesters wurde ein grösserer Ausflug nach Bremen unternommen zur Besichtigung der dortigen Freihafenanlagen, Tabaklager und der Baumwollbörse.

Professor Dr. Brick: KRANKHEITEN UND SCHAEDIGUNGEN TROPISCHER KULTURPFLANZEN

Nach kurzer Behandlung der auffälligsten Bildungsabweichungen und Missbildungen der Pflanzen wurden die Erkrankungen durch atmosphärische Einflüsse (Wirkung niederer und hoher Temperaturen, Lichtmangel und Lichtüberfluss, Witterungseinflüsse, schädliche Gase) und durch Einwirkung der im Boden vorhandenen Stoffe (Wasser- und Nährstoffmangel und -überfluss, mangelhafte Durchlüftung, schädliche Gase) sowie die Wunden, ihre Heilung und Behandlung besprochen. Es folgten dann die Schädigungen durch phanerogame Parasiten (Loranthaceen, Orobancheen u. a.), schmarotzende Algen und die durch parasitäre Pilze hervorgerufenen Krankheiten der tropischen Nutzpflanzen in der Reihenfolge des Pilzsystems. Dabei wurde alles so weit behandelt, wie es zur Bestimmung des pilzlichen Krankheitserregers erforderlich ist. Die einzelnen Krankheiten wurden an Objekten, Abbildungen und mikroskopischen Präparaten erläutert, die erprobten Bekämpfungsmassnahmen und bewährten Gegenmittel sowie die dafür nötigen Apparate angegeben und, soweit es möglich war vorgeführt. Wegen der Kürze der Zeit, die zur Verfügung stand, wurden in dem einen Semester die durch Pilze hervorgerufenen Krankheiten, in dem anderen die nicht parasitären Schädigungen ausführlicher behandelt.

Dr. Heering: GRUNDZUEGE DER PFLANZENGEOGRAPHIE MIT BESONDERER BERUECKSICHTIGUNG DER DEUTSCHEN KOLONIEN. (Wintersemester) 6 Stunden.

Nach einigen einleitenden Mitteilungen über die Ziele, die verschiedenen Wege der pflanzengeographischen Forschung und die Bedeutung der Pflanzengeographie auch für praktische Fragen wurden die wichtigsten Grundbegriffe der Pflanzengeographie an heimischen Beispielen erläutert. Von den deutschen Kolonien wurden Kamerun und Deutsch-Ostafrika berücksichtigt. Um die Eigentümlichkeiten und die verschiedenen Formen des tropischen Waldes zu zeigen, wurde besonders das Kameruner Waldland eingehend besprochen. Beispiele aus Deutsch-Ostafrika wurden hingegen in erster Linie herangezogen, um die verschiedenartige Ausbildung der Steppen zu zeigen. Die Vorträge wurden durch die Vorführung von Lichtbildern veranschaulicht. Ferner fanden Demonstrationen lebender Pflanzen im Botanischen Garten statt.

Professor Dr. Passarge und Dr. Graff: LANDESKUNDE DER KOLONIEN IN DER SUEDSEE, 2 Stunden. ANLEITUNG ZU GEOGRAPHISCHEN BEOBACHTUNGEN UND VERMESSUNGEN. (Sommersemester)

Zum erstenmal wurde die Vorlesung gemeinsam abgehalten. Es wurde behandelt die Routenaufnahme und ihre Konstruktion, Zeit- und Breitenbestimmungen mit dem Sextanten und Theodoliten, der Gebrauch der meteorologischen Instrumente, einschliesslich der registrierenden Apparate, die systematische Beobachtung und Darstellung von Landschaften und schliesslich eine kurze Anleitung zum Erkennen der wichtigsten Gesteinsgruppen gegeben.

Professor Dr. Becker: ALLGEMEINE ISLAMKUNDE EINSCHL. DES ISLAMISCHEN RECHTS. (Wintersemester) GESCHICHTE UND SPEZIELLER CHARAKTER DES ISLAMS IN AFRIKA (Sommersemester)

Das ganze Gebiet der Islamkunde und speziell die Geschichte des Islams in Afrika wurde in einer zweistündigen Vorlesung behandelt. Im Wintersemester kam die Gründung und Entwicklung dieser Religion, ihr Lehrinhalt und vor allem das islamische Recht zur Darstellung. Im Sommersemester wurde die Geschichte der Ausbreitung des Islams in Afrika und die zentralafrikanischen Staatenbildungen mit besonderer Berücksichtigung der deutschen Kolonien vorgetragen. Daran schloss sich eine Würdigung der Charakteristika des afrikanischen Islams, des Ordens- und Zauberwesens. Zum Schluss wurden die speziellen Verhältnisse in den deutschen Kolonien und die Ereignisse der letzten Jahre durchgesprochen.

Prof. Dr. Thilenius: ETHNOLOGISCHES KOLLOQUIUM

Bei der Zahl der angemeldeten Hörer und ihren verschiedenen Interessen wurde das Kolloquium geteilt. In dem für Beamte und freie Hörer bestimmten Kolloquium wurde zunächst den Teilnehmern eine Anleitung zum Beobachten und Sammeln gegeben und besprochen. Daran schloss sich die Vor-

lage ausgewählter Sammlungsstücke, die von den Teilnehmern erläutert wurden. Im zweiten Abschnitt des Kolloquiums berichteten die Teilnehmer über einzelne Werke, die besprochen wurden. Es kam darauf an, dass die Berichterstatter und die Hörer die Schwierigkeit der Erlangung einwandfreien Materials, die möglichen Fehlerquellen der Beobachtung und die durch die Berufe der einzelnen ethnographisch nicht vorgebildeten Verfasser bedingten Einseitigkeiten und Voreingenommenheiten kennen lernten.
Für die dem Kolonialinstitut überwiesenen Sanitätsoffiziere und Zivilärzte wurde ein besonderes Kolloquium eingerichtet, das auf ihre naturwissenschaftliche Vorbildung und ihre speziellen Aufgaben in den Kolonien Rücksicht nahm. Da eine besondere Vorbereitung der Hörer für die einzelnen Stunden aus Zeitmangel nicht möglich war, so wurden ihnen ausgewählte Kapitel vorgetragen, an die sich dann eine Besprechung anschloss. Behandelt wurden: 1. besonders eingehend die Biologie der Naturvölker (Variabilität, Vererbung, Einfluss der Umwelt, Wanderung, Inzucht, Vermischung, Akklimatisation usw.); 2. Psychologie der Naturvölker; 3. Gesellschaft und Wirtschaft; 4. wurde zum Schluss ganz kurz die materielle und geistige Kultur dargestellt.

Professor Dr. Nocht: TROPENHYGIENE (Wintersemester)

Die Vorlesung umfasste 27 Stunden, verbunden mit Lichtbilderdemonstrationen, Vorzeigung von Präparaten, Besuch des tropenhygienischen Museums, Vorstellung einzelner Kranker usw. usw.
Behandelt wurden folgende Themata: Allgemeines über Hygiene und Tropenhygiene, (Ernährung, Trinkwasser, Bekleidung, Wohnung, Akklimatisationsfragen, Hygiene der Eingeborenen) ferner Malaria und Malariaverhütung, Bekämpfung von Dysenterie und verwandten Krankheiten, Schlafkrankheit, Beriberi, tropisches Rückfallfieber, Tuberkulose, Syphilis, Pest, Pocken, Aussatz, Typhus, Cholera, gelbes Fieber, tropische Darmparasiten, tropische Gifte und Gifttiere.
Ueberall wurde der Hauptwert auf die hygienischen Fragen, d. h. die Vorbeugung und die individuelle und allgemeine Bekämpfung der Krankheiten gelegt.

Professor Dr. Fülleborn: KOCHKURSUS (Wintersemester und Sommersemester)

Der Kursus begann mit einem Vortrag über die Wichtigkeit einer zweckmässigen Ernährung der Europäer in den Tropen und über das Nahrungsbedürfnis in heissen Klimaten in Bezug auf animalische und vegetabilische Kost, deren Nährwert kurz besprochen wurde. Daran schlossen sich mit besonderem Hinweis auf die Verhältnisse der Tropen Erörterungen über die hygienische Bedeutung einer zweckmässigen küchengemässen Zubereitung der Nahrungsmittel, über den Wert der Konserven, Gewürze usw.
Während der an diese kurzen theoretischen Erörterungen anschliessenden praktischen Uebungen (1 mal wöchentlich vom Dezember bis zum Semesterschluss in der staatlichen Kochschule in der Humboldtstrasse) wurden die für die Küche der Europäer besonders in Betracht kommenden Gemüse,

Früchte und Fleischsorten der Tropen sowie die gebräuchlichsten Konserven im einzelnen besprochen und, soweit möglich, bei der Zubereitung der Gerichte auch praktisch verwandt, wobei jedem Teilnehmer Gelegenheit geboten wurde, die Speisen vom Rohmaterial bis zur kompletten Mahlzeit zu verarbeiten. Zum Schlusse des Kurses wurde die Bereitung von Krankenkost sowie die Zubereitung von Nahrung unter ganz primitiven Bedingungen geübt.

Oberarzt Dr. C. Lauenstein: SAMARITERKURSUS (Wintersemester)

Bau und Verrichtungen des menschlichen Körpers. Lehre von den Knochenbrüchen im allgemeinen und speziellen. Vorführung von Verletzten mit den verschiedenartigsten Knochenbrüchen. Anleitung zur Anlegung von sachgemässen Verbänden. Massage und Gymnastik. Ihre praktische Anwendung bei Gelenkverstauchungen. Grundsätze der Wundbehandlung. Lehre von der Asepsis und Antisepsis. Kenntnis der niederen Lebewesen und ihrer Bedeutung für die Wundinfektion und die Erregung der Krankheiten. Massnahmen der Vorbereitung für Operationen und Verbände von Verletzungen. Grundsätze der Anwendung der allgemeinen Betäubung zum Zwecke chirurgischer Eingriffe, sowie der verschiedenen Verfahren, schmerzlos zu operieren, Einspritzung in den Rückenmarkskanal, Arten der örtlichen Empfindungslosigkeit. Notverband bei Schussverletzungen, bei Verbrennungen. Hilfeleistung bei Eindringen von Fremdkörpern in Körperhöhlen, bei vergifteten Wunden. Beurteilung innerer Blutungen bei Schädel-, Brust- und Bauchhöhle. Die verschiedenen Arten der Bewusstlosigkeit. Anwendung der künstlichen Atmung. Hilfe bei Scheintod durch Ertrinken, Gasvergiftung, Hitzschlag. Anwendung der Magenausspülung bei Lysolvergiftung. Uebersicht über die Hilfeleistungen auf dem Gebiete der Krankenpflege, mit praktischen Demonstrationen aller Hilfsmittel. Grundsätze der Ernährung Gesunder und Kranker. Beurteilung geistiger Gesundheit und Krankheit. Die verschiedenen Formen der Geisteskrankheit. Ursachen der Geistesstörungen. Alkoholismus, Syphilis, Bedeutung der Erblichkeit. Verunstaltungen des Körpers und seiner Gliedmassen. Tropische Ursachen derselben. Elephantiasis. Verkrüppelung der Füsse durch Fabrikschuhwerk in den Ländern der Zivilisation. Bedeutung eines zweckmässigen und passenden Schuhwerkes für die Fusspflege.

Regierungsrat Zache: SUAHELI-UEBUNGEN ÜBER EINGEBORENEN-BEHANDLUNG UND EINGEBORENENRECHTSPFLEGE (Sommersemester)

Unter Heranziehung des eingeborenen Sprachgehilfen Mtoro bin Mwenyi Bakari und eines im Dienste des Dozenten stehenden Eingeborenen wurden Gerichtsverhandlungen, wie sie vor den Eingeborenengerichten (Bezirksämtern) der Kolonien sich täglich abspielen, vorgeführt. Die Hörer übernahmen meist die Rollen der Parteien und der Zeugen in den Zivil- und Kriminalprozessen, der Dozent die des Richters. Die beiden Eingeborenen fungierten als Beisitzer, Zeugen, Parteien, je nach Bedarf. Auch der Verkehr mit Häuptlingen, Arbeitern, mit den Eingeborenen einer durchzogenen Landschaft usw. wurde geübt. Die auf Suaheli geführten Verhandlungen boten reichlich Gelegenheit zu Vorträgen über Sprache und Sitte, Rechtspraxis, wirtschaftliche Verhältnisse und allgemeine Landeskunde.

Dr. Förster: ANLEITUNG ZUM SEGELN AUF FLUSS UND SEE. Vorträge und praktische Uebungen (Sommersemester)

Der Kurses bezweckt, die vom Reichskolonialamt zu ihrer Ausbildung nach Hamburg entsandten zukünftigen Kolonialbeamten auf dem Wasser heimisch und mit der Technik des Segeln bekannt zu machen. Es hatten sich 34 Hörer und 2 Hospitanten des Kolonialinstituts gemeldet, insgesamt also 36 Teilnehmer, von denen 30 angenommen, die übrigen wegen Ueberfüllung des Kurses abgelehnt werden mussten. Im ganzen habe ich 6 Vorträge gehalten und die Teilnehmer des Kursus, in 5 Gruppen geteilt, 9 Wochen lang üben lassen. Der einleitende Vortrag behandelte die Einrichtung des Segelbootes und die verschiedenen Lagen des Bootes zum Winde. Hieran schlossen sich zunächst praktische Uebungen auf der Alster, und zwar mussten die Teilnehmer von Anfang an selbst das Segelboot steuern, später unter gleichzeitiger Bedienung der Segel. Weitere Vorträge erklärten unter Segel gehen, Anlegen und Retten, Segeln in fliessendem Wasser und Segeln bei schwerem Wetter, endlich Grundberührungen. Diese besonderen Verhältnisse wurden - soweit möglich, auch auf der Elbe - geübt. Die letzten Vorträge behandelten die Takelung der Schiffe, die Seefahrtsordnung und die Grundzüge der Nautik. Im Hinblick auf den Zweck des Kurses habe ich auf das Segeln mit primitiven Mitteln, auf Flössen, Ruderbooten und mit selbstgemachten Segeln, besonderen Wert gelegt.

Anlage VII   Lehrplan der Deutschen Kolonialschule in Witzenhausen (1)

Erstes Semester

I. Allgemeinbildende Lehrfächer
a) Kulturwissenschaften: 1. Kolonialpolitik der europäischen Kulturstaaten. 2. Einführung in die Volks- und Kolonialwirtschaft. 3. Kulturgeographie.
b) Naturwissenschaften: 1. Abriss der Mineralogie und Geologie. 2. Anorganische Chemie. 3. Physik. 4. Landwirtschaftliche Nebengewerbe, erster Teil (Technologie). 5. Pflanzenmorphologie. 6. Offizielle Pflanzen der Tropen und Subtropen. 7. Praktische Uebungen im Laboratorium. 8. Technische Lehrausflüge.
c) Sonstiges: 1. Tropengesundheitslehre: Einfluss des tropischen Klimas auf den menschlichen Körper und seine einzelnen Teile. 2. Rechtskunde. 3. Samariterkursus. 4. Sprachen: Englisch, Spanisch, Suaheli, Portugiesisch, Holländisch, Französisch. 5. Praktische Uebungen im Präparieren.

II. Wirtschaftliche Lehrfächer
a) Landwirtschaft: 1. Allgemeiner Pflanzenbau, mit besonderer Berücksichtigung der tropischen und subtropischen Verhältnisse: 1. Klima- und Bodenlehre. 2. Grundzüge der Wirtschaftslehre und des Landbaues.
b) Tierzucht und Tierheilkunde: 1. Allgemeine Züchtungslehre; vergleichendes Exterieur. 2. Anatomie und Physiologie einschl. Entwicklungsgeschichte. 3. Systematische Zoologie. 4. Demonstrationen, Sektionen, Pharmazeutische Uebungen, Anatomische Uebungen, Uebungen in der Fleischbeschau und Trichinenschau. 5. Seminaristische Uebungen und Repetitorium.
c) Gärtnerei: 1. Gemüsebau mit praktischen Unterweisungen.
d) Forstwirtschaft: 1. Waldbau und Forstschutz.
e) Kaufmännisches: Doppelte Buchführung: Buchführung eines Geschäftes, das mit Kolonialprodukten handelt, nach italienischer Methode.
f) Praktische Landwirtschaft: Uebungen in sämtlichen Arbeiten des Ackerbaues, Futter- und Wiesenbaues, Viehwirtschaft und Gespanndienst, sowie Molkerei.
g) Praktische Gärtnerei: Baumschulbetrieb, Gemüsebau, Gewächshaus, Weinbau, Obstpflanzungen.
h) Praktische Forstwirtschaft: Arbeiten im Aufforsten und Holzhauen.

---

1   M. Schanz, Die Deutsche Kolonialschule in Witzenhausen. In: Beihefte zum Tropenpflanzer, Band XI, Nr. 6, September 1910, S. 434-440.

III. Technische Lehrfächer
a) B a u f a c h : Hochbau, Tiefbau
b) K u l t u r t e c h n i k : 1. Feldmesskunde, 2. Be- und Entwässerung. 3. Praktische Uebungen im Wiesenbau, Bewässerungsanlagen und Wegebau. 4. Planzeichnen.
c) H a n d w e r k e : Schmiede, Tischlerei, Sattlerei, Stellmacherei, Maurerei, Zimmerei, Schuhmacherei.

IV. Leibesübungen
1. Turnen, 2. Reiten, 3. Fechten.

Zweites Semester

I. Allgemeinbildende Lehrfächer
a) K u l t u r w i s s e n s c h a f t e n : 1. Völkerkunde, erster Teil. 2. Die deutschen Kolonien. 3. Grundzüge des Kolonialrechtes.
b) N a t u r w i s s e n s c h a f t e n : 1. Organische Chemie. 2. Milch- und Molkerei. 3. Pflanzensystematik. 4. Pflanzenkrankheiten, erster Teil (heimische). 5. Praktische Uebungen im Laboratorium. 6. Botanische Lehrausflüge. Fischzucht und Teichwirtschaft.
c) S o n s t i g e s : 1. Tropengesundheitslehre: Die Tropentauglichkeit. 2. Sprachen: Englisch, Spanisch, Suaheli, Portugiesisch, Holländisch, Französisch. 3. Praktische Uebungen im Präparieren.

II. Wirtschaftliche Lehrfächer
a) L a n d w i r t s c h a f t : 1. Spezieller Pflanzenbau: a) Ernährungsfrüchte: Getreide, Hülsenfrüchte, Wurzeln und Knollen. b) Zuckerrohr. c) Stimulanten: Kaffee, Kakao, Kolanuss, Tee, Mate, Tabak. d) Faserpflanzen: Baumwolle, Kapok, Jute, Ramie, Sisalagave usw.
b) T i e r z u c h t u n d T i e r h e i l k u n d e : 1. Heimische und koloniale Tierhaltung, Aufzucht und Nutzung. 2. Tropenkrankheiten, Seuchenlehre und Seuchenverordnungen. 3. Demonstrationen, Sektionen, Pharmazeutische Uebungen, Lungenseucheimpfkursus und andere Impfverfahren, Uebungen im Anfertigen von Ausstrichpräparaten und Gipsstäbchenabstrichen, Exkursionen. 4. Seminaristische Uebungen und Repetitorium.
c) G ä r t n e r e i : 1. Obst- und Weinbau mit praktischen Unterweisungen.
d) F o r s t w i r t s c h a f t : 1. Botanik der tropischen und subtropischen Wälder.
e) K a u f m ä n n i s c h e s : Wechsellehre, Bank-, Börsen- und Kreditwesen.
f) P r a k t i s c h e L a n d w i r t s c h a f t : Uebungen in sämtlichen Arbeiten des Ackerbaues, Futter- und Wiesenbaues, Viehwirtschaft und Gespanndienst, sowie Molkerei.
g) P r a k t i s c h e G ä r t n e r e i : Baumschulbetrieb, Gemüsebau, Gewächshaus, Weinbau, Obstpflanzungen.
h) P r a k t i s c h e F o r s t w i r t s c h a f t : Arbeiten im Aufforsten und Holzhauen.

III. Technische Lehrfächer
a) B a u f a c h : Hochbau, Tiefbau
b) K u l t u r t e c h n i k : 1. Feldmesskunde, 2. Be- und Entwässerung.

3. Praktische Uebungen im Wiesenbau, Bewässerungsanlagen und Wegebau. 4. Planzeichnen.
c) Handwerke: Schmiede, Tischlerei, Sattlerei, Stellmacherei, Maurerei, Zimmerei, Schuhmacherei.

IV. Leibesübungen
1. Turnen, 2. Reiten, 3. Fechten.

Drittes Semester

I. Allgemeinbildende Lehrfächer
a) Kulturwissenschaften: 1. Völkerkunde, zweiter Teil. 2. Religionsgeschichte (die Religion der Natur- und Kulturvölker, besonders Buddhismus, Christentum und Islam). 3. Kolonialpolitik.
b) Naturwissenschaften: 1. Ernährungslehre der Pflanzen. 2. Anorganische Chemie. 3. Physik. 4. Landwirtschaftliche Nebengewerbe, zweiter Teil (Technologie). 5. Pflanzenphysiologie. 6. Allgemeine Zoologie. 7. Fischzucht und Teichwirtschaft. 8. Praktische Uebungen im Laboratorium. 8. Technische Lehrausflüge.
c) Sonstiges: 1. Tropengesundheitslehre: Hausbau, Kleidung und Körperpflege. Die Ernährung in den Tropen. Die Tropenkrankheiten und ihre Entstehung. Malaria. 2. Rechtskunde. 3. Samariterkursus. 4. Sprachen: Englisch, Spanisch, Suaheli, Portugiesisch, Holländisch, Französisch. 5. Praktische Uebungen im Präparieren.

II. Wirtschaftliche Lehrfächer
a) Landwirtschaft: 1. Allgemeiner Pflanzenbau mit besonderer Berücksichtigung der tropischen und subtropischen Verhältnisse: Pflanzenzüchtung und Düngerlehre. 2. Koloniale Betriebseinrichtung. 3. Abriss der Betriebslehre, Anlage und Betrieb von Pflanzungen.
b) Tierzucht und Tierheilkunde: 1. Spezielle heimische und koloniale Tierzucht 1. Teil (Rindviehzucht, Schafzucht, Ziegenzucht, Schweinezucht); Zuchtbuchführung und Züchtereivereinigungswesen. 2. Beschlag gesunder und kranker Hufe mit praktischen Uebungen. 3. Demonstrationen, Sektionen, Pharmazeutische Uebungen, Anatomische Uebungen, Uebungen in der Fleischbeschau und Trichinenschau. 4. Seminaristische Uebungen und Repetitorium.
c) Gärtnerei: 1. Weinbau und Landschaftsgärtnerei mit praktischen Unterweisungen.
d) Forstwirtschaft: 1. Forstbenutzung und Forsteinrichtung.
e) Kaufmännisches: Doppelte Buchführung, italienische und amerikanische, Zins- und Kontokorrentrechnen.
f) Praktische Landwirtschaft: Uebungen in sämtlichen Arbeiten des Ackerbaues, Futter- und Wiesenbaues, Viehwirtschaft und Gespanndienst, sowie Molkerei.
g) Praktische Gärtnerei: Baumschulbetrieb, Gemüsebau, Gewächshaus, Weinbau, Obstpflanzungen.
h) Praktische Forstwirtschaft: Arbeiten im Aufforsten und Holzhauen.

III. Technische Lehrfächer
a) B a u f a c h : Hochbau, Tiefbau
b) K u l t u r t e c h n i k : 1. Feldmesskunde. 2. Be- und Entwässerung. 3. Praktische Uebungen im Wiesenbau, Bewässerungsanlagen und Wegebau. 4. Planzeichnen.
c) H a n d w e r k e : Schmiede, Tischlerei, Sattlerei, Stellmacherei, Maurerei, Zimmerei, Schuhmacherei.

IV. Leibesübungen
1. Turnen, 2. Reiten, 3. Fechten.

Viertes Semester

I. Allgemeinbildende Lehrfächer
a) K u l t u r w i s s e n s c h a f t e n : 1. Kulturgeschichte. 2. Praktische Volks- und Kolonialwirtschaft: Agrar-, Handels- und Verkehrspolitik. 3. Wirtschaftliche Ausbreitung der Völker über die Erde (ausgewählte Abschnitte aus der Handels- und Verkehrsgeographie)
b) N a t u r w i s s e n s c h a f t e n : 1. Organische Chemie. 2. Milch und Molkerei. 3. Pflanzensystematik. 4. Pflanzenkrankheiten, zweiter Teil (tropische). 5. Praktische Uebungen im Laboratorium. 6. Technische Lehrausflüge. 7. Mikroskopische Uebungen.
c) S o n s t i g e s : 1. Tropengesundheitslehre: Malaria (Fortsetzung), Trypanosomen-Krankheiten und Kala Azar, Ruhr und Leberabszess, Cholera, Typhus, Pest, Gelbfieber, Beriberi, Lepra, Vergiftungskrankheiten, Schmarotzer- und Hautkrankheiten, Sonnenstich. 2. Sprachen: Englisch, Spanisch, Suaheli, Portugiesisch, Holländisch, Französisch. 3. Praktische Uebungen im Präparieren.

II. Wirtschaftliche Lehrfächer
a) L a n d w i r t s c h a f t : 1. Pflanzenbau: Palmen, Südfrüchte, Gewürze und Drogen, Oelgewächse (Pflanzenfette, ätherische Oele), Guttapercha, Farbpflanzen, Gerbstoffe, Rinden. Maulbeerkultur und Seidenraupenzucht.
b) T i e r z u c h t u n d T i e r h e i l k u n d e : 1. Spezielle heimische und koloniale Tierzucht II. Teil. (Zucht der Pferde, Maultiere, Maulesel, Esel, Zebra, Straussenzucht). 2. Hauptsächlichste äussere und innere Krankheiten und deren Heilmethoden. 3. Demonstrationen, Sektionen, Pharmazeutische Uebungen, Exkursionen. 4. Seminaristische Uebungen und Repetitorium.
c) G ä r t n e r e i : 1. Obst- und Weinbau mit praktischen Unterweisungen.
d) F o r s t w i r t s c h a f t : Botanik der tropischen und subtropischen Wälder.
e) K a u f m ä n n i s c h e s : Handelstechnik, Ueberseeverkehr usw.
f) P r a k t i s c h e L a n d w i r t s c h a f t : Uebungen in sämtlichen Arbeiten des Ackerbaues, Futter- und Wiesenbaues, Viehwirtschaft und Gespanndienst, sowie Molkerei.
g) P r a k t i s c h e G ä r t n e r e i : Baumschulbetrieb, Gemüsebau, Gewächshaus, Weinbau, Obstpflanzungen.
h) P r a k t i s c h e F o r s t w i r t s c h a f t : Arbeiten im Aufforsten und Holzhauen.

III. Technische Lehrfächer
a) B a u f a c h : Hochbau, Tiefbau
b) K u l t u r t e c h n i k : 1. Feldmesskunde. 2. Be- und Entwässerung. 3. Praktische Uebungen im Wiesenbau, Bewässerungsanlagen und Wegebau. 4. Planzeichnen.
c) H a n d w e r k e : Schmiede, Tischlerei, Sattlerei, Stellmacherei, Maurerei, Zimmerei, Schuhmacherei.

IV. Leibesübungen
1. Turnen, 2. Reiten, 3. Fechten.

Anlage VIII Auszüge aus einem Interview des Verfassers mit Herrn Hanns Bagdahn, ehemaliger Schüler der Deutschen Kolonialschule, am 21. Juli 1977 in Witzenhausen

W. H.: Wie sind Sie überhaupt auf die Idee gekommen, nach Witzenhausen zu gehen?

H. B.: Auf die Idee bin ich gekommen, weil mein Bruder schon in Witzenhausen war. Und dadurch, dass er in Witzenhausen war, bin ich auch auf die Idee gekommen. Ja wissen Sie, es kommt vielleicht auch dadurch, dass man eine gewisse Veranlagung hatte. Ich selbst bin in Riga geboren als Sohn deutscher Eltern, und wir sind 1915 nach Kriegsausbruch nach Deutschland geflüchtet. Und dadurch, dass die Eltern schon im Ausland gelebt hatten, hat man wahrscheinlich schon so eine Vorbelastung für das Ausland.

W. H.: Wie war denn hier die Atmosphäre an der Schule?

H. B.: Also die Atmosphäre an der Schule war sehr kameradschaftlich. Und zwar in früheren Zeiten kannten sich alle Semester untereinander. Und es war auch dann so üblich, dass man sich überall grüsste, also d. h. die jüngeren Semester grüssten die älteren Semester. Heutzutage, was ich so sehe, geht ja alles aneinander vorbei. Die kennen sich untereinander kaum im selben Semester. Diese kameradschaftliche Erziehung untereinander war m. E. viel vorteilhafter, auch für den späteren Lebensweg.

W. H.: Wie war das Verhältnis zu den Lehrern?

H. B.: Das Verhältnis zu den Lehrern war sehr nett und persönlich. Prof. Fabarius war ja ein sehr strenger Herr. Ihn habe ich damals in meiner Praktikantenzeit noch erlebt. Er ist ja erst 1927 gestorben.

W. H.: Wie war der Unterricht?

H. B.: Es war ein gewisser Vorlesungszwang. Wer zuviel schwänzte, der wurde nicht zum Examen zugelassen. Das Pensum war ziemlich reichhaltig.

W. H.: Wie haben Sie und Ihre Kollegen später ihre Jobs gefunden? Nach dem 1. Weltkrieg hatte ja Deutschland keine Kolonien mehr.

H. B.: In damaligen Zeiten war es natürlich sehr schwierig. Ich konnte durch einen reinen Zufall nach Angola gehen. Durch die Vermittlung eines Schafzuchtdirektors, der Interesse hatte, Karakuls nach Angola zu bringen, kam ich nach Angola mit einem anderen Semesterkameraden. Ich habe mich dann auf einer Pflanzung gemeldet. Und habe dort als Volontär angefangen. Die Portugiesen waren ja auch die ersten, die nach dem Krieg Deutsche aufnahmen. Wir waren in unserem Semester 4 Mann, die nach Angola gehen konnten, die einen als Angestellte und die anderen, um sich selbständig zu machen. In Angola gab es die Möglichkeit, sich mit wenig Kapital selbständig zu machen. Die portugiesische Regierung stellte das Land gratis zur Verfügung, wenn man sich verpflichtete, auch zu arbeiten. Man konnte nicht das Land zu Spekulationszwecken erwerben. Das Land war vor 45 Jahren noch verhältnismässig menschenleer. Land gab es in Hülle und Fülle. Man konnte sich aussuchen, wo man siedeln wollte. Man konnte aber nicht Land belegen, welches von Eingeborenen besetzt war. Das war unmöglich. Aber es gab genug freies Land. Ich habe zuletzt 600 ha gehabt, das war alles Waldland. Anfang August 1975 mussten wir das Land verlassen, weil die Regierung aufgegeben hatte. Wenn die Regierung aufgibt, dann muss ja der Privatmann auch abziehen.

W. H. : Wieviel Leute haben bei Ihnen gearbeitet?

H. B. : Das war verschieden. Zwischen 40 und 200 Leuten, je nach Jahreszeit.

W. H. : Wenn Sie zurückdenken an die Zeit in Witzenhausen, was ist Ihnen positiv im Gedächtnis geblieben?

H. B. : Das positivste an dieser ganzen Ausbildung war eine gewisse Erziehung und die Erziehung zur Kameradschaftlichkeit. Wenn man durch Afrika reist, wie ich es nun auch getan habe, dann schlägt man sein Adressenverzeichnis mit den alten Kameraden auf, die in Südwest- oder in Südafrika sitzen oder ganz gleich wo, und überall wo man hinkommt, ist man durch Witzenhausen verbunden, und der kameradschaftliche Geist ist geblieben. Auch heute noch. Einer hilft dem andern weiter. Man kann sagen. es ist vorbildlich.

W. H. : Gibt es auch Dinge, die Sie kritisch von Witzenhausen in Erinnerung haben?

H. B. : Nein, also wissen Sie, wenn ich daran zurückdenke, nicht. Denn es war ein sehr nettes Verhältnis mit den Dozenten, ein persönliches Verhältnis. Und heutzutage, was ich so empfinde, ist heutzutage das Verhältnis etwas unpersönlicher. Aber das empfindet man ja überhaupt als Auslandsdeutscher, wenn man Jahrzehnte im Ausland gelebt hat. Wenn Sie in Afrika sind und kommen mit Menschen zusammen, die Sie noch nie im Leben gesehen haben, nach 5 oder 10 Minuten Gespräch, empfindet man sich verbunden. Hier in Deutschland ist doch alles mehr oder weniger unpersönlich.

W. H. : War die Ausbildung in Witzenhausen so gut, dass Sie sie dort unten unmittelbar anwenden konnten, oder hatten Sie trotzdem dort unten noch einige Lehrjahre?

H. B. : Ja, das ist ja selbstverständlich. Man fängt ja dann überhaupt erst mit dem Beruf an. Hier hat man ja sozusagen das Rüstzeug mitbekommen, und was man natürlich nicht übermittelt bekommen hat, das ist die Lebenserfahrung. Und die muss man natürlich dann im Laufe der Jahre lernen. Es handelt sich auch um die Behandlung der Eingeborenen. Die Menschen sind anders als wir, sie müssen anders behandelt werden. Man muss sich dann natürlich dann umsehen, muss sehen, wie das die anderen machen, wie sie mit den Leuten umgehen, denn man will ja letztlich mit den Leuten richtig zusammenarbeiten.

W. H. : Sie waren jetzt über 40 Jahre in Angola. Wie würden Sie in einem Resümee Ihre Grunderfahrungen zusammenfassen?

H. B. : Es reizt natürlich enorm, aus dem Nichts etwas hinzustellen. Was einem Spass macht, ist dieser Umgang mit den Eingeborenen. Schauen Sie, wenn Sie jahrzehntelang auf einer Pflanzung sind, und

Sie sehen, wie die Kinder von Pflanzungsarbeitern geboren werden und die arbeiten auch schon wieder für einen, und 47 Jahre sind eine lange Zeit. Wenn in einem Dorf oder in einer Familie jemand krank war, ja, die kamen ja zu einem. Man war ja sozusagen der Weisse für sie. Und wenn einer so krank war, dann wurde er ins Krankenhaus gefahren, und der Mann hatte natürlich kein Geld, ja dann bezahlte er eben nichts, ja, das ging ja dann eben über Pflanzungsunkosten so einfach mit unter.

W. H. : Wenn Sie die Möglichkeit hätten, die Politik des Bundesministeriums für wirtschaftliche Zusammenarbeit zu bestimmen, welche Massnahmen, welche Schritte würden Sie unter Berücksichtigung Ihres Hintergrundes in Angola vornehmen wollen?

H. B. : Meiner Ansicht nach sollte man die Entwicklungspolitik so betreiben, dass der Afrikaner tatsächlich zu einem besseren Lebensstandard kommen kann. Damit meine ich, dieses Geld der Entwicklungshilfe auf diese Art und Weise zu verstreuen, dass es im allgemeinen nur bei den obersten Tausend oder Hundert hängenbleibt und gar nicht den Völkern zugute kommt, das halte ich für absolut nicht richtig. Es ist ein Unrecht m. E. , dass das Geld vergeudet wird, denn es muss ja letzten Endes der Steuerzahlen aufbringen. Ich stehe auf dem Standpunkt, weil ich ja auch Produzent war und dort gearbeitet habe, dass die Entwicklungsländer den Wohlstand der Industrienationen bezahlen müssen. Denn wir bekommen ja unsere Produkte für einen Apfel und ein Ei abgenommen, und die anderen verdienen alle daran, nur nicht der Produzent. Man bekommt ja so wenig für sein Produkt, dass es ganz unmöglich ist, die Leute besser zu bezahlen.

W. H. : Damit sind Sie sich mit Kritikern der Entwicklungshilfe einig, die meinen, dass die Industrieländer am meisten vom Handel profitieren.

H. B. : Diese Ungerechtigkeit ist absolut. Ich sage mir, wer wird von diesen Industrienationen bereit sein, von diesen irrsinnigen Importzöllen etwas abzustreichen? Wenn die Bundesregierung statt DM 4,40 nur DM 3,40 Importzoll erheben würde, und diese 1 Mark der Produzent dort unten wirklich bekommen würde, das wäre meiner Ansicht nach die richtige Entwicklungshilfe. Die Regierung sollte diese Differenz nicht einstreichen, um ihren Wasserkopf an Beamten zu bezahlen. Also für diese Leute, die nichts tun. Dadurch wird ja nicht das Land entwickelt.
Ein anderes Beispiel. Wenn ich z. B. in Deutschland Einspritzdüsen bestellte, dort waren sie billiger, kosteten sie rund 10 Mark. Jetzt in den letzten Jahren kosteten sie fast das Dreifache. Die Industrienationen sind in ihren Forderungen uferlos geworden.
Die Firmen müssen doch in der Welt ihre Absatzmärkte schaffen, und das können sie doch nur dadurch, wenn sie produzierenden Menschen die Möglichkeit geben, ihre Produkte abzunehmen, und dass sie sie auch tatsächlich kaufen können. Das ist der Hauptpunkt. Das Geld muss tatsächlich an die kommen, die wirklich das Produkt

erarbeiten, damit dadurch sie auch Konsumenten dieser Instrieprodukte werden können.

W. H. : Hätten Sie aber als Produzent steigende Erlöse an Ihre Arbeiter weitergegeben?

H. B. : Ja, ja, das ist selbstverständlich. Die Löhne steigen dann. Die Löhne sind in Angola auch immer gestiegen. Schauen Sie, als ich nach Angola kam vor 45 Jahren, da bekam ein Eingeborener 80 Centavos am Tag. Für Verpflegung rechnete man ca. 40 Centavos für Mais, Mehl, etwas Bohnen und Fisch. Heutzutage bekam ein Mann zwischen 25 bis 30 Escudos am Tag und noch die Verpflegung ausserdem hinzu. In früheren Zeiten bekamen wir für unseren Kaffee 4-5 Escudos, und heute bekamen wir etwa 25-27 Escudos, das waren rd. 3 Mark. Also das ist um das Fünffache gestiegen, und die Löhne sind über das 20-, ja fast 30fache gestiegen.

W. H. : Eine ganz andere Frage, spielt aus Ihrer Sicht Bildung und Erziehung für die Dritte Welt eine Rolle?

H. B. : ... Das schwierigste Problem ist, in Angola die Eingeborenen an regelmässige Arbeit zu gewöhnen. Denn der Eingeborene arbeitet eigentlich nur dann, wenn er eine Notwendigkeit hat. Und wenn er keine Notwendigkeit hat, dann arbeitet er nicht. Ich wurde auch immer von Eingeborenen gefragt: Patron, warum wird denn hier bei uns in der Gegend keine Fabrik eingerichtet? Ja, dann sagte ich immer: Na, hört mal Jungens, ihr kommt ja dann immer unregelmässig zur Arbeit. Wenn z. B. in einer Fabrik 200 Leute nötig sind, und an einem Tag kommen 200 an, und am nächsten Tag seid ihr nur 5, weil gerade ein Fest gefeiert wird - so kann keine Fabrik arbeiten. Aus diesem Grund, so lange ihr nicht regelmässig arbeiten lernt, werdet ihr die Fabrik niemals bekommen können. Eine Mühlenfabrik in der Nähe stellte 250 Arbeiter an, um wenigstens 70 immer dazuhaben. Das ist die grosse Schwierigkeit.

W. H. : Wie kann man das beseitigen?

H. B. : Dazu bedarf es wahrscheinlich einer jahrzehntelangen Erziehung.

W. H. : Wer soll das machen?

H. B. : Jetzt ist ja Anarchie, jetzt arbeitet ja überhaupt keiner in Angola. Wissen Sie, diese Eingeborenen, die sind ja glücklich, denen fehlt ja gar nichts. Die sind ja auch gar nicht so darauf angewiesen, die denken ja nur von einem Tag auf den anderen, dass sie gerade etwas zu essen haben.

W. H. : Woher wissen Sie das denn eigentlich?

H. B. : Wissen Sie, wenn man mit den Leuten umgeht und mit den Leuten spricht, und die Physionomien von den Leuten dabei beobachtet, z. B. war es bei uns auf der Pflanzung üblich, dass jeder, der 5-6 Tage gearbeitet hatte, einen Liter Apfelsinenwein erhielt. Und wenn dann die Leute alle ankamen und sich dann ganz gemütlich hinsetzten auf die Bänke in der Nähe des Hauses und schwatzten, ja dann fragte man sich, ja was fehlt den Leuten? Die sind glücklich. Sie haben wenig Ansprüche.

W. H. : Dann soll man sie doch eigentlich so lassen. Denn die Erfahrung zeigt doch, dass die s. g. glücklichen Wilden, wenn die Zivilisation kommt, die negativen Dinge mit übernommen haben, und mit ihrem Glück war es dann vorbei. Ist es besser, wenn man gar nichts tut?

H. B. : Das scheint mir doch in heutiger Zeit nicht zu gehen, denn schauen Sie, wenn man sozusagen Hunger in der Welt hat, und wenn man dann sieht, wie hunderttausende von Quadratkilometern sozusagen brachliegen, und dort nichts getan wird, dann hat man auch irgendwie doch eine Pflicht, solchen Ländern zu helfen, zu versuchen, dass sie auch in eine gewisse Produktion kommen, damit die Menschheit mit ernährt wird.

W. H. : Wie haben Sie dort eigentlich gelebt?

H. B. : Wir lebten 20 km entfernt von der nächsten Ortschaft, aber das Brot wurde auf der Pflanzung von unserem Koch gebacken. Lebensmittel kauften wir im grossen ein, Zucker und Salz säckeweise, denn das gibt man ja an seine eigenen Leute weiter. Das Mehl brauchte man auch säckeweise. Am Anfang hatten wir ein Fahrrad, und dann, als wir uns verbesserten, hatten wir ein Motorrad. Später konnten wir uns auch Autos kaufen, je nachdem wie die Pflanzungseinnahmen waren, man musste sich immer verbessern.

W. H. : Was ist denn aus Ihrer Farm geworden, nachdem Sie Angola verlassen mussten?

H. B. : Ich weiss nur, dass alles zerstört ist. Die Anarchisten haben ja keinen Verstand, die haben ja überall alles zerstört.

Anlage IX Deutsches Institut für Entwicklungspolitik in Berlin
Ausbildungsplan 1977/78 [1]

Bereich	Doppelstunden
1. Einführung - Stellung und Aufgabe des DIE	2
2. Entwicklungsstrategien (mit Fallstudie)	8
3. Internationale Strukturpolitik - Entwicklungshilfe - Rohstoffpolitik - Handelspolitik - Währungspolitik - Sonderveranstaltungen	20
4. Makroplanung	11
5. Sektor- und Regionalplanung	8
6. Planung und Evaluierung von Projekten	23
7. Evaluierung von landwirtschaftlichen Projekten	10
8. Planung und Evaluierung von Industrieprojekten	10
9. Planung und Evaluierung von Bildungsprojekten	6
10. Fachseminar Oekonomie	5
11. Fachseminar "Einführung in die empirische Sozialforschung"	6
12. Länderarbeitsgruppen	183

Die Veranstaltungen unter 1-10 werden als Plenumsveranstaltungen durchgeführt. Für jeden der Ausbildungsbereiche wird den Teilnehmern ausgewählte Literatur zur Verfügung gestellt, mit der sie sich auf die Lehrveranstaltungen vorbereiten können. Der traditionelle Vorlesungsstil wird hierdurch weitgehend durch Diskussionen der verteilten Unterlagen und durch Fallstudien ersetzt.
In Form von Gruppenarbeit werden die Fachseminare, die Länderarbeitsgruppen sowie der Arbeitsaufenthalt durchgeführt.

---

[1] Vgl. Deutsches Institut für Entwicklungspolitik, Ausbildungsplan 1977/78, Berlin, April 1977, S. 5-16.

<u>Anlage X</u>   Auszüge aus dem Brief von Gottfried Trautmann an den Verfasser vom 8.4.1979

....

Beim Studium der Disposition der in Frage stehenden Forschungsarbeit stehen Gedanken vor mir, etwas vorlaute freilich, die ich Ihnen dennoch nicht vorenthalten möchte. Versuchend, den Typus des "Experten der Entwicklungszusammenarbeit" darzustellen, bin ich recht asketisch vorgegangen. Ich habe die erwünschten Qualifikationen letztlich auf das beschränkt, was in Bayern etwa ein gesunder, vernünftiger, sprachkundiger "gestandener Mann" aufweisen würde.
Diese Enthaltsamkeit, die Vermeidung naheliegender zugkräftiger Schlagworte hat einen triftigen Grund:
Als ich den Orient betrat, sassen in Aegypten und Indien die Engländer. In Afghanistan hatte der britische Botschafter, Sir Fraser-Tytler, "Knight Commander of the Order of the British Empire" etc., höchstes Ansehen. Die Eisenbahnen, wo es sie gab, fuhren ab und kamen an, wie es sich gehörte. Disziplin, kategorischer Imperativ, europäischer Idealismus, "the white man's burden"! - <u>Koloniale Periode</u>
Nach dem Krieg waren die Engländer verschwunden, doch ihre von Kipling besungene Weltsicht war geblieben, wurde durch die UNO vertreten und die UNESCO, der ich 7 Jahre angehörte, gepredigt. Also etwa: internationaler Idealismus! - <u>Postkoloniale Periode.</u> - ... Wir sind müde geworden, und die Asiaten rollen die Fahnen auf; wozu wir in guten Tagen sie präpariert haben. Als ich einmal einen Musterschüler, dann technischer Lehrer, ..., einen grossartigen Jungen, fragte, was er sich vom Leben erhoffte, antwortete er: "In einen Panzer steigen und nach Westen fahren!"...
Heute erleben wir die Neugeburt unter beträchtlichen Wehen östlicher Lebensgemeinschaften (auch afrikanischer natürlich), basierend auf Stamm, Religion, Sitte, Tracht oder sonst etwas uns fremd Gewordenem. Der grosse europäische Idealismus, vielleicht, weil er durch die USA zu sehr strapaziert wurde, ist geschwächt, unglaubhaft geworden, offenbar zum grossen Teil überwunden und verschwunden. Der Experte aber ist geblieben.
Ihn deckt keine Kolonialmacht mehr, die ausser über Gewehre auch über eine zivilisatorische Botschaft verfügte. Ihn decken auch kaum mehr internationale Organisationen mit wirksamen Leitsprüchen wie "Menschenrechte" - "Bildung" - "Demokratie". Sie waren so gut gemeint. Heute stehen wohl die Urmächte wieder auf vertreten durch Leute wie Khomeini-, Idi Amin und andere nicht zu vergessen. Kein weltverbindliches moralisches, oder gar juristisches Forum sichert mehr. Der politische oder zivilisatorische Schutz hat dem Experten früher, selbst wenn er ein schwacher Vertreter seiner Gilde war, eine Art von Panzer, oder wenigstens einen Heiligenschein umgehängt. Es war relativ leicht, sich durch etwas technisches Wissen und einige praktische Fähigkeiten als kulturellen Missionar zu qualifizieren. Heute missionieren die anderen: Gurus, Sufi-Meister, Zen-Lehrer blasen uns den Weg zu Gott ... Dies wäre also die <u>post-postkoloniale Periode.</u> Ich weiss keinen Namen für eine Zeit, leider

die unsrige, oder auch Gottseidank, wie man's nimmt, in der offenbar die Götter und Dämonen ihre Füsse wieder auf die geplagte Erde setzen wollen. Und nicht einmal gepflegtes Oxford-Englisch verstehen. Möge Allah, Wischnu und Muter Kali den tapferen post-postkolonialen Experten helfen! ...
Dies alles, lieber Herr Hoffmann, als ungeordneten Beitrag zu ihren Ueberlegungen. Mit freundlichem Gruss

              Gottfried Trautmann

Bildteil

	Seite
Handlungsbruder der Accra-Faktorei der Basler Mission in seiner Wohnung (1904)	328
Handlungsbrüder der Basler Missions-Faktorei mit Dienstfahrzeugen in Accra (1904)	329
Angestellte der Basler Missions-Faktorei Accra. Im Vordergrund rechts: Handlungsbruder C. Jauch (ca. 1910)	330
Fuhrpark der Basler Missions-Faktorei Accra (ca. 1910)	331
Wohnhaus eines Europäers in Kumasi/Goldküste (1899)	332
Personal der Weberei der Basler-Mission in Mangalore/Indien. In der Mitte Ehepaar Stierlen und Missionar Ritter.	333
Staatssekretär Dernburg, Reichskolonialamt, anläßlich seines Besuches der Deutschen Kolonialschule in Witzenhausen (1907)	334
Kolonialexperten in Südwestafrika. Vorne links: Bezirksamtmann von Zastrow, Grootfontein	335
Vernichtungsfeldzug der Deutschen gegen die Hereros. Überlebende nach der Rückkehr aus dem Sandfeld (1904)	336
»Modernisierte« Herero-Familie (1913)	337

Fotos: Archiv W. Hoffmann.
(Die Fotos auf Seite 336 und 337 sind Reproduktionen von Postkarten deutscher Kolonialexperten.)

Handlungsbruder der Accra-Faktorei der Basler Mission in seiner Wohnung (1904).

Handlungsbrüder der Basler Missions-Faktorei mit Dienstfahrzeugen in Accra (1904).

Angestellte der Basler Missions-Faktorei Accra. Im Vordergrund rechts: Handlungsbruder C. Jauch (ca. 1910).

Fuhrpark der Basler Missions-Faktorei Accra (ca. 1910).

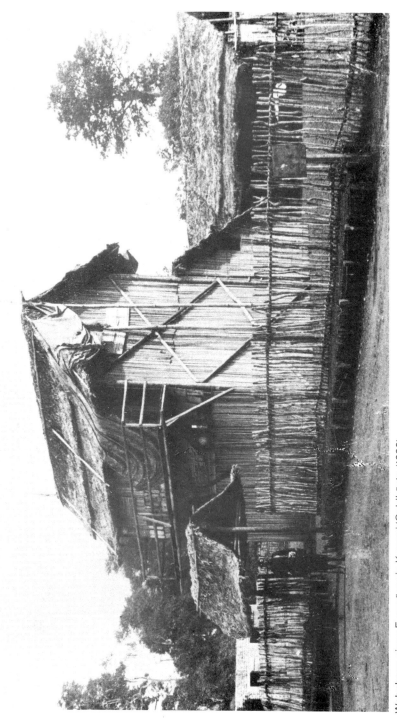

Wohnhaus eines Europäers in Kumasi/Goldküste (1899).

Personal der Weberei der Basler-Mission in Mangalore/Indien. In der Mitte Ehepaar Stierlen und Missionar Ritter.

Staatssekretär Dernburg, Reichskolonialamt, anläßlich seines Besuches der Deutschen Kolonialschule in Witzenhausen (1907).

Kolonialexperten in Südwestafrika. Vorne links: Bezirksamtmann von Zastrow, Grootfontein.

Vernichtungsfeldzug der Deutschen gegen die Hereros. Überlebende nach der Rückkehr aus dem Sandfeld (1904).

»Modernisierte« Herero-Familie (1913).